지식재산 분쟁과 계약실무

<1권>
지식재산 제도와 계약

머 리 말

 4차 산업혁명에 이어 불어 닥친, 한번도 경험해 보지 못한 코로나(COVID 19)라는 위기는 우리를 온라인 공간으로 몰아 넣었지만, 그 이후, 3년 반의 사회적 거리두기는 메타버스(Metaverse)라는 새로운 사회, 문화, 경제 공간을 탄생시켰고, 저자에게도 이 책을 집필할 시간을 제공한 셈이 되었습니다.

 이렇듯, 위기는 새로운 기회가 되기도 하니, 좁은 지리적 공간과 부족한 유형자산이라는 한계 상황에서 어려움을 겪어온 우리로서는 새로운 가상공간으로서의 디지털 사회, 경제환경은 절호의 기회가 아닐 수 없습니다.

 지식재산은 기업에 경쟁 우위를 제공하는 귀중한 자산입니다. 특히, 디지털 시대의 도래에 따라, 과거 어느 때보다 무형 자산의 가치와 중요성이 증대되면서, 기업이 지식재산 분쟁 및 소송을 어떻게 관리하고, 효과적인 지식재산계약으로 매듭짓기 위해 어떻게 협상하고 작성해야 하는지를 이해하는 것이 매우 중요합니다.

 이 책은 30여년에 걸친 저자의 글로벌 산업현장에서의 지식재산 전문 경험과 대학 교수로서의 통찰력을 기반으로, 독자들에게 지식재산 분쟁 및 소송 관리, 지식재산계약의 협상 및 작성에 대한 포괄적인 실무 안내서를 제공하기 위해 기획, 출판되었습니다.

 이 책을 통해, (i) 전통적인 지식재산제도에 대한 포괄적인 이해를 통해 비즈니스 보호 및 대응 역량을 강화함은 물론, (ii) 아직 정립되지 않은 로봇, 인공지능(AI), NFT 등과 관련된 다양한 유형의 디지털 산업, 경제, 예술 및 사회 활동을 둘러싼 새로운 지식재산 쟁점을 파악하고 이에 대응하는 분석, 응용력을 길러 새로운 비즈니스 환경에

활용할 수 있도록 함은 물론, (iii) 지식재산 계약실무에 대한 폭넓고 체계적인 내용을 제공하고자 합니다.

저자가 기획한 의도처럼, 지식재산에 관심 있는 일반인, 교양과목으로 수강하는 학생, 벤처 및 스타트업 경영자들에 대한 입문서인 동시에, 기업 내부의 지식재산 담당자, 법률/소송 전문가 및 동료 학자 등 지식재산 전문인들에게도 유용한 실무지침서 겸 참고자료가 되어 독자 여러분들의 요구와 기대에 부응할 수 있기를 진심으로 바랍니다.

막상 탈고하고 보니, 또 그사이 새로운 법규, 판례와 해석이 쏟아져 나오고 있을 정도로, 새로운 영역이고 끊임없는 변화와 도전의 연속 인지라, 세상에 내놓기가 두려워지지만, 여러분들의 가혹한 비평과 반론으로 더 큰 지식재산영역의 발전으로 이어지길 기대하며 출판에 임합니다.

감사합니다!

2023년 6월

해암(海巖) 이용태

CONTENTS

제 1장.
현대산업사회와 지식재산

I. 글로벌 산업환경과 지식재산 — 14

II. 지식재산과 지식재산권 — 23

III. 지식재산권 유형 — 28

1. 개요 — 28

   2. 특허와 실용신안 (UTILITY PATENT)/ 32

   3. 디자인 (DESIGN PATENT)/ 39

   4. 상표 (TRADEMARK)/ 48

   5. 저작권 (COPYRIGHT/ 58

   6. 영업비밀과 부정경쟁행위/ 66

제2장.
메타버스와 지식재산

Ⅰ. 개요 ... 74

1. 메타버스의 개념과 쟁점 / 74
2. 메타버스의 법적 성격: 게임인가, 플랫폼인가? / 81
3. 메타버스 관련 규제 쟁점 / 83

Ⅱ. 메타버스관련 지식재산 보호 유형 ... 88

1. 지식재산권: 적극적/배타적 보호 / 88
2. 영업비밀 등 부정경쟁행위: 불법(침해)행위 규제에 따른 반사적 이익 / 91

Ⅲ. 메타버스 관련 특허권 적용 대상 ... 93

1. 메타버스 구현에 관련된 하드웨어 보호 / 93
2. 플랫폼에 적용된 business Method(영업방법, 사업모델) 보호 / 96

Ⅳ. 운영자와 이용자간 권리와 책임 ... 103

1. 콘텐츠 관련 권리관계 / 103
2. 이용자의 침해행위에 대한 운영자의 책임 / 105

Ⅴ. AI 창작물도 지식재산권으로 보호? ... 120

1. AI특허발명 / 121
2. AI 디자인 / 124
3. AI 저작물 / 127
4. AI 웹툰, 이미지에 대한 저작권 부정사례 / 130

5. AI 창작물 기준: 독자 창작 VS 도구? / 133

6. AI에 의한 저작권 침해 분쟁/ 135

VI. 가상의 공간에 투영되는 시각적 이미지   137

VII. 캐릭터와 아바타   143

1. 캐릭터/ 146

2. 이모티콘/ 147

3. 아바/ 148

4. 굿즈/피규어/ 151

5. 가상공간의 위치정보/ 155

VIII. 디지털 가상 상품, 아이템   157

1. 가상상품과 디자인/ 160

2. 가상상품과 상표/ 163

3. 가상상품관련 상표침해 분쟁/ 171

4. 명품디자인 침해분쟁 사례/ 176

5. 가상상품 보호방안/ 181

IX. NFT, 소유권과 지식재산권   184

X. 가상콘서트   203

1. 복제권 및 공연권/ 206

2. 공중송신권 (전송 및 디지털음성송신) / 209

3. 영상저작물 관련 2차적 저작물 작성권 및 저작인접권 / 210

XI. 가상게임   215

1. 컴퓨터 프로그램/ 216

2. 게임규칙 등 운영방법관련 특허권 / 217

3. 콘텐츠 등 게임 저작권 / 219

XII. 사진도 저작권으로 보호되나요?   227

1. 사진저작물/ 228

2. 제품사진과 이미지 사진/ 230

3. 인물사진/ 231

4. 건축물 사진/ 237

5. 실내외 인테리어 사진/ 242

6. 자연물 사진/ 243

7. 인물사진과 그림/ 245

8. 미술작품 사진/ 249

9. CCTV 영상/ 251

10. 음란물 사진/ 253

XIII. 저작권 침해와 제한사유   256

1. 저작권 침해유형/ 256

2. 저작권침해 판단기준/ 258

3. 저작권 제한사유와 공정한 이용(Fair use)/ 264

XIV. 링크유형과 저작권 침해   269

XV. 패러디와 저작권 침해   272

XVI. 도메인 이름   275

XVII. 기타 279

1. 방송프로그램 포맷 279

2. 책표지/ 282

3. 폰트/ 283

4. 트윗글과 유행어/ 286

5. 영화포스터/ 289

XV. 저작권 등록의 효력 290

1. 개요/ 290

2. 효력/ 291

3. 〈비교〉 미국 저작권법 및 판례 / 291

제3장
기술이전과 지식재산 계약실무

I. 개요   294

1. 지식재산 거래(Commercialization)와 수익화(Monetization) / 297
2. 기술이전 및 지식재산 계약 유형/ 299
3. '기술적 사상' 관련 주요 계약유형 및 특성/ 307

II. 계약 개요   309

1. 계약의 성립: 법적 구속력 있는 합의/ 309
2. 진행단계별 계약유형/ 315

III. 국제상거래계약 공통조항 및 유의점   352

IV. 지식재산권 행사와 공정거래법   357

1. 규제 영역 및 유형/ 357
2. 부당경쟁 행위 유형 및 검토기준/ 360
3. 산업기술 관련 표준화 활동 시 유의사항/ 367
4. 지식재산권의 부당한 행사에 대한 공정거래법 적용/ 370
5. 우리나라 불공정거래행위 심사지침 / 371

V. 기술이전 계약 유형과 특성   380

1. 기술이전 주요유형/ 380
2. 공통 주요사안/ 387

VI. 특허라이센스계약　　　　　　　　　　　　　　　　　　　　　397

1. 구성/ 397

2. Checklist/ 398

3. 주요조항 별 유의점/ 405

VII. (좁은 의미의) 기술이전계약　　　　　　　　　　　　　　　　453

1. 계약 구성 / 453

2. Checklist 및 유의사항/ 455

3. 주안점: 이전 대상기술의 특정과 제공방법/ 459

VIII. 연구개발계약　　　　　　　　　　　　　　　　　　　　　　　462

1. 외주개발계약/ 463

2. 외주용역 계약 (service agreement)/ 464

2. 공동개발계약/ 481

제 1장.

현대산업사회와 지식재산

I. 글로벌 산업환경과 지식재산

■ 기업 가치변화[1]

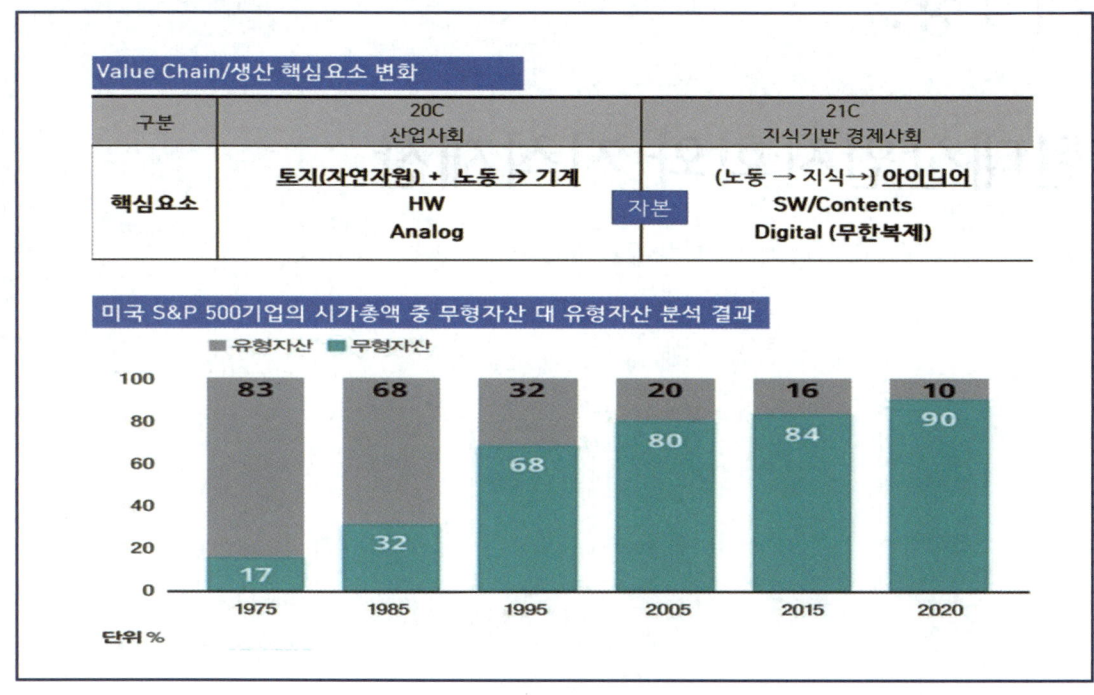

경제학에서 말하는 생산의 3요소는 ① 토지, ② 노동, 그리고 ③ 자본이라고 배워 왔다. 그러나 20세기 산업사회에 들어오면서, ② 인간의 노동은 이미 기계중심으로 대체되어 왔고, 21세기 지식기반 경제사회에 이은 4차 산업혁명 환경에서는 하드웨어적 기계의 가치비중도 3D프린팅, 로봇, AI등 기술발전에 힘입어 소프트웨어나 콘텐츠 측면의 지식과 아이디어에 자리를 내어준 것으로 보인다. 즉, 종전의 ②노동이 인간의 육체적 노동력 중심이었다면, 현재는 정신적 영역인, 지식, 정보, 아이디

---

1. 그래프/데이터 출처: 오션토모, 무형자산 시장가치 연구보고소, 2020년

어 등 무형자산 중심으로 전환되었다. ① 토지 또한, 정보통신기술의 발전에 따라, 상대적으로 높은 진입비용이 필요한 생산 공장이나 판매 점포등 off line시장에서 e-commerce 중심의 on line 시장으로 빠르게 전환되어 왔고, 진입단계에 있는 메타버스 시장에서는 토지 등 부동산의 가치 비중은 더욱 미미하게 자리하고 있다. ③ 자본은 투자의 가치가 있는 쪽으로 움직여 왔기에, 이미 투자자들의 관심은 유형적인 자연자원이나 토지보다는 아이디어와 콘텐츠 중심으로 옮겨와 무형자산 보유를 통한 잠재가치가 높은 기업으로 투자자본이 몰리고 있다고 판단한다.

이렇듯 현대산업사회에서의 기업가치는 무형자산에 중점을 두어왔다. 위 도표에서 보는 바와 같이 미국 S&P 500대 기업의 시가총액 중 무형자산의 비중은 꾸준히 증가하여 2020년에는 90%의 비중을 차지한 반면, 부동산이나 기계, 설비 등 유형자산은 10%에 불과 한 것으로 조사된 바 있다.

■ 제품/기능 융복합화 (Digital Convergence)

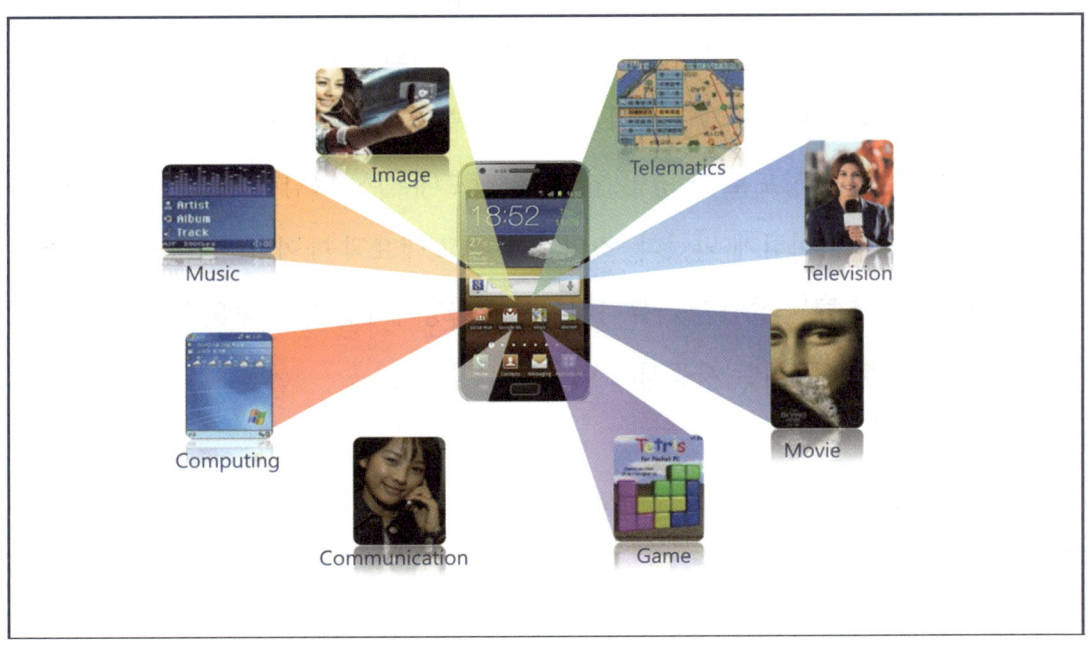

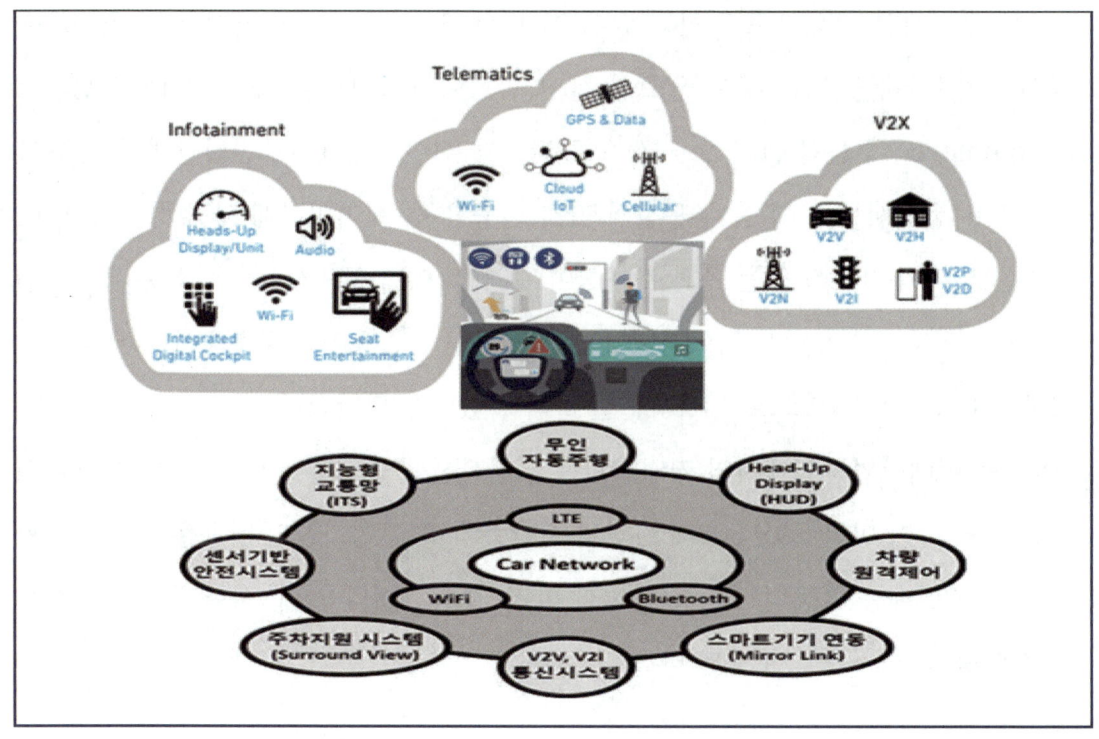

　또한, 4차산업 혁명에 따른 디지털 컨버전스(Digital Convergence)의 심화와 제품의 융복합화 현상에 따라, 종전의 여러 독립적인 기기와 기능들이 하나의 제품으로 포괄되었다. 그 결과, 세상의 어떤 기업도 이런 융복합 화된 제품을 독자적 기술개발을 통해 확보할 수 없을 정도로 다 영역, 다층, 다각도에 걸친 다양한 요소기술과 부품들로 구성된 제품을 맞이하게 되었다. 스마트폰이 그 대표적 예이다.

　이런 융복합화 조류는 실시간 커뮤니케이션을 가능케해줄 4G이후의 5G통신망을 기반으로 한 자율주행 스마트 자동차로 이어질 전망이다.

■ 지식재산 융복합화 (IP Convergence)

▶ IP Convergence에 의한 1제품 복합적 IP보호
→ 1개 제품에 특허 + 디자인 + 상표 + 저작권 + 영업비밀 등의 융합

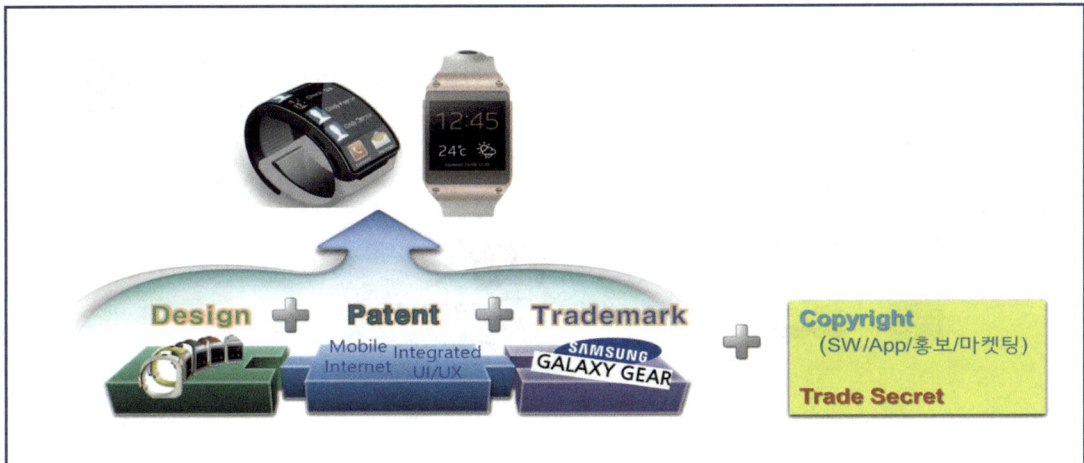

　제품의 융복합화와 함께, 하나의 하드웨어 제품에도 종전의 특허출원을 통한 사업보호전략에서 벗어나, 특허 외에도 디자인, 상표 등 다양한 유형의 지식재산권으로 출원함은 물론, 소프트웨어, 앱 및 콘텐츠 관련한 저작권 보호와, 일부 핵심기술에 대한 영업비밀 통한 기술유출 방지를 도모하고 있다. 이에 따라 'IP convergence'라 불리는 지식재산권 융복합화를 통한 제품 및 사업보호 전략도 심화되고 있다. 이러한 IP 전략 변화는, 종전 아날로그적 기술시장에서 디지털 시장으로의 전환에 따라, 하드웨어 중심의 기계적 성능 또는 품질 차별화를 통한 제품 경쟁력 확보에는 한계가 발생하였다. 이에 따라 디자인, 소비자 사용 편의성 및 다양한 앱을 통한 다양한 사용 기능 제공 등으로 경쟁력 확보 중점도 전환이 필요하게 되었기 때문이다. 또한 산업재산권 확보 경쟁에 따른 기술공개로 인한 문제점과 디지털과 정보통신 기술 기반의 온라인 중심의 초연결화 현상으로 기술유출risk심화에 따라, 영업비밀 보안관리에도 관심이 모아지고 있다.

■ **IP매입/확보 경쟁심화**

▶ 제품/서비스의 융·복합화로 모든 분야의 특허 보유 곤란
→ M&A, 라이선스 체결 등 기업간 합종 연횡 활발히 전개

　자체 기술개발을 통한 특허 등 지식재산권 출원 중심의 지재권 전략에도 수정이 필요하게 되었다. 앞서 본 Digital Convergence 또는 제품의 융복합화에 따라, 일개 기업이 모든 분야의 기술을 자체 개발로 확보하는 것이 사실상 불가능 해졌다. 따라서 부족 또는 공백 기술 영역에 대한 특허 등 외부 지식재산권 매입 필요성이 등장하게 되었다.

■ IP 에코시스템 변화

▶ 과거, PE간 특허권 수익화 → 최근 NPE 중심의 수익화

- 투자자는 다양한 포트폴리오 구성을 위해 특허권에 자금을 지속 공급
- IP브로커, 로펌 등의 IP 생태계를 통한 수익화 실현도 체계화
- '09년 금융 위기 이후로 제조 업체 주도의 NPE 증가

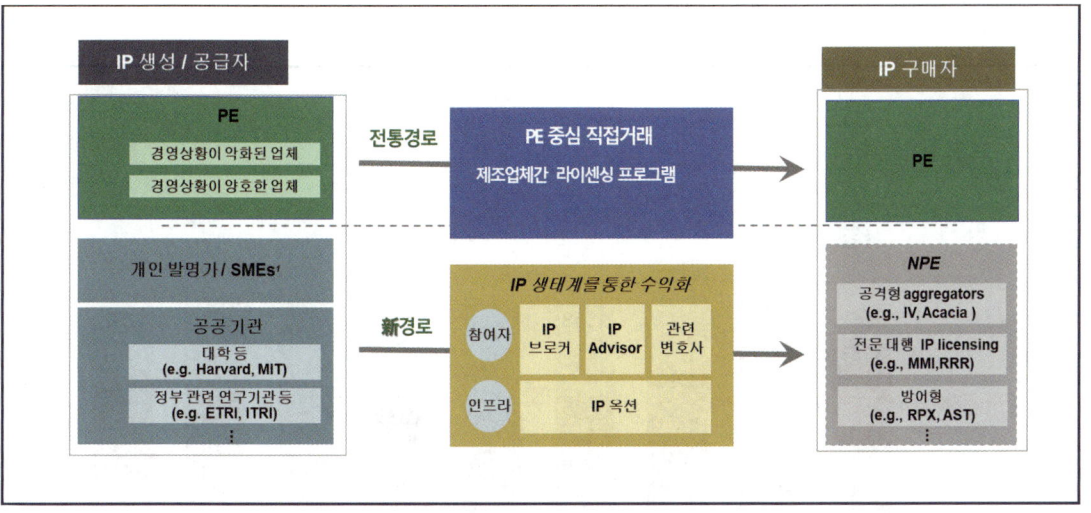

한편, 디지털 시장 중심의 산업 재편과 4차 산업혁명에 따른 통신기술 경쟁에서 밀려나 경영상 어려움에 봉착한 기업들은 종전에 축적된 특허 포트폴리오를 기반으로 로열티 수익 극대화에 적극적으로 나서게 되었고, 이 과정에서 추진된 특허포트폴리오 쪼개기 전략(privateering) 등 다양한 수익화 전략의 영향으로, 특허거래 시장이 비정상적으로 확산되어 왔다. 이에 따라, 종전의 사업운영업체 (Practicing Entity, 이하 "PE")는 물론, 대학, 연구기관들로부터 거래시장에 흘러 들어온 특허포트폴리오를 중심으로 라이센싱 등 특허 수익화 사업을 전문으로 하는 특허괴물(patent troll) 또는 NPE(특허라이센싱전문회사, Non-Practicing Entity)[2] 들이 등장하게 되었고, 이후 이들 NPE업체들은 숫적 성장은 물론, 소송 및 라이센싱에서 차지하는 비율 또한 급속도로 성장하여 왔다.

---

2. 특허 괴물, 또는 NPE등장에 다른 긍정적 측면은 i) 자본력과 라이센싱 전문역량이 약한 특허권자 (스타트업, 중소벤체기업, 또는 대학 및 연구기관 등)를 보호하고, ii) 지속적인 기술개발과 수익화의 선순환을 통한 기술발전과 시장 활성화를 촉진하고, iii) 투자자들로 부터의 자본 유치를 도모하기 위한 수단으로 활용될 수 있는 반면, i) 특허 소송의 난무로 PE부담을 가중시켜 실질적인 기술개발을 저해하고, 종국적으로 가격인상에 따른 소비자 부담이 증가하게 되고, ii) 적극적인 기술이전을 통한 실질적인 산업기여와 공공복리 증진 촉진보다는, 뒷다리 잡기 중심의 비즈니스 모델로 특허법의 근본 목적에 위배될 수 있다는 부정적 영향 또한 크다. PE업체들이 자체 기술개발과 혁신에 따라 우수한 특허포트폴리오를 구축하더라도, 실제 전체 침해소송의 65%선에 달하는 NPE업체들로 부터의 공격에 대해서는 아무런 도움이 되지 못하므로, 사업보호와 자유도 제고 측면에서 강조되어 왔던 기술개발과 특허 확보 전략의 취지가 상당히 약화된 것이다.

<참조: 연도별 미국연방법원 특허소송 건수>[3]

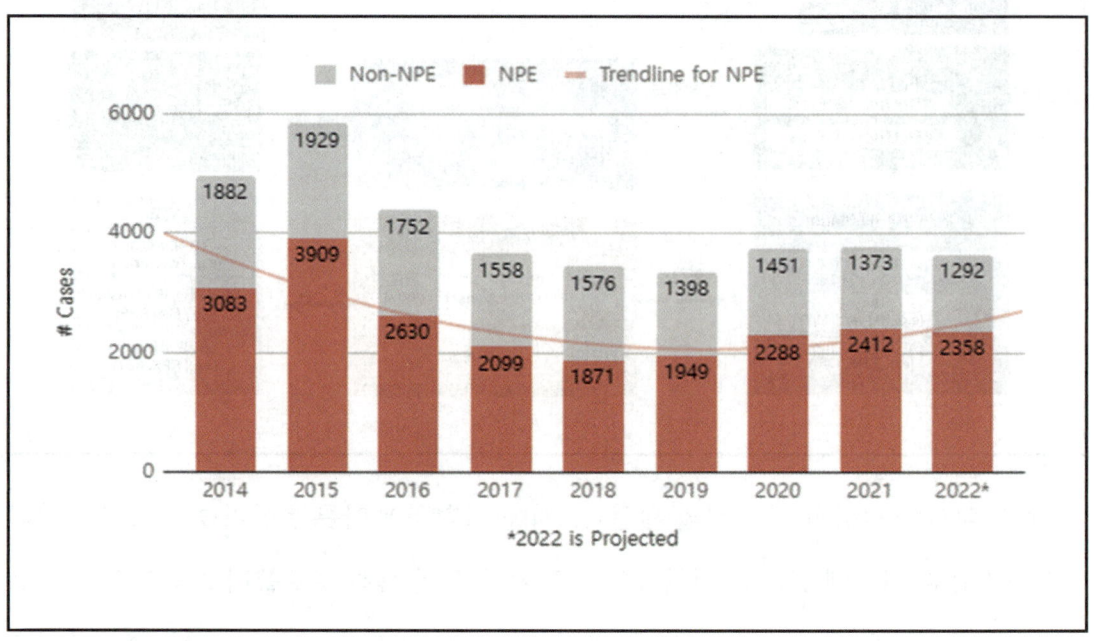

이로 인해, 결과적으로 종전 PE중심의 사업 경쟁력 강화(IP장벽통한 사업보호, 방어 또는 cross-licensing등)를 위한 지식재산권 시장 체제에서 지지식재산권 자체가 투자원 또는 수익원 역할을 하는 투자 시장으로의 변질 또는 다각화 등 지식재산권 시장의 생태계 변화를 불러온 중요한 요인이 되었다. 전통적인 부동산, 선물, 또는 주식등 투자시장 약화에 따라, 상대적으로 ROI(투자수익율, Return On Investment)가 두드러진 지식재산권 시장으로 투자자들의 눈길이 돌려지게 되어 NPE들의 매입 및 소송, 라이센싱 활동을 위한 주요 자금원이 되었다.

한편, PE들 입장에서도, 4차 산업혁명이 불러온 디지털 컨버전스와 IP 컨버전스 로 인해 제품 및 사업경쟁력 강화를 위해 부족 또는 공백 기술영역에 대한 지식재산 확보에 대한 수요 증대와 함께, 경영악화에 따른 보유 지식재산의 수익화 또는 신규사업 진입을 위한 미래 유망기술 확보 등의 이유로 다양한 유형의 기술이전 및 지식재산 거래가 활발히 전개되고 있다.

이 책에서 주로 다룰 지식재산권 분쟁과 라이선스 등 지식재산권 계약을 돌아보기

---

3. Unified Patents, 2022 Patent Dispute Report

에 앞서, 아래 제1장에서는 현대 산업사회에서 사업보호와 경쟁력 확보를 위해 필수적으로 요구되는 지식재산권의 주요 유형을 돌아보기로 한다.

◆ 사례연구

▶ 특허 Privateering(특허 포트폴리오 분할)[4]	
	• 기업이 제3자를 활용하여 경쟁사에 소송을 제기함으로써 특허전략의 폭을 확대하는 모델 • '2008~'2010년 특허소송 직전 소유권자의 변동이 있는 경우가 60% 이상일 정도로 Privateer가 활발 • '2010년 노키아의 특허로 Apple 등을 제소한 Acacia가 대표 사례

---

4. 그림 출처, https://nokiamob.net/

'특허 사나포선 전략'은 자신이 아닌 제3자를 통해 경쟁사나 상대 기업을 공격하거나, 특허 수익화를 수행하는 전략을 의미하는 것이다. 자신이 직접 공격에 나설 경우, 경쟁업체들로부터 발생할 반공을 최소화해야 한다. 이를 위해, 특허포트폴리오를 분할하여 복수의 제3자(NPE)에게 양도 또는 위탁하여 이들로 하여금 경쟁사를 공격케 하여 로열티 수입의 극대화를 추진하려는 전략이다. 특허 소송 건수 및 손해배상액 또는 특허실시료 부담이 급격히 증가하는 추세를 보여 왔다.

노키아가 이런 전략을 수행한 선두적 대표 기업이다. 노키아는 지난 2004~ 2011까지 매년 1~3건 정도의 소송을 제기하다가 2012년 6건으로 급증했으나, 2013년 들어 노키아가 직접 특허소송을 제기한 사례는 크게 줄었다. 이는 제3자를 이용해 특허 소송을 수행하는 '사나포선(Patent Privateering)'[5] 전략에 따라, 노키아는 보유하던 특허포트폴리오을 여러 군으로 분할하고, 여러 경로를 거쳐 여러 NPE들에 양도, 또는 전용실시권을 허여 하고, 이들을 통한 소송을 전개하였다. 결과적으로, 2013년 한 해에만 노키아가 등록, 보유했던 특허를 활용해 NPE가 소송을 제기한 사례는, 애플에 1건, HTC에 2건, 림(Research in Motion)에 2건 등 총 13건에 달했다. 이에 따라, 종전에 노키아로부터 1건의 특허 license 계약을 통해 해결하였던 단일 특허포트폴리오가, 분할되어 노키아외에도 여러 NPE업체가 소그룹으로 보유하여 각각 공격해 옴에 따라, 이를 방어해야 하는 각 PE는 종국적으로 복수의 특허 licenses를 확보하여야 했다. 결국 Privateering이전대비, 수배에 달하는 실시료 부담을 안게 되는 폐해가 발생하게 되었고, 다른 PE들에게도 전파되어 상호 부메랑으로 되돌아오는 악습이 반복되어 왔다. 특허보유건이 한정적인 대부분의 중견, 중소기업들은 사실상 이런 전략의 도입이 불가하여, 궁극적으로 가장 큰 피해자가 될 소지가 높다. 따라서 이런 사례에 대해 특허권 남용에 따른 경쟁법(Anti-Trust)적 규제가 적용되어야 한다는 관련업계와 학계의 목소리가 높아지고 있다.

---

5. 사나포선(私拿捕船, Privateer): 다른 배를 나포할 권리를 가진 민간 선박을 말한다. 해적이 창궐한 근대 유럽 시대에 공식 해군만으로 전쟁을 수행하기 어려워 민간 선박에 무장을 시켜 전쟁을 수행할 수 있도록 했다. '특허 사나포선 전략'은 자신이 직접 공격하는 대신, 제3자를 이용해 경쟁사나 PE업체를 상대로 특허 수익화 라이센싱 또는 소송을 전개하는 일종의 아웃소싱 전략을 의미한다.

II. 지식재산과 지식재산권

■ 관계도: 지식재산 > 지식재산권+기술

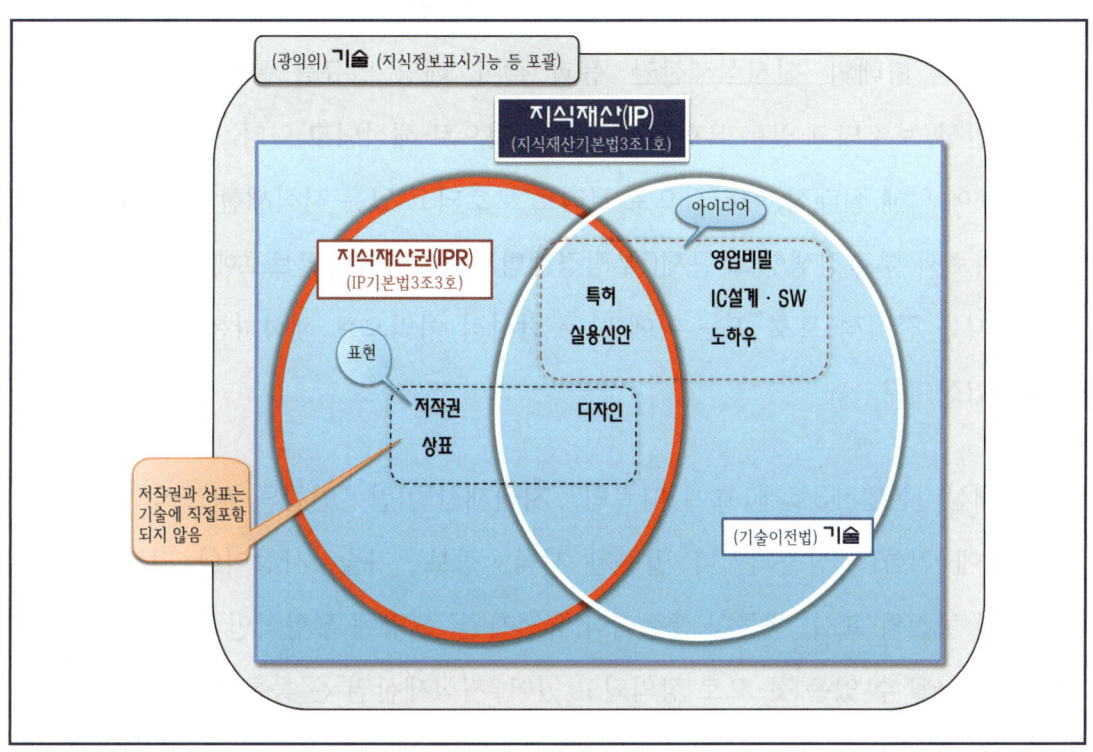

　일상에서 일반적으로 사용하는 넓은 의미의 기술은 사전적으로는 "과학이론을 실제로 적용하여 인간 생활에 유용하도록 가공하는 수단[6]"을 통틀어 이르는 말로, 지식, 정보, 표시, 지능 등을 포괄하는 개념인 반면, 기술이전법 제2조 1호에서 정의한 '기술'에는 '저작권' 또는 '상표'는 직접 포함되지 않으므로, 실무상 통용에도 불구하고,

---
6. 국립국어원, 표준국어대사전

법률상으로는 저작권 또는 상표의 양도 또는 사용권 실시(license)계약을 기술이전계약으로 분류하기는 부적절해 보인다.

반면, 일상은 물론, 관련 실무에서도 구분없이 혼용되고 있는 '지식재산권(intellectual property right; IPR)' 또는 '지식재산(intellectual property; IP)'이라는 명칭의 적절성을 돌아보면, '지식재산권'이란 지식재산기본법제3조제3호에서 "법령 또는 조약 등에 따라 인정되거나 보호되는 지식재산에 관한 권리"로 규정하고 있고, 판례상으로도 물권과 같이 절대적, 배타적 권리로 인정받기 위해서는 '물권법정주의' 원칙에 따라 '지식재산권'은 산업분야의 특허, 실용신안, 상표 또는 디자인 보호를 위한 '산업재산권', 문화예술 및 학술분야의 '저작권' 및 '반도체 배치설계권' 등과 같이 새로운 형태의 '신지식재산권' 등과 같이, 해당 법규를 통해 독점적, 배타적 권리로 인정, 보호되고 있는 유형에 한정되는 것으로 해석되고 있다. 반면, 영업비밀은 개별법률에 의해 절대적, 배타적으로 권리로 보호되고 있는 지식재산권이라기 보다는 불법행위로서 부정경쟁행위 규제('부정경쟁방지 및 영업비밀보호에 관한 법률', 제1조)에 따른 간접적 보호 또는 이에 따른 반사적 이익으로 해석하는 것이 우리나라 판례의 입장이다.

지식재산기본법제3조제1호에 따르면, '지식재산'이란 "인간의 창조적 활동 또는 경험 등에 의하여 창출되거나 발견된 지식·정보·기술, 사상이나 감정의 표현, 영업이나 물건의 표시, 생물의 품종이나 유전자원, 그밖에 무형적인 것으로서 재산적 가치가 실현될 수 있는 것"으로 정의되고 있어 '지식재산권'은 물론, 영업비밀, 미등록 상표 또는 디자인 등과 같이, 지식재산권으로 인정받지 못한 경우에도, 재산적 가치가 있는 기타 무형자산을 포괄하는 것으로 해석된다.

한편, 지적재산 또는 지적재산권이란 용어도 혼용되고 있는데, 그 영어 어원인 'intellectual property', 'intellectual property rights'을 고려하면 '지적 재산', '지적재산권'이란 표현이 더 적절해 보이지만, 2011년 지식재산기본법의 입법, 시행

에 따라, 특허청은 '지식재산'과 '지식재산권'으로 용어를 통일하여 사용하고 있다.

■ 정의: 지식재산과 기술

▶ 지식재산 (Intellectual Property) 〈지식재산기본법(3조1호)〉

"인간의 창조적 활동 또는 경험 등에 의하여 창출되거나 발견된 지식정보 기술, 사상이나 감정의 표현, 영업이나 물건의 표시, 생물의 품종이나 유전자원, 그밖에 무형적인 것으로서 재산적 가치가 실현될 수 있는 것"

- 지적 창작 결과물 (idea, 표현, 표시 등)
- 법적 소유/거래 가능
- 재산적 가치

지적 창작 장려를 통한 공공복리 증진을 위해 예외적으로 인정된
 i) 법률상의 권리 (배타적 독점권); 또는
 ii) 거래질서 유지를 위해 침해행위 규제에 따른 반사적 이익

▶ 기술 〈기술의 이전 및 사업화 촉진에 관한 법률, 제2조 1호〉

㉮ 특허, 실용신안, 디자인, 반도체집적회로의 배치설계 및 소프트웨어 등 지식재산,
㉯ ㉮ 목의 기술이 집적된 자본재,
㉰ ㉮ 또는 ㉯ 의 기술에 관한 정보, 또는
㉱ 그밖에 ㉮ ~ ㉰ 까지에 준하는 것으로서 이전 및 사업화가 가능한 기술적, 과학적 또는 산업적 노하우

■ 지식재산 규율방법

▶ 지식재산권: 적극적/배타적 보호

〈지식재산기본법 3조 3호〉
"법령 또는 조약 등에 따라 인정되거나 보호되는 지식재산에 관한 권리"
→ 특허, 상표, 디자인, 저작권 등은 해당 법규 통해 독점적·배타적 권리 인정/보호

- 〈특허법 제1조〉 "발명을 보호·장려하고 그 이용을 도모함으로써 기술의 발전을 촉진하여 산업발전에 이바지함"
- 〈저작권법 제1조〉 "저작자의 권리와 이에 인접하는 권리를 보호하고 저작물의 공정한 이용을 도모함으로써 문화의 향상발전에 이바지함을 목적으로 한다."

▶ 부정경쟁행위: 불법(침해)행위 규제에 따른 반사적 이익

> 〈부정 경쟁 방지 및 영업비밀 보호에 관한 법률 제1조〉:
> "국내에 널리 알려진 타인의 상표 상호 등을 부정하게 사용하는 등의 부정경쟁행위와 타인의 영업비밀을 침해하는 행위를 방지하여 건전한 거래질서를 유지함을 목적으로 한다."
> → 즉, 부정경쟁방지법은 보유자의 영업비밀 자체의 권리성을 인정하는 것이 아니라, 타인의 영업비밀을 침해하는 행위를 방지(규제)함으로써 건전한 거래질서를 유지하는 데 그 목적이 있다.

■ **신지식재산권**

컴퓨터프로그램 <저작권 및 특허권>	영업비밀 (Trade Secret)
데이터베이스 <저작권>	트레이드드레스 (Trade Dress)
반도체집적회로 <배치설계권>	퍼브리시티권 (Publisity)
식물신품종 <품종보호권>	
〈지식재산권〉	〈지식재산〉

재산권으로서의 지식재산권에 속하는 산업재산권과 저작권 외에, '신지식재산권'이라 불리어지는 영역도 있는 데, 이는 기존의 전통적인 지식재산권으로 보호할 수 없거나, 보호하기 적당하지 않은 지식재산 영역으로, 법률적 규정으로 확립되지는 않은 것으로 일반적으로 학술상 또는 사회적 관심/분쟁에 따른 분류이다. 과학과 현대산업 발달에 따라 보호의 필요성이 새롭게 대두된 영업비밀, 컴퓨터프로그램, 데이터베이스, 반도체집적회로, 식물신품종, 영업방법(Business Method), Trade Dress, Publicity권 등이 신지식재산권의 대상영역이라 할 수 있다. 예를 들자면, 컴퓨터 프로그램은 기본적으로 컴퓨터저작물로서 기존의 저작권 보호대상이 될 수 있으나, 컴퓨터 프로그램중에는 영업방법(Business Method)과 같이 정보통신기술이나 컴퓨터와의 연계를 통해 특허권으로 출원하여 보호 받을 수 있는 경우도 있는 반면, 기존 제도에 따른 요건이 충족되지 않거나, 보호가 부적절한 영역도 혼재하여, 부정경쟁행위 규제에 따른 간접적 보호 대상이 되기도 한다. 그러나, 신지식재산권에 속하는 반도체배치설계권이나 식물신품종보호권등의 경우는, 전통적인 지식재산권과는 별도로, '반도체 배치설계법', 또는 '식물신품종보호법' 등 독립적인 법률의 규정에 의하

여 권리자에 대한 재산권적 보호가 적용되기도 한다.

III. 지식재산권 유형

1. 개요

이 책에서 다루게 될 지식재산권 분쟁의 대상이 되는 지식재산권의 유형과 특징을 개괄적으로 정리해 보면 아래와 같다.

■ 지식재산(권) 유형

분류		보호제도	설정	보호기간
산업재산권	특허 (발명)	자연법칙을 이용한 기술적 창작으로서 고도한 발명 • 산업상 이용가능성 • 신규성 • 진보성(비용이성)	등록	~ 출원후 20년
	실용신안 (고안)	(물질이나 방법 제외) 물품의 형상, 구조, 조합에 관한 실용적 고안	등록	~ 출원후 10년
	디자인	물품(유체동산)의 형상, 모양, 색채 또는 이들의 결합으로 시각을 통하여 미감을 일으키게 하는 것 (심미적 창작)	등록	~ 출원후 20년
	상표	자신의 상품(서비스포함)을 타인의 상품과 식별 시키기 위해 사용하는 표장 (기호, 문자, 도형, 소리,냄새, 입체적형상, 홀로그램, 동작, 색채 등) <u>상품의 출처를 나타내기 위해 사용하는 모든표시</u>	등록	~ 등록후 10년 매10년 갱신가능

저작권 1. 저작인격권 2. 저작재산권 3. 저작인접권	문화·학술·예술적 창작의 표현 인간의 사상 또는 감정을 표현한 창작물 • 창작성(original): 독창성 +창작적 개성 • 외부적 표현성	무방식	생존기간 +사후 70년 인접권/업무/영상/프로그램 -70년 방송-50년; DB-5년
영업비밀 기타 지식재산	부정경쟁 방지 및 영업비밀 보호에 관한 법률	—	침해규제에 따른 상대적 보호

위의 유형들을 예시를 통해 잠깐 돌아보자.

(a) ① '흑연 심'과 ② '심을 감싸는 둥근 외피'로 구성된 '연필'이라는 최초의 기술적 사상은 특허의 대상이 될 수 있었을 것이다.

(b) 종전 기술(연필)상 둥근 외피로 인해, i) 굴러 떨어져 심이 부러지기 쉽고, ii) 손에 땀이 차면 미끄러워 잡기가 불편하다는 문제점을 극복하기 위해, 외주면을 다각 형상으로 개선하였다.

(c) 또한, 어린이들에게 인기있는 만화, '아기공룡 둘리'에 등장하는 캐릭터 '또치'를 연필에 적용한 소비자 마케팅 도 구상했다.

(d) 협의 결과, 종전 연필의 외주면 그립(손잡이)부를 만화캐릭터 또치로 입체 형상화하기로 결정했다.

(e) 다른 후발 경쟁자가 위 신상품을 무단 복제하여 사용하지 못하도록, 연필 등 필기구를 지정상품으로 '입체 또치 형상'+을 상표로 출원하기로 했다.

(f) 어떤 경쟁사의 연필은 심이 너무 부드러워서 잘 부러지고, 또 어떤 제품은 심이 너무 딱딱해서 필기가 어렵거나, 종이가 찢기는 문제점이 지적되어, 연구결과, 흑연 제조공정상 배합원료의 비율과 온도 등 최적점을 찾아 내었으나, 이를 출원하면 공개되어 결국 경쟁사들이 모방하여 경쟁력을 잃게 되는 반면, 특허 등록된다 하더라도, 특허권자는 이 특허발명기술(연필용 흑연 심 가공방법)을 모방한 경쟁사들의 제조공

정상 배합비율과 온도 등을 입증하기가 어려울 것으로 판단되어 고민중이다.

◆ 사례연구〈예시〉

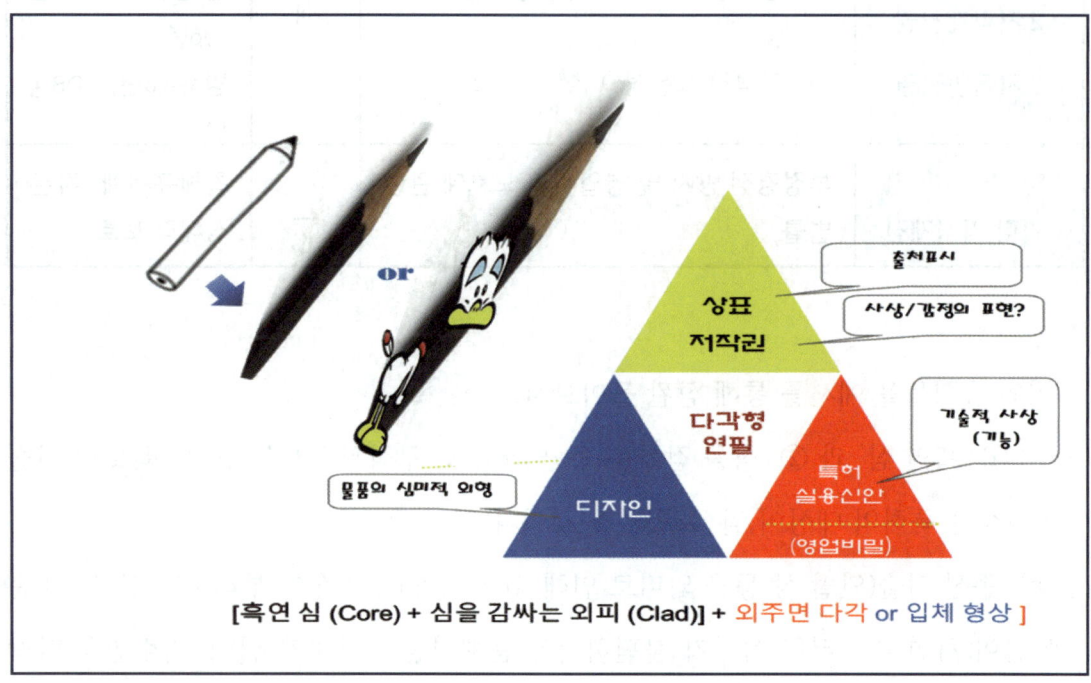

위에서 도출된 신제품 아이디어를 보호할 수 있는 지식재산권 유형을 살펴보면,

▶특허/실용신안: (b)는 종전기술 (a)상 문제점 해결을 위한 개량된 '기술적 사상'에 해당되어 특허 또는 실용신안으로 출원할 수 있고,

▶저작권: (c)의 아기공룡 둘리나 그 속에 등장하는 또치 등 캐릭터는 창작적 표현물, 즉 응용미술저작물에 해당되어 저작권자의 허락이 있어야 상품화(2차적 저작물)할 수 있다.

▶디자인: (d)는 물품(연필)의 미적인 외형에 해당되어 연필 등 필기구를 지정상품으로 하여 디자인 출원 가능하고,

▶상표: (e) 또치입체 형상은 상품의 출처 표시로 사용하여 다른 경쟁사 연필과 구분하기에 충분한 식별력이 있어 보이므로 입체 형상을 상표로 출원하는 것도 고려가

능하다.

▶영업비밀: (f) 기술적 사상은 특허로 출원할 수도 있지만, 출원공개에 따른 기술 노출로 경쟁사들이 모방하는 것이 우려되는 반면 입증이 곤란한 경우라면, 그 기술을 비밀로 관리하여 영업비밀로 유지하는 방안이 가장 적절한 대안이 될 수 있다.

이렇듯 하나의 사업상 아이디어에는 하나의 지식재산권 유형만 적용되는 것이 아니라, 다양한 유형의 지식재산권을 통해 복합적인 보호망을 구성할 수 있다. 미국은 물론, 전세계적으로 지식재산권 이해를 위해 자주 등장하는 대표적인 소재가 코카콜라병이다. 저자도 지식재산권 입문 강의에서 4~5년전부터 활용해 왔다. 아래에서는 코카콜라병을 통해 각 유형들의 특징과 주요내용을 돌아보자.

◆ 사례연구 〈코카콜라의 IP 복합 보호〉

2. 특허와 실용신안 (UTILITY PATENT)

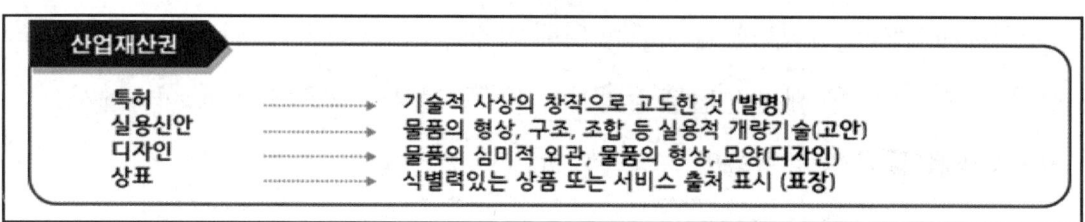

특허는 산업재산권의 일종으로, 실용신안과 같이 자연법칙을 이용한 기술적 사상, 즉 기술적 발명을 대상으로 하는 반면, 디자인과 상표도 산업재산권의 일종이나, 디자인은 기술적 사상이라 기보다 물품의 미적인 외관을 요건으로 하고, 상표는 상품의 출처 표시 기능을 할 수 있는 식별력 있는 표장을 대상으로 한다.

특허권을 받기 위하여 갖춰야 할 요건은,

- 특허법 제2조 제1호에서 "자연법칙을 이용한 기술적 사상의 창작으로서 고도한 것'이라고 발명을 정의하고 있으며 (발명의 성립성),
- 출원 발명은 산업에 이용할 수 있어야 하며 (산업상 이용가능성)
- 출원하기 전에 이미 알려진 기술(선행기술)이 아니어야 하고 (신규성)
- 선행기술과 다른 것이라 하더라도 그 선행기술로부터 쉽게 생각해 낼 수 없는 것이어야 한다. (진보성)

위 요건을 모두 갖추더라도, 공서양속이나 공중위생을 해할 염려가 있는 발명은 특허를 받을 수 없으며 (불특허사유), 특허출원 명세서 작성상, 권리범위(청구항)는 명확하고 간결하되, 특허발명을 재현 반복함에 어려움이 없도록 명세서와 도면을 통해 상세한 설명이 기재되어야 한다. (명세서 기재요건) 동일한 발명이 경합하는 경우, 먼

저 출원된 특허 발명이 우선권을 갖고 후 출원은 거절된다.(선출원주의)

■ 특허요건 판단절차[7]

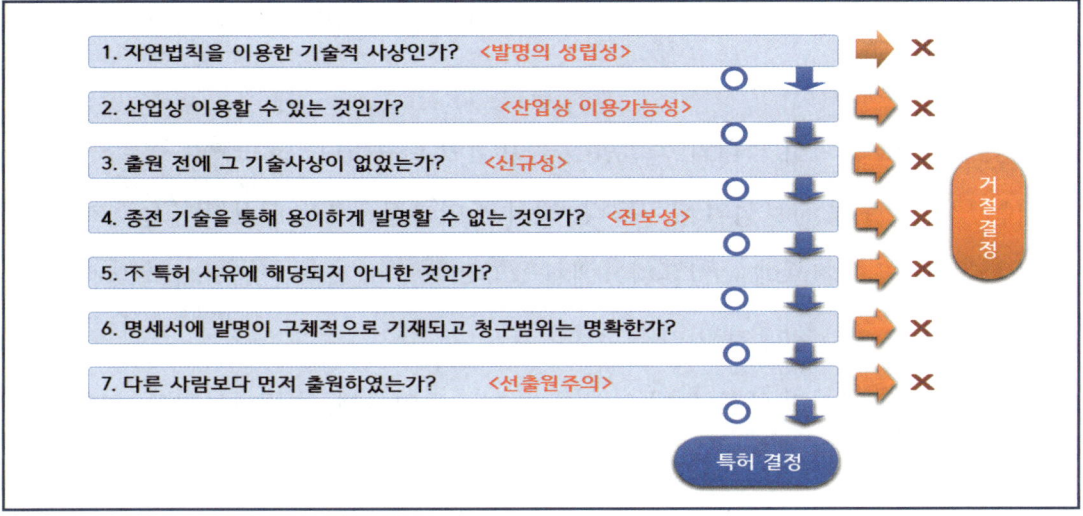

특허 출원을 하게 되면, 아래 절차에 따라 위의 요건을 심사한 후, 최종적으로 특허 등록 여부를 결정하게 되고 특허 결정된 발명은 등록공고를 통해 일반에게 공개된다.

■ 특허출원심사절차

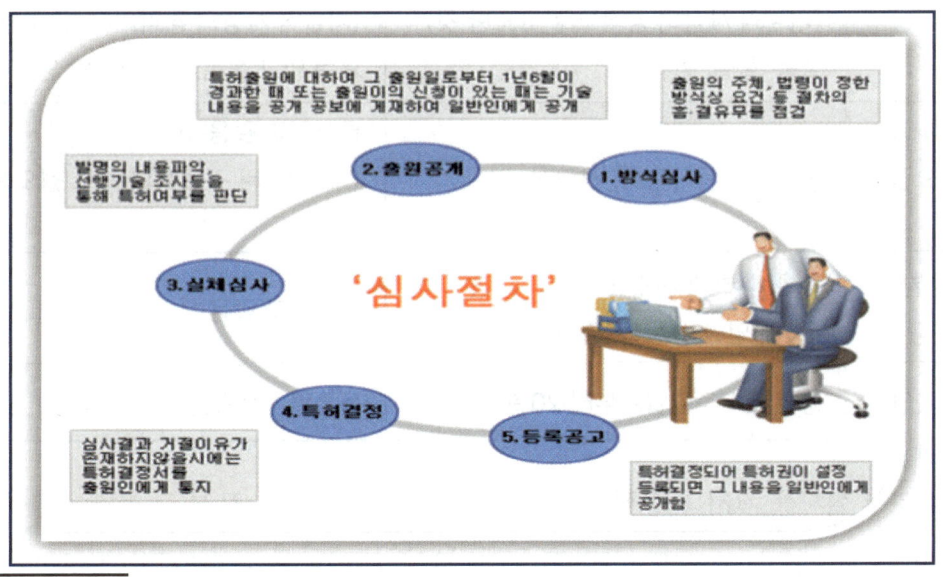

---

7. 전현종, 산업재산권 제도, 특허청, 2006, 도표일부 수정

한편, 실용신안은 특허와 매우 유사한 권리이나, 아래 몇가지 점에서만 차이가 있다.

- 특허는 발명(고도성)에 관한 것이나 실용신안은 고안(고도성을 요하지 않음)에 관한 것으로서 실용신안의 대상이 되는 고안은 물품에 대해서만 인정됨. 따라서 물질, 방법, 제조방법 등의 경우는 실용신안의 대상에 해당하지 않고 반드시 특허로 출원하여야 함.
- 등록요건에 있어서 특허와 동일한 등록요건이 필요하나, 진보성의 경우 특허보다는 낮은 정도의 진보성이 요구된다. 따라서 이론적으로는 진보성이 없어서 특허를 받을 수 없는 경우에도 실용신안에서 요구하는 진보성은 만족하여 실용신안등록을 받을 수 있는 경우가 있다.
- 실용신안은 권리의 행사 등에 있어서 특허와 동일하게, 손해배상청구, 침해금지청구 등의 민사적 방법 및 침해죄의 고소 등의 형사적 방법을 동일하게 사용할 수 있으나, 권리의 존속기간은 특허권에 비하여 짧다.

〈참조: 특허와 실용신안 비교〉

구분	특허권 [특허법]	실용신안권 [실용신안법]
보호대상	발명 (기술적 사상의 창작으로 고도한 것) 물품, 물질, 방법	실용적 고안 (기술적 사상의 창작이나, 고도할 필요는 없고 물품에 대해서만 인정)
등록요건	산업상 이용가능성, 신규성, 진보성	특허권과 같음 (특허 대 비 진보성의 진보 정도는 낮음)
권리 발생 및 내용	등록 시 발생하며, 특허발명을 실시할 권리를 독점	특허권과 같음
보호기간	등록일 ~ 출원일로부터 20년	등록일 ~ 출원일로부터 10년

위의 심사 절차를 거쳐 최종적으로 등록된 특허권자는 업으로서 그 특허발명을 실시할 권리를 독점하게 되어(특허법 제94조), 정당한 권원 없는 제3자가 특허발명을 업

으로 실시하는 것을 금지, 배제할 수 있는 권리(배타적 금지권)를 갖게 된다. 즉, 특허권자는 침해자를 상대로 민사소송을 통해 침해금지 및 예방 청구권, 손해배상청구권, 신용회복 청구권 및 부당이득 반환 청구권을 행사할 수 있고, 고의 침해의 경우에는 고소를 통해 형사처벌도 추진할 수 있게 된다.

■ **특허권 침해유형**

유형		관련법 조항	요건
직접침해		-국내특허법 97조 등 -미국특허법 154조	• 문언침해 (Literal Infringement): All Element Rule청구범위의 모든 구성요소가 대상제품에 적용된 경우 • 균등침해: Doctrine of Equivalent: 침해대상물이 특허청구범위의 구성요소 일부가 대치되었으나, 균등관계에 있는 경우 확장 해석하여 보호 ①발명의 기술적 사상과 과제해결원리가 동일 ②치환된 구성요소와 원발명 요소의 작용효과가 동일 ③이러한 치환이 당업자에게 자명할 것 * 단, 출원/보정과정에서 출원인이 치환된 요소를 일부러 제외한 경우는 균등물로 보지 않음 → **禁反言(Estoppel)의 원칙**
간접침해	기여침해	-국내특허법 127조 등 -미국특허법 271조3항	특허발명자체 실시는 아니나, 방치한다면 장차 발명을 실시하게될 우려가 있는 前단계 행위(예비행위)에 대해서도 침해로 간주 *발명대상 물건의 생산 또는 발명 방법의 실시에만 사용되는 핵심적인 물건(부품/소재)을 공급하여, 그 구매자가 침해물품을 조립/생산하게 된 경우 (본질적인 구성요소 + 다른 용도 사용없고 + 일반적 입수어려움)

유도침해	-미국특허법 271조2항 -국내특허법, 인정않음	적극적으로 다른 사람이 특허발명을 침해하도록 유도(제고,재촉,고무,조력)한 자는 특허침해자로서 책임부과 (결과로 직접침해 발생 + 특허 존재 및 직접 침해 초래 인식 필요)

* 미국의 경우, 우리나라와 달리 유도침해도 간접침해로 인정하고 있다.
* 일반인들의 흔한 오해 중 하나가, a(다리)+b(앉은 판)+c(등받이)로 구성된 의자 특허발명이 있었으나, 이후 팔걸이(e)를 추가한 팔걸이 의자가 개량발명으로 특허 등록되었다면, 팔걸이 의자 발명은 기본특허의 침해가 아니라고 생각한다. 틀렸다, 팔걸이 특허는 여전히 기본의자특허의 구성요소를 모두 적용하였으므로 직접 침해에 해당한다. 이를 '이용에 의한 침해'라 한다.

◆ 사례연구

코카콜라는 130여년전, 소화제, 두통약 등 목적으로 코카인 원료를 기반으로 만들어진 자양 강장제이었는 데, 미군은 제2차 세계 대전 중 오염된 물을 마신 병사들에게 문제가 발생하자 이를 해결하기 위해 코카콜라를 군수물자로 보급했고 이를 계기로 코카콜라의 보급이 급성장하면서, 경쟁업체들은 유사품을 만들기 시작했다고 한다. 원래 주성분이었던 코카인 등에다, 이후 탄산, 설탕, 카페인 등 첨가물이 더해지면서 지금의 코카콜라가 되었다 한다.
처음 소개된 코카콜라 제조법(formula)은 1893년에 특허로 출원, 등록하였으나, 그 이후 변경된 제조법은 특허출원으로 공개하는 대신 영업비밀로 유지하기로 전략을 바꾸고 오늘날까지 비밀로 유지, 관리해 오고 있다. 그럼 코카콜라병에서 찾아볼 수 있는 가장 대표적인 특허는 무엇일까?

왕관과 모양이 비슷하다고 해서 '왕관병 뚜껑(Crown cap)'이라고 불리는 이 병뚜껑은 1892년 영국인 발명가 윌리엄 페인터가 처음 개발해 지금까지도 가장 많이 사용되는 병뚜껑이다. 페인터는 재사용할 수 없고, 탄산이 새 나가지 않도록 단단히 밀봉할 수 있는 병뚜껑 연구에 착수하여, 삼각형 꼭지점에 기반한 수학적 계산결과를 기초로, 5년간의 실험을 거친 결과 병뚜껑의 톱니 수를 21개로 결정하게 되었다 한다. 톱니 수가 적으면 탄산을 병 안에 완벽하게 밀봉하기 어렵고, 톱니 수가 많으면 뚜껑이 병을 너무 꽉 물어서 뚜껑을 따기가 어렵다는 점을 확인한 끝에 내린 결론이다.

하나 더 들자면, 용기의 밀폐를 위해 중요한 역할을 하는 병뚜껑을 보조하는 장치가 하나 더 있는데, 유리인 병과 금속인 병뚜껑만으로는 공기나 탄산가스 등의 완전한 밀폐가 불가능하여, 유리와 금속의 딱딱한 틈을 막아주는 역할을 하는 '저밀도 폴리에틸렌(LDPE)'이 적용된다. LDPE는 분자 구조가 간단한 수지 중 하나로, 무색 무취이며 화학성분에 강해 주로 음식을 포장하는 용기로 제작되는 석유화학물질이다.

◆ 돈 되는 강력한 특허발명은 복잡하고 어려운 첨단기술이라 기 보다는 수요자가 가려워하는 문제점을 시원하게 해결해 주는 가성비 높은 해결방안에 있다!

■ 우리나라와 미국 특허제도 주요 차이점

▶ 미국 특허는 실용 특허(utility patent), 디자인 특허(design patent), 식물 특허(plant patent) 등으로 나뉜다. 우리나라의 실용신안과 특허는 미국의 실용 특허에 해당하고, 우리나라의 디자인은 미국의 디자인 특허에 해당한다. 단, 미국 디자인 특허는 출원일로부터 15년으로 우리보다 짧다. 우리나라의 실용 실안은 출원일로부터 10년간 존속으로 단기인 반면, 미국은 실용신안제도가 따로 없이 특허법상 실용특허로 단일화되어 있고 보호기간은 출원일부터 20년으로 우리와 같다. 권리와 효력은 모두 등록일부터 발생한다는 점은 동일하다.

▶ 미국 특허등록 요건: ① 특허 적격성 (35 U.S.C. § 101; 신규하고 유용한 프로세스(process), 제조품(manufacture), 기계(machine), 조성물(composition)), ② 신규성(novel) (35 U.S.C. §102), ③ 비자명성(not obvious) (35 U.S.C. §103) 및 ④ 명세서 기재요건 (35 U.S.C. §112)을 만족하여야 한다.

미국 특허법 제112조는 명세서 기재의 요건에 대해, "명세서에는 발명 및 그 제조, 사용에 관한 방식 및 과정의 설명(written description, 상세한 설명)을 당해 발명이 속하는 기술분야 또는 밀접하게 관련된 기술분야의 전문가라면 제조, 사용할 수 있도록(enablement, 실시가능) 충분하게 간단 명료하고 적절한 용어로 기재하여야 하며, 또한 발명자에 의해 생각되어진 최선의 실시예(best mode, 최적실시예)를 제시하여야 한다"8라고 규정하고 있다.

---

8. (a) The specification shall contain a written description of the invention, and of the manner and

▶ 미국 개정 특허법(AIA)에서는 전세계적인 추세에 맞춰 기존의 선발명주의를 버리고 선출원주의를 채택하였다.

▶ 미국 특허제도상 출원인은 특허출원 시 관련 선행기술을 명시하도록 정보공개서 (Information Disclosure Statement, IDS)의 제출을 의무화하고 있으나, 우리나라는 출원인에게 관련 선행기술의 제시를 의무화하지는 않는다. (출원인이 특허 출원 시 선행기술을 명시하는 것이 아닌, 별도의 선행 기 술조사기관 또는 특허청이 선행기술을 조사하도록 하고 있음).

▶ 출원공개는 출원일로부터 18개월 후에 공개되는 것이 원칙으로, 우리나라의 경우 출원되어 공개일 현재 계속 중인 출원은 원칙적으로 모두 출원 공개되나, 미국의 경우 미국 이외의 국가에 출원하지 않으면 출원공개를 하지 않을 수 있다.

▶ 미국의 경우 출원된 발명에 대하여 심사청구 여부에 상관없이 무조건 심사를 진행한다는 점에서 심사청구가 있어야만 심사가 진행되는 우리나라와 차이가 있다.

▶ 미국의 재심사 제도는 새롭게 발견된 선행기술에 의거하여 등록된 특허에 대하여 다시 심사하도록 특허상표청에 신청하는 절차로서, 우리나라의 제3자 청구에 의한 무효심판과 유사하다.

---

process of making and using it, in such full, clear, concise, and exact terms as to enable any person skilled in the art to which it pertains, or with which it is most nearly connected, to make and use the same, and shall set forth the best mode contemplated by the inventor of carrying out his invention.

3. 디자인 (DESIGN PATENT)

구분	디자인권 [디자인보호법]
보호대상	물품의 디자인 (물품의 형상, 모양, 색채 또는 이들의 결합으로 시각을 통하여 미감을 일으키는 것)
등록요건	- 성립요건: 공업상 이용가능성, 신규성, 창작성 - 등록요건: 물품성, 형태성, 시각성, 심미성
권리발생 및 내용	설정 등록 시 발생하며, 실시할 권리를 독점 디자인권자는 업으로서 등록디자인이나 유사한 디자인을 실시할 권리 독점 디자인권자를 두텁게 보호하기 위해 유사범위까지 효력 범위 확장
보호기간	설정등록일로부터 권리발생 ~ 출원후 20년 존속

디자인 보호법상 지식재산권으로 보호되는 디자인은 우리가 일상 생활에서 사용하는 디자인 개념보다는 상당히 좁다. 원칙적으로 유체동산인 물품에 한정된 미적 외관을 대상으로 함에 유의가 필요하다.

■ 디자인권 보호범위와 성립요건

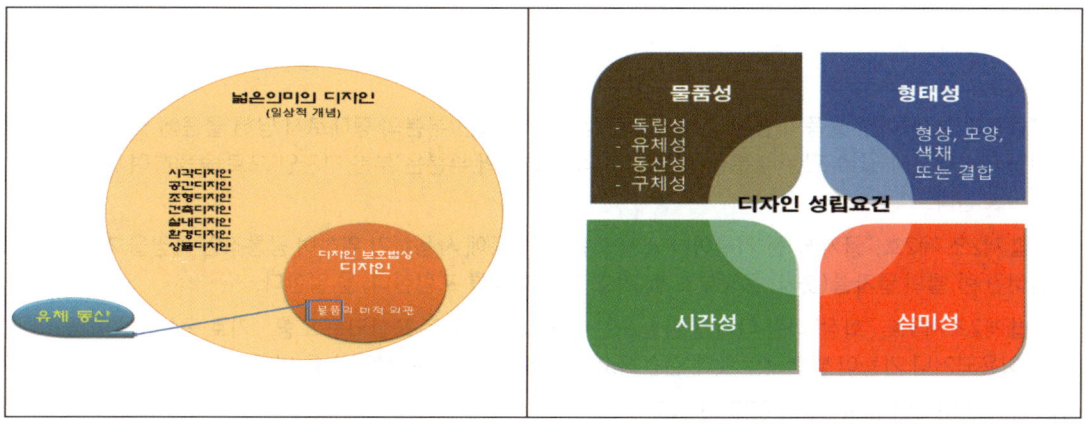

이러한 물품의 외형에 대한 창작은 '의장', '디자인' 또는 '산업디자인'(industrial design)이라 불리어 지기도 하며, 우리나라에서는 디자인 보호법에서 규정, 보호하고 있다. 디자인 보호법상 디자인 이란 '물품 (물품의 부분[9] 및 글자체[10] 및 화상[11] 을 포함)의 형상, 모양, 색채 또는 이들을 결합한 것으로서 시각을 통하여 미감을 일으키게 하는 것"(디자인보호법 제2조제1호)을 말한다. 2021년 4월 개정법에 따라, 물품에 갖춰지지 않은 화상 자체도 보호대상으로 포함되어 종전에 글자체 디자인, 부분 디자인 등을 제외하면 물품성을 고수하던 원칙에 큰 변화를 일으켰다.

■ **물품성 예외 유형[12]**

A. 물품의 부분 (부분디자인)
▶성립요건 ① 부분디자인의 대상이 되는 물품이 통상의 물품에 해당할 것 ② 물품(점선 또는 무채색으로 표시)의 부분(실선 또는 유채색 으로 구분 표시)의 형태라고 인정될 것 ③ 다른 디자인과 대비의 대상이 될 수 있는 부분으로서 하나의 창작단위로 인정되는 부분일 것 ④ 디자인의 대상이 되는 물품이 기계에 의한 생산방법 또는 수공업적 방법에 의하여 반복적으로 양산될 수 있을 것 ▶예시: 〈출처: 디자인 등록번호: 30-0507156〉

---

9. "물품의 부분"이란 물품의 전체 중에 일정한 범위를 점하는 부분의 형태로서 당해 물품에 있어서 다른 디자인과 대비대상이 될 수 있는 부분을 말한다. 이러한 물품의 부분은 '부분 디자인'으로 출원하여 등록된 경우에만 보호된다.

10. 법 제2조 제2호, "글자체"란 기록이나 표시 또는 인쇄 등에 사용하기 위하여 공통적인 특징을 가진 형태로 만들어진 한 벌의 글자꼴(숫자, 문장부호 및 기호 등의 형태를 포함한다)을 말한다.

11. 법 제2조제3호, "화상"이란 디지털 기술 또는 전자적 방식으로 표현되는 도형·기호 등[기기(器機)의 조작에 이용되거나 기능이 발휘되는 것에 한정하고, 화상의 부분을 포함한다] 을 말한다.

12. 특허청 디자인 심사기준(2023.1) 참조

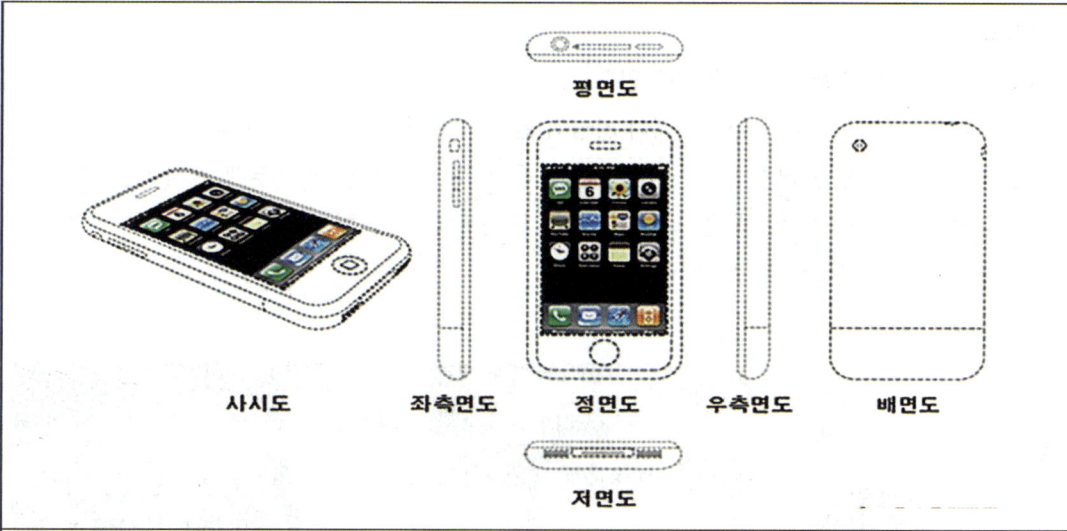

B. 글자체

(글자체 이미지)	▶성립요건 ① 기록이나 표시 또는 인쇄 등에 사용하기 위한 것일 것 ② 공통적인 특징을 가진 형태로 만들어진 것일 것 ③ 한 벌의 글자꼴일 것 예시: 〈출처: 디자인등록번호: 20-07792380000〉

C. 한벌의 물품

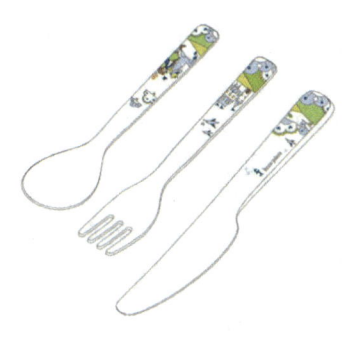

▶성립요건
① 둘 이상의 물품(동종의 물품을 포함한다)이 한 벌로 동시에 사용될 것
② 한 벌 전체로서 통일성이 있을 것
③ 한 벌의 물품을 구성하는 물품이 적합할 것
예시: 〈디자인등록번호: 30-07784050000〉

D. 화상디자인

성립요건
1) 물품에 독립적인 화상에 관한 디자인으로,
2) "화상"은 기기의 조작에 이용되거나 기능이 발휘되는 것으로 한정(기능성 요건) 한다.
반면, '물품의 부분에 표현된 화면 디자인(물품의 액정화면 등 표시부에 일시적인 발광현상에의해 시각을 통해 인식되는 모양 및 색채 또는 이들의 결합) 은 물품에 구현될 것을 전제로 하는 "부분 디자인"의 일종 이다.
예시: <출처: 특허청>

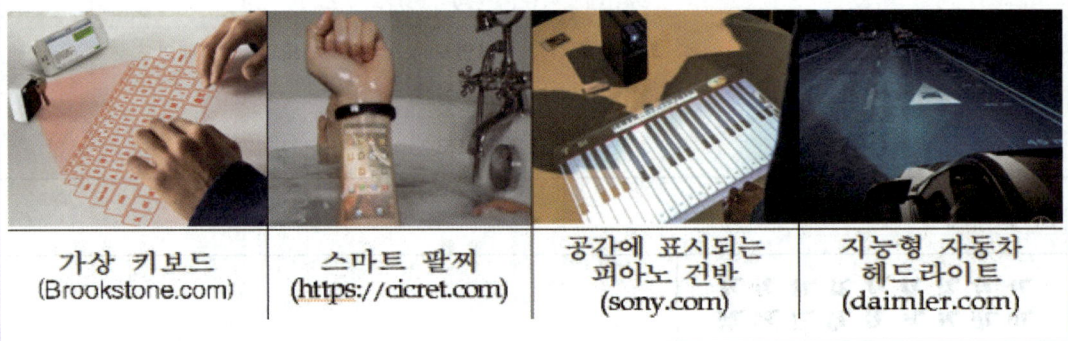

가상 키보드 (Brookstone.com) | 스마트 팔찌 (https://cicret.com) | 공간에 표시되는 피아노 건반 (sony.com) | 지능형 자동차 헤드라이트 (daimler.com)

법상 보호대상이 되는 디자인의 성립요건에는 ① 물품성(독립적 거래대상인 구체적인 물품으로서 유체동산)[13] 외에도, ② 형태성 (글자체와 화상디자인을 제외하고는 형상이 결합되지 않은 모양, 색채 및 그 결합은 인정되지 않음), ③ 시각성 (육안으로 식별가능)[14] 및 ④ 심미성 (해당 물품으로부터 미감을 느낌)이 있다. 디자인권은 특허권과 마찬가지로, 출원심사를 거쳐 등록되어야 만 권리로서 효력이 발생되며, 우리 법상, 디자인권은 출원일로부터 20년간 보호된다. 이는 미국법제상 특허권의 일종인 Design Patents(디자인 특허)에 해당되고, 미국 특허법에 의하면 출원일로부터 15

---

13. 대법원 98후2900(2001. 4. 27.선고), 2003후274(2004. 7. 9. 선고) 판결 참조, 디자인보호법 제2조 제1호 에서 말하는 "물품"이란 독립성이 있는 구체적인 유체동산을 의미하는 것으로서, 이러한 물품이 디자인 등록의 대상이 되기 위해서는 통상의 상태에서 독립된 거래의 대상이 되어야 하고, 그것이 부품인 경우 에는 다시 호환성을 가져야 하나, 이는 반드시 실제 거래사회에서 현실적으로 거래되고 다른 물품과
호환될 것을 요하는 것은 아니고, 그러한 독립된 거래의 대상 및 호환의 가능성만 있으면 디자인등록의 대상이 된다고 할 것이다.
14. 외부에서 볼 수 없는 곳. 즉, 분해하거나 파괴하여야 볼 수 있는 곳은 시각성이 없다고 본다. (단, 뚜껑을 여는 것과 같은 구조로 된 것은 그 내부도 디자인의 대상이 된다.); 대법원 98후2689(1999. 7. 23. 선고) 판결 참조, 이 사건은 조명기구용 틀이 완성품인 기구의 외피를 제거 내지 훼손하지 않는 한 틀 그 자체의 완성된 형상과 모양을 볼 수 없다는 이유로 디자인 등록의 대상이 아니라고 본 사례임

년간 보호된다.

디자인으로 등록되기 위해서는 아래 요건을 충족해야 한다.

(i) 공업상 이용할 수 있는 디자인(공업상 이용가능성)으로,

(ii) 출원 당시에 일반인에게 알려졌거나, 알려진 디자인과 유사한 디자인이 아니어야 하며(신규성),

(iii) 해당분야에서 통상의 지식을 가진 자가 기존 디자인 또는 기존 디자인과 유사한 디자인과 결합하여 용이하게 창작할 수 없어야 한다(창작 비용이성).

디자인은 독창적(original), 장식적(ornamental)이며, 비기능적인 (non-functional) 특징, 달리 말하면, 순수한 실용적 기능 (utilitarian) 측면이 아니라, 목적물의 시각적 외관 또는 디자인을 보호한다.

■ 등록받을 수 없는 디자인

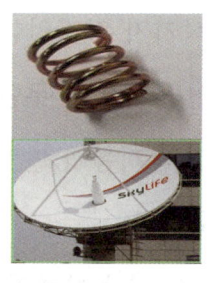
① 구조적이거나 기능적인 외관

② 국기, 공공기관 표장 등

③ 공공질서, 미풍양속 위반

④ 타인의 업무상 물품과 혼동 우려있는 디자인 (저명 상표/표장 등 이용)

한편, 디자인 성립요건을 충족한 경우에도, 위 도표에서와 같이 ① 물품의 기능을 확보하기 위해 불가결한 형상만으로 된 디자인, ② 국기, 공공기관 표장 등과 동일, 유사한 디자인, ③ 공서양속 또는 공공질서를 해할 우려 있는 디자인, 또는 ④ 타인의

업무와 관련된 물품과 혼동 우려 있는 디자인은 등록을 받을 수 없는 디자인에 해당한다. (법제34조)

■ **유사디자인(침해) 판단기준**

구분	동일물품	유사물품	비유사물품
형상·모양·색채 동일	동일디자인	유사디자인	비유사디자인
형상·모양·색채 유사			
형상·모양·색채 비유사			

이렇게 등록된 디자인이라도 그 권리범위는 출원시 지정상품과 동일하거나 유사한 물품간에서만 인정된다. 즉, 동일 또는 유사한 디자인이라 하더라도 지정상품과 유사하지 않은 상품에 대해서는 침해 주장을 할 수 없다는 점을 유의하여야 한다. 위 도표의 우측 컬럼에 보이는 첫번째 물품은 카림라시드라는 유명작가가 디자인한 휴지통이다. 그런데 이와 동일한 디자인을 제3자가 두번째 물품인 연필 꽂이에 무단으로 적용하더라도 침해가 아니다. 첫번째 디자인 등록 시 지정상품인 휴지통과 연필 꽂이는 용도, 기능상 혼용해서 사용할 수 없는 비 유사 물품이기 때문이다.

- "동일물품"이란 용도와 기능이 동일한 것을 의미하며, "용도"란 물품이 실현하려는 사용목적을 말하며,「기능」이란 용도를 실현할 수 있는 구조 · 작용 등을 말한다.
- "유사물품"이란 용도가 동일하고 기능이 다른 것 (예, '볼펜'과 '만년필')을 의미하며,
- "비유사물품"인 경우에도 용도상으로 혼용될 수 있는 것은 유사한 물품이라 볼 수 있다. "혼용"이란 용도가 다르고 기능이 동일한 물품을 용도를 바꿔서 사용하는 것으로, 예를 들면, "수저통"과 "연필통"의 관계가 이에 해당한다.

산업디자인은 기술적 기능 및 비용과 더불어 소비자가 다른 경쟁제품 대비 특정 제품을 선호하게 해주는 주요 고려요인 중 하나인 만큼, 디자인에 대한 법적 보호를 통해, 상품의 시각적 요소를 향상 시키기 위한 투자를 장려하고 있다. 심사를 거쳐 등록된 디자인권에 대해서는 특허권과 마찬가지로, 침해금지/예방 청구권, 손해배상 청구권, 신용회복청구권이 인정되고, 고의 침해자는 형사처벌 대상이 될 수도 있다. 한편, 등록되지 않은 디자인의 경우에도, 경쟁업체 등 다른 사람의 상품 형태를 모방하는 행위는 부정경쟁행위로서 부정경쟁방지법에 따른 제재 대상이 될 수도 있음을 유의하여야 한다.

◆ 사례연구

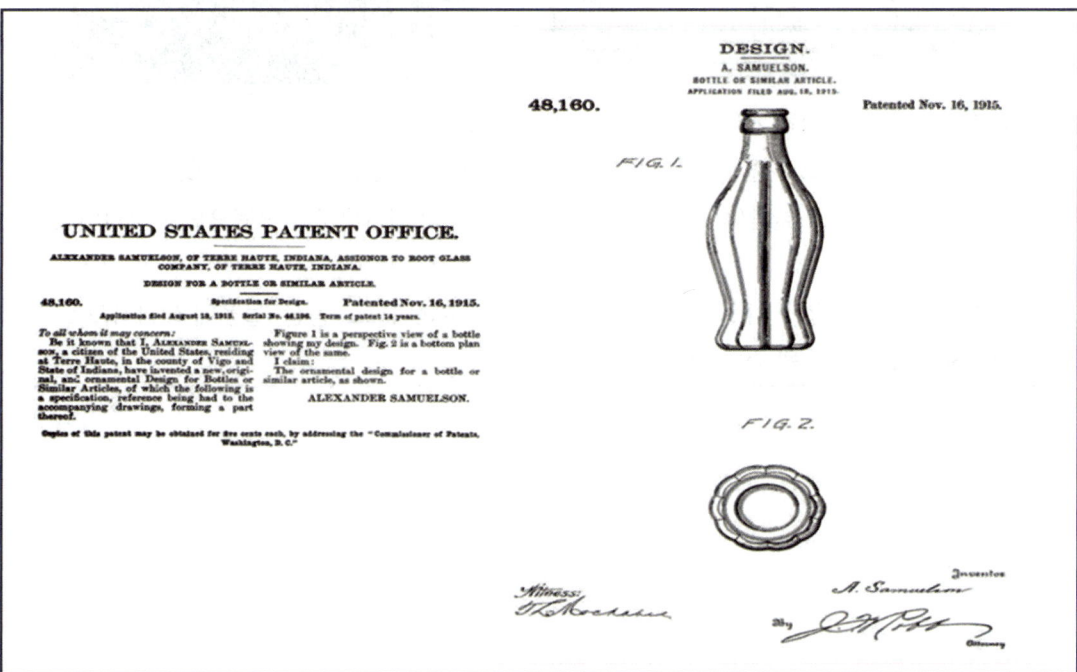

　오랜 세월 우리에게 너무나 익숙한 병모양, 잘룩한 허리와 주름진 치마 모양을 연상케 하는 이 병 모양은, 공모전을 통해 선정된 것으로, 코카콜라가 출원하여, 1915년 미국 특허상표청에 디자인 특허로 등록되었던 디자인이다. 우리나라의 디자인권은 미국 법제상 디자인 특허에 해당한다. 미국의 유명한 팝 아티스트, 앤디워홀도 이런 코카콜라 병 디자인을 응용한 미술작품을 전시하기도 할 정도로 많은 사람들의 이목을 집중시켜온 외관임에 의문이 없을 것이다.

◆ **사례연구 〈연습문제〉**

▶ 아래 항목중 디자인권 보호대상이 될 수 있는 것은?

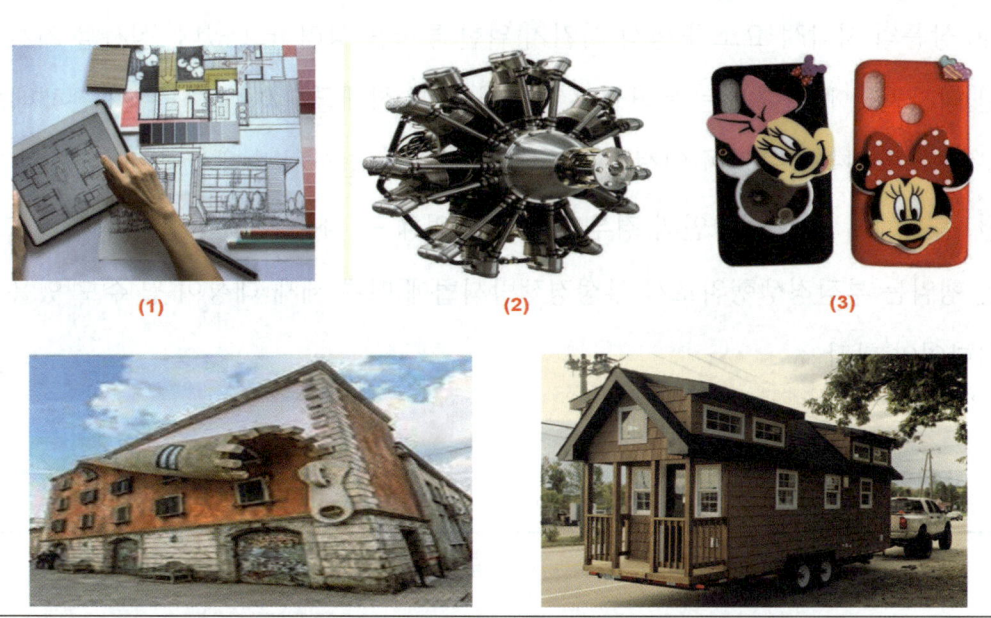

(1)과 (4)는 물품(독립된 거래대상인 유체동산)이 아니다

(2)는 엔진의 내부구조로 물품의 외관이 아니므로 시각성 요건을 충족시키지 못한다.

(3)은 스마트폰 커버로 물품에 해당하고, 캐릭터를 물품의 외관으로 구현했으므로 디자인권 보호 대상이다.

(5)는 이동형으로 공업적 대량생산이 가능한 조립형 주택이므로 동산, 물품에 해당하므로, 디자인권 보호대상이 될 수 있다.

■ **우리나라 디자인권과 미국 디자인 특허제도 주요 차이점**

> ▶ 미국 특허는 실용 특허(utility patent), 디자인 특허(design patent), 식물 특허(plant patent) 등으로 나뉜다. 우리나라의 실용신안과 특허는 미국의 실용 특허에 해당하고, 우리나라의 디자인은 미국의 디자인 특허에 해당한다. 단, 미국 디자인 특허는 출원일로부터 15년으로 우리보다 짧다.
>
> ▶ 미국 특허법 제171조는 디자인특허의 보호대상이 제조물품에 대한 디자인일 것을 요구하고, 장식성(미적 외관)과 시각성을 요구한다는 점에서는 우리 디자인보호법상 디자인 보호대상과 유사하나, 물품이기만 하면 동산, 부동산을 구분하지 않고, 우리나라에서는 부동산에 해당되어 보호대상이 되지 않는 건축물, 인테리어 디자인 등도 보호대상이 되는 것으로 해석되어[15], 현재 미국애서는 건축물 등 부동산 전체는 물론, 건물의 부분, 실내외 인테리어 디자인에 대해서도 다수의 디자인 특허등록건을 찾을 수 있다.
>
> 미국외에도 유럽과 일본도, 부동산에 대한 디자인도 보호대상으로 인정하고 있다.

---

15. 한국지식재산연구원, 4차 산업을 기반으로 한 창작디자인의 디자인 보호법상 보호연구, 특허청, 2018, 177면, In re Hadden, 20 F.2d 275 (D.C. Cir. 1927) 등 인용 참조.

4. 상표 (TRADEMARK)

구분	상표권 [상표법]
보호대상	자기의 상품(서비스포함)을 타인의 상품과 식별시키기 위한 표장 - 기호, 문자, 도형, 입체적 형상, 색채, 홀로그램, 동작, 소리, 냄새 등 구성이나 표현에 상관없이 상품의 출처를 나타내기위해 사용하는 모든 표시
등록요건	- 자타상품 식별력이 있을 것. - 상표법 제7조에서 규정하는 부등록 사유에 해당하지 않을 것
권리발생 및 내용	설정 등록 시 발생하며, 실시할 권리를 독점 - 선출원주의, - 심사주의 - 1출원 1표장 (mark) 다류 (class) 구분
보호기간	설정등록일로부터 10년(10년씩 갱신 가능)
특징	- 상표권자는 자기의 등록 상표와 동일한 상표를 지정 상품에만 사용 - 제3자가 등록상표와 동일/유사한 상표를 지정상품과 동일/유사한 상품에 사용하는 행위까지 확장하여 금지

상표는 특정 거래자의 상품(서비스 포함)을 다른 경쟁자의 유사한 상품으로부터 구별할 수 있도록 식별 가능한 기호(sign), 디자인 또는 기타 모든 표시(소리 및 냄새도 포함)이다. 그러나, 특정유형의 상품을 지칭하는 보통 명칭이나 업계에서 통용되는 관용 명칭 등은 상표로 보호받을 수 없다. 그러한 보통 또는 관용명칭(generic name)은 특정 기업이 생산한 상품을 구별해줄 수 없기 때문이다. 상품의 표장이 덜 기술적(descriptive)일수록, 유사한 표장에 대한 상표의 보호는 더욱 강력해질 것이다. 우리 상표법 제33조 제1항은, 다음의 경우, 식별력이 없는 상표라고 규정하고 있다:

1) 보통명칭상표(지정상품 관련), 2) 관용상표(지정상품 관련), 3) 성질표시(기술적)상표 (지정상품 관련), 4) 현저한 지리적 명칭(지정상품 무관), 5) 흔한 성 또는 명칭(지정상품 무관), 6) 간단하고 흔한 표장 (지정상품 무관), 7) 기타 식별력이 없는 표장

다만, 위의 식별력이 없는 상표에 해당하더라도, 상표등록출원 전에 사용한 결과 식별력을 취득한 경우(사용에 의한 식별력)에는 예외적으로 등록을 허용하고 있으나, 앞의 1) 보통명칭과 2)관용표장의 경우는 사용에 의한 식별력이 인정되지 않음을 유의해야 한다. 또한, 앞의 1)보통명칭, 2)관용표장, 또는 3)기술적 성질표시에 해당하는 지는 출원 시 지정상품과 관련하여 그러한 특성에 해당되는 지를 판단한다. 예를 들어, '애플(APPLE)'이라는 문자상표 출원 경우, 지정상품이 농수산물이라면 보통명칭으로 부 등록 사유에 해당되나, 컴퓨터 또는 정보통신기기가 지정상품이라면 보통명칭도, 기술적성질 표시에도 해당되지 않는 임의적인 상표(전혀 무관한, 다소 생소한 이름을 붙인 경우)이므로 출처표시로서 식별력이 있어 등록이 가능하게 된다.

■ 미국 판례상 식별력 판단기준 〈Abercrombie Test〉

Weak ↑	Generic mark 상품명칭	보통명칭 (사과)	등록 불가		보통명칭, 관용표장
사용식별력	Descriptive mark 특성직접설명	기술적 상표 (airfryer)	등록불가 (단, 사용에 의한 취득인정)	Clean & Clear	지정상품: 비누
	Suggestive mark 특성간접암시	암시적 상표 (whirlpool)	등록가능 (효력이 상대적으로 약함)	Whirlpool	지정상품: 세탁기
	Arbitrary mark 지정상품과 무관 용어	임의선택 상표 (apple)	등록가능	Apple	지정상품: 컴퓨터
↓ Strong	Coined mark 없던 용어 창조	조어 상표 (Kodak)	등록가능	Kodak	지정상품: 카메라

참고로, 미국 판례에 의해 정립된 Abercrombie Test[16] 에 따른 식별력 기준은 위 도표와 같고, 우리나라 상표법상 부 등록 사유 기준과 유사하다.

---

16. Abercrombie & Fitch Co. v. Hunting World, Inc., 537 F.2d 4 (2nd Cir. 1976).

반대로, 식별력 있는 상표로 인정받아 등록되었다 하더라도, 해당 상표권자의 단속 등 집행 관리가 부실하여 관련 업계에서 이를 관행적으로 사용하여 사후적으로 식별력을 잃게 되면 보통명칭, 또는 관용표장화되어 더 이상 상표권 보호를 받지 못하게 되므로 사후 관리에도 각별한 주의를 기울여야 한다.

■ 관용표장화 사례

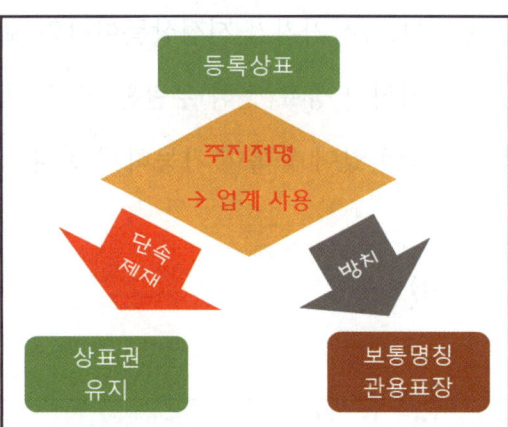

〈관용표장화 방지를 위한 관리항목〉
- 상표 사용시 항상 등록상표임을 표시
- 상품 출처를 강조하는 제조/판매원 및 특정 상품을 연동한 마케팅/홍보
- 글자의 도안이나 색채를 통일하여 사용
- 제3자가 무단/임의 사용시 단속/제재 등 법적조치 통한 권리행사

대법원은 지난 2001년 1월 12일 동양제과가 롯데제과의 '초코파이' 상표등록을 취소해 달라며 낸 상표등록무효 청구소송 상고심에서, '초코파이'가 누구나 쓸 수 있는 상표라고 판결한 바 있다. 국내 처음으로 초코파이를 생산한 동양제과는 1974년 '오리온 초코파이'로 상표출원을 해 1976년 상표등록을 받았으나, 79년 롯데제과가 '롯데 초코파이'라는 상표로 등록하는 것을 제지하지 않다가, 롯데 초코파이가 성장하여 경쟁상대로 떠오르자, 1997년이 되어서야 롯데 측의 상표등록을 취소해 달라며 특허심판과 소송을 진행했지만, 결국 패소한 것이다.
이 소송에서 대법원은 '초코파이'가 상표로서 인식되고 있기 보다는 일반수요자의 사이에서 "원형의 작은 빵과자에 마쉬맬로우를 넣고 초콜릿을 바른 과자류를 지칭하는 명칭으로 인식되고 있다"고 했다. '초코파이'가 해당 상품의 보통명칭 내지는 관용표장이 돼 상품의 식별력을 상실했다고 봄이 상당하다"고 결론 내린 원심을 지지했다. 즉, 동양제과가 '오리온 초코파이'라고 최초에 상표 출원하였을 때나 등록결정시에는 '초코파이' 부분이 조어 상표이었음에도 불구하고, 이것이 희석화 되어 특정인이나 특정회사의 출처를 가리키는 표지로서의 기능을 상실했다고 본 것이다.

또한, 식별력 있는 상표라 하더라도, i) 공익을 보호하기 위한 유형, ii) 타인의 상품 표지와 혼동을 방지하기 위한 유형 및 iii) 혼동과 무관한 타인의 인격권을 보호하기 위한 유형과 관련된 구체적인 등록 거절 사유를 한정적으로 열거하고 있다. (상표법 제7조) 소비자가 상품이나 서비스의 출처나 후원 관련 특정 상표권자의 제품과 혼동을 일으킬 수 있을 정도로 특정 등록 상표와 동일한 또는 유사한 표장을 무단으로 사용하는 경우, 해당 상표권의 침해가 발생하게 된다.

단, 상표의 경우도, 디자인과 같이, 지정상품과 동일 또는 유사 상품영역 에서만 보호를 받게 되므로, 비유사 상품에 적용된 경우에는 침해 주장을 할 수 없음을 유념하여야 한다. 한편, 상표의 유사란, 일반 수요자나 거래자가 상표에 대하여 느끼는 객관적 인식을 기준으로 동일, 유사상품에 사용할 경우, 거래통념상 상품출처의 오인 혼동의 염려가 있을 정도로 유사한 것을 의미하며, 이러한 유사여부는 양 상표 각각의 외관, 칭호, 관념의 세 가지 요소를 대비하여 판단하며, 원칙적으로 이들 요소 중 하나만 유사하여도 양 상표는 유사한 것으로 본다. 다만, 예외적으로 어느 하나의 구성요소가 유사한 경우라도 다른 요소들이 확연히 구별되어 양 상표를 전체로서 대비할 때 혼동의 염려가 없는 경우에는 양 상표는 유사하지 않은 것으로 본다.

〈참조: 상표의 유사판단원칙〉

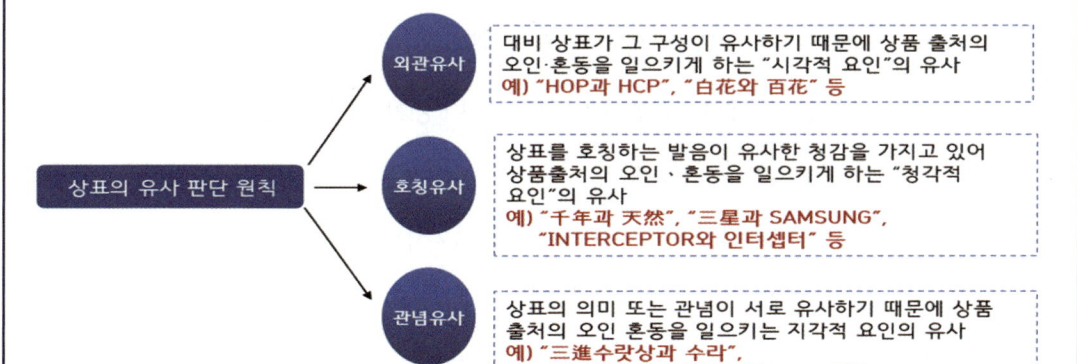

■ 상표의 유형

넓은 범위의 상표에는 아래와 같은 유형이 있다.

서비스표
→ 상표로 단일화 되어 따로 존재하지 않음 (상품 정의에 서비스 포함)

단체표장
상품을 생산·제조·가공·판매하거나 서비스를 제공하는 자가 공동으로 설립한 법인이 직접 사용하거나 그 소속 단체원에게 사용하게 하기 위한 표장

[지리적표시 단체표장]
상품의 특성(특정품질, 명성 또는 기타 특성)이 본질적으로 특정 지역에서 비롯된 경우에 그 지역에서 생산·제조 또는 가공된 상품임을 나타내기 위한 경우 등록을 허용하며, 그러한 상품을 생산, 제조 또는 가공하는 자가 공동으로 설립한 법인이 직접 사용하거나 그 소속단체원이 사용하게 할 수 있음
* 지역특산물(상품)에만 가능, 서비스업에는 불성립
* 출원인: 법인 (예: (사)한산모시조합, (사)울릉도호박엿생산자협회, 영농법인 순창고추장류연합회 등)

증명표장
상품의 품질, 원산지, 생산방법 또는 그 밖의 특성을 증명하고 관리하는 것을 업(業)으로 하는 자가 타인의 상품에 대하여 그 상품이 품질, 원산지, 생산방법 또는 그 밖의 특성을 충족한다는 것을 증명하는 데 사용하는 표장

업무표장
대한적십자사, YMCA, 보이스카웃, 한국소비자보호원 등과 같이 비영리 목적업무를 하는 자가 그 업무를 나타내기 위하여 사용하는 표장

특허/실용신안, 디자인권이나 저작권은 주로 혁신, 디자인 및 신기술 창출을 장려하기 위해서 그러한 발명자 및 저작자들에게 배타적 권리를 인정, 보호한 것인 반면, 상표의 경우는 그러한 표장을 통해 소비자들이 다양한 경쟁제품/서비스들로부터 선호하는 특정 제품/서비스를 구별하여 구매할 수 있도록 하는 소비자 보호가 주된 목적이다. 따라서, 상표는 특정 기업이 자신의 상품/서비스를 식별하기 위한 표장으로 계속 사용하는 한 권리의 존속기간을 제한할 이유가 없으므로, 상표법상 기본 존속기간은 10년이나, 이후 10년 단위로 무제한 갱신 가능하다.

상표권은 권리의 행사 등에 있어서 특허와 동일하게, 손해배상청구, 침해금지청구 등의 민사적 방법 및 침해죄의 고소 등의 형사적 방법을 동일하게 사용할 수 있다. 한

미 자유무역협정을 위한 이행 입법에 따른 2011년 12월 저작권법과 상표법 개정으로 권리침해애 대한 법정손해배상 제도가 도입되어, 상표권 침해자에 대해 상표법 제109조에 따른 손해배상에 갈음하여 제111조의 법정손해배상 청구권 (5천만원이하의 범위에서 상당한 금액)을 행사할 수 있다. 또한 상표법에도 2020년 증액손해배상 제도가 도입되어 고의 침해자에 대해서는 손해액의 3배 범위내 증액배상이 가능하게 되었다.

상표 보호의 공익성으로 인해, 상표침해에 따른 형사처벌은 비 친고죄이다. 즉 권리자의 고소나 처벌 반대의사 여부와 상관없이, 소비자 보호라는 공익 목적상 상표를 고의로 침해한 자는 형사 기소될 수 있다. 반면, 특허/실용신안은 반 의사 불 벌죄로 권리자의 의사에 반하여 기소 또는 형사처벌 할 수는 없으며, 디자인 또는 저작권의 경우는 친고죄로서, 권리자의 고소가 있어야만 형사 기소할 수 있는데, 고소는 침해자를 안 날로부터 6개월이내에 고소하여야만 기소가 가능하다. 등록되지 않은 상표의 경우에도, 해당 국가에 널리 알려져 있는 경우에는, 대부분 국가에서, 무단 사용으로 인한 소비자 혼선과 피해 방지를 위해 부정경쟁방지법상 부정경쟁행위에 해당되어 규제될 수 있다.

◆ 사례연구

코카콜라의 상표는 최근까지도 세계에서 가장 브랜드가치가 높은 top 10중의 하나로 선정되어 왔고, 2021년 기준 코카콜라의 브랜드 가치는 약 60조원으로 평가되고 있다. '코카콜라', 'Coca-Cola' 문자 상표는 물론, 아래 도표에서 보는 바와 같이 1893년 1월, 최초로 로고상표를 등록한 이래, 수많은 로고들이 세계 각국에 상표로 등록되어 있고, 코카콜라의 오리지널 유리병에서부터 현재의 플라스틱 용기에 이르기 까지 제품 형상에 대한 도안 상표와 3차원 입체 형상 상표도 등록되어 다각적인 보호망을 구축해 왔다. 코카콜라의 병모양은 1960년 미국특허청에 등록(최초 상업적 사용 주장일, 1916년) 된 후, 매 10년단위로 갱신되어, 현재까지 유효하게 유지되고 있다.

우리나라 미국 상표법상 상표는 문자, 도안, 형상 뿐만 아니라 홀로그램, 색상과 소리까지 제한없이 출처표시 기능을 할 수 있다. 이와 같은 식별력 있는 모든 표장을 보호대상으로 하므로, 특유의 색상이나 병을 딸 때 나는 소리도 식별력만 인정받을 수 있다면 상표로 출원, 등록이 가능하다.

Best Global Brands 2022 by Interbrand

01 Apple	02 Microsoft	03 amazon	04 Google	05 SAMSUNG
+18% 482,215 $m	+32% 278,288 $m	+10% 274,819 $m	+28% 251,751 $m	+17% 87,689 $m
06 Toyota	07 Coca-Cola	08 Mercedes	09 Disney	10 Nike
+10% 59,757 $m	0% 57,535 $m	+10% 56,103 $m	+14% 50,325 $m	+18% 50,289 $m

COCA-COLA.	Coca-Cola	Coca-Cola	Coca-Cola	Coca-Cola	Coca-Cola
1886	1890	1900	1905s	1940	1950

| 1969 | 1985 | 1987 | 1993 | 2003 | 2007 |

COCA-COLA - Trademark Details *Status:* 800 - Registered And Renewed	Trademark Details: *Status:* 800 - Registered And Renewed
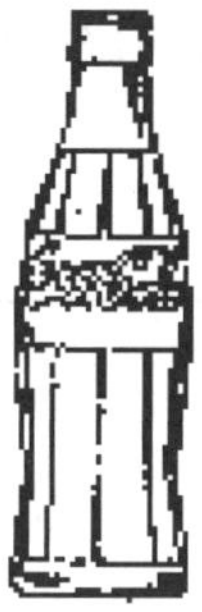	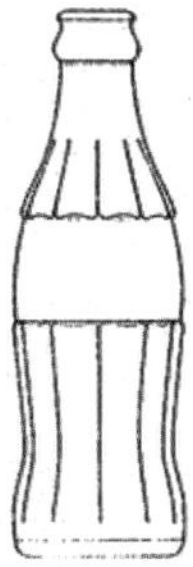
Status Date 2020-07-30 Filing Date 1959-03-19 Registration Number 0696147 Registration Date 1960-04-12 Mark Drawing 3000 - Illustration: Drawing or design which also includes word(s)/ letter(s)/ number(s) Typeset Description of Mark THE TRADEMARK CONSISTS OF THE DISTINCTIVELY SHAPED CONTOUR, OR CONFIRMATION, AND DESIGN OF THE BOTTLE AS SHOWN Goods and Services CARBONATED SOFT DRINK	US Serial Number: 73088384 Application Filing Date: May 25, 1976 US Registration Number: 1057884 Registration Date: Feb. 01, 1977 LIVE/REGISTRATION/Issued and Active The trademark application has been registered Mark Drawing Type: AN ILLUSTRATION DRAWING WITHOUT ANY WORDS(S)/ LETTER(S)/NUMBER(S)

| Classification Information
First Use Anywhere Date
1916-07-08
First Use In Commerce Date
1916-09-01 | Description of Mark:
THE MARK CONSISTS OF THE THREE DIMENSIONAL CONFIGURATION OF THE DISTINCTIVE BOTTLE AS SHOWN. |

■ 지리적표시 단체표장 사례

돔 페리뇽

샴페인은 스파클링 와인 (sparkling wine)의 일종으로 프랑스의 '샴페인'('샹파뉴어') 지역에서 재배된 포도를 이용하여 주조된 발포성 와인의 총칭이다. 유럽연합(EU)에서는 샴페인이라는 단어를 지리적 표시 상표로써 보호하여 타 지역에서 생산된 와인에는 샴페인이라는 단어를 사용하지 못한다. 고급스러운 이미지와 독특한 맛, 그리고 독점적 생산지로 인해 샴페인 시장은 세계적으로 약 70억불 규모의 프리미엄급으로 형성된 시장을 보호하기 위해, 프랑스의 샴페인 생산자와 포도 재배자들로 구성된 국제 샴페인 협회(CIVC)는 철저한 상표 관리 및 적극적인 법적 조치 추진을 통해 샴페인 상표의 보호는 물론, 보통명칭화 또는 관용표장화를 방지하기 위해 노력해 왔다.

샴페인은 1668년 샹파뉴어 지방, 오빌리에 수도원의 돔 뻬리뇽 (Dom Perignon) 수도사에 의해 우연히 발견된 발포성 와인에서 유래한 것으로, 샹빠뉴 지방은 연평균 10°C 내외의 추운 지방이라 겨울이 오면 포도주가 잠시 발효를 멈추었다가, 봄이 되어 온도가 올라가면 남아있던 당분과 효모가 다시 활동을 시작하여 탄산가스를 만들어 냈던 '2차 발효'로 생겨난 우연의 산물이었다. 돔 뻬리뇽 신부는 가스의 압력을 견딜 수 있는 두께의 병을 만들고 철사로 뚜껑을 단단히 붙들어 매는 방법을 고안했는데, 이것이 오늘날 많은 사람들이 축배의 술로 즐기는 샴페인의 시초라 한다.

■ **미국 상표 제도 특징 및 차이점**

▶ 미국의 상표제도는 불공정 경쟁(unfair competition)이라는 보통 법(common law) 상의 원칙에서 비롯되어, 각 주별 법령 및 보통법과 Lanham 법이라고 하는 연방법 15 USC §§ 1051 et seq. 이 병존하고 있고, 등록 또한 각 주에 따른 등록과 연방 특허상표청을 통한 등록제도가 있다.

▶ 우리 상표법상, 상표는 등록이 상표권의 성립 요건이고 등록일로부터 효력이 발생하고, 선사용을 요건으로 하지 않는 반면, 미국은 등록주의가 아니고, 선사용주의 원칙이 적용된다.

▶ 등록이 상표권 발생요건은 아니나, 상표를 집행하려는 경우, 즉 침해소송등을 제기하여 법적구제수단을 청구하기 위해서는 등록을 해야 한다. 상표를 해당 주에 등록하는 경우, 그 효력은 주경계내로 제한되는 반면 연방 특허 및 상표청에 등록하는 경우는 주 경계를 벗어나 미연방 전체에 효력을 미치게 된다.

▶ 미 연방 등록의 장점은 아래와 같다.
- 소유권 – 연방 등록은 전국적으로 상표에 대한 소유권 및 배타적인 상표 사용에 대한 법적 추정을 제공한다.
- 공지 – 소유권 추정 외에도 미국 연방 등록은 상표 소유권에 대해 대중에게 공지의 효과를 제공한다.
- 표시 –연방에 등록되지 않은 상표는 "®" 기호를 사용할 수 없다.
- 경쟁불가 - 상표가 등록되고 5 년 이상이 되면 누구도
- 상표 소유권에 대해 이의를 제기 할 수 없으며 상표를 포기했거나 상표가 일반화 되었음을 증명할 수 없는 한, 누구도 상표권이 허가되지 않았다고 주장할 수 없다.
- 해외등록 - 일단 상표가 미국 연방에 등록되면 많은 경우, 등록 시 해당 국가에서 실제로 사업을 하지 않더라도 마드리드 의정서를 통해 해외에서 상표 등록이 가능하다.
- 관세집행 – 미특허상표청 (USPTO)에 상표 등록되면, 미국 관세청에 상표를 등록할 수 있고, 이후 관세청은 상표침해 상품이 미국으로 들어오는 것을 압수 등 재재조치를 취할 수 있다.

▶ 연방 상표 등록 여부와 관계없이 TM(상품)이나 SM(서비스) 기호를 써서 각각 상표와 서비스 마크로 사용하는 것임을 표시할 수 있다. 일반적으로 TM 및 SM 지정은 마크를 상표로 간주하고 미국 연방 등록 전에 종종 사용된다. 등록 기호(®)의 경우, 미국 특허상표청(USPTO) 으로부터 연방 상표 등록을 한 후 사용할 수 있다.

▶ 특허출원은 미국 변리사(patent agent)를 통해 대리 신청할 수 있으나, 연방특허상표청 (USPTO)에 상표를 대리인을 통해 신청하려면, 반드시 미국변호사 선임이 필요하다. (patent agent는 상표출원을 대리 할 수 없다)

5. 저작권 (COPYRIGHT)

저작권
- 저작인격권 → 저작물의 공표권, 성명표시권, 동일성유지권
- 저작재산권 → 저작물의 복제권, 공연권, 공중송신권, 전시권
- 저작인접권 → 실연자, 음반제작자, 방송사업자의 권리

구분	저작권	저작인접권
보호대상	주관적인 창작이 인정되는 저작물 (인간의 사상이나 감정을 **표현**한 창작물)	
등록요건	창작성 (저작자 자신의 독자적인 사상이나 감정의 표현을 담고 있으면 가능)	

권리발생 및 내용	창작시에 발생하며 별도의 등록을 요하지 않음
	1) 저작인격권 (인격적 이익보호)
	  저작자의 공표권, 성명표시권, 동일성 유지권
	2) 저작재산권 (경제적 가치보호)
	  복제권, 공연권, 공중송신건, 전시권, 배포권, 대여권, 2차 저작물 작성권 (창작저작물로부터 이익을 추구할 수 있는 권리)
		창작시에 발생하며 별도의 등록을 요하지 않음
		1) 실연자
		  성명표시권, 동일성 유지권, 복제권, 공연권, 배포권, 대여권, 방송권, 전송건, 보상청구권
		2) 음반제작자
		  복제권, 배포권, 대여권, 전송건, 보상청구권
		3) 방송사업자
		  복제권, 동시중계방송건

보호기간	1) 저작인격권: 저작자 생존기간 2) 저작재산권: • 저작자의 생존기간과 사망 후 **70**년간 존속 • 무명/영상/업무/프로그램 저작물: 공표후 **70**년	실연/발행 으로부터 70년 • 방송은 50년 • 데이타베이스 완료후 5년 (+갱신부분 5년) • 기술적보호조치 무력화 금지

저작권은 문학, 학술, 예술적 창작의 표현을 보호의 대상으로 하며, 창작성(original)과 표현성(expression)을 요건으로 한다. 대부분의 국가에서 서적, 기타 집필 물, 음악 작곡, 회화, 조각, 컴퓨터프로그램 및 영화와 같은 창작, 지적, 문학 또는 예술 작품에 대한 저작자의 권리는 저작자 사후 최소 70년까지의 기간 동안 보호되며, "fair use"[17] 와 같은 예외를 제외하고는 배타적 권리가 인정된다. 배타적 권리는 그 저작

---

17. 저작권에 의해 보호받는 저작물의 표현을 복제 등으로 이용할 수 있도록 허용하는 법리로서 저작권자가 복제 등을 허용하지 않더라도 이용자는 저작권 침해로 인한 책임으로부터 면책된다. 이러한 공정이용법리는

물을 복제, 공연, 공중 송신, 전시, 배포, 대여하거나 이를 개작한 2차적 저작물을 작성하는 행위를 포괄한다.

저작권은 저작자의 사상의 표현(expression of the author's original ideas) 과 그것이 표현된 형태 또는 방식만을 보호하고, 사상(ideas) 또는 정보(information) 그 자체를 보호하지는 않는다(아이디어/표현 2분법). 특허와 달리, 저작권으로 보호받기 위해서는 저작물이 신규(novel)일 필요는 없으나, 다른 자료로부터 그 표현이 복제되지는 않았다는 관점(not copied from other sources)에서 독창적(original)이어야 한다.

또한, 실연가(예: 연기자, 가수 및 음악가), 음반 제작가(녹음 물) 및 방송사업자는 다른 제3자가 허락 없이 그들의 공연을 녹화하거나 다른 방식으로 표현하는 것을 방지할 배타적 권리를 누린다("저작인접권). 예를 들면, 베토벤의 '운명 교향곡'에 대한 저작권은 베토벤의 사후 70년이 경과되어 소멸하였더라도, 서울시립교향악단이 2020년 공연, 발표한 이 곡의 음원에 대해서는 서울시립교향악단의 저작인접권이 적용되어 발표후 70년간 보호를 받게 된다. 즉, 운명교향곡을 연주하는 것은 베토벤의 저작권 침해에 해당되지 않으나, 서울시립교향악단의 2020년 발표 음원을 무단 복제 또는 사용하는 행위는 서울시향의 저작인접권 침해에 해당될 수 있다.

반면, 공표권, 성명표시권, 동일성 유지권 등과 같은 저작인격권은 일신전속권(一身專屬權)으로 재산권적 성격이 아니라 인격권인 관계로 저작자의 생존기간에 한하여 보호되고, 상속 또는 양도의 경우에는 승계, 양도되지 않는 것이 원칙이다.

컴퓨터 프로그램 (소프트웨어)과 특정 데이터베이스도 창작성 요건을 충족시키는 경우, 역시 저작권법에 따른 보호대상이 될 수 있다. 컴퓨터프로그램은 컴퓨터를 통하

저작권자와 이용자의 이익균형을 위하여 형평의 견지에서 미국 판례에 따라 발전되어온 이론이다. 현재 공정이용은 저작권침해 판단에서 피고의 적극적 항변(affirmative defense) 수단으로서만 기능하고 있으므로 외관상 공정이용이 명백한 경우에도 피고가 항변을 주장하지 않으면 이에 대한 심리가 이루어지지 않는 문제점이 제기되고 있다. 저작물 이용 행위가 공정이용에 해당하는지 여부를 판단할 때에는 ①영리성 또는 비영리성 등 이용의 목적 및 성격, ②저작물의 종류 및 용도, ③이용된 부분이 저작물 전체에서 차지하는 비중과 그 중요성, ④저작물의 이용이 그 저작물의 현재 시장 또는 가치나 잠재적인 시장 또는 가치에 미치는 영향 등을 종합적으로 고려하게 된다(저작권법 제35조의3 제2항) (손승우, "인터넷서비스와 저작권 공정이용 법리의 문제", 『저작권정책연구보고서』한국인터넷기업협회, 2015. 4.) p. 2.)

여 어떠한 기능을 수행한다는 아이디어를 독창적으로 "표현"한 것이기 보다, 수행할 기능에 따라서 필요한 일련의 지시 및 명령을 조합한 것으로 표현이 기능에 결부되어 있기 때문에 표현의 창작성을 인정하기가 쉽지는 않다. 그러나, 컴퓨터 프로그램 침해 claim은 그 프로그램 전부 또는 상당부분을 그대로 복제하는 경우에 주로 발생하는 관계로 창작성 결여를 이유로 저작권이 부정되는 경우는 찾기 힘들다.

저작권은 특허권, 실용신안권 또는 디자인권과는 달리 등록 등 특별한 절차를 요건으로 하지 않으므로, 창작물의 외부적 표현만으로 저작권법에 따른 권리로 성립된다. 따라서, 등록 등을 통한 공시제도가 없는 관계로, 선출원주의를 원칙으로 하는 특허 등과는 달리, 저작권은 다른 저작물을 복제하지 않은 한, 다른 경쟁자가 우연히 창작한 유사한 저작물을 금지하지는 않는다.

■ 저작권 등록의 효력

저작권 등록은 권리발생이나 효력발생 요건은 아니지만, 등록하지 않은 경우 권리자가 침해에 다른 보호를 청구하기 위해서는 직접 모든 주장사실을 입증하여야 하는 반면, 소정의 등록절차에 따라 한국저작권 위원회에 등록하면 아래와 같은 효력이 발생한다.

① 추정력
저작자로 실명이 등록된 자는 그 등록저작물의 저작자로, 창작 연월일 또는 맨 처음 공표연월일이 등록된 저작물은 등록된 연월일에 창작 또는 맨 처음 공표된 것으로 추정. 다만, 등록된 창작 연월일에 창작한 것으로 추정 받기 위해서는 창작한 때로부터 1년 이내에 등록을 해야 함. 등록된 저작권 등을 침해한 자는 그 침해 행위에 과실이 있는 것으로 추정(입증책임의 전환)

② 대항력
저작재산권의 양도, 처분제한, 질권설정 등 권리변동 등록을 하는 경우 제3자에 대한 대항력을 가짐

③ 법정손해배상 청구 가능
등록된 저작권을 침해 받은 저작권자는 저작권법에서 정한 일정한 금액(저작물마다 1천만 원, 영리 목적의 고의적인 침해의 경우 5천만 원 이하)을 손해액으로 청구할 수 있음

④ 보호기간의 연장
무명 또는 널리 알려지지 않은 이명으로 공표된 저작물의 경우 저작자의 실명을 등록하면 저작물의 보호 기간이 공표 후 70년에서 저작자 사후 70년으로 연장됨

⑤ 침해물품 통관보류 신고자격의 취득
저작권을 등록하는 경우 등록된 저작물을 침해하는 물품의 수출 또는 수입의 통관보류를 신청할 수 있음

저작권법 제9조에서 "법인 등의 명의로 공표되는 업무상저작물의 저작자는 계약 또는 근무규칙 등에 다른 정함이 없는 때에는 그 법인 등이 된다"고 규정함으로써 회사의 기획 하에 종업원이 업무상 작성한 저작물에 대한 권리는 별도의 계약이 없는 한 회사에 귀속함을 원칙으로 하고 있다. 이러한 저작물을 '업무상 저작물'이라고도 부른다. 회사 또는 단체가 저작권자가 되기 위해서는 다음의 구체적인 5가지 요건을 모두 만족해야 한다.

   i) 법인 단체 기타 사용자가 저작물의 작성을 주도권을 가지고 기획할 것
   ii) 법인 등의 업무에 종사하는 자가 작성할 것

iii) 종업원이 업무상 작성한 것(주된 업무의 파생적인 일이거나 업무와 단순한 관련성이 있는 것만으로는 업무상 창작이라고 볼 수 없음- 강의안 등)

iv) 법인 등의 명의로 공표되어야 한다.

v) 법인 등과 종업원 사이에 계약이나 근무규칙 등에 다른 정함이 없을 것(회사와 종업원 사이에 개별계약이나 근무규칙 등에 실제 창작한 자를 저작자로 정하고 있지 않아야 한다.)

종업원이 업무상 발명 또는 창작한 특허, 실용신안, 디자인의 경우에 적용되는 '직무발명'은 원천적으로 해당 발명을 한 종업원(발명자)에게 귀속된 후, 직무발명보상규정에 따라, 정당한 보상을 조건으로 법인에 그 권리가 승계(양도)된다. 반면, 업무상 저작물은 원시적으로 소속 법인에 그 권리가 귀속된다는 점에 차이가 있다. 영상 저작물 또한, 업무상 저작물과 유사한 권리설정으로, 영상저작물은 원작자, 시나리오작가, 감독, 배우, 촬영자, 작곡가, 미술가 등의 공동작업에 의해 만들어진 종합예술작품으로 원칙적으로 영상제작자가 영상저작물의 이용에 필요한 권리를 행사하게 된다.

2021년 전 세계적인 흥행으로 'K컬처'열풍을 일으킨 오징어게임은 전 세계 1억 가구 이상 시청하고, 약 1조원의 수익을 냈음에도, 그에 따른 수익은 그 연출·각본을 쓴 황동혁 감독이나 작가 진 등 저작에 참여한 사람들에게 돌아오지 않았다는 비난이 일었다. 그 이유가 바로, 우리나라 저작권법상, 특약이 없는 한, 영상저작물에 대한 저작권은 영상제작자인 넷플릭스에 귀속되기 때문에 저작권료 등 수익 또한 제작사에 귀속된다. 오징어 게임 제작비로 들어간 약 253억원을 제작사인 넷플릭스가 부담한 대가로, 감독 등 창작자들은 실패에 따른 투자 리스크를 제거하는 대신, 미래 수익을 포기한 투자계약상 합의에 따른 결과로 해석할 수도 있을 것이다. 영상저작물의 저작권이 법에 따라 제작사로 귀속되더라도, 투자금을 초과한 수익의 일정분은 제작 참여자들에게 배분되는 합의도 가능했을 것이라는 점에선 아쉬움이 남기도 한다.

우리나라 저작권법은 외국인의 저작물에 대하여 우리나라가 가입 또는 체결한 조약에 따라 보호한다고 규정하고 있으므로(제3조 제1항), 외국인의 저작물이라도 그 외국에서 대한민국 국민의 저작물을 보호하지 아니하는 경우에는 그에 상응하게 조약

및 저작권법에 의한 보호를 제한할 수 있다(제3조 제3항). 이와 같이 우리 저작권법은 외국인 저작물에 대하여 '상호주의'를 규정하고 있다. 저작권 보호에 관한 기본 조약인 베른조약(Berne Convention)에서는 이러한 상호주의를 천명하고 있는데, 현재 중국과 우리나라를 비롯한 150개국 이상이 이 조약에 가입하고 있다. 중국은 1992년 10월 세계의 양대 저작권조약인 베른조약과 세계저작권조약(UCC)에 각각 가입하였다. 따라서 이 조약에 가입한 국가의 저작물은 상호 자국의 저작물과 동일하게 보호를 받을 수 있다.

출원에 따른 관할당국의 해당 법규상 요건 충족여부에 대한 심사를 거쳐 권리가 확정되고, 그 내용이 등록 공개제도를 통해 일반에 공지된 산업재산권과는 달리, 저작권의 경우는 창작자의 창조적 개성이 외부로 표현된 순간 원칙적으로 저작권이 발생하였다고 본다. 이러한 관계로 저작권의 침해주장을 위해서는 저작자가 ① 해당 저작물의 창작성 (창작적 개성의 표현), ② 저작물과 침해물 간의 실질적 유사성(객관적 요건)은 물론 ③ 우연의 일치가 아니라 접근에 따른 의도적 모방 (주관적 요건, 의거성)을 입증하여야 하므로, 권리의 보호가 상당히 불확실하다. 또한, 헌법상 표현의 자유와의 갈등을 해소하기 위해, 공정한 이유 및 기타 다양한 제한사항이 적용되는 점도 유념할 필요가 있다. 이런 불확실성과 제약으로 인해, 가능한 산업재산권 등록 확보를 우선으로 하고, 저작권적 보호는 보완적으로 고려하는 것이 바람직하다.

■ 저작권 침해판단

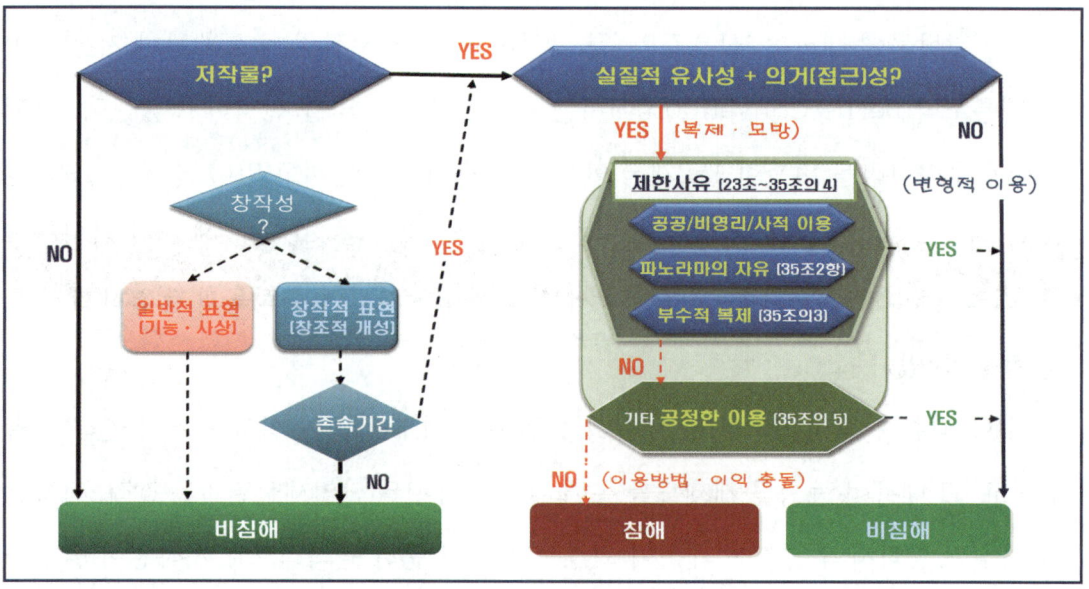

◆ 사례연구

<사진출처:코카콜라>

코카콜라의 로고나 독특한 병 모양은 상표, 디자인권 (미국경우, 디자인 특허) 등으로도 등록되어 보호 받고 있지만, 로고나 병모양 이미지는 창작적 개성이 표현된 응용미술저작물로서 보호 받을 수도 있다. 또한, 코카콜라는 오랜 역사를 통해 세계 각지에 걸친 광고와 광고음악으로도 유명하다. 세계에 공통적인 광고는 물론, 지역마다 시기마다 특징적인 관심으로 소비자들의 관심과 사랑을 받아왔다.

이런 광고 이미지, 콘텐츠(표현), 음악등이 모두 미술 저작물, 어문저작물, 음악저작물로서 보호대상이 될 수 있으므로, FAIR USE등, 예외에 해당하지 않는 한, 상업적 사용은 원칙적으로 금지된다. 국가, 인종, 종교를 초월해 사랑 받는 산타클로스도 코카콜라 광고를 통해 탄생했다 한다. 1931년 광고 전까지만 해도, 서양에서 전설로 전해오던 산타클로스는 나라별로 꼬마 요정이나 엄숙한 성자(聖者), 싸움꾼 난쟁이 등 각기 다른 캐릭터로 표현되고 있었다. 1931년, 이때 코카콜라 광고를 담당했던 미국 화가겸 광고일러스트레이터였던 헤든 선드블롬이 자신의 친구인 로우 프렌티스를 모델로 온화하고 인자한 할아버지가 코카콜라 브랜드 상징색인 빨간색 옷을 입은 모습으로 산타클로스를 그렸다. 소복한 흰색 수염은 코카콜라의 거품을 상징했다. 친구가 사망한 뒤에는 자신의 모습을 응용해 산타를 그렸다. 추운 겨울에 시원한 음료를 팔기 위한 기막힌 창의적 관고마켓팅 전략이었던 것으로 평가된다.

■ 미국 저작권 제도 특징 및 차이점

▶ 미국 저작권법상 보호기간은 우리나라보다 복잡하다. 1978년 1월 1일 이전에 작성, 등록 및 게시된 저작물은 저작권이 원래 보호 된 날로부터 95 년 동안 보호되고, 1978년 1월 1일 이후에 제작 된 작품의 경우, 저자 사망 이후 70년까지 보호된다. 익명 저작물, 가명 저작물 또는 업무상 저작물 (work made for hire)/법인 저자(corporate works)의 경우, 저작권은 저작물이 처음 게시 된 해로 부터 95 년 또는 창작 된 해로부터 120 년 중 먼저 만료되는 기간 동안 보호 받을 수 있다.

6. 영업비밀과 부정경쟁행위

> **부정경쟁행위**   **영업비밀(KNOW-HOW)**
>
> <부정경쟁 방지 및 영업비밀 보호에 관한 법률>
> ① 특허법, 실용신안법, 상표법 및 디자인 보호법으로 보호할 수 없는 지식재산 도용
>   → 부정경쟁행위로 규제
>   - 미등록 상표/상호
>   - Trade Dress, Publicity권 등
>   - 기타 주요 성과 도용 행위
> ② 기술상 정보 및 경영상 정보 등 영업비밀 침해행위 규제
>   - 비공지성 + 경제적 유용성 + 비밀 관리성
>   - 비밀관리기간 (영구)

　앞에서 살펴본 바와 같이 해당 법률의 규정에 의해 절대적 배타적 권리로서 성립된 특허, 실용신안, 디자인, 상표 등 산업재산권과 저작권으로 보호받지 못하는 경우에도, 특정인이 경쟁력 확보를 위해 상당한 노력과 투자로 이룬 재산적 가치 있는 무형의 지식재산을 무단으로 도용하여 그 보유자에게 경제적 피해를 주는 행위는 '부정경쟁방지 및 영업비밀 보호에 관한 법률'(이하 "부정경쟁방지법")에 따른 '부정경쟁행위'에 해당되어 규제대상이 될 수 있다. 식별력 있는 타인의 상표 또는 상호를 무단으로 사용하여 상품이나 영업 출처에 혼동을 초래하거나, 저명 상표에 대한 가치 희석화 행위, 트레이드 드레스, 퍼블리시티 권 도용 행위 또는 기타 타인의 상당한 영업상 성과를 도용하는 행위 등이 부정경쟁행위에 해당되어 부정경쟁방지법에 따른 제재를 받을 수 있다. 또한, 타인이 비밀로 유지, 관리하여 온 기술상 또는 경영상의 정보를

절취하거나, 비밀유지의무를 위반하고 유용하는 경우에도, 해당 정보가 영업비밀에 해당되면, 그 보유자는 부정경쟁방지법에 따른 간접적 보호를 받을 수 있다.

 우리나라 부정경쟁방지법에 따르면, 영업비밀은 '공연히 알려져 있지 아니하고(비공지성), 독립된 경제적 가치를 가지는 것으로서(경제적 유용성), 비밀로 관리된(비밀관리성) 생산방법, 판매방법 기타 영업활동에 유용한 기술상 또는 경영상의 정보'를 말한다. 영업비밀은 그 명칭에서 내포한 바와 같이, 비밀성 유지를 요건으로 한다. 따라서 특허 등 다른 산업재산권과는 달리, 출원·공개제도가 없고, 이러한 비밀성이 유지되는 한 영구히 존속할 수 있다. 반면, 영업비밀의 보호는 공개에 따른 소비자 및 공공 복지 증지에 대한 장려와 기여를 위해 적극적인 보호와 함께 배타적인 권리를 발명자에게 허여 한 것보다, 다른 경쟁자의 영업비밀을 부당하게 도용 또는 기타 부정한 방법으로 사용하는 등의 부정한 경쟁행위를 규제함에 따른 반사적 보호의 성격이 강한 관계라고 본다. 대부분의 국가의 부정경쟁행위 방지법 등에서 규정하고 있다. 따라서, 다른 경쟁자가 도용 또는 부정한 방법으로 특정인의 영업비밀을 침해한 것이 아닌 한, 공개 기술, 독자 개발 등의 방법으로 동일, 유사한 기술 또는 정보를 확보하게 되는 경우, 이에 대한 규제나 보호가 불가할 수 있다는 위험을 감수하여야 한다.

◆ **사례연구**

영업비밀하면 떠오르는 가장 대표적인 제품이 바로 코카콜라 일 것이다. 코카콜라 원액 제조법은 100년 넘게 비밀 속에 묻혀있다. 1886년 미국 애틀란타의 약사였던 팸 버턴이 처음 코카콜

라를 만들어낸 뒤부터 지켜온 영업비밀이라고도 한다. 하지만 최초의 원액 제조법은 특허로 공개되었다가 이후 변경된 원액 레시피부터 영업비밀로 유지하기로 전략을 바꾼 후 현재에 이르고 있다.

미국 선트러스트 은행에 보관됐던 원액 제조법은 지난 2011년, 미국 애틀랜타에 있는 코카콜라 본사의 역사박물관내 대형금고로 이전되어 보관되고 있다 한다. 100년 넘게 지켜온 비밀임을 강조하는 코카콜라의 이런 영업비밀 전략은 기업과 홍보에도 적극 활용되어 오랜 세월 코카콜라의 경쟁력과 브랜드 가치를 지켜온 최고의 원동력으로 자리해 왔다. 오랜 세월 비밀로 간직되어 오다 보니, 원액을 둘러싼 여러가지 루머가 나돌아 왔지만, 이조차도 의도적으로 해명없이 방치한 채, 일종의 마케팅 전략으로 활용하고 있는 듯 보인다.

코카콜라가 특허 출원 대신 영업비밀 보호 전략을 쓰는 이유는 가장 기본적인 이유는 제조방법의 외부 유출을 방지하기 위해서이다. 특허로 출원하는 경우, 우리나라를 비롯한 대부분의 국가에서는 출원 후 18개월이 지나면 공개공보를 통해 대중에게 공개된다. 공개로 인해 경쟁사는 제조방법을 파악할 수 있게 되는 반면, 제조방법의 특성상, 특허레시피를 카피했다는 입증은 매우 어려워, 특허권에 따른 보호가 사실상 어렵거나, 보호된다 하더라도 특허 존속기간은 출원후 20년이므로 이후는 자유실시 기술(PUBLIC DOMAIN)이 되어 누구든 자유롭게 사용할 수 있게된다. 이런 이유로 식음료업계는 물론, 제약회사에서도 제조방법에 대해서는 특허출원 대신 영업비밀 유지로 전략적 선택을 하는 경향이 높은 것으로 알려져 왔다.

그러나 영업비밀 유지 전략에는 항상 유출 리스크가 따른다. 거의 모든 임직원들은 비밀유지서약서등을 통한 비밀유지의무를 부담하고 있지만, 단 한사람이라도 이 의무를 위반하고 유출하거나, 해킹등의 방법으로 공중에 유포된 경우, 그 위반 또는 절취한 당사자는 부정경쟁방지 및 영업비밀보호에 관한 법률에 따라 처벌을 받겠지만 흘러나가 버린 비밀공법을 다시 거둬들이기는 사실상 불가능 할 수 있고, 경쟁사등이 동일 또는 유사 제조법을 독자적으로 개발하게 되거나, 또는 다른 합법적인 경로로 확보하게 되더라도 법적으로 구제받을 길이 없게 된다. 바로 그런 위험때문에, 대부분 기업들은 기술 공개를 감수하고서도 특허출원 위주의 전략을 우선적으로 고려하게되는 것이다. 공개에 대한 대가로 특허를 출원, 등록한 기업은 해당 특허발명에 대한 배타적 독점권을 갖게되어, 제3자가 무단으로 실시할 경우 민형사상의 법적 조치를 취할 수 있다.

이전에는 특허대신 영업비밀 유지 전략을 쓰는 기업이 많았으나, 최근에는 다시 특허 출원전략으로 선회하는 기업이 늘고 있다 한다. 코로나 19등으로 인한 온라인 중심 근무 등 근무 환경 변화와 임직원들의 잦은 경쟁사 이직 등으로 인해, 영업비밀을 지켜내기가 점점 어려워지고 있기 때문이다.

트레이드 드레스
Trade Dress

트레이드 드레스는 코카콜라 병 모양을 생각하면 이해하기 쉽다. 여성의 몸매와 유사한 잘록한 허리 모양과 표면에 있는 웨이브 문양 등 코카콜라 병은 다른 음료수 병과 다른 독특한 모양을 하고 있다. '코카콜라'라는 문자나 도안 상표 없이, 병만 보고도 코카콜라를 떠올릴 수 있다. 이러한 독특한 특징이 바로 트레이드 드레스다. 최근에는 삼성과 애플 간의 지식재산권 소송을 계기로 트레이드드레스가 잘 알려지기도 했다. 이 소송에서 애플은 아이폰이 가지고 있는 고유한 이미지(모서리가 둥근 직사각형과 이를 둘러싼 테두리, 앞면 직사각형 모양의 화면 등), 즉 트레이드드레스에 대해 권리를 주장했다. 트레이드드레스란 제품 자체, 포장, 용기 및 서비스의 외형 즉, 모양, 색, 크기, 재질 또는 이러한 것들의 조합을 통해 표출된 상품 또는 서비스의 종합적인 인상과 전반적인 모습 (Total Image and Overall Appearance)을 의미한다. 식당/영업소 의 특정한 내부 인테리어, 직원 유니폼, 메뉴 구성 등을 사용하여 고유한 이미지를 구축한 경우에도 트레이드 드레스가 적용될 수 있다.

미국에서는 오랫동안 보통법(common law)과 주법인 부정경쟁방지법에 의해 트레이드드레스가 비기능적이고 식별력이 있으면 상표의 한 형태로서 보호되어 왔다. 또한, 미국 연방상표법(Lanham Act) 제43조(a)는 '상품과 서비스 또는 상품의 용기에 단어, 문자, 심벌, 장치 또는 이들의 결합을 상업적으로 사용하여 출처의 허위표시, 상품 출처의 오인 혼동을 야기하거나 또는 상업적 광고행위에서 타인의 영업과의 관계 또는 연관관계 또는 후원 관계가 있다는 혼동을 야기하거나 기만할 우려가 있는 행위를 한 자에 대해서는 그러한 행위로 인하여 침해를 받았거나, 또는 받을 우려가 있는 자는 민사소송을 제기할 수 있다'고 규정하여, 현재는 연방상표법의 부정경쟁방지 조항 적용의 문제로 주로 대두되게 되었으며, 그 보호범위도 입체상표 또는 용기의 형상으로부터 색채, 디자인, 도형, 포장 등에 이르기까지 폭넓게 확대되어 왔다.

우리나라에서도 트레이드드레스는 판례에 의해 구체적인 사건에 따라, 부정경쟁방지법 제2조 1호의 일반 조항(현재 파 목, 기타 상당한 성과 도용행위) 등에 따른 부정경쟁행위로 해석되어 오다가, 2018년, 부정경쟁방지법 제2조 제1호 나(혼동 초래) 및 다 목(희석행위) 개정법은 '상품 판매·서비스 제공방법 또는 간판·외관·실내장식 등 영업 제공 장소의 전체적인 외관'이란 문구를 추가해 보호 여부가 불분명했던 점포의 내 외부 디자인에도 부정경쟁방지법을 적용할 수 있도록 하였다. 판례상, 트레이드드레스로 인정되기 위해서는 i) 비기능성(실용적기능), ii) 식별성 (본질적 식별성 or 이차적 식별성), iii) 혼동 가능성을 요건으로 한다.

〈사진출처:코카콜라〉

퍼브리시티 권 Publicity

퍼브리시티권이란, 유명인의 얼굴, 신체의 특성, 독특한 걸음걸이(찰리 채플린), 개그맨들의 유행어나, 독특한 말투처럼 '잘 알려진 사람의 특성'을 상업적으로 이용할 수 있는 권리를 의미한다.

상업성과 관련해서 미국에서는 '수익을 얻을 능력', 일본에서는 '고객 흡입력'이라고 해석한다. 프라이버시(privacy)는 19세기 말에, 퍼블리시티(publicity)권은 20세기 중반에 등장했고, 초상권 등 프라이버시는 일종의 인격권으로 초상을 침해하지 말 것을 요구하는 소극적인 권리인 반면, 퍼블리시티권은 내 것을 대중에게 선 보이고 시장에 내다팔 수 있도록 재산권으로 만들어 주는 적극적인 권리(양도가능)로 이해되어 왔다.

미국 연방대법원이 1977년, 당시 인간포탄으로 저명했던 한 서커스단원 Hugo Zacchini 판결[18]에서 처음 퍼브리시티권을 인정한 후, 상당수의 미국 주법과 판례법에 의해 지지되고 확인되었고, 현재 28개의 주에서 법적인 권리로 인정하고 있다. 연방 법률이 아닌 주법으로 규정하고 있기 때문에 주마다 퍼블리시티권의 보호 범위가 각양각색이다. 인디애나주가 가장 넓게 퍼블리시티권을 인정하고 있는데 인물 사후 100년까지 그 권리를 인정하며 이름, 성명, 동일성뿐만 아니라 서명, 제스처, 특유의 외양과 말씨·행동까지에 대해서도 권리를 인정한다.

우리나라에서는, 대부분 판례는 물권법정주의에 위반된다는 이유로 재산권 적인 퍼브리시권 존재는 부인하고, 민법상 불법행위 적용, 저작권법의 유추 적용 또는 부정경쟁방지법 제2조제1호 일반조항(기타 성과 등 무단 사용에 따른 경제적 이익침해) 등을 근거로 해석, 판단하여 왔다. 퍼브리시티권 적용에 대한 우리 판례상 기준은 i) 유명인의 ii) 성명과 초상 등과 관련된 것으로, iii) 재산적 가치가 있을 것을 요건으로 하였다.

2021년 12월 개정(22.6.8시행)된 부정경쟁방지법 제2조 제1호 차 목에 따라, 유명인의 초상, 성명 등의 무단 사용행위를 부정경쟁행위로 신설하여, 종래의 일반조항(기타 성과 도용행위)을 근거로 판단해 왔던 퍼브시티권을 보다 구체적인 부정경쟁행위 유형으로 규정하여 그 도용행위에 대한 규제의 입법적 근거를 명확히 하였다.

---

18. Zacchini v. Scripps-Howard Broadcasting Co.433 U. S. 562,97 S. Ct.2849, 53L. Ed 965(1977)

제2장.
메타버스와 지식재산
-인터넷, 메타버스환경에서의 IP 보호와 쟁점

Ⅰ. 개요

1. 메타버스의 개념과 쟁점

 신인류가 대비해야 할 새로운 활동 공간은, 우주 또는 메타버스라는 가상공간일 될 것이라는 전망들이 쏟아져 나오고 있다. 마치 우리가 1990년대말 영화 '매트릭스'에 이어 등장한 우주 다차원 공간을 그린 '인터스텔라' 그리고 메타버스 세상을 그린 '레디플레이어원'에서 본 영화속 세상들이 점점 현실화될 것이라는 예측이다. 과거의 공상과학 만화나 영화가 시차를 두고 현실화되어온 점을 감안하고, 현대과학기술의 발

전속도로 볼 때 지금까지의 현실 세계중심의 사회, 경제활동이 상당부분, 새로이 탐험할 우주공간 또는 메타버스 공간으로 대체될 가능성을 허구라고 부정하기 보다는 적절한 준비와 대응이 현명할 것 같다.

20세기후반, 컴퓨터와 인터넷 기반의 지식정보혁명으로 일컫는 3차 산업혁명에서부터 이어진 현재진행형인 4차 산업혁명(제2차 디지털 정보혁명)의 산업, 기술적 조류에 코로나 19가 불고 온 언택트(untact) 환경에 대한 사회적 요구(사회적 거리두기)까지 더해졌다. 이에 따라 온라인 활동의 심화는 물론, 사용자 참여 욕구를 반영하여 한층 업그레이드된 메타버스, 즉 온라인 또는 인터넷이 입체화된(3D), 가상의 3차원, 4차원 공간이 새로운 사회, 경제, 문화활동의 장터로 자리잡아가고 있다.

■ 메타버스 개념

Meta (Beyond, 초월) + Verse (Universe, 우주)
▸ 인터넷의 3차원판(3D version)
▸ 가상공간에서 아바타를 통한 사회, 경제, 문화적 활동 (상호교류)

▶ Embodied Internet (통합형 인터넷)

▶ Virtual Interactive Space (가상 교류 공간)

- 현실+가상 심화: AR(증강현실), ➡VR(가상현실) MR, XR (혼합현실)
- Interactive (다방향)
- creator, marketer, user 등 다양한 계층간 동시 상호작용

▶ 단순히 가상세계를 체험하거나 경험하는 수준을 넘어서 직접 콘텐츠를 제작·유통하거나 디지털 공간에서의 문화, 경제활동으로 확장된 포스트 온라인플랫폼으로 발전

메타버스(Metaverse)란 초월, 가상을 의미하는 (i) 메타(Meta)와 (ii) 우주, 또는 우리가 사는 현실의 세상을 의미하는 유니버스(Universe)의 합성어로, 현실과 가상이 상호 연관 지어 만들어지는 공간이라 할 수 있다. 즉, 메타버스란 현실세상의 주체인 내가 나를 대신한 아바타를 통해 다른 사람들과 사회, 경제적 활동을 영위해 가는 가상의 공간이다. 기존의 인터넷, 온라인 활동이 2차원 중심의 공간에서 이루어졌다면,

메타버스 공간은 좀더 현실감을 부여할 수 있는 삼차원 3D로 구현된 공간이고, 다양한 계층의 참여자가 현실에서의 활동과 같이 상호 주고받음(interactive)을 통해 결과가 이루어져가는 참여형 가상공간인 셈이다. 이러한 상호 참여작용으로 이루어지다 보니, 종전의 단순한 체험형 가상공간의 수준을 넘어서 유튜브와 같은 SNS에서처럼 플랫폼 업체, 콘텐츠 크리에이터(creator) 및 사용자(user) 들이 참여하여 3D형 이코머스(e-commerce; 전자상거래)는 물론, 학교, 공연 등 다양한 문화, 예술, 교육, 경제 활동이 이루어질 수 있는 가상의 공간이 가시화되어 가고 있다.

■ 메타버스 수익모델 진화

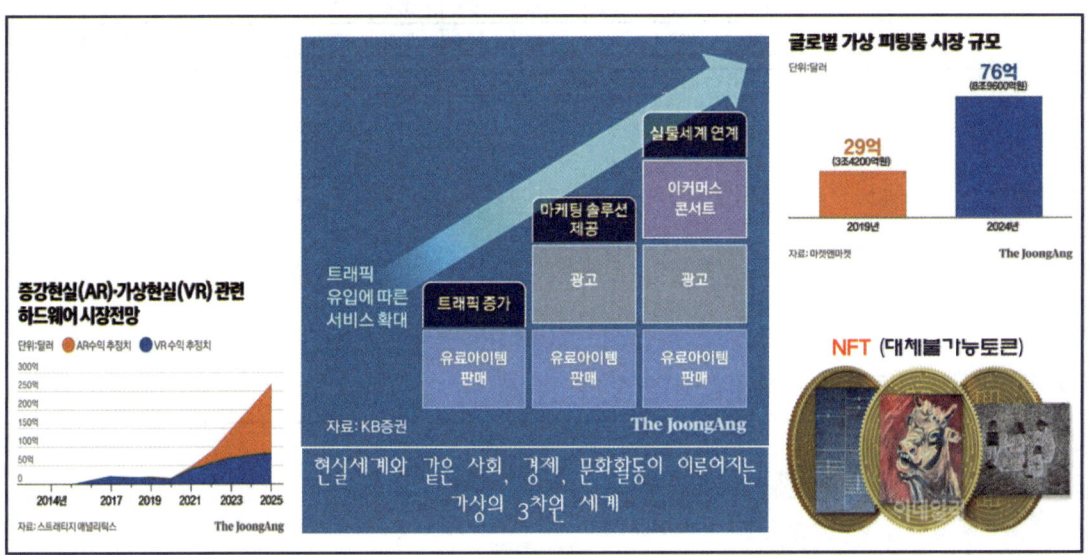

메타버스 환경의 급속한 확산에 따라, 종전 유튜브나 온라인 플랫폼에서 이루어졌던 광고와 현물상품거래를 위한 전자상거래(e-commerce)가 정착되었다. 또한, 메타버스 환경 구현에 필요한 증강현실(A), 가상현실(VR)관련 하드웨어 시장, 가상인물(아바타)를 위한 가상상품(아이템) 및 NFT(대체불가능 토큰) 거래 시장, 가상공연, 가상학교 등 실물경제와 연계된 3D형 온라인 거래에 이르기 다양한 수익모델들이 등장, 발전하고 있다.

■ 메타버스관련 특허출원 동향 ('2012~'2021)

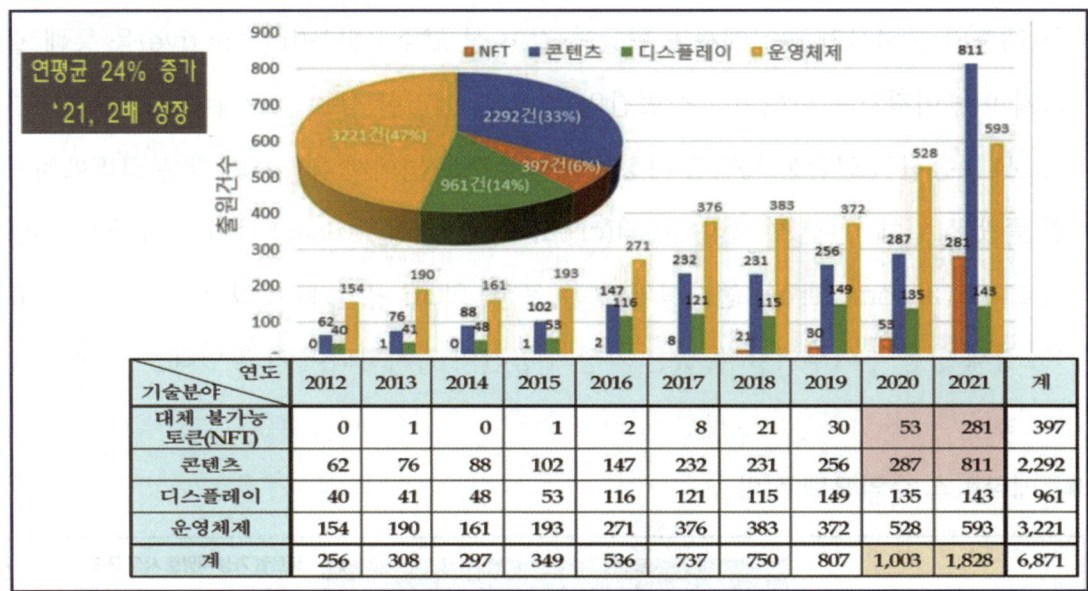

연도 기술분야	2012	2013	2014	2015	2016	2017	2018	2019	2020	2021	계
대체 불가능 토큰(NFT)	0	1	0	1	2	8	21	30	53	281	397
콘텐츠	62	76	88	102	147	232	231	256	287	811	2,292
디스플레이	40	41	48	53	116	121	115	149	135	143	961
운영체제	154	190	161	193	271	376	383	372	528	593	3,221
계	256	308	297	349	536	737	750	807	1,003	1,828	6,871

　이러한 산업환경 변화에 따라, 메타버스 관련 기술과 수익모델관련 특허 등 산업재산권 출원 경쟁도 가속화되고 있다. 지난 2012년~2021년까지 특허출원 동향을 보면, 연평균 24% 증가하였고, 특히 2021년에는 전년대비 2배에 달하는 급성장을 기록하였다.

■ 메타버스를 둘러싼 지식재산권 쟁점

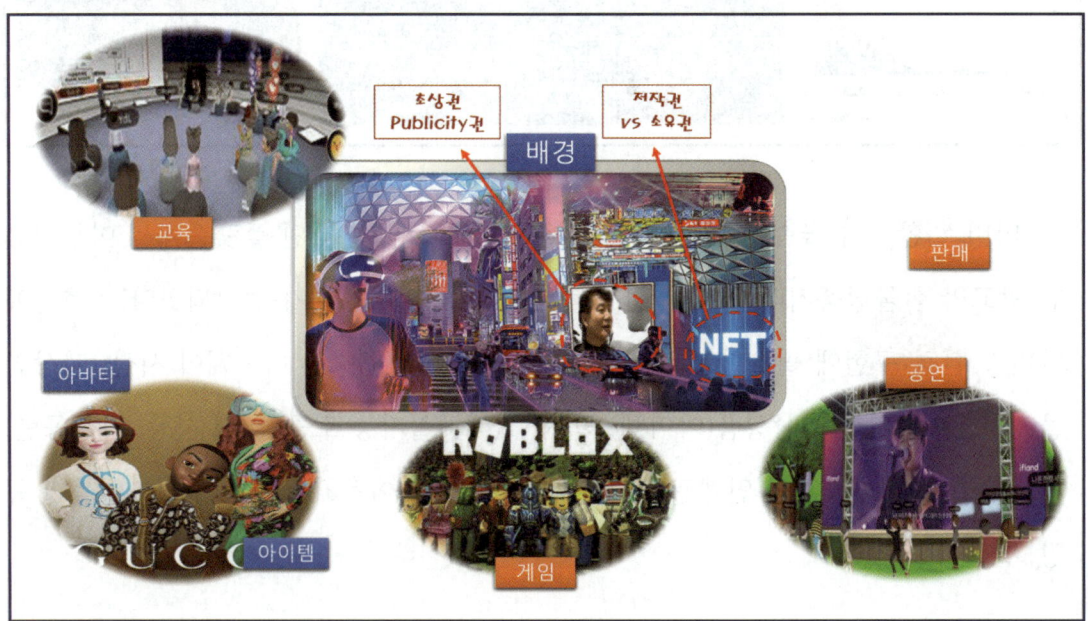

메타버스는 그 기반을 현실에 두고 출발한 것이고, 수 많은 참여자들이 상호 교류하면서 이루어지는 특성상, 현실 세상에서의 저작물, 디자인, 상표 등이 무분별하게 가상공간으로 업로드 되는 과정에서 제도권 지식재산권의 침해가 발생하고 있다. 이 과정에서 참여자의 침해행위에 대한 플랫폼 운영자의 공동책임 문제가 다시 부각되기도 하고, 참여자들이 전개하는 가상공간에서의 창작 결과물에 대한 지식재산권 인정 여부, 플랫폼에서 제공되는 다양한 AI , 응용 앱등 다양한 툴(tool)들을 활용한 창작물에 대한 권리자는 누가 될 것인지 등 상호작용에 따른 지식재산권 권리관계는 복잡성을 내포하고 있다.

메타버스관련 출원을 통한 권리화 작업이 정상화되고, 메타버스 환경을 고려한 입법과 판례가 구축되기 까지는 상당한 시간이 필요한 반면, 종전의 현실 상품·서비스와 병존한 가상상품·서비스 거래는 물론, 새로운 가상상품 시장의 등장으로 인해, 현실 상품·서비스를 중심으로 구축된 현행 지식재산권 법제에서의 이해와 해석상 충돌, 혼동 또는 공백으로 인한 분쟁 심화 또한 불가피할 것으로 전망된다. 예를 들어, 현실의 유명 상품 디자인 또는 상표를 모방한 가상상품을 만들어, 판매하거나, 나를 대신할 아바타를 만드는 과정에서 나의 초상이 아닌 다른 사람이나, 유명인의 초상을 활용하거나, 유명인의 초상과 유사한 캐릭터를 통해 가상공간에서의 광고, 홍보를 하거나, 점점 보편화되어 가는 인공지능(AI)를 통해 창출되는 발명이나 기타 콘텐츠 창작물들에 대해서도 지식재산권을 인정할 것인가, 순수 가상상품관련 창작물도 특허, 실용신안, 디지인권, 상표 등으로 출원, 등록하여 보호받을 수 있는가? 미술품 원본 소유자가 이를 디지털 이미지 파일로 전환하여 NFT상품으로 만들었을 때, 원저작물의 저작권자와의 충돌은 없을까? 등 상당히 많은 의문과 쟁점이 예상되고, 일부는 이미 소송으로 가시화되어 나타나고 있다.

이 책에서는 메타버스 플랫폼 환경에서 발생하는 새로운 지식재산권 쟁점을 다룬다. 따라서 메타버스 구현의 기반이자 현재까지 우리 생활의 중심무대로 자리하고 있는 인터넷 온라인 환경에서의 e-commerc나 블로그, 유튜브, 페이스북, 카톡 등 다

양한 유형의SNS 활동과정에서 접하게 되는 다양한 지식재산권관련 질문들을 사례와 함께 폭넓게 돌아보고자 한다.

2. 메타버스의 법적 성격: 게임인가, 플랫폼인가?

메타버스가 구체적으로 가시화되기 이전부터, 아바타를 통한 참여와 참여자들 상호작용과 커뮤니케이션이 가상 게임에서 이루어져 왔다. 이로 인해 메타버스를 게임으로 인식하는 시각도 있었고, 실제 로블록스나 포트나이트 같은 가상게임 매체들이 메타버스로 비즈니스영역을 확장하여 게임형 메타버스를 주도하기도 했다.

「게임산업법」상 게임물은 "컴퓨터프로그램 등 정보처리 기술이나 기계장치를 이용하여 오락을 할 수 있게 하거나 이에 부수하여 여가선용, 학습 및 운동효과 등을 높일 수 있도록 제작된 영상물 또는 그 영상물의 이용을 주된 목적으로 제작된 기기 및 장치"(「게임산업법」제2조 제1호7)를 의미하는 것으로, 게임물의 주목적은 오락이지만, 메타버스는 이용자간 의사소통, 정보 공유 등 사회적 활동이 이루어지는 온라인 플랫폼으로 메타버스와 게임물은 목적이 다르다. 게임물의 주목적은 오락이지만, 메타버스는 이용자와 관련된 것을 폭넓게 생성 및 공유할 수 있으며, 게임이용 이외에 다양한 사회적, 경제적 활동이 이루어지는 오픈 플랫폼이다.[19]

아래에서 돌아본 바와 같이, 메타버스는 가상공간에서 아바타를 통한 상호작용으로 진행된다는 점에서 게임과 유사한 점도 있으나, 메타버스는 디지털 기술기반의 가상 활동을 포괄적으로 수용할 수 있는 상위 개념의 플랫폼으로 가상게임이 제공된다 하더라도, 메타버스의 일부 영역일 뿐, 메타버스 자체가 게임은 아니라고 보는 것이 합리적으로 보인다.

메타버스와 게임은 아래와 같은 공통점이 있다.

▸ 메타버스와 게임 모두 컴퓨터, 인터넷, 통신 등 디지털 기술을 기반으로 만들어진 오픈 플랫폼 형태의 가상 공간을 제공한다.

---

19. 게임물관리위원회, 2021

- 사용자들은 가상 캐릭터(아바타)를 조작하여 이런 가상 공간에 참여하는 형태로 이루어진다.
- 가상공간 내에서 사용자(아바타)들은 서로 상호작용 및 소통이 가능하다.
- 모두 커뮤니티를 형성하며, 사용자 간의 소셜 네트워킹을 촉진한다.

반면, 아래와 같은 차이점을 들 수 있다.
- 목적과 활동범위에 있어 메타버스는 게임보다 포괄적인 가상공간으로, 보상과 랭킹 등 성취를 통한 오락적 즐거움을 목적으로 하는 게임 외에도 다양한 활동을 할 수 있는 온라인 공간으로, 가상공연, 회의, 교육, 상점 운영등 다양한 사회적 경제적 활동이 가능하다.
- 게임은 주로 특정된 목적을 달성하기 위한 시스템과 규칙이 정해져 있어 프로그래밍된 경과에 따라 이를 성취하여 클리어해 가는 폐쇄형 구조인 반면, 메타버스는 본인과 다른 참여자의 결정에 따라 결과가 지속적으로 달라질 수 있는 개방형구조이다. 따라서, 본인이 참여하지 않더라도 가상세계는 종료되지 않고 지속되며, 참여자의 합의나 서비스제공자의 불가피한 사정이 존재하지 않는 한 가상세계는 처음으로 리셋되지 않는다.
- 메타버스는 현실세계와 연계된 가상 경제가 형성되어 있으며, 가상 자산의 거래와 소유가 가능한 반면, 게임은 현실과 구분되는 특정한 가상 공간으로 (가상 경제가 형성되는 경우도 있지만) 대부분 게임 내에서 사용되는 아이템과 가상화폐 등이 제한적으로 사용된다.

3. 메타버스 관련 규제 쟁점

3.1 오픈 플랫폼 관점에서의 규제와 쟁점

메타버스는 기본적으로 오픈 플랫폼을 기반으로 구성된 관계로, 운영자는 기본적으로 가상공간을 제공할 뿐, 다양한 활동영역(교육, 판매, 공연, 오락 등)별로 수직적, 수평적 관계에 있는 다양한 계층의 사용자들이 참여하여 상호작용을 통해 진행되어 가는 개방형 구조이다보니, 다양한 법적 규제와 감독이 적용될 수 있다. 그러나, 메타버스라는 환경은 기존 법제도가 규율의 대상으로 설정한 현실세계와는 다르므로 직접적인 적용여부가 불투명한 반면, 단순히 가상세계에 그치지 않고 현실세계와 연계된 활동이라는 특성으로 인해 현실세계에 미치는 영향을 고려한다면 법제의 사각지대로 방치해 둘 수도 없다. 이에 따라 새로운 메타버스 환경을 둘러싼 입법적 보완이 여러 영역에서 논의되고 있다.

(1) 개인정보 보호:
특히 데이터 보호와 관련한 문제가 중요한 이슈로 떠오르고 있다. 메타버스에서는 이용자들에 대한 금융정보, 생체정보, 보건·의료정보 등 양적·질적으로 상당한 개인정보가 생성, 수집되고, 사용자간 상호작용과정에서도 새로운 데이터가 생성되고 있어 개인에 대한 심층적 분석이 가능하며, 신체적 개인정보와 함께 취미, 사상 등 다양한 개인정보가 노출될 가능성이 존재한다. 이러한 데이터는 원칙적으로 개인정보보호법에 따른 보호와 규제가 적용된다.

(2) 모욕, 명예훼손, 성희롱, 성폭력 등 범죄행위:

메타버스가 제공하는 오픈플랫폼(가상공간)에서 사용자들이 자신을 대리한 아바타들을 통해 참여하여 다양한 상호 커뮤니케이션을 진행하는 과정에서, 현실세계에 영향을 미칠 수 있는 모욕, 명예훼손, 폭언, 성폭력 등 정신적 피해를 유발할 수 있는 범죄행위 발생 가능성이 잠재한다. 또한, 사기, 기망, 협박 등의 발생으로 경제적 피해가 발생할 소지도 있고, 부적절한 음란 콘텐츠등에 대한 규제도 필요할 수 있다.

(3) 특허, 실용신안, 디자인, 상표 및 저작권 등 지식재산권 보호:

다양한 계층의 사용자들이 참여하여 사회적, 경제적 활동을 진행하는 과정에서 타인의 지식재산권을 무단으로 게시, 판매 또는 기타 사용하는 과정에서 침해가 발생할 수 있다. 이에 따른 메타버스 플랫폼 운영자에 대해서도, 종전의 온라인서비스제공자(OSP)들에 적용된 면책규정과 조치의무를 둘러싼 분쟁이 예상된다. 또한, 플랫폼업체에서 제공한 틀들을 사용하책임여부를 둘러싼 분쟁이 및 지식재산권 가 적용될 수 있을 것이다. 메타버스 업체와 사용자들간의 저작권 분쟁, 특히 플랫폼이 제공한 콘텐츠등 저작물을 기반으로한 2차적 저작물관련 저작권과 실시권 관련 분쟁 가능성도 잠재한다.

▶ 메타버스의 온라인서비스제공자로서의 책임:

메타버스내 발생하는 저작권침해에 대하여 메타버스는 온라인서비스제공자로서 저작권법 제102조의 면책규정이 적용된다. 그리고 메타버스가 저작권법 제103조에 의해 저작권자등 권리자의 침해주장통지에 의하여 침해사실을 알게 되었을 때 그 침해결과물의 제거의무가 있다. 그리고 메타버스는 저작권법 제104조 제1항의 다른 사람들 상호간에 컴퓨터를 이용하여 저 작물등을 전송하도록 하는 것을 주된 목적으로 하는 온라인서비스제공자 (특수한 유형의 온라인 서비스제공자)이므로 메타버스를 이용하는 저작권자등 권리자의 요청이 있는 경우 해당 저작물등의 불법적인 전송을 차단하는 기술적인 조치등 필요한 조치를 하여야 할 의무가 있다. 대법원은 저작권법 제104조의 특수한 유형의 온라인서비스제공자가 저작권법 시행령 제 46조 제1항이

규정하고 있는 필요한 조치, 즉 i) 저작물등의 제호등과 특징을 비교하여 저작물등을 인식할 수 있는 기술적인 조치, ii) 제1호에 따라 인지한 저작물등의 불법적인 송신을 차단하기 위한 검색제한 조치 및 송신제한 조치, iii) 해당 저작물등의 불법적인 전송자를 확인할 수 있는 경우에는 그 저작물등의 전송자에게 저작권침해금지 등을 요청하는 경고문구의 발송을 취하였다면 저작권법 제104조 제1항에 따른 필요한 조치를 한 것으로 보아야 하고, 실제로 불법적인 전송이라는 결과가 발생하였다는 이유만으로 달리 판단하여서는 안 된다고 판시하였다. 반면, 법원은 소리바다 사건에서 이용자들의 저작권침해행위에 대하여 온라인서비스제공자에게 민법 제760조 제3항 방조책임을 인정한 사례도 있어 OSP의 경우, 구체적인 사안에 따라 침해행위에 대한 기여, 방조등에 따른 공동불법행위 책임이 부과 될 수 있으므로 주의의무 이행에 유의하여야 할 것이다.

(4) NFT 및 가상화폐 규제:

또한 메타버스 내에서는 NFT 또는 가상화폐등 가상 자산을 거래하고 사용할 수 있기 때문에, 가상화폐 금융관련 법적 규제와 분쟁도 제기될 수 있어, 메타버스 내에서의 가상자산 거래와 관련된 명확한 입법을 통한 규제와 감독체계가 시급히 요구되고 있다.

(5) 국제조약등 국제적 기준 정립 필요성:

메타버스는 온라인 네트워크를 기반으로 대부분 글로벌 커뮤니티가 형성되어, 법적 분쟁발생시 준거법을 둘러싼 심각한 분쟁도 피할 수 없어 보인다. 대부분의 메타버스 플랫폼은 그 약관에서 준거법을 규정하고는 있으나 이는 채권관계를 규율하는 준거법이고, 메타버스내에서의 지적재산권침해, 범죄행위, 또는 기타 강행법규 위반 등과 같은 불법행위에 대해서는 국제사법(제40조 등)에 따라, 불법행위지 법이 적용될 것이나, 우리나라 판례가 침해지와 결과발생지 모두를 불법행위지로 판시하고 있는 점을 고려할 때, 메타버스내의 준거법은 메타버스플랫폼업자의 데이터 서버소재지나

침해자의 접속국이 침해지가 될 수 있고, 침해된 저작물을 수신한 이용자가 접속한 국가가 결과발생지가 될 수 있다. 따라서, 이들 국가간에 관할권 다툼이나 관할권 포럼 쇼핑을 둘러싼 당사자간 다툼을 예방, 조정하기 위한 국제 조약 마련이나 사법공조를 통한 국가간 통일적 입법에 대한 목소리도 높아지고 있다.

3.2 게임 관점에서의 규제와 쟁점

메타버스의 법적성격을 게임으로 볼 경우, 「게임산업법」이 적용되어 게임물에 적용되는 사행성 및 청소년 보호 관련 규제가 메타버스에도 적용된다. 게임산업진흥법 제22조 제1항 7호와 게임산업진흥법 시행령 제18조의3가 적용되어 게임머니와 게임아이템등의 데이터에 대한 환전을 업으로 하는 것이 금지되고, 이를 위반시 게임산업진흥법 제44조 제1항 7호에서 5년이하의 징역 또는 5천만원이하의 벌금에 처한다고 규정하고 있기 때문에 메타버스의 법적성격이 게임 인지 플랫폼인지여부에 따라 메타버스내 수익성 실현여부가 달라진다.[20]

최근 메타버스를 게임으로 판단하여 게임물로 분류할 것인지에 대한 논의가 진행중인데, 대표적인 게임형 메타버스 플랫폼인 로블록스(Roblox)의 경우 국내 구글 플레이 스토어에서 게임으로 분류되고 있으나, 또 다른 메타버스 플랫폼인 제페토(ZEPETO)의 경우 게임이 아닌 엔터테인먼트로 분류되는 등 우리나라에서는 메타버스 플랫폼 간에도 차이가 발생하고 있다. 국내에서는 자체등급분류 사업자제도를 통해 앱 개발자가 구글, 애플 등 플랫폼에 앱을 등록하는 과정에서 설문에 대한 앱 개발자 자신의 답변을 바탕으로 카테고리가 분류되며, 등급이 부여되고 있어, 메타버스 개발자가 「게임산업법」의 적용을 회피하기 위하여 메타버스를 게임이 아닌 엔터테인먼트로 등급 부여받은 경우, 메타버스내 일부 영역에서 이용자가 만든 게임물이 게시되고, 다른 이용자들의 참여로 운영되고 있다면, 등급여하에 관계없이 메타버스 플랫폼 전체 또는 게임관련 해당 부분을 게임물로 규제할 수 있는지 여부에 대한 논

20. 참조, 국회입법조사처, 이슈와 논점 보고서, 제1858호 2021.7.28.

의가 지속되고 있다.[21]

포괄적인 플랫폼 단위의 등급에 따라 게임산업으로 일괄 분류하여 게임산업관련 규제법규를 적용하거나, 플랫폼 전체에 대해 적용을 부정하기보다는, 플랫폼 자체는 자율규제 대상으로 두고, 실체적 콘텐츠 측면에서 게임물에 해당하는 대상에 대해서만 게임산업법상 규제를 적용하는 중도적 방안이 4차산업혁명에 따른 신기술과 신산업을 보호, 육성하는 동시에 사회적 건전성을 도모하는 합목적적인 접근법이라 생각된다.

---

21. '메타버스와 규제이슈', 한국행정연구원 2022 〈규제동향지〉 봄호

II. 메타버스관련 지식재산 보호 유형

지식재산기본법 제3조1호에 따르면, 지식재산이란, "인간의 창조적 활동 또는 경험 등에 의하여 창출되거나 발견된 지식정보 기술, 사상이나 감정의 표현, 영업이나 물건의 표시, 생물의 품종이나 유전자원, 그 밖에 무형적인 것으로서 재산적 가치가 실현될 수 있는 것"을 의미한다. 이러한 지식재산에 대한 보호와 규율은 크게 다음 2가지 제도로 나누어 볼 수 있다.

1. 지식재산권: 적극적/배타적 보호

지식재산기본법 제3조 제3호는 지식재산권을 "법령 또는 조약 등에 따라 인정되거나 보호되는 지식재산에 관한 권리"라 고 정의하고 있는 바, 판례는 물권법정주의 원칙에 따라, 물권 또는 이에 준한 절대적, 배타적 권리로 성립되기 위해서는 반드시 법률로 규정된 것에 한정되어야 한다는 입장이다. 특허법, 실용신안법, 디자인보호법, 상표법, 저작권법에 의해 독점적, 배타적 권리로 인정, 보호되고 있는 특허, 실용신안, 디자인권, 상표 등의 산업재산권과 저작권이 이에 해당한다.

■ 보호유형

분류		보호제도	대상
산업재산권	특허 (발명)	물건(물질 또는 물품) 또는 방법 자연법칙을 이용한 기술적 창작으로서 고도한 발명 · 산업상 이용가능성 · 신규성 · 진보성(비용이성)	HMD/Display Wearable Device Business Method
	실용신안 (고안)	(물질이나 방법 제외) 물품의 형상, 구조, 조합에 관한 실용적 고안	도구, 장치, 굿즈 등 물품
	디자인	물품(유체동산)의 형상, 모양, 색채 또는 이들의 결합으로 시각을 통하여 미감을 일으키게 하는 것 (심미적 창작)	굿즈, 피규어 화상디자인 글자체
	상표	자신의 상품(서비스포함)를 타인의 상품과 식별시키기위해사용하는표장(기호,문자,도형,소리, 냄새, 입체적형상, 홀로그램, 동작, 색채 등) 상품의 출처를 나타내기위해 사용하는 모든 표시	지정상품출처; 아이템
저작권		■ 저작인격권: 공표권, 동일성유지권, 성명표시권 ■ 저작재산권: 복제권, 공연권, 공중송신권, 전시권, 배포권, 대여권, 2차적저작물작성권 ■ 저작인격권: 실연자; 음반제작자; 방송사업자	아바타, 아이템, 컨텐츠(저작물) ① 어문; ② 음악; ③ 연극; ④ 미술; ⑤ 건축; ⑥ 사진; ⑦ 영상; ⑧ 도형; ⑨컴퓨터프로그램

메타버스 환경에서 찾아볼 수 있는 특허발명 대상은 AR(Artificial Reality, 증강현실), VR(Virtual Reality, 가상현실) 또는 MR(Mixed Reality, 혼합현실) 등 입체 가상 이미지 구현에 필요한 하드웨어, 즉 HMD(Head Mounted Display), 가상의 신호를 통해 감각을 전달받는 슈트(Suit) 등의 웨어러블 디바이스(Wearable Device), 또는 PC환경에서의 웹, 모바일 환경에서의 앱의 형태로 접하게 되는 영업모델, 영업방

법(Business Method)등이 컴퓨터, 통신기술 등을 활용한 하드웨어와의 연계를 통해 구현된 경우 등이 해당될 수 있고, 유형적 도구, 장치, 굿즈 등 물품과 관련된 실용적 고안은 실용신안의 대상이 될 수 있을 것이다. 메타버스 시대를 맞아 2021년 개정에 따라 종전의 물품성 원칙을 깨고 인정된 화상 디자인, 또는 드라마나 가상의 캐릭터, 아바타 등을 유형의 상품으로 물품화 한 굿즈, 피규어 등은 디자인권으로 출원, 등록 가능하며, 아이템과 같은 가상상품은 그 특징적인 이미지 자체를 상표로 출원, 등록하는 방법도 고려해 봄 직 하다.

그 외 메타버스 공간에서 표현되는 아바타, 아이템, 데이터베이스, 대부분의 콘텐츠나 데이터베이스, 대부분의 저작권법에 따른 어문저작물, 음악저작물, 영상저작물, 미술저작물, 도형 저작물, 컴퓨터프로그램 저작물의 대상이 될 수 있을 것이다. 현실공간의 유형상품보다는 가상공간의 가상 이미지 중심의 지식재산이 중심으로 자리하게 되는 환경기술적 특성상, 실용신안, 디자인권 보다는 상대적으로 상표와 저작권이 보호와 분쟁의 중심 축으로 자리잡게 될 것으로 예상된다.

2. 영업비밀 등 부정경쟁행위: 불법(침해)행위 규제에 따른 반사적 이익

　반면, 개별적인 법률의 규정에 의해 절대적 배타적 권리로 인정, 보호되지 않은 지식재산이라 하더라도 경우에 따라서는 부정경쟁방지법에 따른 규제가 적용될 수도 있는 바, 우리나라 '부정 경쟁 방지 및 영업비밀 보호에 관한 법률'은 "국내에 널리 알려진 타인의 상표 배타적 보호 등을 부정하게 사용하는 등의 부정경쟁행위와 타인의 영업비밀을 침해하는 행위를 방지하여 건전한 거래질서를 유지함을 목적으로 한다." 즉, 부정경쟁방지법은 보유자의 영업비밀 자체의 권리성을 인정하는 것이 아니라, 타인의 영업비밀 침해행위나 기타 부정한 경쟁행위를 방지(규제)하고 있는 바, 위의 지식재산권으로 인정, 보호받지 못하는 경우에도, 지식재산보유자는 영업비밀 침해 또는 기타 부정경쟁행위 규제에 따른 간접적, 반사적 보호를 받을 수 있다. 영업비밀외에도 미등록 상표나 상호, 트레이드드레스, 퍼블리시티권 등이 부정경쟁방지법에 따라 보호받을 수 있는 지식재산의 좋은 예이다.

■ **부정경쟁행위 유형[22].**

부정경쟁방지 및 영업비밀보호에 관한 법률 제2조1호 (2021.12월개정기준)
① 상품/영업 주체 혼동 초래 (가, 나)
② 저명상표 희석 (다)
③ 오인유발(원산지/출처/품질 기준 등) (라~바)
④ 대리인의 부당한 상표사용행위 (사)
⑤ 도메인명 부정취득(사이버스쿼팅) (아)
⑥ 상품형태모방 (자)
⑦ 트레이드 드레스 모방 (파, 나~다)
⑧ 아이디어 탈취 (차)

---

22. 부정경쟁방지 및 영업비밀보호에관한법률 제2조제1호(2021.12개정/2022.4시행 기준)

⑨ 데이터 부정 사용행위, (+ 기술적 무력화 행위) (카)
⑩ 유명인의 성명/초상/식별표지 무단사용 (Publicity권): (타)
⑪ 기타 성과물 무단사용 (파)

III. 메타버스 관련 특허권 적용 대상

여러 계층의 이용자들의 참여와 상호작용이 가능하도록 구축된 플랫폼(장터)은 물론, 그 플랫폼내에 적용되거나 거래될 구체적인 개별 비즈니스모델 구현을 위한 여러 유형의 웹(Web) 또는 App은 어떤 유형의 지식재산권으로 보호될 수 있으며, 플랫폼 운영자와 이용자간 권리관계는 어떻게 될까?

1. 메타버스 구현에 관련된 하드웨어 보호

현재 산업기술환경에서는 메타버스 구현을 위해 이용자에게 가장 필수적인 장비로 HMD(Head Mounted Display)를 들 수 있을 것이다. 이 HMD는 인간 인식의 한계를 이용한 과학적 원리를 통해, 사람의 뇌를 속여 빛으로 전달된 영상 속에 있는 것처럼 현실감을 느끼게 하는 대표적인 하드웨어 장비로서 여러 회사들이 앞다투어 특허출원 경쟁을 벌이고 있는 영역이다. 물론, HMD관련 유형적인 물품의 구조, 기능 등과 관련된, 비교적 간단한, 실용적 고안은 실용신안으로도 출원, 등록하여 보호받을 수도 있다.

HMD등과 같은 장비는 특정 플랫폼에 한정된 전용장비로 개발된 것이 아니고, 대부분의 플랫폼 들에서 공통적으로 사용될 수 있는 범용 장비이므로, 플랫폼 운영자의 이용약관의 권리관계 규정이 적용되는 것이 아니라, 사실행위로서의 발명자가 그 특

허발명에 대한 권리를 갖게 되는 것이 특허법의 원칙이다. 물론, 특정 플랫폼용으로 개발된 도구나 장비의 경우에는 발명자가 원시취득한 특허발명에 대한 권리가 직무발명규정에 따라 개발업체로 승계, 양도되거나, 플랫폼업체와 해당 개발업체 간의 개발계약상 권리관계규정 여하에 따라, 다시 플랫폼업체와 공동 소유하게 되거나, 전부 양도되기도 한다.

〈참조: 현실 HMD원리 (합성자료: LG디스플레이+삼성전자)〉

가상현실은 사람의 뇌를 속여 그러한 영상 속에 있는 것처럼 현실감을 느끼게 한 것이다.
- 사람의 뇌는 시각을 통해 받아들인 빛을 바탕으로 현실감을 느낌
- 영상(빛)을 두 눈 가득히 보여주면 두뇌는 실제로 자신(몸)이 그 영상 속에 있다고 착각하게 됨

참고로, 애플이 지난 2016년 11월 미국 특허청에 출원, 공개되었던 특허발명을 보면, 휴대용 단말기를 HMD에 장착하는 방식으로, 리모컨 조작이 가능하고, 이어셋 일체형으로 구성되어 있다.

〈참조: VR용 HMD〉

VR용 HMD
(Head Mounted Display)
미국 출원번호: 14/862036
출원인: 애플

휴대용 단말기를 HMD에 장착하는 방식
리모콘 조작이 가능하고,
이어셋 일체형

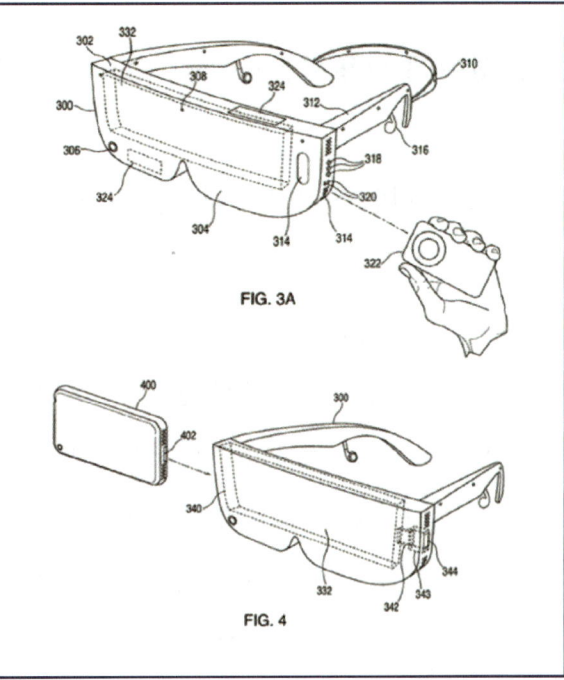

FIG. 3A

FIG. 4

2. 플랫폼에 적용된 business Method(영업방법, 사업모델) 보호

　오늘날 온라인 상거래는 대부분 PC상의 웹 또는 모바일상의 앱의 형태로 구성된 컴퓨터프로그램을 통해 이루어지고 있고, 메타버스환경에서도 3D화된 이미지 파일들을 통해 더욱 확산 발전할 것으로 예상된다. 그러면 BM발명[23]으로 불려지고 있는 영업방법 또는 비즈니스모델들은 어떤 유형의 지식재산권으로 보호받을 수 있을까?

　이러한 웹, 앱은 기본적으로 저작권법에 따른 컴퓨터프로그램 저작물로 보호가 가능할 것이다. 그럼 BM특허란 무엇인가? 어떤 경우에 특허로 출원, 등록 받을 수 있는가? 우리나라 대법원 판례에 따르면, 순수한 영업방법(아이디어) 자체만으로는 불가하고, "컴퓨터상에서 SW에 의한 정보처리가 HW를 이용하여 구체적으로 실현되어야 한다."[24]

　BM발명의 특허적격성은 아래에서 돌아보기로 하고, 우리 법제상 실용신안의 대상이 될 수는 있을까? 특허는 물건, 방법, 또는 물건을 생산하는 방법을 대상으로 하는 반면, 실용신안은 물품의 형상, 구조 또는 조합에 관한 고안을 대상으로 하고 있다. 따라서 BM발명은 형상이나 구조를 갖는 물품에 해당하지 않으므로 실용신안의 대상은 될 수 없다.

---

23. BM은 Business Model(영업모델)과 Business Method(영업방법)이란 두가지 용어가 혼용되어 사용되고 있으나, 미국 특허법상 통용되고 있는 Business Method를 인용하여, 우리나라 특허청도 이를 영업방법(Business Method)로 정의하고 있다.
24. 대법원 2008.1.23.선고, 2007후265판결

■ BM 특허 판단기준 〈참조: Business Method(영업방법) 특허

〈출처:BM특허길라잡이, 특허청, 2021〉

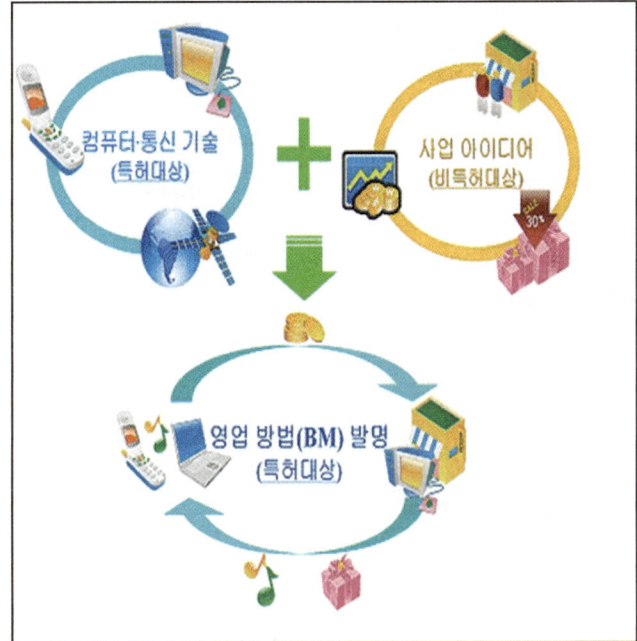

▶ "컴퓨터상에서 SW에 의한 정보처리가 HW를 이용하여 구체적으로 실현' 되어야 한다"
→ 인간의 판단행위가 배제되어야 함

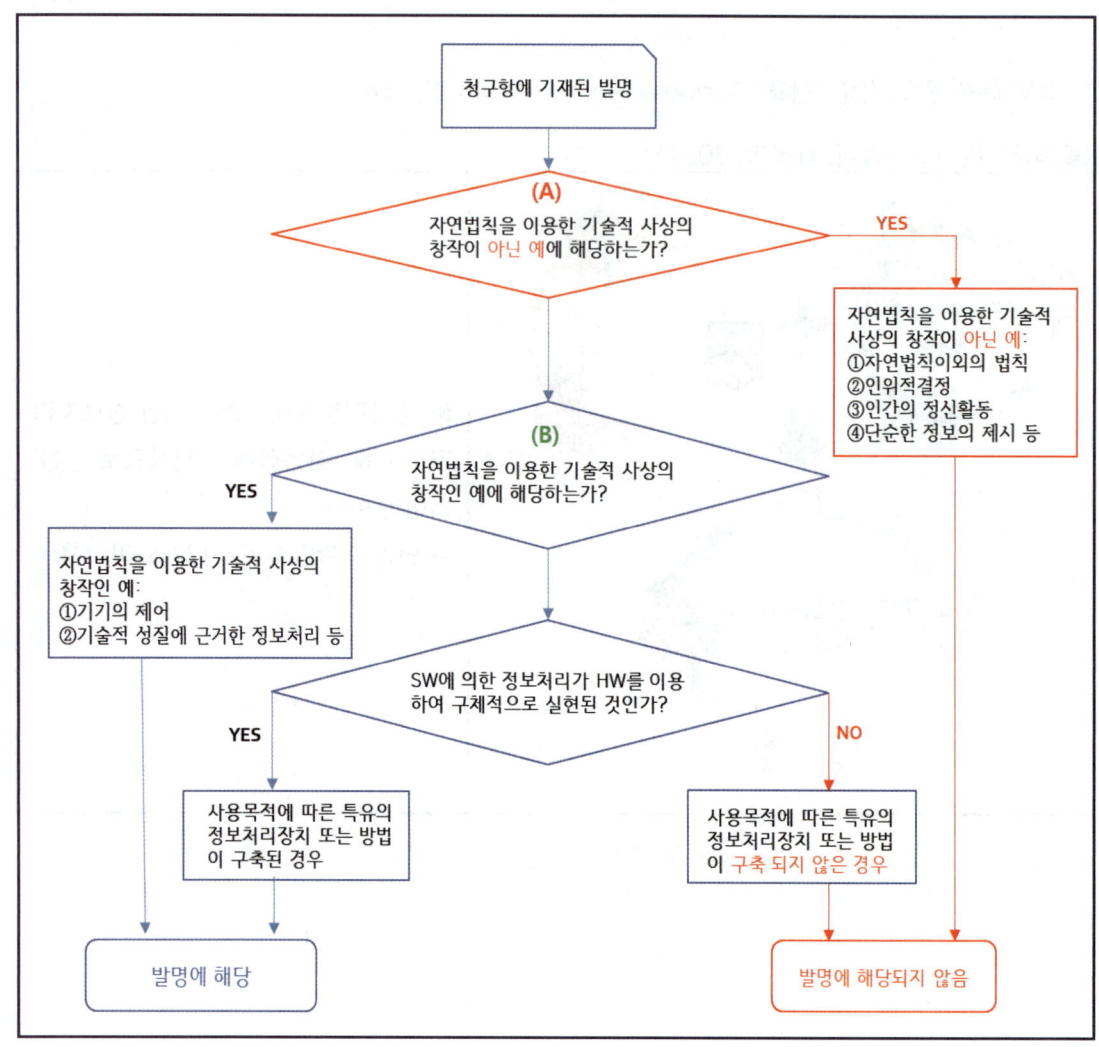

위의 도표에서 살펴본 바와 같이, 해당 BM이 소프트웨어에 의한 정보처리가 하드웨어를 이용해 구체적으로 실현되고 있는 경우로써, 해당 소프트웨어와 협동해 동작하는 정보처리 장치(기계), 그 동작 방법, 해당 소프트웨어를 기록한 컴퓨터로 읽을 수 있는 매체라면 자연법칙을 이용한 기술적 사상의 창작으로 특허발명 에 해당된다.

한편, 출원발명이 자연법칙을 이용한 것인지 여부는 청구항 전체로서 판단하여야 하므로, 청구항에 기재된 발명의 일부에 자연법칙을 이용하고 있는 부분이 있더라도 청구항 전체로서 자연법칙을 이용하고 있지 않다고 판단될 때는 특허법상의 발명에 해당되지 않는다.[25]

---

25. 대법원2001후3149

청구항에 기재된 발명이 자연법칙 이외의 법칙(경제법칙, 수학공식, 논리학적 법칙, 작도법 등), 인위적인 약속(게임의 규칙 그 자체), 또는 인간의 정신활동(영업계획 그 자체, 교수방법 그 자체, 금융보험제도 그 자체, 과세제도 그 자체)을 이용하고 있는 경우에는 발명에 해당되지 않는다.[26] 따라서, 각 단계에서 인간이 주체가 되거나, 인간의 행위 또는 정신활동이 개입되지 않고, 기계/컴퓨터 등 기술적 수단/방법으로 처리되도록 유의하여야 한다.

영업아이디어 및 기타 소프트웨어에 대한 특허성 인정여부는, 아래 2.1에서 살펴본 바와 같이, 미국, 일본, 유럽 등 대부분의 국가에서도 우리나라 판례와 유사한 기준에 따라 판단되고 있는 것으로 보인다.

2.1 소프트웨어특허성관련 미국판례 변화

〈참조: S/W특허보호범위 -출처: BM특허길라잡이, 특허청,2020〉

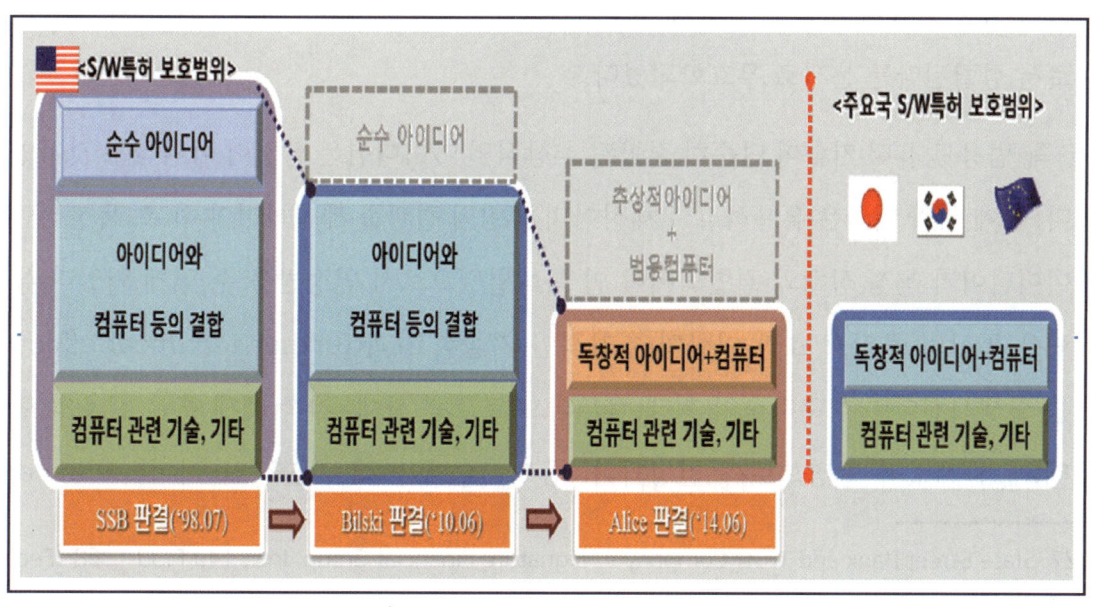

---

26. 대법원 2007후265, 2007후494

1998년 미국의 SSB 판결[27]은 청구된 발명이 유용(Useful)하고, 구체적(Concrete)이며, 유형(Tangible)의 결과를 제공한다면 특허적격성이 있는 것으로 인정하였다. 그러나 2008년 Bilski 판결[28]은 프로세스 발명이 특정장치(Machine)에 연동되어 있거나, 대상의 변환(Transformation)을 제공한다면 특허적격성이 있는 것으로 한정하여, 기존의 소프트웨어 관련 특허의 보호 범위에서 순수한 아이디어를 제외하였다.

Bilski 특허는 공급자와 수요자 간의 상품거래에 중개인이 개입하여 가격 변동 리스크를 방지하기 위한 것으로서, 컴퓨터 등의 구체적인 하드웨어가 명시돼 지 않은 순수한 BM에 해당하는 것이었다. BM 특허의 보호범위가 가장 넓었던 미국이 Bilski 판결 이후 보호범위를 축소함에 따라 주요국의 BM 특허의 보호범위는 비슷한 수준으로 수렴하게 되었 으나, 2014년 Alice 판결[29]로 새로운 국면을 맞이하게 되었던 바, Alice 특허는 거래 시 발생하는 결제 위험을 최소화하기 위해 제3자가 거래당사자의 재무상태를 관리하는 영업방법이 컴퓨터로 구현된 시스템 발명이었으나, 추상적 아이디어에 범용 컴퓨터 기술이 결합되는 것을 넘어 독창적인 개념까지 추가되어야 발명으로서 성립된다는 논지로 무효화되었다.

즉, 범용 컴퓨터 기술이 단순히 결합된 추상적인 아이디어는 발명이 아니라는 것이었다. 이에 따라 미국은 유용하고 구체적이며 유형의 결과를 제공하여야 하고, 독창적인 아이디어가 특정 장치와 결합되어야 만 특허발명으로서 인정받을 수 있게 되었다. 유럽은 통상의 물리적 효과 이상의 추가적인 기술적 효과(further technical effect)를 발생시킨다면 청구대상의 형태(컴퓨터 프로그램 자체, 기록 매제 혹은 신호의 형태)에 관계없이 발명으로서 인정되며, 공지기술에 비해 기술적인 기여(technical

---

27. State Street Bank and Trust Company v. Signature Financial Group, Inc., 149 F.3d 1368 (Fed. Cir. 1998)

28. In re Bilski, 545 F.3d 943, 88 U.S.P.Q.2d 1385 (Fed. Cir. 2008), Bilski v. Kappos, 561 U.S. 593 (2010), 뮤추얼 펀드 관리 프로그램 자체의 특허성을 인정했다는 점에서 획기적인 판결이었다. 데이터를 입력해서 보다 유용한 결과물(데이터)을 산출할 뿐 어떤 물질의 물리적 변화가 없는 데도 그 프로그램에 대해 특허권을 부여한 것이다.

29. Alice Corp. v. CLS Bank International, 573 U.S. 208 (2014)

contribution)를 한다면 청구된 발명은 기술적 특성을 가진 특허대상으로 판단하고 있다. 또한, 발명의 구성을 해석함에 있어서 기술적 요소(technical character)와 비기술적 요소(nontechnical character: Business element)로 구별하여, 비기술적 요소는 발명의 신규성 및 진보성을 판단할 때는 구성요소에서 배제되므로 주요국 중 BM 특허에서 가장 엄격한 기준을 가지고 있는 것이라 볼 수 있다.

일본은 우리나라와 마찬가지로, 소프트웨어에 의한 정보처리가 하드웨어 자원을 이용하여 구체적으로 실현되었는지 여부가 주요한 판단기준이다. 따라서 인터넷, 컴퓨터 등 IT 기술을 기초로 영업방법을 구현하기 위한 시계열 적인 데이터 처리과정 이 구체적으로 제시된 경우, 특허의 대상으로 인정하고 있다.

〈참조:우리나라 특허청 심사기준상 BM특허대상이 되지 않는 예〉

- 순수한 영업방법 자제
- 추상적인 아이디어, 인위적인 결정, 인간의 정신 활동, 오프라인상의 인간 행위를 포함하는 경우
- 소프트웨어에 의한 정보처리가 하드웨어를 이용해 구체적으로 실현되고 있지 않은 경우
- 온라인 상의 행위와 오프라인 상의 행위가 결합된 경우
- 컴퓨터 프로그램 리스트, 데이터 구조 등 정보의 단순한 제시
- 컴퓨터 프로그램 자체
    * 단, 하드웨어와 결합되어 특정과제를 해결하기 위하여 매체에 저장된 컴퓨터 프로그램은 2014. 7. 1. 이후 출원부터 특허의 대상
- 수학 알고리즘 또는 수학 공식, 경제법칙, 금융법칙, 게임규칙 그 자체
- 발명의 과제를 해결하기 위한 구체적 수단이 결여된 미완성 발명
- 기술적인 수단 및 구성 요소 간의 상호 결합관계가 불명료한 경우
- 각 단계의 행위 주체가 명확하지 않은 경우
- 지시의 대상이 불명확한 경우

2.2 BM특허발명 성립성 관련 대법원판례

한옥건축방법에 관한 아래 특허출원(2011. 1. 26. /10-2011-7977호)에 대해 특허

청은 2011.11월 최종거절결정을 하였고, 이후 심판원과 특허법원에서도 출원인의 청구는 기각되었다.

> **〈한옥건축방법: 출원(2011.1.26, 10-2011-7977호), 청구항 1〉**
>
> ① 건축하고자 하는 건축부재들의 원재로 선정된 원목들에 원산지, 모듈 번호를 포함하는 코드가 부여된 이력관리부재인 태그를 장착하는 이력관리부재 장착단계,
> ② 상기 태그에 부여된 코드에 해당하며 한옥을 구성하는 건축부재의 치수와 조립을 위한 정보들을 상기 태그를 판독하는 리더기를 갖는 서버에 기록하는 서버 구축단계,
> ③ 상기 리더기를 이용하여 상기 원목에 설치된 태그로부터 한옥을 구성하는 건축부재의 코드를 인식한 후, 상기 서버에 기록된 건축부재의 치수에 근거하여 태그가 장착된 원목을 NC가공장치에 의해 건축부재로 가공하는 건축부재 가공단계,
> ④ 가공된 건축부재들에 설치된 태그로부터 상기 리더기에 의해 상기 코드에 포함된 모듈번호를 확인하고, 이 모듈번호를 이용하여 한옥을 건축하는 한옥 건축단계를 포함한 것을 특징으로 하는 한옥건축 방법

최종적으로 대법원은, 원고의 청구를 기각하며 아래와 같이 판시하였다.

각 단계에 서버, 태그, 리더기 등과 같은 하드웨어 수단이 기재되어 있으나,

"이 사건 제1항 발명은 '건축부재들에 설치된 태그로부터 확인된 모듈번호를 이용하여 한옥을 건축하는 한옥 건축단계'를 그 핵심적 구성 중 하나로 포함하고 있는데, 모듈번호를 이용하여 한옥을 건축하는 것과 관련한 구체적인 기술구성이 결여되어 있어서 그 실현을 위해서는 인간이 건축자재의 모듈번호와 서버에 저장된 조립정보 등을 확인하여 건축자재를 적절한 곳에 배치하고 조립하는 것 등과 같은 정신적 판단 또는 인위적 결정이 주된 부분으로 요구되므로, 그 전체로서 자연법칙을 이용한 기술적 사상의 창작이라고 보기에 부족하다"

IV. 운영자와 이용자간 권리와 책임

1. 콘텐츠 관련 권리관계

우선, 플랫폼 운영자와 이용자간 콘텐츠 관련 문제는 저작권이 쟁점으로 원칙적으로 대부분 이용대상인 플랫폼의 이용약관에 규정된 내용에 따라 해석될 것이다. 물론 이러한 이용약관의 전부 또는 일부 규정이 건전한 거래질서를 해하거나 운영자의 일방적인 강요에 따른 불공정한 내용을 담고 있는 경우에는, 예외적으로 '독점규제 및 공정거래에 관한 법률'등 소위 공정거래법에 따른 규제가 적용되어 공정거래위원회 등으로부터 시정명령을 받거나, 해당 약관의 전부 또는 일부가 무효, 취소될 수도 있다.

■ 플랫폼 운영자와 이용자간 콘텐츠 관련 권리관계

일반적으로 통용되고 있는 플랫폼 운영업체들의 표준이용약관을 기준으로 정리해 보면 다음과 같다.

(1) 메타버스에서 제공하는 그래픽, 인터스페이스등의 저작권자

제페토 등 플랫폼 운영자들은 사용자들이 창작활동에 활용할 수 있도록, 텍스트, 그래픽, 이미지, 삽화, 디자인, 아이콘, 사진, 동영상 등 다양한 자료를 제공하고 있는 데, 이 자료들의 저작권은 제페토 운영사인 네이버Z에 있다고 규정하고 있다.

(2) 이용자가 창작한 콘텐츠의 저작권자

사용자가 창작한 콘텐츠(User Created Contents, UCC)는 메타버스 플랫폼 운영자가 창작에 특별히 관여하지 않고 게시 환경만을 제공했다면 대체로 저작권은 사용자에게 귀속되며, 제페토 등과 같이 운영자가 제공한 툴을 이용해 제작한 UCC는 툴 제공자의 저작물을 활용해 만든 '2차적저작물'로 평가될 수 있다.

(3) 해당콘텐츠의 이용관계

'2차적저작물'은 독립적인 창작물로 인정되어 저작권 보호의 대상이 되지만, 원저작자의 2차적 저작물 작성에 대한 허락이 없는 경우 '2차적저작물 작성권' 침해의 문제가 발생한다. 제페토는 이용약관에서 UCC의 저작권 및 기타 지적재산권은 사용자에게 있지만, 제페토 제공 원저작물에 대한 저작권 권리 관계에 대하여서는 영향이 없음을 분명히 하고 있다. 또 UCC를 현재 또는 추후 개발되는 모든 미디어와 배포 매체에 사용하는 권한(sublicense권)을 제페토에 부여한 것으로 간주한다고 규정하고 있다.

2. 이용자의 침해행위에 대한 운영자의 책임

■ 플랫폼에서 다운로드 받은 음원을 자신의 게임에 업로드하면?

<출처: 로블록스>

　로블록스(Roblox)는 사용자가 레고 모양의 아바타가 되어 가상세계에서 게임을 프로그래밍 하기도 하고, 다른 사용자가 만든 게임에 참여하기도 하며 상호 경험을 공유하고 소통하며 즐길 수 있는 메타버스 기반의 온라인 게임 플랫폼에서 출발, 오프라인 생활을 가상세계로 흡수, 종합적인 메타버스플랫폼으로 진화해온 대표적인 업체로, 최근 2, 3년 동안 유명가수의 신곡발표회, 가상콘서트는 물론 구찌의 가상체험 공간인 '구찌 가든'도 오픈 되었고, 일부 학교에선 코딩교육용 플랫폼으로도 활용되

---

30. "Roblox and National Music Publishers Association Settle $200 Million Copyright Lawsuit", https://variety.com/2021/digital/news/roblox-national-music-publishers-association-nmpa-settle-copyright-lawsuit-1235075154/

고 있다.

  앞서 소개한 NMPA와 로블록스의 분쟁은 음원에 관한 것이었으나, 음원외에도, 메타버스 플랫폼에서 다루어지는 건축물, 패션, 그림, 사진, 상품, 만화, 애니메이션 등 다양한 저작물에서도 유사한 내용의 분쟁은 충분히 예상되고, 이 과정에서 플랫폼 운영자의 관리, 개입정도에 따라 지식재산권 침해관련 책임론이 지속적으로 제기될 것으로 예상된다.

■ 플랫폼 이용자의 침해에 대해 OSP도 책임?

- OSP/OMP 조건부 면책 적용
    - 저작권/상표권 notice & takedown
    - 의무책임부과를 위해서는 OSP의 의도적 행위가 요구됨:
    <예>저작권침해용도 프로그램설계 및 사이트운영
- 적법 목적/비침해 용도로 사용가능 경우: 책임 불인정
    - ✓ 업로드된 저작물의 복제, 전시, 송신이 인간의 개입없이 실행되는 자동화시스템 운영자에 대한 침해 불인정
    - ✓ VCR등과 같이 상업적으로 상당 부분 비침해적 목적으로 사용이 가능한 상품의 경우, 생산자가 침해제품을 생산, 유통시켰다는 사실만으로는 저작권 간접 침해 책임을 물을 수 없다고 판시
- 방조 등 기여에 따른 공동불법행위 책임 (Contributory Liability)
    - <미국> 침해행위 + 의도/인지 + 방조(법적인 작위의무 불이행포함)
    - <한국> 방조 + 상당인과관계
- 대위책임 (Vicarious Liability)
    - 침해행위에 대한 통제, 감독능력과 권리 + 침해로 인한 직접적 금전적 이익

2.1 Ohio State Univ. v. Redbubble, Inc., USCA, 6th Cir. Feb. 25. 2021[31]

이전부터 존재해온 음악, 영상 등의 콘텐츠 제공플랫폼 운영자인OSP (Open Service Provider), 또는 오픈형 온라인 전자상거래 플랫폼 운영자인OMP(Open Market Provider)들에 적용된 법규와 판례상 원칙은 로블록스와 같은 메타버스환경에서의 플랫폼업체의 책임문제에도 적용될 수 있을 것이다. 플랫폼에서 유통된 지식재산권 침해품관련 운영업체의 책임여부를 다룬 미국의 최근 판례를 돌아보자.

이 사건에서, 피고 Redbubble사는 주문형 이미지 인쇄 제품 (Print on Demand)을 취급하는 글로벌 온라인 상품거래 사이트를 운영하고 있다. 아래 그림32에서와 같이, 현재 전세계 약 6십만명의 독립 아티스트들이 Redbubble 사이트 가입을 통해

---

31. 참조,이용태, 온라인 오픈마켓운영자의 상표권 직접침해, 미국특허판례연구(III), 미국특허법연구회 편, 대한변리사회, 2022년, 540-545면
32. 도표출처: https://cashtipsandtricks.biz/redbubble-the-perfect-profitable-channel-for-your-artistic-expression/

자신들이 저작한 이미지를 업로드하고, 소비자는 이러한 이미지를 스크롤하여 사용자 지정 항목(티셔츠, 컵, 스티커 등)을 주문한다. 소비자가 주문을 하면 Redbubble은 소프트웨어를 통해, 자동으로, 아티스트에게 통보하고, 독립적인 제3자의 제조자와 포장/배송업체를 통해 주문제품의 제조 및 배송을 준비한다. 최종 제품과 배송표장에는 Redbubble의 상품 태그와 로고가 새겨진다. Redbubble 사이트에 게시된 상품에 대한 마케팅을 담당하고, 의류에 대한 취급주의사항등 지침을 안내하기도 하며, 반품 등 고객서비스 업무는 Redbubble이 처리한다. 반면, Redbubble은 게시제품을 직접 디자인, 제작 또는 기타 취급을 하지 않는다. 사이트 사용자 약관(user agreement)에 따르면, Redbubble은 게시된 어떤 상품에 대해서도 소유권을 갖지 않으며, 상표 보유자가 상표 위반을 모니터링하고 시정할 의무를 부담하도록 규정하고 있다.

원고 Ohio State University ("OSU")는 OSU소유의 상표이미지가 피고의 사이트에서 무단으로 게시된 것을 적발하고, 2017. 4.12, 피고에게 침해상표검색 결과 자료 등을 증빙으로 상표권 침해 중지 경고장을 발송하고, 조치를 요구하였으나 원만한 합의 해결이 이루어지지 않았다. 이에 따라, 2017년 12월, 원고는 오하이오 남부연방지법에 OSU 상표에 대한 직접침해를 이유로 피고를 제소하였다.

〈참조: 주문형 온라인마켓: Redbubble 사례〉

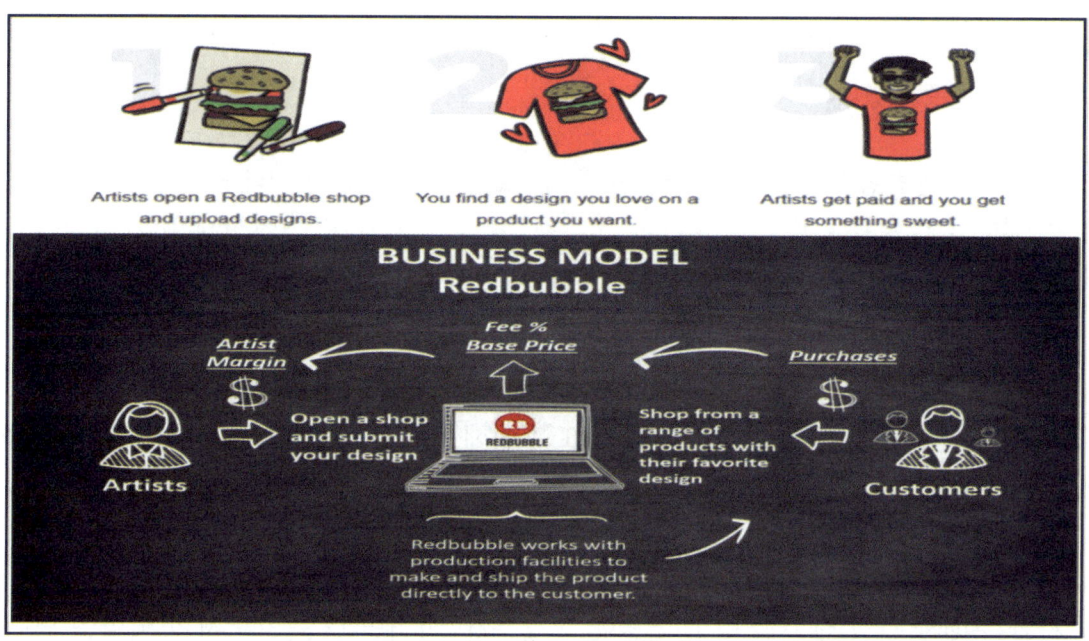

이 사건 원심법원은 쟁점 관련 질문을 한 쪽 끝에 eBay형 시장 유형이 있고, 다른 쪽 끝에 오프라인 판매업체 유형이 있는 스펙트럼으로 적절히 제시하였으나, 종국적으로는 연방 상표법상 직접침해책임 적용을 위한 "상업적 사용"의 범위를, 지나치게 좁게 해석하여, 판매자와 소비자간의 직접적인 판매에 한정하였다. 그 결과, 원심은, 피고가 성격상 Amazon, e Bay등과 같은 온라인 상거래 업체로서, 거래과정에서 판매자, 구매자 및 배송업체 사이에서 단순히 거래중개인 역할만을 수행 하였으므로, 상품의 판매자가 아니라고 판단하고, Amazon 및 eBay 경우 처럼, 피고에게 상표권 직접 침해에 따른 법적 책임을 부과할 수 없다는 피고측 입장을 지지하는 약식 판결을 내렸다.[33]

이에 대해 항소심은, Amazon과 eBay와 같은 다른 온라인 글로벌 마켓플레이스는 수동적인 비즈니스 접근방식으로 인해 직접적인 상표권 침해에 대한 책임을 회피할 수 있었지만, 본 사건 관련 Redbubble의 행위는 관여한 감독의 정도가 상당한 것으로 보이는 바, Redbubble이 행사한 통제 정도를 판단하기 위해서는 거래관련 사실

---

33. Ohio State Univer. v. Redbubble, Inc., 369 F. Supp. 3d 840 (S.D. Ohio 2019)

관계에 대한 추가적인 검토가 필요하고, 이를 토대로 직접적인 침해에 대한 책임여부를 결정하여야 하다고 판시하고, 사건에 대한 원심의 약식 판결을 파기하고, 연방지법으로 환송하였다.

미국 제6연방항소법원은 이 사건을 통해, 오늘날 글로벌 상거래의 주된 거래 장터인 온라인 상거래과정에서 발생하는 상표권 침해에 대해, Amazon과 같은 전형적인 온라인 오픈마켓 플랫폼 운영업체에 적용되어온 면책이 Redbubble과 같은 "print on demand" 플랫폼 운영업체에게도 유사하게 적용되어야 하는 지를 검토하였다.

온라인 상거래 과정에서 발생하는 상표권 침해행위 관련, 상표권 침해 물품의 직접 판매자에게 법적 책임이 있음은 의문이 없으나, 종전 판례 들을 통해 확인되어 온 바와 같이, Amazon이나 e-Bay 같은 플랫폼 운영자의 법적 책임 여부는 운영자가 판매자와 구매자 간의 단순 조력자 역할에 그쳤는가, 아니면 단순 조력자의 역할을 넘어서 해당제품의 거래에 적극적으로 관여하였는 가에 따라 상표침해의 책임여부를 판단하여야 한다고 판시하였다.

"일반적으로 거래상 중개인(transactional intermediary, facilitator) 은 판매인(seller)으로 간주되지 않는다"[34]는 것이 지배적인 판례[35]입장이이었는데, 종전 판례[36] 들이 온라인 상거래에서 발생하는 상표나 저작권 침해 및 특허 침해 등에 대해 플랫폼 운영자에 대해 면책을 적용하였던 것은 이들은 단순히 수동적인 판매조력자에 불과하였기 때문임을 강조하였다. 즉, 대상 상거래구조상 운영업체가 해당 상품/서비스의 판매, 배송, marketing, 광고 및 반품 등 사후 고객관리 과정에서의 구체적인 관련 정도에 따라 침해물의 "상업적 사용"[37]에 따른 침해에 대한 직접 책임이 적용될

---

34. GMA Accessories, Inc. v. BOP, LLC, 765 F.Supp.2d 457, 464 (S.D.N.Y. 2011)., "… a transactional intermediary is not treated as a seller."
35. Tiffany Inc. v. eBay Inc., 600 F.3d 93 (2d Cir. 2010; Blazer v. eBay, Inc., No. 1:15-CV-01059-KOB, 2017 WL 1047572 (N.D. Ala. Mar. 20, 2017)
36. Id.
37. 상표권자의 동의없이 아래 행위를 한 자는 미국 연방 상표법인 Lanham Act에 따른 민사상 책임을 지게 된다. § 32, 15 U.S.C.A. § 1114 (1): (a) 등록상표의 복제물, 위조물, 복사물 또는 허위 모사품을 상품이나 서비스의 판매, 판매 제의, 배포 또는 광고와 관련하여 상업적으로 사용(use in commerce)함으로써 혼동이

수도 있다는 것이다.

따라서, 오픈마켓 운영자라는 성격 자체만으로 무조건 면책이 적용되는 것이 아니고, 구체적인 개별 거래과정에서 운영자가 어떤 역할과 관여를 하였는 지에 따른 사실적 판단에 따라 결정되어야 함을 유의하여야 한다.

단, 본 항소심에서 재확인한 기준에 따라, 침해행위에 대한 플랫폼 운영자의 직접책임여부의 기준이 포괄적인 상거래과정에서의 구체적인 관여 정도에 따라 판단한다 하더라도, Redbubble과 같은 주문형 상품 플랫폼의 비즈니스모델 특성상, 운영자는 온라인 시스템만 개발하여 운영할 뿐, 아티스트의 이미지 업로드, 소비자의 주문에 따른 제작, 배송 및 반품, 환불/사후 서비스 등 개별 거래거래행위는 운영자의 직접적인 인지, 인식없이, 컴퓨터(플랫폼에 설정된 소프트웨어적 시스템에 따라)가 자동처리 하고 있다는 점을 주목할 필요가 있다.

즉, 운영자의 구체적, 개별적 인지, 인식없이 이루어진, 자동 연계시스템에 따른 처리도, 운영자의 행위 (involvement 또는 control)로 해석될 것인가를 둘러싼 향후 논쟁이 예상된다. 4차 산업혁명에 따른 시대적 환경에 따라 발생한 AI, 자율주행차, 로봇 등의 행위에 대한 권리와 책임 귀속 문제와 유사한 맥락에서 복합적인 고려가 필요할 것으로 보아진다.

한편, 이러한 오픈 플랫폼 사이트의 경우와는 달리, 제3자가 제조한 모조품을 공급받아, 자신의 웹사이트를 통해 운영자가 소비자들에게 직접 재 판매하는 자영사이트의 경우에는, 이들 사이트 운영자는 단순한 중개자로 볼 수 없다. 따라서 침해품의 직접 판매자 (재판매자)로서 침해에 대한 직접책임을 부담하게 되며, 1차적인 침해자(침해 품 제조/공급자)와 함께 침해행위에 대한 연대책임을 질 의무가 있다.

또한, 단순한 거래중개자로서 지식재산권 침해물의 상업적 사용에 따른 직접 침해 책임이 적용되지 않는 경우에도, 직접 판매자의 침해행위 관련 유도, 방조 등에 따른 나 오인을 불러 일으키거나 기만하게 할 우려가 있는 경우, (b) 등록상표를 복제, 위조, 복사 또는 허위 모사 하여 그 결과 발생한 복제물, 위조물, 복사물 또는 위조 모사품을 상품이나 서비스의 판매, 판매 제의, 배포 또는 광고와 관련하여 상업적으로 사용(use in commerce)될 것으로 의도된 라벨, 간판, 인쇄물, 포장, 포장지, 용기 또는 광고물에 부착함으로써 혼동이나 오인을 불러일으키거나 기만하게 할 우려가 있는 경우.

기여책임 (contributory liability) 이 적용될 수도 있다. 따라서, 지식재산권자의 침해 신고 및 요구에 대한 합리적 검토와 조치는 물론, 웹사이트를 통해 일어날 수 있는 침해행위에 대한 예방, 단속 조치를 위한 신고 및 조치 규정 등 관리체계 수립 및 이에 따른 관리, 감독이 필요하다. 앞서 본 Redbubble 사건에서는, 원고측이 직접책임만을 주장하여, 기여책임 여부에 대한 검토가 이루어지지 않았으나, 원고측이 상표권 침해물 게시차단 및 거래 중지 등의 요구를 하였음에도 Redbubble이 이에 대한 합리적 검토와 조치를 않고 방조하였다면, 침해에 대한 간접(기여) 따른 책임이 부과될 가능성도 높아 보인다.

2.2 우리나라 판례38:

온라인 짝퉁 제품에 대한 오픈마켓 운영자의 책임은 직접 위조상품을 판매하거나 소지한 것은 아니므로 상표권 침해 또는 부정경쟁행위의 직접책임은 없다고 보고, 민법상 불법행위에 대한 방조자로서 공동불법행위[39] 책임 부담여부에 따라 판단되어 지고 있다.

위조상품의 판매 등 오픈마켓에서 일어나는 상표권 침해행위에 대해 운영자는 이를 "사전에 일반적, 포괄적으로 방지해야 할 법률상, 계약상, 조리상, 적극적인 작위의무는 없다." 그러나, 운영자가 상표권자로부터 "구체적, 개별적인 위조상품의 삭제 및 판매금지조치를 요구 받거나, 요구 받지 않은 경우라도 위조상품이 유통되는 것을 구체적으로 인식했거나 인식할 수 있었음이 외관상 명백하게 드러난 경우에는 오픈마켓의 운영자는 기술적, 경제적으로 가능한 범위내에서 판매자가 더 이상 위조상품을 판매할 수 없도록 조치할 의무가 있다.

---

38. 대법원 2009.4.16 선고 2008다53812판결, 대법원 2010.3.11. 선고 2009다4343 판결
39. 민법 제760조 제3항은 "교사자나 방조자는 공동행위자로 본다."라고 규정하고, 방조는 불법행위를 용이하게 하는 직·간접 의 모든 행위를 가리키는 것으로서 작위에 의한 경우뿐만 아니라 작위의무 있는 자가 그것을 방지하여야 할 여러 조치를 취하지 아니하는 부작위로 인하여 불법 행위자의 실행행위를 용이하게 하는 경우도 포함된다고 해석. 대법원 2007. 6. 14. 선고, 2005다32999 판결; 대법원 2007. 6. 14. 선고, 2006다78336 판결

상표권 침해에 대한 OSP의 방조책임여부가 다투어진 Adidas 사건에서, 서울고등법원은 정보통신망법의 관련규정을 종합하여 볼 때 '타인의 권리'에 상표권은 포함되지 않으므로 정보통신서비스제공자가 상표권 침해행위를 사전적, 포괄적으로 방지하여야 할 적극적인 작위의무를 부담하는 것은 아니지만, 상표권자로부터 구체적·개별적인 위조상품의 삭제 및 판매금지조치를 요구받은 경우 또는 상표권자로부터 직접적인 요구를 받지 않은 경우라도 위조상품이 유통되는 것을 구체적으로 인식하였거나 위조상품이 유통되는 것을 인식할 수 있었음이 외관상 명백하게 드러나는 경우에는 기술적·경제적으로 가능한 범위 내에서 위조상품이 판매되지 않도록 조치할 의무는 부담한다고 판시하였다.[40]

또한, 저작권 침해관련 사건에서도, 대법원은 OSP가 제공한 인터넷 게시공간에 타인의 저작권을 침해하는 게시물이 게시되었다고 하더라도, OSP가 저작권을 침해당한 피해자로부터 구체적·개별적인 게시물의 삭제와 차단 요구를 받지 않아 게시물이 게시된 사정을 구체적으로 인식하지 못하였거나 기술적·경제적으로 게시물에 대한 관리·통제를 할 수 없는 경우에는, 게시물의 성격 등에 비추어 삭제의무 등을 인정할 만한 특별한 사정이 없는 한 OSP에게 게시물을 삭제하고 향후 같은 인터넷 게시공간에 유사한 내용의 게시물이 게시되지 않도록 차단하는 등의 적절한 조치를 취할 의무가 있다고 보기 어렵다고 판결하는 등,[41] 우리나라에서도 OSP에 대한 제한적 면책 원칙이 유지되고 있다.

2.3 미국 디지털밀레니엄 저작권법("DMCA"), Notice & Takedown" 규정

미국저작권법상 "Notice & Takedown" 규정[42]은, 저작권 침해나 그 밖에 법적으로

---

40. 서울고등법원 2010. 5. 10. 2009라1941 결정
41. 대법원 2019. 2. 28. 선고 2016다271608 판결
42. 17 U.S.C. § 512(c)

보호되는 권리를 침해하는 콘텐츠가 발견된 경우, 아래와 같이, 피해를 주장하는 자가 온라인서비스제공자(Online Service Provider, 플랫폼 사업자)에게 이를 통지하고, 플랫폼 운영자가 해당 콘텐츠를 내리게 되면, 해당 플랫폼 사업자의 책임을 면책시켜주는 제도이다(일명 'safe harbor'조항).

① 침해신고가 있으면 오픈마켓운영자는 이를 판매자에게 통지하고, 웹사이트상에서는 정보를 삭제하여야 한다.
② 이때, 판매자가 정보삭제에 반론을 제기하면 이를 침해 신고자에게 통지하고,
③ 침해신고자가 소송을 제기하면 삭제를 유지하되, 소송을 제기하지 않으면 삭제된 정보를 복구한다.

DMCA 상의 Notice & Takedawn규정은 저작권자 또는 그 대리인이 온라인 서비스제공업체 ("OSP")에 '게시 중단 통지'를 보내 OSP에게 저작권을 침해하는 자료를 삭제하도록 요청하는 절차를 기술하고 있는데, 이 절차는 크게 (i) DMCA takedown notice (ii) counter notice (iii) 소송 제기 기간 허여로 구성된다.

OSP에게 발송되는 게시 삭제/중단 통지(Takedown Notice)가 DMCA에 따라 OSP에게 이행의무를 부과하기 위해서는, 자신의 저작권 증거, 침해(게시)물의 확인 및 특정은 물론, 침해 게시물의 위치정보를 특정할 수 있는 웹 주소 또는 URL 등 합리적으로 충분한 구체적인 정보를 제공하여야 한다.

OSP가 이런 통지를 접수하게되면, 일반적으로 그 침해 혐의자 (게시자 등 혐의물 사용자, "사용자")에게 이러한 사실을 통지한다. 이에 대하여 사용자는 만약 게시물이 저작권을 침해하지 않았다고 판단되면 그러한 내용의 Counter notice(항변통지)를 제출할 수 있다.

Counter notice(항변통지)가 수신되면 OSP는 저작권자에게 저작권 침해소송을 제기할 수 있도록 일정 기간(10~14일)을 허용하여야 하며 만약 일정기간 이내에 저작권 침해소송이 제기되지 않으면 삭제된 게시물을 다시 복구시켜야 한다.

DMCA Notice and Takedown 절차는 저작권 침해 신고를 위해 만들어진 절차이기는 하나 다수의 OSP들은 상표 또는 디자인특허(Design Patent) 침해 등과 같이 다른 지식재산권 침해에 대해서도 신고할 수 있도록 절차를 마련하여 운영하고 있다.

2.4 우리나라 저작권법상 OSP 면책 및 Notice & Takedown 규정

2003년, 우리나라도 미국 저작권법과 같은 면책조항을 저작권법에 도입하였고, 이후 2011년 '한-EU FTA' 및 '한-미 FTA' 합의사상을 반영하여, 저작권법 시행령 46조에서 OSP를 네가지 유형으로 구분하고, 각 유형별로 면책요건을 다음과 같이 규정하였다.[43]

(1) 저작물 저장 및 검색 서비스 제공자
- 대표적인 예시: 검색엔진 서비스 제공자(Google, Naver 등)
- 의무: 저작권자의 요구에 따라 불법적인 콘텐츠를 검색 결과에서 제외해야 한다

(2) 게시물 중개 서비스 제공자
- 대표적인 예시: 소셜미디어, 블로그, 커뮤니티 사이트 등
- 의무: 사용자가 게시하는 콘텐츠 중 저작권 침해가 발생하면 해당 콘텐츠를 삭제하거나 접근을 차단해야 한다.

---

43. 저작권법 제 102조 및 제103조 참조

(3) 저장공간 서비스 제공자
- 대표적인 예시: 클라우드 스토리지, 파일 호스팅 서비스 등
- 의무: 사용자가 저장하는 콘텐츠 중 저작권 침해가 발생하면 해당 콘텐츠를 삭제하거나 접근을 차단해야 한다.

(4) 인터넷 접속 서비스 제공자
- 대표적인 예시: 인터넷 서비스 제공자(ISP)

의무: 사용자가 인터넷을 통해 전송하는 콘텐츠 중 저작권 침해가 발생하면 해당 콘텐츠를 차단하거나 삭제하거나, 또는 사용자의 계정을 중지하는 등의 조치를 취해야 한다.

메타버스내 발생하는 저작권침해에 대하여 메타버스는 온라인서비스제공자로서 저작권법 제102조의 면책규정이 적용된다. 그리고 메타버스가 저작권법 제103조에 의해 저작권자등 권리자의 침해주장통지에 의하여 침해사실을 알게 되었을 때 그 침해결과물의 제거의무가 있다. 그리고 메타버스는 저작권법 제104조 제1항의 다른 사람들 상호간에 컴퓨터를 이용하여 저 작물등을 전송하도록 하는 것을 주된 목적으로 하는 온라인서비스제공자 (특수한유형의 온 라인 서비스제공자)이므로 메타버스를 이용하는 저작권자등 권리자의 요청이 있는 경우 해 당 저작물등의 불법적인 전송을 차단하는 기술적인 조치등 필요한 조치를 하여야 할 의무가 있다. 대법원은 저작권법 제104조의 특수한 유형의 온라인서비스제공자가 저작권법 시행령 제 46조 제1항이 규정하고 있는 필요한 조치, 즉 1. 저작물등의 제호등과 특징을 비교하여 저 작물등을 인식할 수 있는 기술적인 조치, 2. 제1호에 따라 인지한 저작물 등의 불법적인 송신 을 차단하기 위한 검색제한 조치 및 송신제한 조치, 3. 해당 저작물 등의 불법적인 전송자를 확인할 수 있는 경우에는 그 저작물 등의 전송자에게 저작권침해금지 등을 요청하는 경고문 구의 발송을 취하였다면 저작권법 제104조 제1항에 따른 필요한 조치를 한 것으로 보아야 하고, 실제로 불법적인 전송이라는 결과가 발생하였다는 이유만으

로 달리 판단 하여서는 안 된다고 판시하였다. 법원은 소리바다 사건에서 이용자들의 저작권침해행위에 대하여 온라인서비스제공자에게 #민법제760조제3항 방조책임을 인정하였다. 대법원은 온라인 서비스제공자의 복제권 침 해행위에 도움을 주지 않아야 할 주의의무를 위반한 과실에 의한 방조의 경우도 책임을 인정 하고 있고, 온라인 서비스제공자를 상대로 한 저작권침해금지 청구도 인정하고 있다.

2.5 Balzer v. Ebay[44], 특허침해주장에 따른 OSP 의무

한편, 특허침해를 이유로 해당침해혐의 제품의 listing 삭제를 요구하는 특허권자에 대한 오픈마켓의 책임에 대해서는 상표나 저작권 침해의 경우와는 달리 입증 요건을 강화한 미국판례를 주목할 필요가 있다.

특허권자 Blazer는 eBay에 대해 온라인 오픈마켓을 통한 특허침해품을 판매하도록 허용하였으므로, 판매자 뿐아니라 eBay도 특허침해 방조책임이 있다는 소송을 제기하였다. 그러나 온라인 쇼핑몰에서 유통된 해당제품의 특허침해는 인정되었으나, 온라인 쇼핑몰 운영자 eBay에 대한 특허침해책임은 인정되지 않았다.

특허권자 또는 상표권자 등은 eBay가 운영하고 있는 Verified Rights Owner ("VeRO") program을 통해 침해 혐의 제품을 발견하면 Notice of Claimed Infringement ("NOCI")를 제출하여 지재권 침해행위를 신고할 수 있는 바, 이 사안에서도 특허권자 Blazer는 VeRO에 NOCI를 접수하였다. 그런데 eBay에서는 권리자의 침해 주장만으로는 부족하다고 보고, 지재권 침해로 판단한 법원의 판결, 결정 등을 제시할 것을 요구하며, 대상 특허침해혐의 제품의 listing을 차단하지 않자, 특허권자 Blazer는 eBay가 특허침해행위에 가담한 책임이 있다고 주장하였다.

이 사건에서 법원은, eBay는 단순 오픈마켓 제공자에 불과하고 직접 판매자가 아닐 뿐만 아니라 해당 특허침해여부를 판단할 수 있는 전문가도 아니므로, 법원의 특허침

---

44. Blazer v. eBay, Inc., No. 1:15-CV-01059-KOB, 2017 WL 1047572 (N.D. Ala. Mar. 20, 2017)

해 판단이 있는 경우에만 해당 listing을 차단하는 것이 허용된다고 보았다. 반면, 위의 미국 판례와는 달리, 중국이나 다른 국가에서는 플랫폼업체의 협력의무를 법원의 특허침해판단이 있는 경우로만 한정하고 있지는 않다.

2.6 중국 전자상거래법

2019년 1월1일자로 시행된 중국 전자상거래법 제41조에서 제45조에 걸쳐 지식재산권 보호 관련 규정을 두고 있는 바,

제41조에서는 전자상거래 플랫폼 경영자에게 지식재산권 보호규칙을 제정하고, 권리자와 협력을 강화하며, 법에 따라 지식재산권을 보호할 것을 의무화하고 있고,

제42조는 전자상거래 플랫폼에서 지식재산 침해가 발생할 경우, 플랫폼 경영자와 플랫폼 내 경영자가 취하여야 할 조치를 규정하고 있다.

지식재산권 권리자는 침해피해를 당한 경우 플랫폼 경영자에게 삭제, 차폐, 접속차단, 거래 및 서비스 중지 등의 필요한 조치를 취하도록 통지할 권리가 있으며, 플랫폼 경영자는 통지를 받은 후 신속히 필요한 조치를 취하고, 해당 통지를 플랫폼 내 경영자에게 전달하여야 한다. 권리자의 통지에 대하여 플랫폼 경영자가 신속한 조치를 취하지 않아 권리자의 피해가 확대될 경우, 플랫폼 경영자는 플랫폼 내 경영자(침해자)와 연대책임을 지도록 규정하고 있다.

한편, 상술한 전자상거래법 시행이전에도, 중국은 불법행위책임법인 침권책임법(또는 권리침해책임법)을 통해, 특허권, 실용신안권, 디자인권을 포함하는 전리권과 상표권의 침해행위도 명시적으로 규율해온 바, 제36조는 "인터넷사용자, 인터넷서비스제공자가 인터넷을 이용하여 타인의 민사권익을 침해한 경우 불법행위책임을 부담하여야 한다. 인터넷이용자가 인터넷서비스를 이용하여 불법행위를 한 경우, 피해자는 인터넷서비스제공자에게 삭제, 차단 등 필요한 조치를 취할 것을 통지할 권리가 있다. 인터넷서비스제공자가 통지를 받고서도 즉시 필요한 조치를 취하지 아니한 경우에는 손해의 확대부분에 대하여 그 인터넷이용자와 연대책임을 부담한다. 인터

넷서비스제공자는 인터넷사용자가 그 인터넷서비스를 이용하여 타인의 민사권익을 침해한다는 것을 알고서도 필요한 조치를 취하지 아니한 경우, 그 인터넷사용자와 연대책임을 부담한다."고 규정하고 있다.

 2014. 11. 5. "적외선가열조리장치" 발명에 대한 발명전리 등록을 받은 특허권자가, 2015. 1. 29. 중국의 대형 오픈마켓 사이트 TMALL(www.tmall.com)에서 자사 특허권을 침해하는 제품이 판매되고 있다는 사실을 발견하고, 사이버몰 사이트의 지식재산권보호 플랫폼을 통해 특허침해사실, 특허침해분석자료, 기술특징 대비표 등 관련 서식을 제출하는 형식으로 신고하였음에도 TMALL에서 위 침해품 판매행위가 계속되자 2015. 4. 7. 중국 저장성 중급인민법원에 위 침해품 판매자는 물론 TMALL 운영회사까지 피고로 하여 특허침해금지 및 손해배상청구소송을 제기하였고, 중국 1심 및 2심 법원은 권리침해법 36조 규정에 따라 피고 TMALL 운영회사의 특허침해불법행위에 대한 연대책임을 인정한 바 있다.

V. AI 창작물도 지식재산권으로 보호?

1. AI특허발명

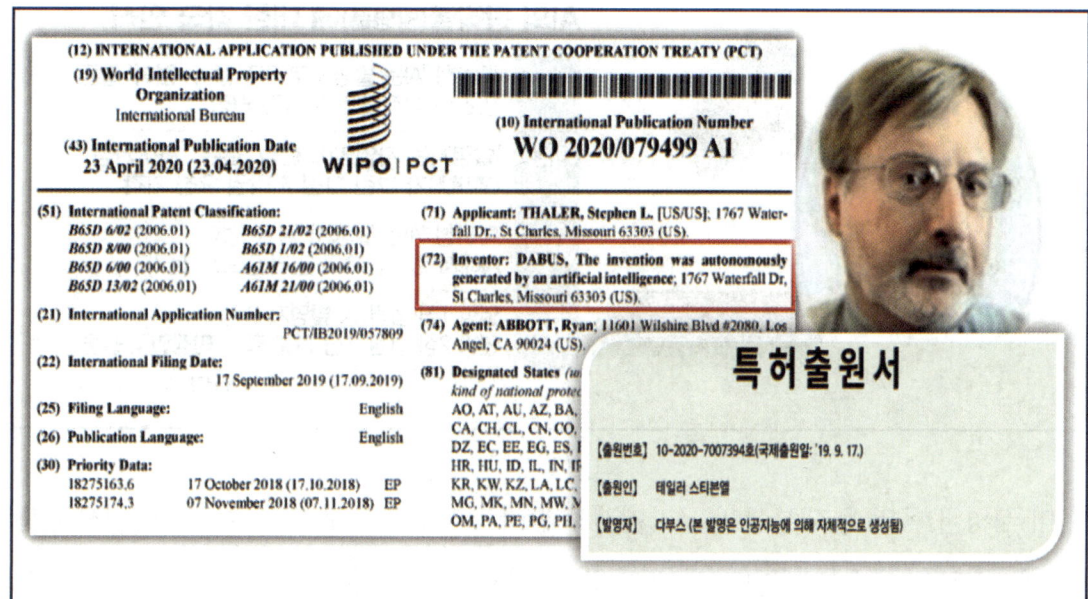

　AI가 발명자가 될 수 있는지에 대한 논란은 미국의 AI 개발자 스티븐 테일러씨가 '다부스(DABUS)'라는 이름의 AI를 발명자로 표시한 발명품(제품)에 대해 국제특허를 출원하면서 시작됐다. 테일러씨는 자신의 AI 프로그램인 '다부스가 자신도 모르는 발명을 스스로 했다고 주장하면서 2018년부터 한국 등 전세계 16개국에 특허를 출원했다. 테일러씨는 "'다부스가 일반적인 지식에 대해 학습한 뒤 식품 용기 등 2개의 발명품을 스스로 개발했다"고 밝혔다. 그는 또 "나는 이 발명과 관련된 지식이 없고, 내가 개발한 '다부스'가 일반적인 지식을 학습한 뒤에 식품용기 등 2개의 서로 다른 발명품을 스스로 창작했다"는 주장을 굽히지 않았다.

　이런 출원 건들에 대해 우리나라 특허청은, 지난 2022년 10월 28일, '자연인이 아닌 AI를 발명자로 한 특허출원은 허용되지 않는다'는 이유로 AI가 발명했다고 주장하는 특허 출원에 대해 무효처분을 내렸다. 지난 2월, 특허출원 자인 테일러씨에게 발명자

는 자연인에 한정되므로, 'AI를 발명자로 한 것을 자연인으로 수정하라'는 보정요구서를 보냈지만, 출원인 측은 이런 보정요구에 응하지 않았고, 특허청은 최종적으로 출원 무효처분을 내리게 되었다.

미국·영국·독일 등 대부분의 국가에서도 한국과 마찬가지로 자연인만을 발명자로 인정하고 있고, 이에 따라 비슷한 판결들이 각국에서 잇따라 나왔다. 미국에서는 2020년 4월 일찌감치 거절 결정이 나왔다. 미국이 AI를 발명자로 한 특허를 내줄 수 없다고 밝힌 이유 역시 '발명자는 자연인에 한정한다는 규정때문이었다. 이후 이 사건에 대한 항소는 2021년 9월 한정한다는 2022년 8월 한정한다는 각각 기각됐다.

유럽 특허청은 2020년 1월 'AI는 사람이 아니기 때문에 출원서에 발명자가 기재되지 않은 출원은 무효라는 결정을 내렸다. 이후 이 건은 유럽 특허청의 심판원에 항소됐지만, 2021년 12월 역시 기각됐다. 영국에서도 "AI는 발명자가 될 수 없다"는 등의 결정이 나왔다. 이후 1심 법원에서는 특허 등록 거절 판결이, 항소법원에서는 기각 판결이 각각 나왔다.

호주의 경우는 연방 1심 법원에서 2021년 7월 AI를 발명자로 인정하는 판결이 나왔지만, 2022년 4월 열린 항소심에서는 AI를 발명자로 인정할 수 없다는 재판관 전원의 의견이 일치된 판결이 나왔다.

지난해인 2021년 12월, 한국·미국·유럽·중국 등 7개 국가 및 지역의 특허청이 참가

한 가운에 열린 국제 컨퍼런스에서도 확인된 바와 같이, 대부분 국가의 특허청 관계자는 "아직 인간의 개입 없이 AI 단독으로 발명을 하는 기술 수준에는 도달하지 못했으며, 국제적인 관련 법과 제도의 조화가 전제되지 않은 상태에서 개별국가별로 개선하는 경우, 동일한 발명 보호를 놓고 발생할 국가간 불일치는 오히려 AI 산업 발전에 장애요인이 될 수 있으므로, 현행 법제에 따라 AI를 발명자로 한 특허를 부정하여야 한다"는 주장에 의견이 모아져 있다.

현재의 기술수준으로는 어떤 형식으로 든 인간의 개입없이 AI가 독립적으로 발명을 할 수 있는 단계에는 도달하지 못한 상황이므로, AI를 도구로 활용한 자연인을 발명자로 하는 형식을 통해 AI 특허발명을 보호받을 수 있을 것이다. 그러나 향후 AI관련 기술발전에 따라, A관련 산업발전을 도모하기 위해, AI 발명에 대해서도 독자적 권리를 인정하여야 한다는 일부 산업계의 요구는 끊이지 않을 것으로 예상된다. 하지만 법제도는 우리가 살아가는 인간세상에 대한 질서 규범이므로, 인간중심일 수밖에 없다. "따라서, '발명자' 적격성 문제는 물론, 특허권을 가질 수 있는 궁극적인 특허권자 또한 자연인 또는 법인으로 한정하는 것이 권리에는 책임이 따른다는 법원칙에도 부합한 것으로 판단되는 바, 법인격과 무관한 AI에게 독립적인 특허권을 인정하는 입법이나 판례는 수용되기 어려울 것으로 예상된다."

또한, 원래 독점권은 자유시장원칙에 어긋나는 것이나 산업발전을 통한 공공의 복지증진을 위해, 예외적으로 공개를 조건으로 특허발명에 제한적 독점권을 인정하고, 보호기간 만료후에는 자유실시 기술로 public domain으로 귀속되도록 한 제도의 취지를 고려한다면, 불성립, 무효, 취소, 권리충돌, 또는 불명료 등에 따른 혜택은 공중에게 귀속되도록, 즉 자유실시기술로 해석함이 바람직하다는 것이 필자의 소견이다.

2. AI 디자인

<참조: AI패션디자인 -출처, LG패션>

특허, 실용신안 출원요건으로 반드시 발명자(고안자)를 기재하여야 하고, 발명자(고안자)는 실제 발명(고안)을 한 사람, 즉 자연인이어야 하듯이, 디자인 보호법상 디자인 출원시에도 반드시 창작자를 기재하여야 한다. 이 또한 자연인에 한정되므로, 사람이 아닌 AI는 디자인의 창작자 요건을 충족시키지 못하므로 AI가 인간의 개입없이 독자적으로 창작한 디자인은 디자인보호법상 보호를 받지 못할 것으로 해석된다.

직무발명보상제도와 관련하여, 우리나라 발명진흥법은 제2조에서, "발명"이란 「특허법」, 「실용신안법」 또는 「디자인보호법」에 따라 보호 대상이 되는 발명, 고안 및 창작을 포함하는 것으로 규정하고 있는 이유도, 특허발명, 고안, 디자인은 사실행위

인 관계로, 종업원과 사용자의 관계에서도 원천적으로 해당 사실행위자인 해당 창작자(종업원)에게 귀속되고, 이후 직무발명보상규정 등 계약에 따라 사용자(법인)에게 승계되는 형식을 취하고 있다. 이 또한 특허발명과 마찬가지로 디자인 또한 자연인인 창작자가 그 원시적인 권리자가 되어야 하는 입법적 근거가 될 수 있을 것이다.

3. AI 저작물

AI를 통한 창작활동은 우리나라에서도 활발하게 전개되어, 최근 AI소설가, '바람풍'이라는 이름의 AI가 창작한 '지금으로부터의 세계' 라는 소설이 출판되기도 하였다. AI프로그램인 '이봄'을 작곡가로한 음악6곡이 소개되기도 하였다.

■ **AI 소설가, 바람풍(출판사 파랑북)**

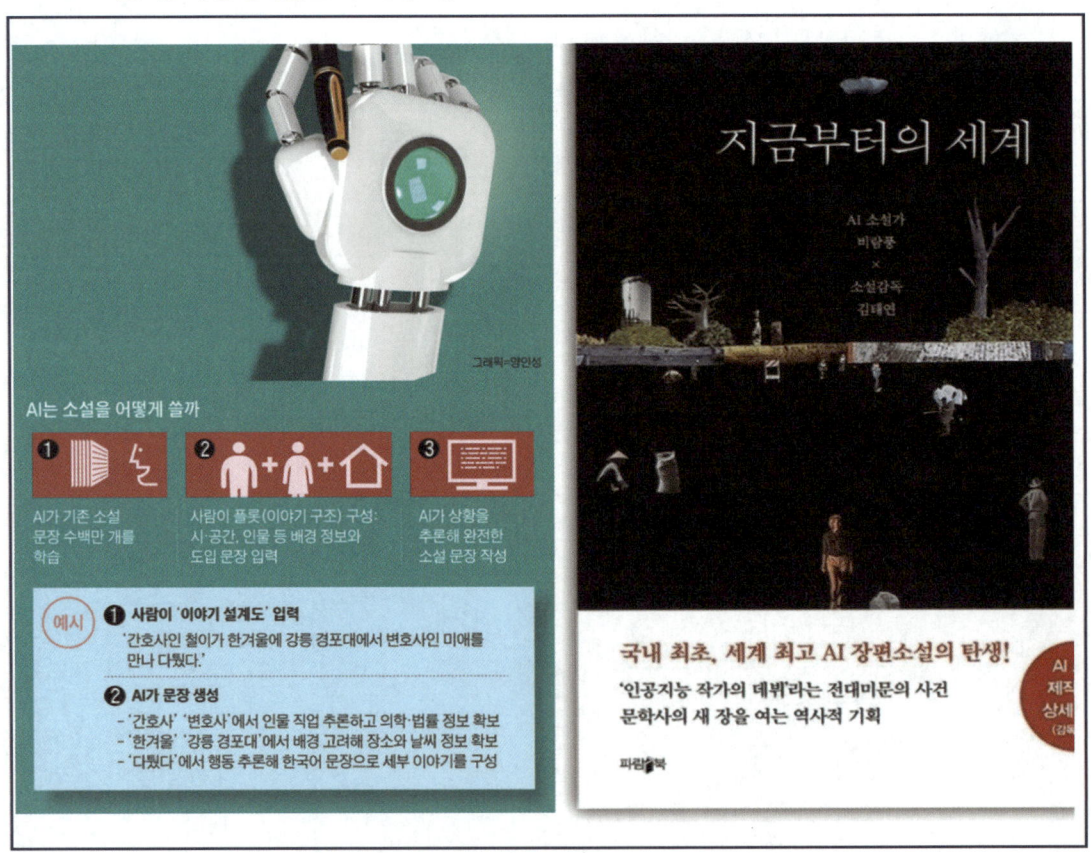

■ AI작곡가, '이봄' (안창욱 교수, GIST)

[단독]
클릭 두 번에 뚝딱…작곡
AI '이봄' 저작료 중단
〈 출처 : SBS 뉴스〉

　AI '이봄'이 만든 음악 6곡에 대해 저작료를 지급해 온 한국음악저작권협회가 지난 2022년7월 돌연 저작권료 지급을 중단하겠다는 공문을 보냈다는 뉴스보도가 있었다.
　"사람이 아닌 AI가 작곡한 사실을 뒤늦게 인지"하여 유감이나, "저작권법상 저작물은 인간의 사상이나 감정을 표현한 창작물"로 정의하고 있는 만큼, AI가 만든 작품을 저작물로 볼 수 없으므로, 저작료 지급의 근거가 없다는 이유에서 였다.
　우리나라 현행 저작권법상 저작권의 보호대상은 "인간의 사상 또는 감정의 표현"이라는 원칙상 AI에게 저작권을 인정할 수 없음은 분명해 보인다.

■ AI화가, 'Obvious'의 초상화 (에드몽 드 벨라미)

▶ 저작권자는?

AI가 그렸지만, AI는 권리·의무의 주체가 될 수 있는 자연인이나 법인이 아닌 컴퓨터프로그램일 뿐이다. AI는 저작자 또는 저작권자가 될 수 없다.
그렇다면 AI 화가 오비어스를 만든 개발자가 저작권을 갖는 것일까?
하지만 개발자들이 만든 것은 해당 프로그램일 뿐, 최종적인 표현 결과물인 〈에드몽 드 벨라미〉는 아니다.
개발자들은 AI 프로그램에 대한 저작권을 가질 뿐, 그림에 대한 저작권자로 인정될 수는 없다.

해외에서도 AI프로그램 '오비어스'가 그린 3D프린팅 초상화 <에드몽 벨라미>가 크리스티 경매사를 통해 5억원에 낙찰되기도 하였다. 같은 날 앤디워홀의 작품은 1/6에 불과한 8,500만원에 거래되어 세간의 이목이 집중되기도 하였으나, 이 그림에 대한 AI를 화가로 주장한다면, 즉 AI가 독립적으로 창작한 작품이라는 구도하에서는 저작물로 성립되지 못하여, 누구든 무단으로 복제, 유통할 수 있고, 이에 대한 침해 주장은 할 수 없게 될 것이다.

4. AI 웹툰, 이미지에 대한 저작권 부정사례

〈참조: AI 미드저니 생성 웹툰- 출처: 미국저작권청〉

2022년 9월 15일 크리스티나 카쉬노바를 저작자로 저작권등록 신청한 '여명의 자리야(Zarya of the Dawn)'라는 웹툰에 대해 미국 저작권청(USCO)은 저작권을 인정하고 등록증(등록번호 VAu001480196)을 발급해준 바 있다. 이를 계기로 (인간) 작가가 AI를 활용한 작품에 대한 저작물 인정사례로 언론에 대거 보도되었다.

그러나, 이후 미국 저작권청은 위 등록신청당시 AI를 사용한 작품임을 밝히지 않았음을 지적하고, 소명이 없을 경우 등록취소할 것이라는 거절(예정)통지를 하였다. 이에 작가측은, 소명서를 통해, AI 프로그램인 미드저니는 이용자가 입력한 내용에 따라 이미지를 생성하는 AI 프로그램으로, 작가가 대사 등 글을 쓰고, 미드저니는 이를

기반으로 이미지를 만들어낸 것으로, AI를 도구로 활용하였으므로 작가의 저작권이 인정되어야 한다고 주장하였다.

이에 대해, 2023.2.21일, 미 저작권청은 '여명의 자리야'에서 작가가 쓴 글, 그리고 작가가 행한 이미지의 선택·배치는 저작권이 인정되지만, AI 미드저니가 생성한 이미지 자체에 대해서는 저작권을 인정하지 않는다는 정정 결정을 등록신청자측에 통보하였다.

USCO는, 이 사안에서 작가는 AI 프로그램에 대한 개입은, 단순히 문자 입력(text prompt)수준에 그치고, AI의 기계적 재생산 과정을 통해 응답하는 형식의 결과물이 생성된 것이므로, 작가가 결과물(이미지) 자체의 주체(master mind)로 볼 수는 없다고 판단하였다. 미드저니의 특정 결과물을 이용자가 예측하고 통제할 수 없다는 사실은, 인간의 창조적 개성 표현이라는 저작권 보호측면에서, 시간, 장소, 조도 등 여러 요인의 선정과, 편집, 선택과정 등 결과물에 대한 사진작가의 상당한 통제하에, 카메라를 도구로 사용한 사진작품이나, 포토샵 등을 이용한 예술가들의 창작과는 다르다는 사실을 강조하였다.

이후, 지난 2023. 3.15일, 미국 저작권청은 인공 지능의 도움으로 창작된 예술 작품이 저작권 적격인 경우를 명확히 하기 위한 새로운 지침(Guidance)을 발표했다.(2023.3.16 발효)

사람의 창의성이 입증된다면 AI 생성작품에 대해서도 저작권이 인정될 수 있으나, "AI가 만든 생성물이 저작물에 포함됐을 경우, 최종 결과물이 '기계적 재생산'의 결과인지 아니면 저작자 자신의 독창적인 개념에 형태를 부여한 것인지를 고려하여 판단한다고 규정하였다.

즉, "저작자 자신의 정신적 개념"을 반영해야 된다는 의미로 최종 완성품에 사람의 창의적 노력이 포함됐다는 것을 증명할 수 있어야 한다는 지침이다.

USCO는 먼저 "저작물"이 AI 기계의 단순한 도움을 받아 생성된 사람의 저작물인지, 아니면 주로 기계에 의해 구상되고 실행된 결과물인지 여부를 판단한다. 예를 들어 AI 기계가 인간의 지시에 따라 단독으로 작동하고 그에 대한 응답으로 복잡한 작

업을 거쳐 생성하는 경우 저작 요소가 기계에 의해 실행된 것으로 간주한다. 그러한 상황에서 생성된 저작물은 인간에 의한 궁극적인 통제가 없기 때문에 저작권 보호 대상이 될 수 없다는 것이다.

- 반면, 인간이 충분히 창의적인 방식으로 AI 생성 자료를 선택하거나 배열하는 다른 유형의 사례에서는 그 결과물에 대해 인간의 저작물로 인정할 수도 있다고 설명한다.
- 또한 AI로 생성된 저작물을 사람이 수정하여 저작권 보호 기준에 부합하는 경우에도 저작권 보호를 받을 수 있다고 규정하고 있다.

USCO는 창작 과정에서 AI 기술을 사용하는 개인에게 해당 작업에 대한 인간의 기여에 대해서만 저작권 보호를 주장(신청)하도록 권고하고, AI 기계의 기여분에 대한 설명을 제시하도록 요구하고 있다. 그러나, 저작권 인정을 위해 필요한 인간의 개입 정도에 대한 기준은 여전히 제시되지 않고 있다.

5. AI 창작물 기준: 독자 창작 VS 도구?

▶ AI와 인간 관련도 　　　　　　　　　　　(그림출처: 게티이미지뱅크)

① 인간의 상당한 control 통한 결과 창출	
② 인간의 단순 지시 + AI의 기계적 실행	
③ 인간의 개입 없이 AI 스스로 발명	

　현행 저작권법상, 저작권의 보호대상은 "인간의 사상 또는 감정의 표현"이다. 따라서, 인간이 아닌 기계나 컴퓨터인 AI가 인간과는 독립적으로 스스로 창작한 표현이라면 그 보호대상이 될 수 없음은 분명하다. 따라서 위 ③의 경우는 보호대상이 아니다. 물론, 특정AI자체는 컴퓨터프로그램 저작물로서 그 프로그램을 개발한 사람이 저작자 또는 업무상 저작물인 경우, 창작자가 속한 법인(사용자)가 저작자로 권리를 부여받을 수 있을 뿐이다.

　반면, 인간이 AI를 도구로 사용하여 결과물을 생성한 경우라면, 앞서 소개된 미국 저작권청의 최근 지침에서의 판단 기준에서 처럼, 사용자가 방향을 기획, 제시, 선택하는 인위적 과정 등 인간의 상당한 통제하에서 AI가 결과물을 생성한 경우(①)와 인간

의 개입, 통제 정도가 미미하여 (인간이 결과를 예측할 수 없는 수준), 사람은 적절한 검색어를 조합/구성하여 입력하고, 이에 따라 AI가 기계적 검색/분석/응답 과정을 거쳐 생성된 경우 (②)로 나누어 볼 수 있을 것이다.

①의 경우는, 그 사용자(명령자)의 사상 또는 감정의 표현이라는 요건을 충족시킬 수 있을 것으로 판단된다. 이 경우는, 그 사용과 활용의 주체인 사람이 종국적인 저작물에 대한 권리를 인정받을 수 있을 것이다. 우리가 포토샵을 활용하여 응용미술저작물을 창출하거나, 신체적인 장애를 가진 사람이 뇌파나 음성인식 툴을 활용하여 컴퓨터를 통한 작업을 한 경우와 유사한 사례로 해석될 수 있을 것이다.

현재 법제나, 판례 및 특허청, 저작권청 등 행정당국의 해석기준으로는, ②의 경우에 대해서는 저작권이나 특허권 등 권리 인정이 어려울 것으로 판단된다.

향후 AI 관련 산업발전과 보호차원에서 AI 생성 창작물에 대한 권리 인정을 위한 기준완화와 입법 요구등 논쟁은 지속될 것으로 전망된다. 그러나, ②의 경우처럼, 최종 사용자의 개입 정도가 미미한 경우에도 저작권으로 인정하려면, 저작물에 대한 실질적인 기여자가 누구인지를 둘러싼 분쟁도 피할 수 없을 것으로 보인다. 즉, AI를 통한 창작을 실질적으로 control 한 사람이 i) 실사용자인지, 아니면 ii) AI개발자(프로그래머) 또는 iii) Big Data 제공자인지에 대한 논란이 불가피해 보인다. 아니라면, 창작물은 있는데, 보호를 받을 수 있는 사람은 없는 무주물로 남게 되는 기 현상이 발생할 수밖에 없어 보인다.

6. AI에 의한 저작권 침해 분쟁

한편, AI 창작물은 AI의 딥러닝(deep learning)과 검색-분석-결과 도출과정에서 타인의 저작물을 허락 없이 사용해 학습하거나, 조합 또는 편집을 통해 생성되는 관계로, 기존의 저작물과 실질적으로 유사한 생성물을 도출하여 저작권을 침해하는 경우도 발생할 것이다. 이 경우, 사람이 아닌 AI에게 직접적인 침해책임을 물을 수는 없을 것이므로, 이에 대해 저작물을 허락 없이 학습하거나 편집하도록 한 AI 알고리즘 개발자에게 책임을 물어야 할 지, 그 결과를 검증없이 사용한 사용자가 책임을 부담하여야 할 지도 불분명하고, 어떤 경우든 논란이 예상된다. "

2023년들어 '챗 GPT' 등 생성형 AI의 보급과 사용이 활기를 띄면서, AI의 창작물은 창작자의 저작물을 똑같이 베낀 '복제물' 혹은 실질적 변형은 가했으나 일부 원작물이 연상되는 '2차적 저작물'이라는 논란이 끊임없이 제기되고 있고, 미국에서는 이들 AI업체들을 상대로 한 저작권 침해소송이 이어지고 있다.

◆ 사례연구

> ▶ 2023년 1월 13일, Sarah Andersen, Kelly McKernan, Karla Ortiz 등 예술가들은 '이미지 생성 AI' 개발업체인 Stability AI, Midjourney, DeviantArt 등을 상대로, "AI 업체들이 원작 예술가의 동의 없이 웹에 있는 작품을 동원해 AI 도구를 훈련했고 예술가의 권리를 침해했다"라며 집단소송(class action)을 제기했다 (United States District Court for the Northern District of California, Case 3:23-cv-00201, 01/13/23) . 스테빌리티 AI는 특정 문장만 입력하면 이와 관련된 이미지를 만들어내는 '스테이블 디퓨전'이라는 AI를 개발한 업체로, 이들 업체가 원작자인 예술가들의 동의 없이 온라인에서 약 50억개 이미지를 스크랩해 '스테이블 디퓨전'에 학습시켰고, 이로 인해 예술가 수백만 명의 권리가 침해당했다는 게 소송을 제기한 이유다.

▶ 세계 최대 이미지 이미지 판매 사이트인 게티이미지도 지난 2023년 2월 3일 이미지 생성 AI '스태빌리티 AI'의 개발사 스테이블 디퓨전을 상대로 최대 1조8000억 달러에 달하는 손해배상청구소송을 델라웨어지방법원에 냈다. (No. 1:23-cv-00135-UNA, 02/03/2023) 게티이미지가 30여 년 동안 쌓아온 이미지 1200만개 이상을 무단으로 AI 학습에 활용했다는 이유에서였다.

미국의 경우 저작권 침해의 예외로 인정되는 '공정 사용(fair use)'의 범위가 넓어 공익성을 위해선 일부 저작권 침해가 발생할 수 있다고 보고 있다. 제3자의 저작물 활용에 다소 관대한 편으로, 변형이나 표현의 자유 등을 위해서는 저작권이 있는 자료라도 사용할 수 있도록 허용하고 있다. 과거 구글이 도서 검색 엔진 구축을 위해 작가의 허락 없이 수백만 권의 도서를 스캔했을 때도 법원은 저작권 위반이 아니라는 판결을 내린 바 있다.

반면, 독일이나 영국 등 유럽에서는, 일반적으로 작품을 인용하거나 다른 사람과 비슷한 스타일로 초상화를 그리는 것은 허용하지만, 저작권자의 허가 없이 AI 모델을 훈련하기 위해 예술적 이미지를 이용하는 것은 허용되지 않고 있어, 미국보다 저작권 침해 인정 가능성이 높다는 분석이 나온다.

VI. 가상의 공간에 투영되는 시각적 이미지

메타버스 환경에서 투영되는 영상, 즉 시각적 이미지는 (i) 단순한 콘텐츠의 표현, 또는 (ii) 그래픽 사용자 인터페이스 (GUI), 아이콘, 그래픽 이미지 또는 그 복합적 구성과 결합 으로 대별해 볼 수 있을 것이다. (i)의 경우, 그 콘텐츠가 '인간의 사상 또는 감정을 표현'한 창작물로 인정된다면 저작물로서 저작권의 보호대상이 될 것이며, (ii)의 경우도 이러한 그래픽 도형이나 이미지들이 도형 또는 응용미술저작물로 인정받을 수 있다면, 저작권법에 따른 보호를 받을 수 있을 것이다.

나아가, (ii)의 경우 저작권 외에, 디자인 보호법에 따른 디자인으로 출원, 등록 받을 수 있는 지에 대한 검토도 필요하다. 디자인보호법상 원칙적으로 요구되는 물품성 요건으로 인해, 종전에는 유체물인 물품의 액정화면 등 표시부를 전제로 한, '부분디자인' 제도를 이용하는 방안("화면디자인")에 한정되어 물품내에 표시부가 없거나 표시되는 대상을 특정할 수 없을 경우는 디자인 출원의 요건을 갖추지 못해 거절될 수밖에 없었으나, 최근 개정(2021년10월)에 따라 특정 요건을 충족시키는 경우 유체물 상의 화면에 한정됨이 없이 외부 벽면이나 공간상에 투영되어 표현되는, 소위 '화상 디자인' 자체가 디자인으로 출원, 등록될 수 있는 길이 열렸기 때문이다.

〈참조: AR, VR등을 통해 표현되는 화상디자인도 디자인 보호?〉

(출처:클립아트 코리아/사진제공=특허청)

메타버스 환경에서는, 사용자는 모바일 기기, 모니터, TV등 종전의 유형의 물품, 즉 하드웨어 디스플레이 기기의 화면에 한정된 GUI, 아이콘, 그래픽 이미지 등을 시각적으로 인식하던 제약을 넘어, AR, VR, MR등을 위한 HMD(고글)을 통해 이러한 하드웨어 기기의 표시부(화면)를 벗어나 무한한 확장가능성을 가진 가상플랫폼에서 외부의 벽면이나 공간상에 투영되어 표시되는 화상 디자인을 통해 다양한 입체적 시각적 표현을 즐길 수 있게 되었다. 또한 물품의 표시부에서 벗어나 외부 벽면이나 공간에 투영되는 화상디자인에 대한 법적 보호 필요성이 대두되었다. 여기서 화상 디자인이란 그래픽 사용자 인터페이스 (GUI), 아이콘, 그래픽 이미지 등 시각적으로 인식되는 모양, 색채 및 이들의 결합을 의미한다. 이러한 화상디자인들은 종전 디자인보호법상 물품성 원칙에 따른 제약으로 그러한 화상디자인이 표현될 구체적인 디스플레이 기기를 지정하고, 그 물리적 화면(표시부)에서 표현될 디자인을 특정하여 부분디자인 제도에 따라 보호받는 방법밖에 없었으나(신설된 화상 디자인과의 구분을 위해 화면디자인이라는 용어가 사용된다),

<참조: 부분디자인으로 등록된 화상디자인(화면디자인) 사례>

	(19) 대한민국특허청(KR)	(45) 공고일자	2018년04월19일
	(12) 등록디자인공보(S)	(11) 등록번호	30-0953353
		(24) 등록일자	2018년04월13일

(52) 분류　　　H1-721S, H3-301S, H5-40S, H5-1S, H4-333S
(51) 국제분류　　14-03
(21) 출원번호　　30-2017-0015611
(22) 출원일자　　2017년04월04일
　　부분디자인(M001)
(30) 우선권주장
　　29/579,977　2016년10월04일　미국
(73) 디자인권자
　　페이스북, 인크.
　　미국, 캘리포니아 94025, 멘로 파크, 윌로우 로드 1601
(72) 창작자
　　토지에트, 크리스토프 마르셀 렌
　　미국 캘리포니아 94025 멘로 파크, 윌로우 로드 1601
　　알렉산더, 알렉산드로스
　　미국 캘리포니아 94025 멘로 파크, 윌로우 로드 1601
　　부스, 마이클 스테판
　　미국 캘리포니아 94025 멘로 파크, 윌로우 로드 1601
　　셔튼, 찰스 매튜
　　미국 캘리포니아 94025 멘로 파크, 윌로우 로드 1601

(74) 대리인
　　김용인, 백인경
담당심사관 : 진선태
(54) 명칭　화상디자인이 표시된 디스플레이 패널 (Display panel with Graphical user interface)

디자인도면

물품류
제14류

디자인의 대상이 되는 물품
화상디자인이 표시된 디스플레이 패널 (Display panel with Graphical user interface)

디자인의 설명
1. 재질은 합성수지 및 금속임.
2. 본원디자인은 가상 현실(VR, Virtual Reality)기기 등에 사용되는 디스플레이 화면에 적용되는 화상디자인임.
3. 본원디자인에서 실선으로 표시된 부분이 디스플레이 패널에 나타나는 화상디자인으로서 부분디자인으로 등록받으려는 부분이며 화상이 도시되는 부분 이외의 도면은 생략하였음.
4. [도면 1.1]은 본원디자인의 정면 부분을 표현한 것임.
5. [참고도면 1.1]은 본원디자인의 사용 상태를 예시적으로 보여주는 사용상태도임.

디자인 창작 내용의 요점
본원 "화상디자인이 표시된 디스플레이 패널(Display panel with Graphical user interface)"의 형상과 모양의 결합을 디자인 창작내용의 요점으로 함.

도면 1.1

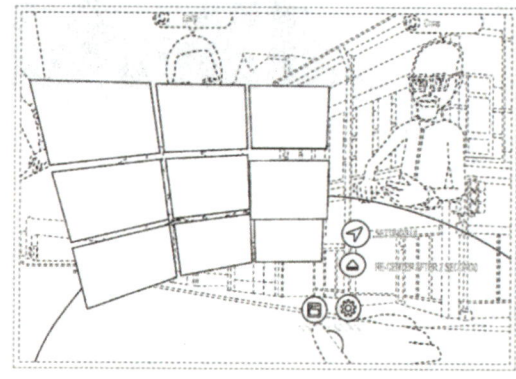

참고도면1.1

지난 2021년 디자인보호법 개정에 따라 물품성을 벗어나, 유형의 디스플레이 화면에 한정됨이 없이 공간에 투영되는 화상디자인 자체를 보호할 수 있는 '화상디자인' 제도가 새로이 도입되었다. 이에 따라 보호의 범위가 훨씬 넓어지게 되었지만, 우리가 일상적으로 일컫는 모든 화상디자인이 보호대상이 될 수 있는 것은 아니다. 개정

디자인보호법상 독립적 보호대상이 되는 화상디자인은 아래와 같이 (i) 기기의 조작에 이용되거나 (ii) 기능이 발휘되는 것에 한정된다.

〈참조: '화상디자인' vs '화면디자인' - 사진출처: 특허청〉

화상(畵像)의 형상·모양·색채 또는 이들을 결합한 것으로서, 시각을 통하여 미감(美感)을 일으키게 하는 물품에 독립적인 화상에 관한 디자인
* '화상'이란 디지털 기술 또는 전자적 방식으로 표현되는 도형·기호 등을 말하며, 기기(器機)의 조작에 이용되거나 기능이 발휘되는 것에 한정

● 종전: 부분디자인 ("물품의 부분에 표현된 화면 디자인")

물품에 표현된 디자인(GUI, ICON, 그래픽이미지 등)만 등록이 가능하였고, 신기술을 활용하여 외부벽면이나 공간상에 투영되어 표현되는 화상디자인 자체는 권리로 보호받을 수 없었다.

● 개정: 확대사례

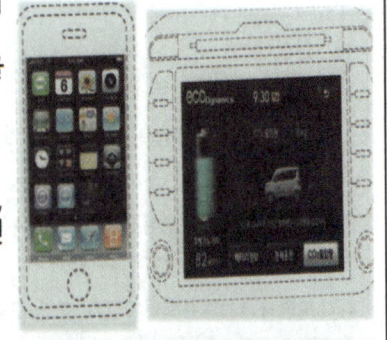

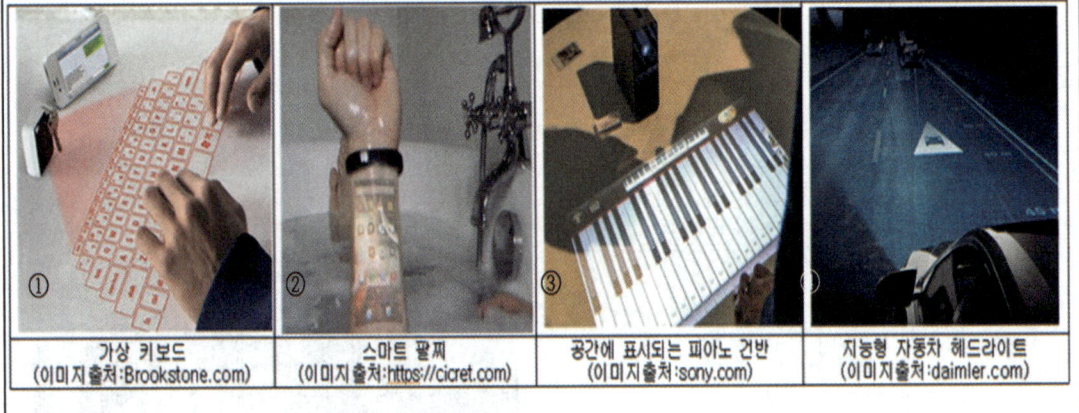

① 가상 키보드 (이미지출처:Brookstone.com)
② 스마트 팔찌 (이미지출처:https://cicret.com)
③ 공간에 표시되는 피아노 건반 (이미지출처:sony.com)
④ 지능형 자동차 헤드라이트 (이미지출처:daimler.com)

'화상디자인'이란 화상(畵像)의 형상·모양·색채 또는 이들을 결합한 것으로서 시각을 통하여 미감(美感)을 일으키게 하는 물품에 독립적인 화상에 관한 디자인을 말한다. '화상'이란 디지털 기술 또는 전자적 방식으로 표현되는 도형·기호 등을 말하며, 기기(器機)의 조작에 이용되거나 기능이 발휘되는 것에 한정한다. '기기의 조작에 이용되는 화상' 이라 함은 대상기기가 기능에 따라서 작동하는 상태로 만들기 위한 지시를 주는 화상을 말하며(위 ①, ②, ③), '기기의 기능이 발휘되는 화상'이라 함은 대상기기의 기능 발휘가 실현되는 화상으로서 화상 중에 대상기기의 기능 실현과

관련이 있는 도형 등이 일부를 구성하고 있는 경우를 포함한다. 위 그림 중 ④에 구현된 아이콘 이미지가 그 예이다.

그러나, TV 방송 화상, 영화, 풍경사진 등과 같이 기기의 조작과 기능 발휘와 관련이 없는 관람목적 또는 콘텐츠 자체를 표현하기 위한 화상 또는 영상은 화상디자인으로 인정할 수 없다. 화상디자인을 출원하는 경우에는 정보통신용 화상, 의료정보처리용 화상, 방점용 화상, 정보표시용 화상, 건강관리용 화상 등 같이 화상의 용도(~용 화상)를 포함한 명칭으로 기재한다. 반면, 기존의 부분디자인 제도에 따른 화면 디자인은, '화상디자인이 표시된 텔레비전', '화상디자인이 표시된 휴대용 단말기', '화상디자인이 표시된 자동차용 정보표시기', '화상디자인이 표시된 컴퓨터 모니터' 등과 같이 물품명을 기준으로 그 명칭을 기재해야 한다.

화상디자인이 (a)와 (b) 또는 (a)과 (c)의 모든 요건에 해당하는 경우에 두 디자인은 동일하거나 유사하다고 판단한다.

(a) 두 화상디자인의 형태가 동일하거나 유사한 경우
(b) 두 화상디자인의 용도 또는 기능이 동일하거나 유사한 경우
(c) 두 화상디자인의 혼용 가능성이 있는 경우

선 출원/등록된 디자인과 유사성이 인정되는 후 출원 디자인은 출원하더라도 심사과정에서 거절되게 되고, 출원/등록된 디자인과 유사성이 인정되는 다른 디자인은 침해에 해당되어 디자인보호법에 따른 규제를 받게 된다.

VII. 캐릭터와 아바타

■ 메타버스를 둘러싼 지식재산 쟁점

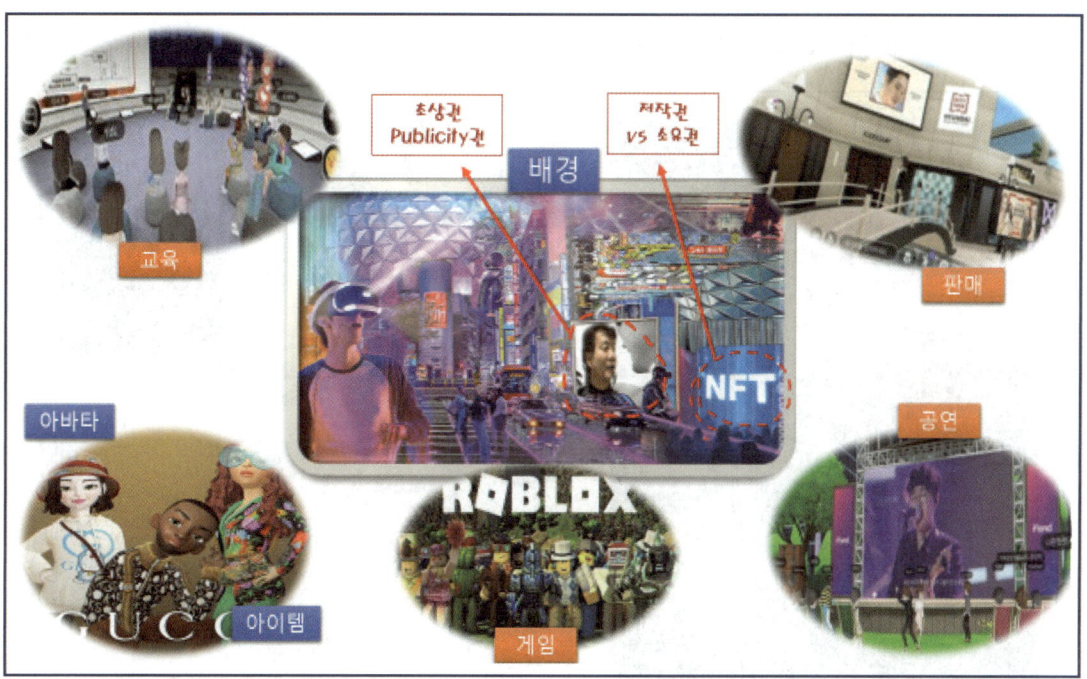

　현실세계의 나를 대신하여 메타버스라는 가상공간에서 사회, 문화, 경제활동을 하여 줄 대리인을 '아바타'라 부른다. 현실의 사람들은 아바타를 통해 가상공간에서 진행되는 수업에도, 게임에도, 공연에도 참여한다. 이런 활동을 위해 사람들은 자신을 대리할 아바타를 크리에이트하고, 이들 아바타들에게 입히고 들리고 치장해줄 다양한 디지털 상품이 "아이템이란 이름으로 창작, 유통되기도 한다.

<참조: 오징어게임 파생상품 – 굿즈/피규어, 온라인 게임 등>

2021년 최대의 K 콘텐츠 영화 하면 떠오르는 '오징어 게임'. 이 영화를 통해 영희와 진행요원 같은 가상의 캐릭터는 물론, 456번 기훈, 일남, 새벽과 같은 극중 인물 또한 드라마 캐릭터로 엄청난 인기를 모으다 보니, 이들 드라마 캐릭터를 모티브로 한 굿즈, 피규어로 불리는 인형 상품들이 제작되어 유통되기도 하고, **영화속에** 등장한 추억의 놀이 였던, '무궁화 꽃이 피었습니다'도 로블록스 같은 메타버스플랫폼에 온라인 게임으로 유통되기도 했다.

1. 캐릭터

■ 캐릭터

캐릭터 창작물은 응용미술저작물로서 저작권 보호대상!

'아바타'란 용어에 앞서, 이를 포함한 포괄적 개념인 '캐릭터'에 대해 살펴보면 다음과 같다.

캐릭터란 개성, 특징을 의미하는 영어단어로, 그 사전적 의미에서 찾을 수 있듯이, 소설, 만화, 영화 또는 연극 등 작품 속에서 등장하는 독특한 인물이나, 동물 등의 모습을 이미지화 한 응용미술저작물에 해당된다. 아바타와 달리 원래 캐릭터는 참여자 자신이 아니라 가상의 이미지 창작물(객체)라는 차이가 있고, (대표적인 예로, 미키 마우스, 아기공룡 둘리 등을 들 수 있다.) 창작자의 개성적 표현을 담은 창작성이 인정된다면, 기본적으로 응용미술 저작물로서 저작권 보호대상이므로, 다른 사람이 창작한 캐릭터를 영리적으로 또는 SNS등 온라인을 통해 공개적으로 게시하면 저작권 침해에 해당될 수 있다.

2. 이모티콘

■ 이모티콘도 저작권 보호?

<출처:매일경제>

또한, 이모티콘이라 불리는 그래픽 이미지 또한 넓은 의미의 캐릭터의 일종으로, 특정 존재 자체의 사실적 묘사에 충실한 이미지 라기 보다는 감정의 표현이 관건이다 보니, 캐릭터 중에서도 저작물의 성립요소를 가장 잘 충족시킨 유형이라 볼 수 있을 것이다. 따라서, 캐릭터, 특히 이모티콘은 저작물로 인정될 가능성이 매우 높은 유형이므로 다른 사람의 창작물인 캐릭터나 이모티콘을 모방하거나 복제하는 것은 삼가야 할 것이다.

3. 아바타

■ **아바타도 저작권 보호?**

　반면에, 아바타는 실존 인물, 즉 가상공간에서의 주체인 참여자를 대신한 표식을 이미지화 한 것이라 볼 수 있다. 캐릭터 이미지처럼 종전에 존재하던 부분이나 요소를 제외하고도 창작자의 개성적 표현으로 인정받을 수 있다면, 캐릭터처럼 응용미술 저작물로 보호받을 수 있을 것이다. 아바타는, 좁은 의미의 캐릭터 대비, 일반적으로는 개성적 표현인 창작적 요소가 상대적으로 적긴 하지만, 단순한 사실적 묘사 요소가 높은 사진저작물보다는 창작성을 인정받을 수 있는 요인이 더 큰 경우가 대부분일 것이다. 물론 구체적인 사안에 따라 판단해야 한다.

　캐릭터는 다른 사람을 모방한 이미지가 아니라, 실존하지 않는 인물, 동물의 이미지

를 창작한 것인 반면, 아바타는 자신의 모습을 이미지화 하거나(이경우는 타인의 권리침해소지가 거의 없음), 자신이 되고 싶은(즉, 워너비; want to be) 사람이나, 동물, 기타 존재를 자신을 대신할 아바타의 이미지로 모방하는 경우가 종종 발생하게 된다. 자신의 특징이나 이미지에 충실한 아바타 유형 외에 후자, 즉, 되고 싶었던, 하고 싶었던 다른 유형의 특징을 묘사하여 자신의 아바타로 만든 경우가 흔히 말하는 부캐에 해당된다. 즉 유재석이 본캐라면 유산슬은 부캐라 할 수 있을 것이다.

자신의 특징이 아닌 다른 사람의 특징을 중점적으로 옮겨온 부캐 아바타의 경우에 응용미술저작물 침해분쟁이외에도, 타인의 권리, 주로 초상권 또는 퍼블리시티권 침해 분쟁이 발생하게 된다.

이런 분쟁을 유형별로 정리해 보면,

메타버스 공간에서 자신을 대리할 참여자(아바타)를 생성하는 과정에서,

(1) 자신의 초상을 기반으로 창작하면?
(2) 타인의 초상을 모방하여 생성하면?
(3) 타인의 아바타, 캐릭터 또는 사진이나 응용미술 저작물을 모방하여 생성하면?
(4) 유명인의 초상을 모방하여 생성한 아바타로 공연, 기타 영업활동에 활용하면?
(5) 아바타의 위치정보 또는 공간정보를 유출, 도용하면?

〈참조: 초상권과 퍼블리시티권 비교〉

	초상권 (인격권 성격)	퍼블리시티권 (재산권 성격)
내용	특정인 식별 특징이 무단 촬영, 공표되지 않을 권리	특정유명인의 초상, 이름, 목소리 등 특징을 상업적으로 사용할 재산권적 권리
침해형태	인격적, 정신적 고통	재산적 손해
권리양도	불가능(일신전속)	가능
법적구제	침해금지, 위자료/명예회복 청구	침해금지, 손해배상, 부당이득 반환 청구
보호대상	일반인 누구나 적용 * 연예인/유명인에게는 다소 제한적 (유명인: 포괄적 허용 직업군)	연예인 등 유명인에게 적용

여기서 초상권과 퍼블리시티권의 차이를 잠시 돌아보자면, 초상권은 다른 일반인의 사진 또는 이미지 등 초상을 무단 사용하는 경우에 문제되는 데, 초상권은 일종의 인격권에 해당되어 일반인 누구나 보호 대상이 될 수 있다. 오히려, 연예인, 정치인 등 소위 유명 공인의 경우는 일반인 보다 제한적 보호가 적용된다.

반면, 퍼블리시티권은 일종의 재산권적 성격으로 유명인의 특징적인 초상 등 경제적 가치가 있는 성과물을 상업적으로 사용할 재산권으로 보호한다. 일반인의 초상에 대해서는 경제적 상업적 가치 인정이 어려우므로 적용되지 않고, 유명인의 경우에 최소한 광고수입 등 재산권 이익을 얻을 수 있었으므로 이에 따른 유명인의 손해 배상 또는 무단사용자의 부당이득에 대한 반환 등 법적 보호가 이루어지게 된다. 현재 우리나라의 경우, 판례와 최근 개정(2021년12월)된 부정경쟁방지법에 따른 부정경쟁행위로(제2조1호 타항 '유명인의 성명, 초상, 식별표지 무단사용' 또는 파항 '기타 성과물 무단사용') 규제될 수 있다.

단, 우리나라 판례에 따르면, 퍼블리시티권에 대해서는 물권법정주의원칙상, 절대적 배타적의미의 물권적 재산권으로 인정하지는 않고, 타인의 '경제적 가치가 있는 무형의 성과물' (지식재산에 해당)을 무단으로 사용하여, 부당한 재산상 이익을 취하거나 타인에게 재산상 손해를 입히는 부정경쟁행위에 해당한다고 해석하고 있다.[45] 2020년 3월, BTS 화보집 사건에 대한 대법원 판결[46]이전에는 하급심 법원들은 사용된 매체가 소설 등의 창작물이나 뉴스, 잡지 등 언론매체인 경우, '퍼블리시티권이나 인격권 침해를 일관되게 부인하고, 헌법상 '표현의 자유'를 절대적으로 보호하는 입장을 보여왔던 점을 감안하면, 이 대법원 판례는 획기적이라 할 수 있고, 이를 계기로 2021년 부정경쟁방지법 제2조1호 타항의 신설로 이어졌다.

---

45. 대법원 2020.3.26.자2019마6525결정, 서울고등법원2019.9.18자20535결정,서울남부지법 2019.5.2.자2019카합20050결정
46. 위 대법원 판례

4. 굿즈/피규어

■ **캐릭터 기반 파생상품도 규제?**

타인의 캐릭터 창작물을 기반으로 영화, 방송, 웹툰 등에 사용하거나, 굿즈, 피규어 등 2차적 파생상품 제작, 판매하면?

 이어지는 질문은 응용미술저작물로 보호받는 캐릭터를 모티브로 한 파생상품을 만드는 경우이다. 아기공룡 둘리, 공포의 외인구단 등 만화를 영화로 옮기는 경우, 원저작물 즉 만화가의 허락을 필요로 하듯이 타인의 캐릭터(아기공룡 둘리, 까치, 오징어 게임속에 등장한 영희나 진행요원들의 이미지 캐릭터 등)를 상품화한, 굿즈나 피규어 같은 인형상품으로 만드는 것은 그 이미지의 무단 복제에 따른 복제권 침해는 물론, 파생상품, 즉 "2차적 저작물 작성권" 침해에도 해당될 수 있다. 또한, 이러한 캐릭터를 기반으로 온라인 게임이나 유튜브, SNS게시 등 경우는 공중송신권 침해에도 해당될 수 있다.

 한편, 타인의 응용미술저작물인 캐릭터가 상표로 등록되어 있다면 상표권 침해, 시각적인 물품으로 구체적으로 구현되어 디자인권으로 등록되어 있다면 디자인권 침해

에 해당될 수도 있을 것이다.

더 나아가, 저작권, 상표, 디자인권 등으로 등록, 또는 성립되지 않는 경우라 하더라도, 이러한 이미지나 형상이 시장에서 소비자들에게 특정인업체의 식별력 있는 상품서비스로 자리하고 있다면, 이를 무단 모방함에 따른 소비자 보호 차원의 부정경쟁행위에 해당되어 부정경쟁방지법에 따른 규제를 받을 수도 있다는 것을 유념하여야 한다.

■ 저작권과 디자인권 비교

저작권	디자인권
출원/등록 불필요	등록 요건
발표~창작자 사후 70년	등록~출원후 20년
특정물품에 제한없이 권리 유효	해당 지정상품에만 권리유효
저작물 성립, 유사성 및 의거성 입증 필요	별도 입증없이 동일/유사성으로 침해 판단
우연에 의한 동일, 유사 허용	선출원주의

여기서, 저작권과 디자인권을 잠시 비교해 보면, 캐릭터 자체는 응용미술저작물로서 저작권 보호대상이고, 그러한 캐릭터가 무단으로 모방된 경우는 그 적용물품의 유형에 관계없이 원칙적으로 침해에 따른 제재가 적용되지만, (1) 저작물 성립 여부, (2)

동일, 유사성외에도 의거성(원저작물 모방) 관련 입증이 필요하나, 그러한 입증이 쉽지 않아 현실적인 보호까지는 많은 어려움이 도사리고 있는 반면, 디자인권은 물품의 미적 외관으로 구체적으로 표현된 경우, 이렇게 구현된 특정물품에 대한 출원, 등록을 통해 보호받을 수 있으나, 출원시 지정상품과 동일, 유사 상품에 대해서만 보호가 적용되는 제한이 있지만, 해당 디자인과 동일, 유사성만으로 침해판단이 가능하여 입증이 상대적으로 용이하기 때문에, 실제 보호여부가 불확실한 저작권에만 의존하지 않고, 상업화에 앞서 가능한 구체적인 디자인권으로 권리 확보를 공고히 해둘 것을 권고한다.

■ 드라마 캐릭터 기반 파생상품

영화, 방송 등에 등장하는 인물 또는 드라마 캐릭터를 기반으로 굿즈, 피규어, 디지털 게임 등으로 상품화하면?

또한, 미키 마우스나 아기공룡 둘리와 같은 이미지 캐릭터 뿐 아니라, 오징어 게임 속에 등장한 영희나 진행요원들과 같은 극중 인물, 즉 드라마 캐릭터를 상품화한 경우에도 마찬가지로 그 이미지의 복제권 침해 한다. 따라서 "2차적 저작물 작성권" 침해 및 공중송신권 침해에 해당될 수 있다.

■ 미술품 기반 굿즈도 저작권 침해?

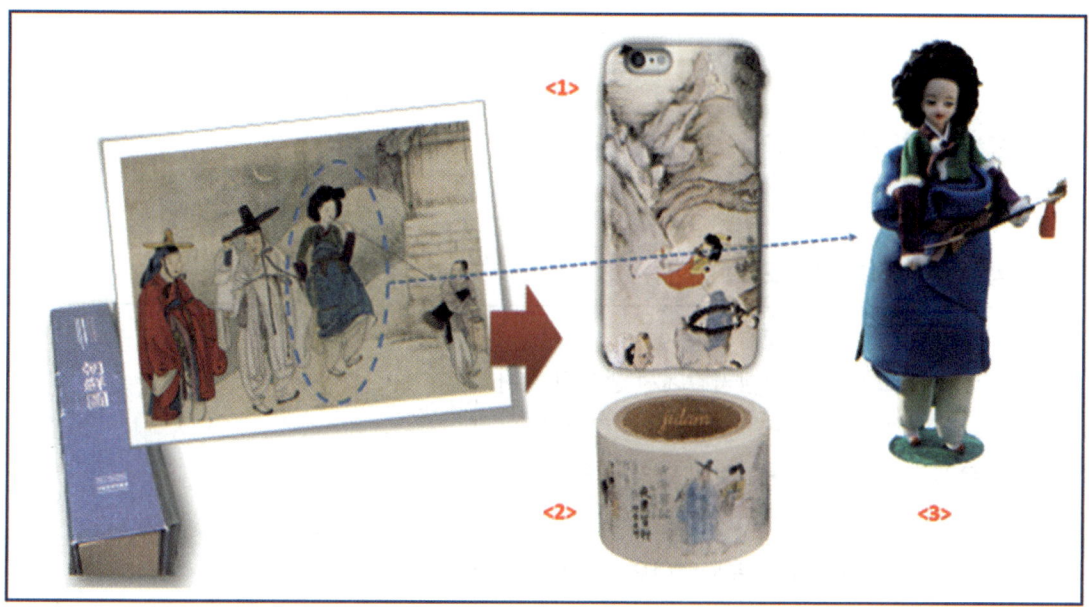

　앞서 본 바와 같은 영화나 드라마 속 인물이나 캐릭터를 상품화한 경우뿐 아니라, 미술품에서 묘사된 인물 또는 동물 등을 상품화하는 경우에도 마찬가지로 저작권 침해문제가 발생할 수 있다. <1> 또는 <2>와 같이 그림 자체를 모바일 폰 커버나 포장용 리본, 테이프 등으로 담은 경우는 물론이고, <3>과 같이 그림 속 인물을 입체화한 인형상품의 경우에도 복제권 침해, 2차저작물 작성권 침해에 해당될 수 있다. 원작에 대한 창작성이나 원작과 파생물간의 유사성에는 의문이 없지만, 원저작물에 대한 저작권 보호 기간 중에 있는 경우라야 침해에 따른 책임문제가 발생하게 된다. 위의 그림은 조선시대 신윤복 화백의 민화로, 저작권 보호기간이 오래전에 만료되었으므로, 더 이상 보호대상이 아니니, 누구든 자유로이 원작을 모방, 복제하거나 파생상품화 할 수 있게 된 것이다.

5. 가상공간의 위치정보

■ **가상공간의 위치정보도 보호대상?**

(1) 데이터베이스저작권
VR기술 등으로 구축한 가상공간에서 생성되는 위치정보와 공간정보는 원칙적으로 사실 그 자체이기 때문에 창작성이 있다고 보기 어려워 저작물로 볼 수 없다.
그러나 데이터베이스로 구축되었다면 데이터베이스 저작권으로 보호될 가능성이 있다.

(2) 방법특허
해당 위치정보와 공간정보가 특정 디지털콘텐츠와 결합하여 특수한 효과를 발생시킨다면 방법특허로 보호될 수 있으므로 선택에따라 특허등록을 통해 공개하여 보호받거나, 비공개로 관리하며 영업비밀로 보호받을 수 있을 것이다

(3) 개인정보
아직 아바타의 법적지위가 확립되어 있지는 않지만 아바타들이 메타버스에 구축된 가상건물과 가상공간에 있었을 때의 위치정보나 공간정보는 앞으로 개인정보로 보호될 가능성이 있다.

이외에도 가상공간에서 아바타의 활동을 토대로 생성되는 위치정보와 공간정보 관련해서도 논란이 예상되고 있다. 이러한 위치정보와 공간정보는 사실 그 자체이기 때문에 창작성 부족으로 저작물로 인정되기는 어려우나 데이터베이스로 구축된 단계에서는 데이터베이스저작물로 보호받을 수 있다고 본다. 이러한 위치/공간정보가 특정 콘텐츠와 결합하여 특수한 효과를 발생시킨다면 이를 구현해줄 통신기술이나 컴퓨터 하드웨어와의 연계를 통해 방법특허로 보호받을 수도 있을 것이다.

그러나, 개인정보보호법 적용여부에 대해서는, 현 시점에서는 아바타 지체에 대한 법적 지위에 대한 입법이나 판례적 해석이 확립되어 있지 않아, 좀더 입법이나 판례 동향을 지켜보아야 한다. 그렇지만 아바타는 결국 그 이면의 주체인 사람을 대신한 가상공간에서의 표식이라는 점에서 접근한다면, 결국 참여자의 성격, 행동, 동향 등 개인의 특성을 파악할 수 있는 개인정보로 보아질 수 있다. 이 점에서는 개인의 위치공간, 정보와 동일, 또는 이에 준한 보호가 적용되어야 할 필요성과 가능성이 있다고 보아진다.

메타버스에서 VR기술 등으로 구축한 가상공간에서 생성되는 위치정보와 공간정보는 원칙적으로 사실 그 자체이기 때문에 창작성이 있다고 보기 어려워 저작물로 볼 수 없다. 그러나 데이터베이스로 구축되었다면 데이터베이스 저작권으로 보호될 가능성이 있다.

해당 위치정보와 공간정보가 특정 디지털 콘텐츠와 결합해 특수한 효과를 발생시킨다면 방법특허로 보호될 수 있으므로 선택에 따라 특허등록을 통해 공개하여 보호받거나, 비공개로 관리하며 영업비밀로 보호받을 수 있을 것이다.

아바타의 경우 아직 법적 지위가 확립되진 않았다. 다만, 아바타가 메타버스에 구축된 가상건물과 가상공간에 있었을 때의 위치정보나 공간정보는 앞으로 개인정보로 보호될 가능성도 있다.

Ⅷ. 디지털 가상 상품, 아이템

■ 아이템

아이템이란, 나를 대신할 디지털 캐릭터인 아바타를 위한 의류, 신발, 가방, 장신구 등 디지털 이미지로 형성된 가상상품이라 정의할 수 있을 것이다. 메타버스 시장을 둘러싼 비즈니스 또는 수익모델은 3차원 가상공간에서 나를 대신하여 참여할 아바타를 위한 사람들의 본능적 소유욕, 과시욕구가 표현된 아이템 제작, 판매에서 부터 활성화되어 왔다.

〈참조: 메타버스 수익모델 진화, 중앙일보/이데일리〉

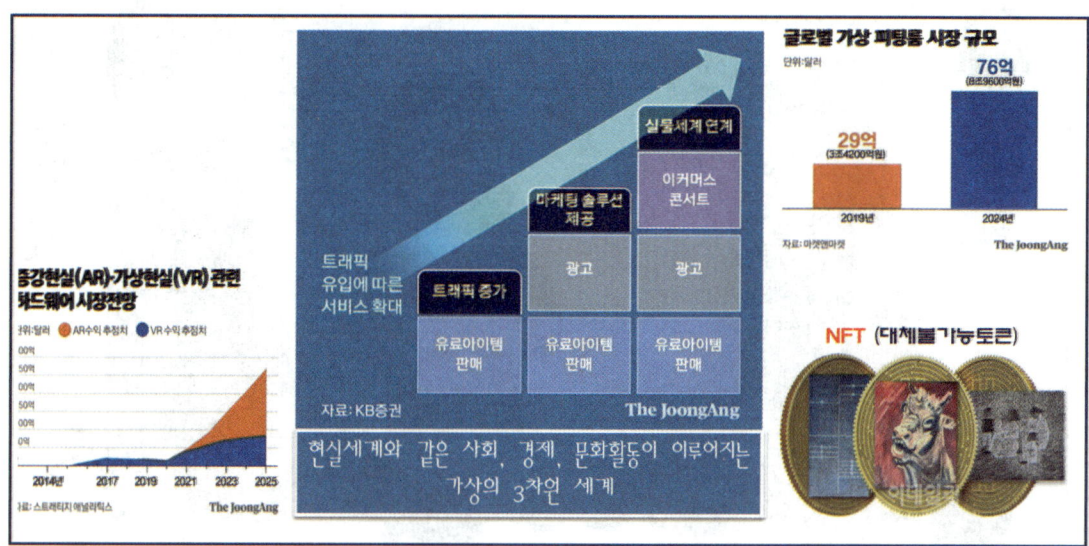

 이런 가상상품인 아이템을 둘러싼 지식재산권 관련 의문을 두가지 유형으로 정리해 보면, 다음과 같다.

 첫째, 디지털 가상 상품인 아이템도 출원, 등록하거나, 기타 지식재산으로 보호받을 수 있을까?

 둘째, 현실 상품의 상표나 디자인 등을 모방한 가상 상품을 제작하여 게시하거나 판매하면, 지식재산권 침해에 따른 규제를 받게 될까?

두번째 질문을 좀 더 분류해 보면, 가상 상품인 아이템이,

(a) 실물 상품의 상표출원/등록된 지정상품과 동일 또는 유사한 상표를 사용한 경우

(b) 실물 상품의 디자인권 출원/등록된 지정상품과 동일 또는 유사한 디자인을 사용한 경우

(c) 실물 상품의 그래픽 도안 등 저작물을 모방한 경우

(d) 출원/등록되지 않았지만, 주지성 있는 또는 저명한 브랜드, 디자인, 또는 기타 성과물 등을 모방한 경우에는 각각 어떤 유형의 지재권 침해에 해당될까?

1. 가상상품과 디자인

■ **가상상품도 디자인 출원, 등록 가능?**

　오늘날 현대사회는 공업 중심의 경제구조에서 벗어나 넓은 의미의 산업화로 확대되어왔고, 거의 모든 산업영역에서 디자인이라는 용어가 사용되고 있다. 그러나, 디자인 보호법상 보호대상인 디자인이란, 우리가 일상에서 사용하는 디자인이라는 용어보다는 훨씬 좁은 영역에 한정된다. 디자인 보호법상 디자인이란 물품의 미적 외관을 대상으로 한다고 정의하고 있고, 더욱이 물품이란 공업적 생산이 가능한 유체동산에 한정되는 것으로 해석된다.

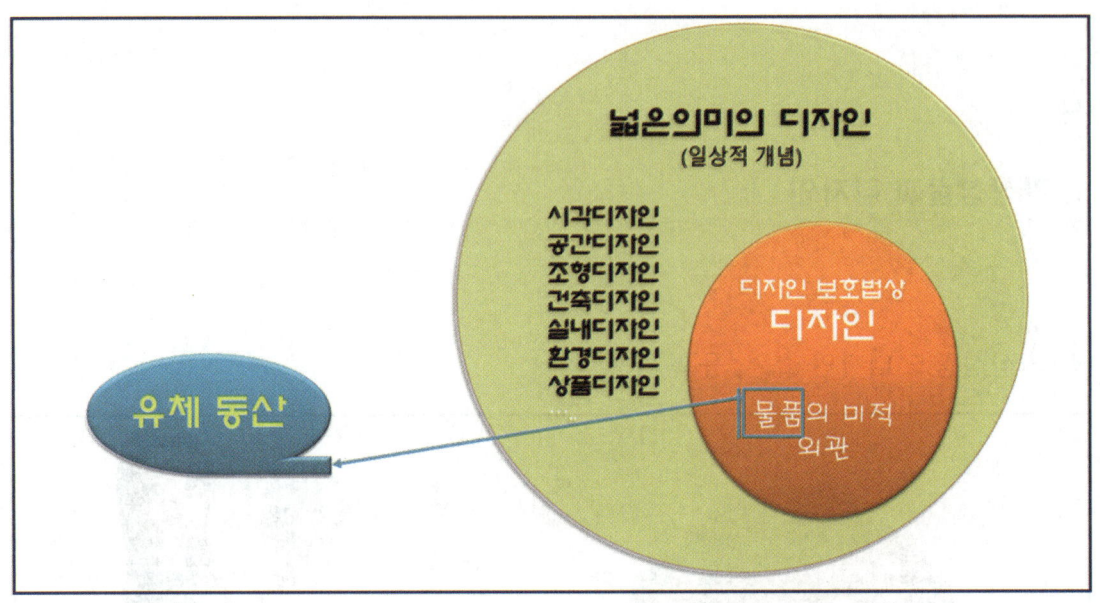

　최근 발전일로에 있는 메타버스관련 산업 육성을 위한 보호차원에서, 종전의 물품성 원칙을 깨고, 예외적으로 화상 디자인 제도를 인정하였다. 그러나 2021년말 개정된 디자인 보호법은 화상 디자인을 (1) 기기(器機)의 조작에 이용되거나, (2) 기능이 발휘되는 '화상'으로 국한되어, 이에 해당하지 않는 대부분의 가상상품의 외형 디자인은 현행 디자인보호법상 보호를 받지 못한다. 따라서, 이프렌드(ifland), 제패토(Zepeto)와 같은 메타버스 플랫폼을 통해 나타나는 가상 신발 혹은 가상 의류 디자인은 가상세계에서 참여자의 미감(美感)을 일으키지만, 단순한 콘텐츠 (이미지)의 표현일 뿐, 현실 세상의 기기를 조작하는데 이용되거나 기능을 발휘하지 못하기 때문에 디자인 보호법상의 보호는 받지 못한다

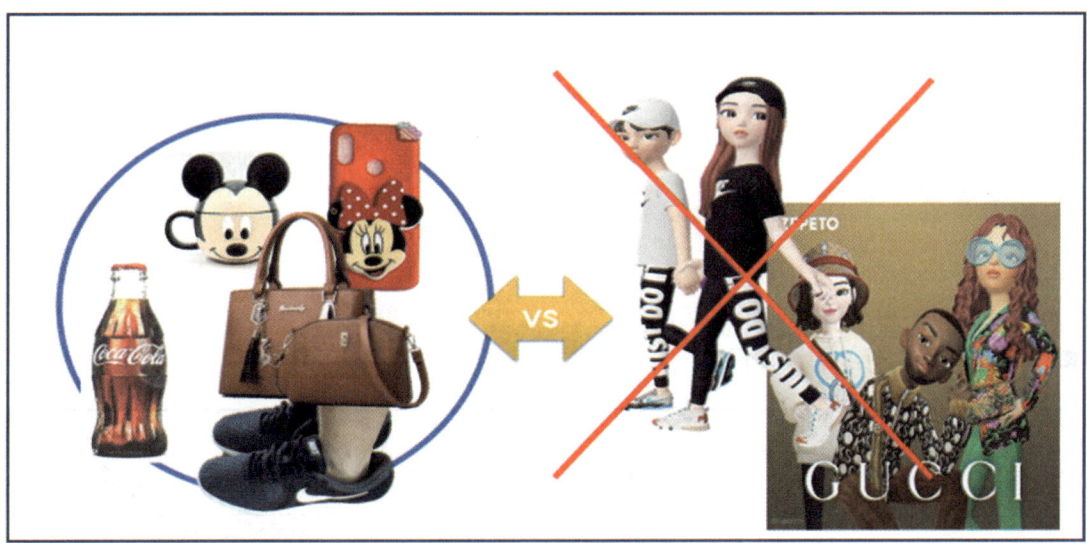

2. 가상상품과 상표

■ 가상상품도 상표등록 가능?

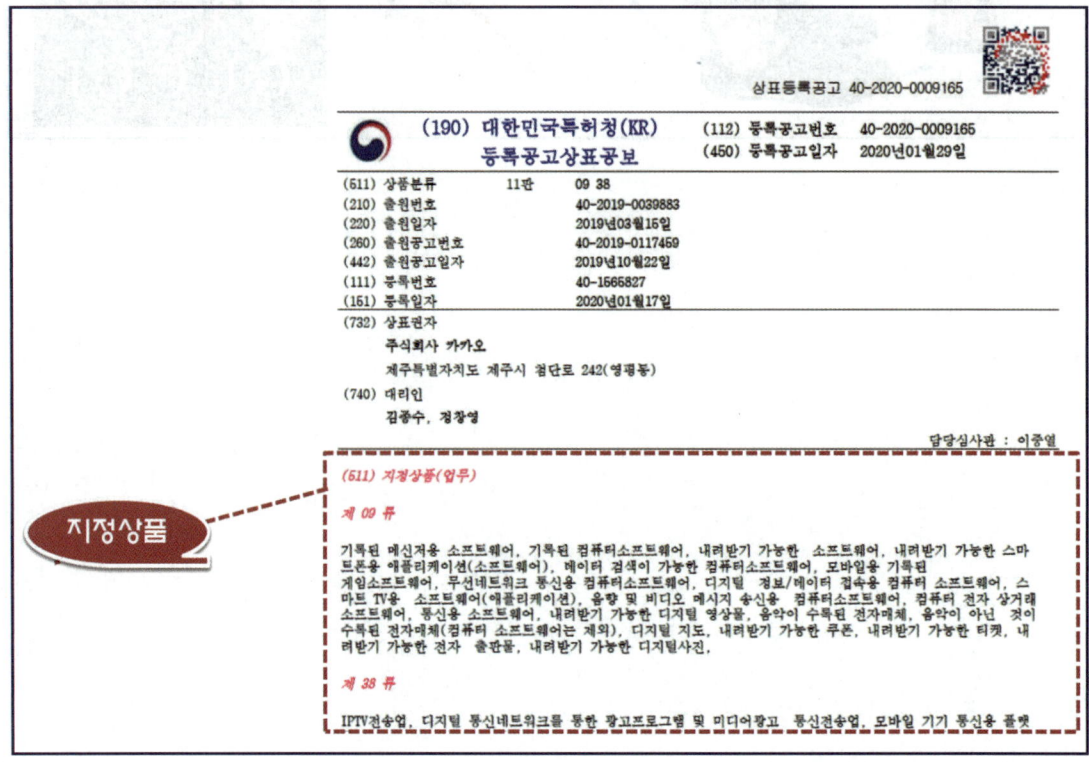

그러면 가상상품을 보호하기 위해, 그 외형 디자인 자체를 상표로 출원하여 등록 받을 수는 없을까?

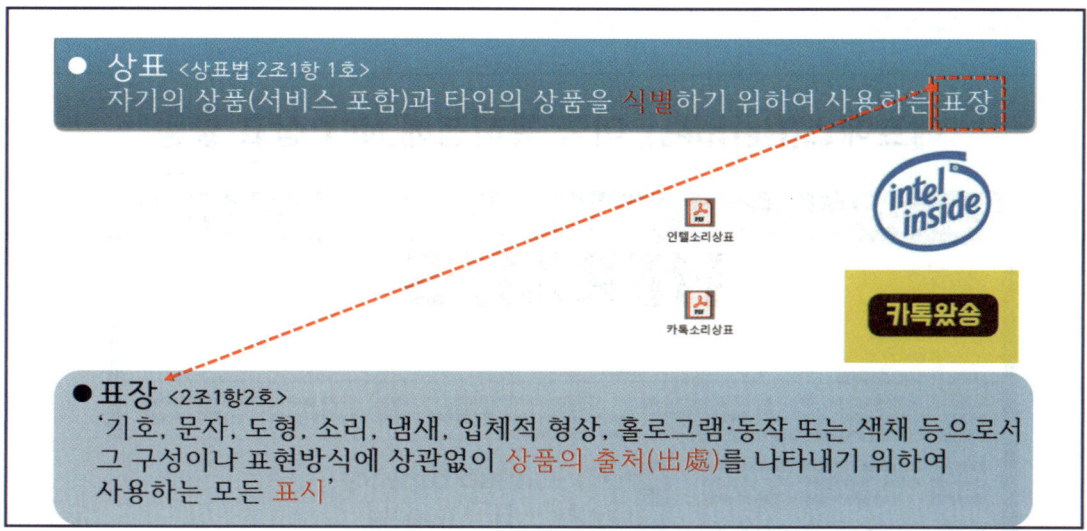

　　상표법상 상표 란 식별력 있는 상품(서비스포함)의 출처 표시로서 표현방식에 상관없으므로, 가상상품에 표현된 도안은 물론, 가상상품 외관 전체, 즉 디지털 이미지 자체도 식별력만 인정된다면 상표로 출원, 등록 가능하다. 상표로 출원하기 위해서는 그 상표가 보호될 상품류와 지정상품을 명기하여야 하지만, 원칙적으로 유체물품에 한정된 디자인보호법에서와는 달리, 가상상품도 상품류로 선택 가능하고, 세부 지정상품을 기재하는 것도 가능하다. 최근 메타버스 시장과 가상 상품의 등장에 따른 잠재적 보호 사각지대가 감지되면서, 기존의 유명 브랜드 업체들은 2021년말부터 종전 대표 상표들을 중심으로 가상 상품을 추가지정상품으로 출원하기 시작했다

〈참조: 에르메스, NFT 상표출원 (2022.08.26)〉

〈참조: 나이키, 가상상품(추가지정상품) 상표출원〉

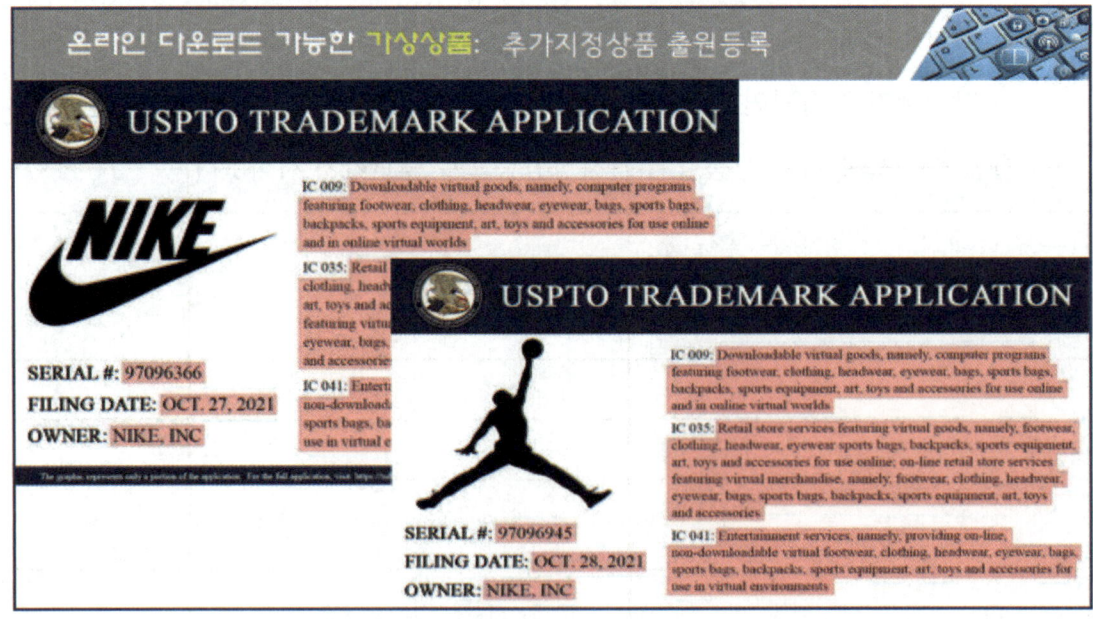

21.10.27, 나이키는 미국 특허청에 온라인 가상상품을 대상으로 상표 등록 신청하였는데, 가상 세계에서 아바타들이 착용할 수 있는 신발과 의류에 대한 상표권으로, 나이키 로고를 포함해 '저스트 두 잇(Just Do it)' '에어 조던' '점프 맨' 등 모두 7개가 포함되어 있다. 참고로, 신청서상 지정상품을 보면, 다운로드할 수 있으며 온라인 가상 세계에서 이용하는 신발, 의류, 모자, 가방, 스포츠용품 등 가상 상품'과 '해당 가상상품을 판매하는 온·오프라인 소매점'이라고 기재되어 있다.

상표의 보호는 지정상품과 동일 또는 유사한 상품영역에 한정되기 때문에, 해당 상표에 대한 지정상품이 현실상품인 신발, 가방, 옷 등으로만 한정되어 있다면, 가상 미지에 불과한 가상 신발, 가상가방 또는 가상의류는 지정상품과 다른 기능, 용도이므로, 혼용하여 사용할 수 없어, 사회통념상 출처 오인이나 혼동 우려가 약한 비유사상품에 해당되어 상표법상 보호가 적용되지 않으므로, 이러한 한계를 극복하기 위해, 가상상품 자체를 지정상품으로 추가하려는 것이다.

〈참조: 가상상품 심사처리지침, 특허청〉

여기서, 가상상품에 대한 상표출원 시 그 상품의 명칭을 어떻게 기재하여야 하는지를 잠시 살펴보면, 7월 시행된 우리나라 특허청의 "가상상품 심사처리지침"을 확인할 수 있다. 여기에서 상상품에 해당하는 상품류는 "09"이고, 세부지정상품은 "가상

+현실상품명칭 " 의 방식으로 기재토록 하고 있다.

〈참조: 가상상품 명칭 기재방법, 특허청〉

- '가상상품(Virtual Goods)' 이라는 포괄 명칭은 NO
- '가상+기존 현실상품명칭'은 YES

상품류	출원상품(예시)	명칭인정여부
9	다운로드 가능한 가상상품	X
9	가상상품이 기록된 컴퓨터프로그램	X
9	가상의류	O
9	가상제품 즉 온라인 가상세계에서 사용하는 신발	O
9	다운로드 가능한 가상의류	O
35	다운로드 가능한 가상의류 소매업	O

- '가상상품(Virtual Goods)' 이라는 포괄 명칭은 NO
- '가상+기존 현실상품명칭'은 YES

상품류	출원상품(예시)	명칭인정여부
9	다운로드 가능한 가상상품	X
9	가상상품이 기록된 컴퓨터프로그램	X
9	가상의류	O
9	가상제품 즉 온라인 가상세계에서 사용하는 신발	O
9	다운로드 가능한 가상의류	O
35	다운로드 가능한 가상의류 소매업	O

● '가상상품+기존상품명칭'은 YES

가상상품	기존상품명칭	새롭게 인정하는 상품명칭
가상의류	소매업	가상의류 소매업
가상의류	도매업	가상의류 도매업
가상의류	다운로드 가능한 제품	다운로드 가능한 가상의류
가상신발	다운로드 가능한 제품, 도매업	다운로드 가능한 가상신발 도매업

   이전에는 '내려 받기(다운로드) 가능한 이미지파일(가상의류)', '가상의류가 기록된 컴퓨터 프로그램' 등의 형태만 상품명칭으로 인정되었으나, 이번에 시행된 심사기준에 따라, 앞으로는 '가상의류', '가상신발' 등과 같이 '가상+현실상품명칭' 형태로 된 명칭도 인정하여 상품명칭 선택의 범위를 확대하였다. 단, '가상상품'이라는 명칭 자체는 그 범위가 모호하고 광범위하여 분쟁소지가 높아 명칭으로 인정되지 않는다. 가상상품을 이미지파일 또는 컴퓨터프로그램과 유사한 상품으로 분류하던 것을 이미지파일 등과는 구별되는 별도의 상품군으로 분류하고, 가상상품도 현실상품의 특성에 따라 세부적으로 구분하였다는 특징이 있다. 즉 메타버스에서 사용되는 아이템을 포괄적인 단일 상품군으로 취급한 것이 아니라, 아바타를 자연인으로 의제한다면 해당 아이템을 혼용하여 사용할 수 있는지를 기준으로 판단하여, 분류한 것이라 보아진다. 즉, 가상신발과 가상의류를 혼용해 착용할 수는 없으니 비유사이고, 따라서 세부 분류도 달라지게 된다.

   그렇다면 가상상품이 지정상품으로 기재되지 않고 현실 상품만 지정된 경우, 제3자가 그와 동일, 유사한 상표를 가상 상품을 지정상품으로 출원하면 등록될까? 또는 지정상품으로 현실 상품만 기재한 상표권자는 그 상표를 모방한 가상상품 판매자에게

침해주장을 할 수 있을까?

〈참조: 가상상품과 현실상품간 유사성(혼동가능성) 판단, 특허청〉

가상상품과 현실상품간 판단:

9류, G520727 가상신발 | 신발 25류, G270101

가상상품과 현실상품간 유사판단:
→ 원칙: 비유사
→ 단, 주지, 저명상표와 유사 출원시 혼동가능성 심사

9류, G520727 가상신발 — 비유사 — 신발 25류, G270101

특허청 심사기준상, 가상상품과 현실상품 간에 있어서는 원칙적으로 상품의 속성이나 판매 경로가 달라 소비자의 혼동가능성이 낮다고 보아 서로 유사하지 않은 상품으로 처리한다. 단, 가상상품의 상표로 출원된 상표가 기존의 주지, 저명한 상표와 유사한 경우에는 기존의 주지, 저명 상표와 혼동가능성이 있는 지를 심사하게 된다. 이러한 기준은 가상상품에 사용된 표장이나 디자인이 현실상품의 상표나 디자인권을 침해하였는 지를 판단할 때도 준용될 수 있을 것으로 보인다. 즉, 원칙적으로 현실상품이 상표 출원, 등록 시 해당하는 가상상품을 지정상품으로 해 두지 않았다면 상표법상으로는 침해에 해당되지 않는다고 판단된다. 단, 이경우도 주지, 저명한 상표나 디자인으로 서 소비자의 혼동, 상표가치 희석 및 기타 부정경쟁행위에 해당될 경우, 부

정경쟁방지법에 따른 규제가 적용될 수도 있다.

그렇다면 가상상품은 모두 이미지 파일이라는 공통 유형이니까, 세부유형에 관계없이 모두 유사한 것으로 판단하여 등록 거절 또는 침해로 판단하게 될까?

〈참조: 가상상품간 유사 판단- 현실상품 기준, 특허청〉

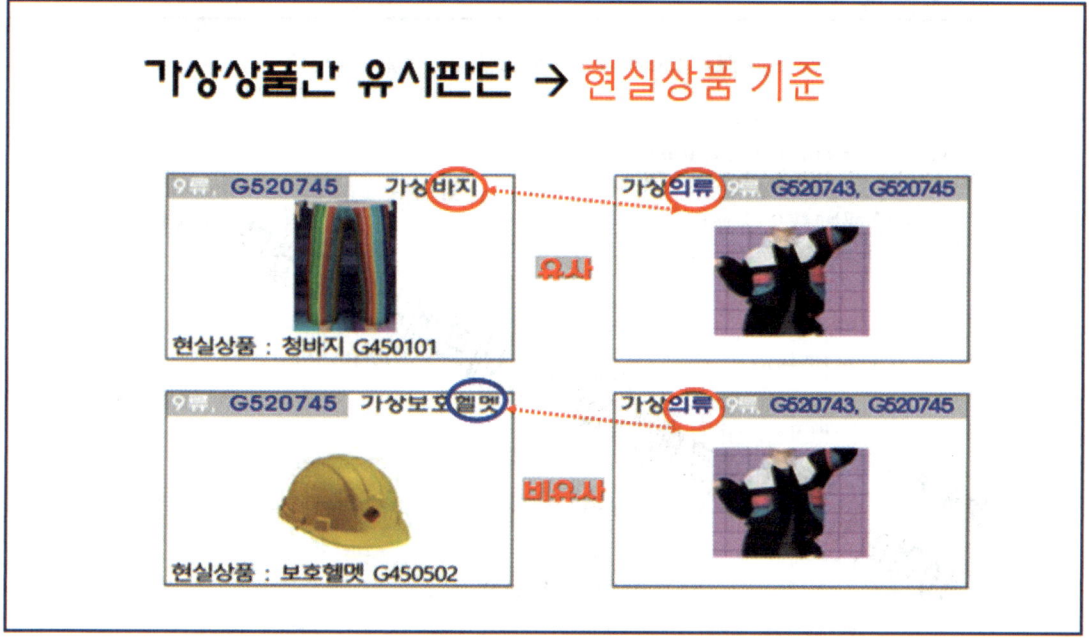

출원심사처리 기준상, 가상상품간 유사여부는, 현실에서의 유사여부를 기준으로 판단한다.

즉, 해당 가상상품이 현실상품일 경우를 가정하여 그 상품 특성상 상호 유사한 상품이라면, 가상상품에서도 유사한 것으로 판단한다는 것이다. 결국, 이 기준은 등록된 가상상품의 상표를 다른 가상상품이 침해한 것인 지를 판단할 때도 준용될 수 있을 것으로 보아진다.

3. 가상상품관련 상표침해 분쟁

〈참조: 에르메스 vs 메타버킨스, NFT침해소송〉

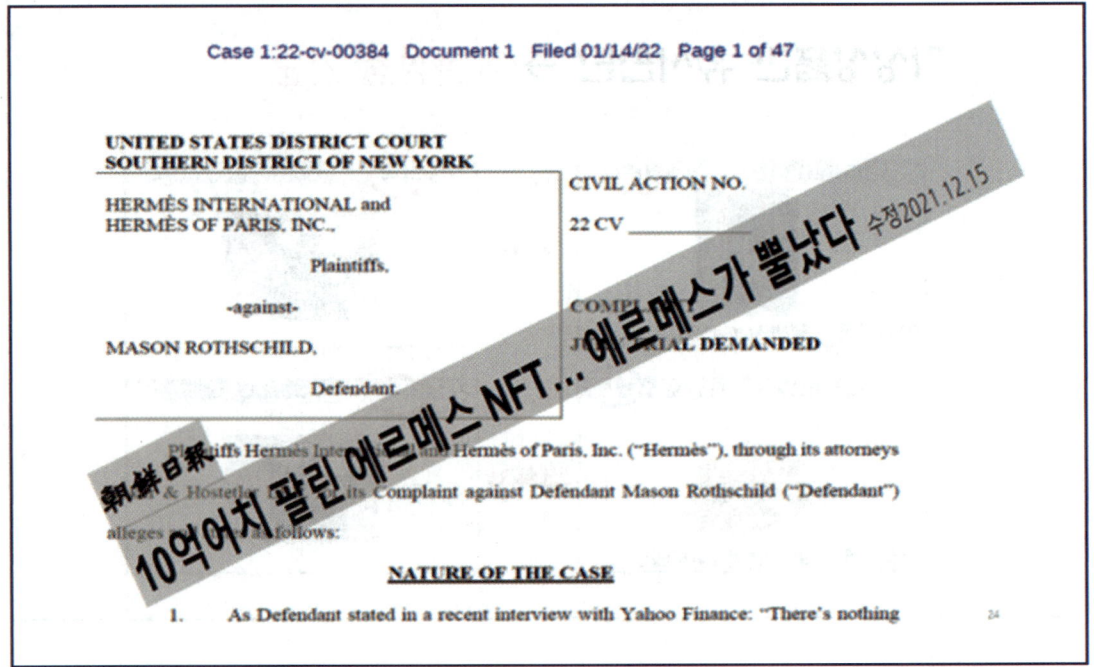

메타버스 환경에서의 아이템, 즉 디지털 가상상품 시장의 성장과 함께 이에 대한 현실의 유명 상표 사용 모방 사례 또한 확대되고 있어, 관련 침해 분쟁 역시 본격화될 것으로 예상된다. 대표적인 분쟁 사례로, 메이슨 로스차일드(Mason Rothschild)는 지난 2021년 12월 화려한 색의 모피로 뒤덮인 100여개에 달하는 버킨백 모양의 디지털 가상 이미지를 제작해 메타버킨스라고 명명한 후 세계 최대 규모의 NFT거래소에서 판매하자, 에르메스는, 버킨백은 프랑스의 명품브랜드인 에르메스(Hermes)의 대표적인 가방 제품으로, 로스차일드가 자신의 대표적인 가방 상표인 '버킨'에 접두사 '메타'만을 붙여 사용함으로써 상표권을 침해했다며 올해 1월에 뉴욕 남부지방법원에

소를 제기하기에 이르렀다.[47].

〈참조, 에르메스의 버킨 가방〉

프랑스 명품 기업, 에르메스의 주력 상품인 버킨백은 1983년 영국 여배우 제인 버킨(Jane Birkin)이 런던 행 비행기에서 우연히 옆자리에 착석한 장 루이 뒤마(Jean-Louis Dumas) 에르메스 회장에게 엄마들이 편리하게 쓸 수 있는 가방을 찾기 힘들다고 토로하자 뒤마 회장이 그녀의 이름을 따 디자인한 계기로 탄생하였었는데, 프랑스 장인들이 고급 가죽으로 만들어 한정 수량으로 유통되는 버킨백은 수천만원에서 1억원이상 호가하는 가격에도 불구하고 2000년 이후 미국에서만 수천 개가 팔렸었다. 에르메스는 2005년 미국 특허상표청에 '버킨(Birkin)' 상표를 등록(등록번호 2,991,927) 했고 2011년에는 버킨백 특유의 외형을 트레이드 드레스로도 등록(등록번호 3,936,105) 했었다.

---

47. Hermes International v. Rothschild, S.D.N.Y., No. 1:22-cv-00384, 1/30/23

〈참조, 메타버킨스 NFT 온라인 거래〉

한편, 지난 2021년 5월 로스앤젤레스 비벌리 힐스 지역에서 의류 매장을 운영 중이던 메이슨 로스차일드(Mason Rothschild)는 투명한 버킨백 안에 든 40주 된 태아를 형상화한 애니메이션 NFT "베이비 버킨(Baby Birkin)"을 출시했고, 이들 NFT는 온라인 경매 플랫폼 등을 통해 거래되기도 했었다.

〈참조: 에르메스의 버킨 가방과 메타버킨스의 NFT (가상상품)〉

NFT 베이비 버킨(Baby Birkin)의 상업적 성공에 힘을 얻은 메이슨 로스차일드는 메타버스를 뜻하는 '메타(meta)'와 에르메스의 등록상표 '버킨(Birkin)'을 결합한 '메타버킨(Metabirkins)'라는 명칭으로 사업 기반을 쌓기 시작했고, 메타버킨 100종 시리즈를 출시하였는데, 메타버킨 (Metabirkins)의 개별 NFT 가격은 1천만원에서 5천만원 사이를 육박한 것으로 알려졌었다. 이에 대해, 에르메스는 2021년 12월16일 로스차일드와 NFT 거래소 오픈씨에게 상표 침해 경고장을 송부했으나 로스차일드가 다른 거래 플랫폼으로 옮겨 NFT 판매를 이어 나가자 2022년 1월14일 뉴욕 남부 연방지방법원에 소송을 제기하여 법적 제재에 나섰던 것이다.[48]

소장에서 에르메스는

(1) 등록상표 무단 도용으로 인한 상표권 침해,

(2) 출처 허위 오인과 혼동을 초래하였고,

(3) 버킨으로 표상되는 럭셔리 이미지에 무단 편승함으로써 에르메스의 상표 가치가 희석되었다고 주장하였다.

반면, 로스차일드는 자신의 메타버킨 100종 시리즈는

(1) 각각 창의적 예술작품으로, 미국 수정헌법 제1조에 따른 표현의 자유가 보장되어야 하고,

(2) 버킨의 상표권은 현실상품, 즉 가방에 대해 보호되는 것이므로, NFT 디지털 콘텐츠인 가상 이미지에는 적용되지 않음은 물론,

(3) NFT 디지털 예술작품의 명칭으로 사용한 것으로, 상업적으로 사용이 아니므로 출처 혼동이나 희석화 또한 근거가 없다고 항변하였다.

한편, NFT 메타버킨 시리즈가 에르메스의 창작적인 디자인, 즉 콘텐츠 로서의 응용미술 저작물까지 모방하였다면 저작권 침해 주장까지도 가능하겠지만, 에르메스 백의 외관도 상표로 등록되어 있어서 인지, 이번 사건에서는 굳이 저작권 침해까지 주장하지는 않았다. 현실상품과 디지털 이미지 상품 간의 창작적 요소만을 분리 비교

---

48. Hermes International v. Rothschild, S.D.N.Y., No. 1:22-cv-00384, 1/30/23

하여야 하는 실질적 유사성 입증도 쉽지는 않은 쟁점이라 피했을 수도 있을 것이다.

하여간, 메타버스와 가상상품이라는 새로운 산업환경하에서 종전의 현물 산업계와의 충돌은 피할 수 없는 만큼, 그 결론에 세계 디자인업계의 관심이 집중되고 있다.[49]

---

49. 일단 이 사건 1심 결과, 2023.2.14. 뉴욕 맨해튼 연방법원은 2.8일자 배심원 평결을 인용하여, 메이슨 로스차일드가 에르메스 '버킨백'의 상표권 침해, 상표 가치 희석 및 사이버스쿼팅에 따른 책임이 있다고 판단하고 13만3000달러 상당의 손해배상 판결을 내렸다. 로스차일드의 버킨백 NFT는 예술작품이라기보다는 상품에 가까우므로, 미국 수정헌법 1조(표현의 자유)의 보호를 받을 수 없다고 판시했다. 해당 사안에서는 상표권 침해 판단에 있어 현실의 상품과 이를 디지털로 구현한 상품 간의 유사성을 긍정하였다는 점에서 시사하는 바가 크다. 메이슨 로스차일드측은 즉각 항소의사를 표시한 바, 최종 결론이 날 때까지 산업계와 예술계의 논쟁은 당분간 더 계속될 것으로 예상된다. 이 사건에서는, 'MetaBirkins.com' 도메인 이름의 사용 (사이버스쿼팅)은 에르메스의 패션상점인 것으로 소비자를 혼동케 할 우려가 있다는 점이 배심원들에게 부각되어 상표법 침해 평결이 내려진 것으로 보인다.

4. 명품디자인 침해분쟁 사례

가상상품의 등장 이전 현실 상품 시장에서도, 에르메스 가방은 삼천만원에서 1억원에 달하는 명품가방으로 한정판이기도 하지만 아무에게나 팔지 않는 다는 귀족주의 상업전략으로도 유명한 제품이다 보니, 에르메스 가방을 모방한 제품들이 심심치 않게 출몰했고, 에르메스사의 침해소송도 세계 곳곳에서 발생한 바 있었다.

〈참조: 에르메스 버킨백 vs진저백〉

우리나라에서도 '플레이노모어'사의 '눈알 가방' 사건과, '진저백' 사건이 있었다. 먼저 진저백은 에르메스 가방 사진을 찍은 뒤, 천에 가방사진 프린트해서 만든 가방으로, 재질은 가죽이 아니므로 완전히 다르지만 멀리서 보면 사진 프린터니까 비슷해 보였다. 가격은 18~20만원 정도였다. 일명 "청담동 기저귀 가방"으로 불리기도 했다.

에르메스의 대표적인 두개 모델인 버킨백은 1984년에 출시되었고, 켈리백은 1956년에 출시되어, 당초는 디자인권으로 출원, 등록되었으나, 우리 디자인보호법에서 정한 디자인권의 보호기간이 모두 지났거나, 이후 출원, 등록된 일부 디자인은 등록료

불납 등으로 소멸되는 등, 디자인권으로 보호받을 수는 없었으나, 법원은 부정경쟁방지법 제2조 1항 카 목 "그 밖에 타인의 상당한 투자나 노력으로 만들어진 성과 등을 공정한 상거래 관행이나 경쟁질서에 반하는 방법으로 자신의 영업을 위하여 무단으로 사용함으로써 타인의 경제적 이익을 침해하는 행위"로 판단하였다. 한편, 플레이노모의 '샤이걸(눈알 가방)'도 에르메스의 대표 핸드백인 버킨백, 켈리백 등과 유사한 형태에 눈알 모양 장식을 부착한 가방이었고, 가격은 10만~30만원대였다.

〈참조: 에르메스 vs 눈알가방〉

이 사건의 쟁점은 다음과 같다.

피고 제품이 원고(에르메스)와 동일한 출처로 혼동할 우려가 있는가?

원고의 상품표지가 주지성을 넘어 현저하게 알려진 경우(저명성)에 해당하여 저명상표의 가치를 희석시킬 우려가 있는가?

원고의 상당한 투자나 노력으로 만든 성과를 경쟁질서에 반하는 방법으로 피고의 영업에 무단으로 사용하여 원고의 경제적 이익을 침해하였는가?

이에 대해, 2020. 7월 대법원은, 피고 제품이 원고(에르메스)와 동일한 출처로 혼동할 우려가 없으며, 원고의 상품표지가 주지성을 넘어 현저하게 알려져 있다고 보기는 어려우나, 원고의 상당한 투자나 노력으로 만든 성과를 경쟁질서에 반하는 방법으

로 자신의 영업에 무단으로 사용한 피고의 행위는 부정경쟁방지법 위반에 해당한다고 판단하였다. 부정경쟁방지법 제2조에 따르면 디자인권이 등록되지 않았거나, 소멸됐다 하더라도 해당 디자인 자체가 이미 널리 알려져 그 자체로 상표 또는 이에 준한 트레이드들에 역할을 하고 있는 경우에는 부정경쟁방지법 제2조제1호 (가)목에 따른 규제가 적용될 수 있다.

〈참조: 에르메스 vs 헨리 하이클래스〉

2008년 12월 서울고등법원에서는 버킨 백과 유사한 가방에 'Henry High Class' 상표를 붙여 판매한 피고측에 대해 에르메스와는 "구별되는 자체 상표를 사용했다 해도 '상품 출처 혼동'의 우려가 해소됐다고 볼 수 없다고 판단한 바 있다. 롱샴의 쇼퍼백을 둘러싼 분쟁에서도, 2013년 6월, 서울고등법원은, 상품의 구매자는 모방 상품이라는 사실을 알고 구입했어도 그 상품을 본 제3자가 출처를 혼동할 가능성이 있다면 부정경쟁방지법상 위법행위에 해당한다고 판시하기도 하였다.

〈참조: 가상상품 관련 부정경쟁행위 유형〉

① 상품/영업 주체 혼동 초래 (가, 나)
② 저명상표 희석 (다)
③ 오인유발(원산지/출처/품질 기준 등) (라~바)
④ 대리인의 부당한 상표사용행위 (사)
⑤ 도메인명 부정취득(사이버스쿼팅) (아)
⑥ 상품형태모방 (자)
⑦ 트레이드 드레스 모방 (파, 나~다)
⑧ 아이디어 탈취 (차)
⑨ 데이터 부정 사용행위, (+ 기술적 무력화 행위) (카)
⑩ 유명인의 성명/초상/식별표지 무단사용 (Publicity권): (타)
⑪ 기타 성과물 무단사용 (파)

5. 가상상품 보호방안

    결론적으로, 가상상품인 아이템의 보호 방안을 정리하자면, 현재로선, 유체동산의 미적외관 보호에 한정된 디자인 보호법은 가상상품에는 적용될 수 없으므로, 가상상품은 디자인권이 아니라, 상표권으로 출원, 등록 받아 보호받는 방법에 주력하여야 할 것이다. 문자, 도안 외에도 입체 상표, 즉 상품의 외관 자체 또한 상품의 출처표시 기능을 할 수 있는 식별력이 인정된다면 상표권 보호대상이 되고, 다양한 유형의 가상상품이 지정상품으로 선택가능하기 때문이다.

    물론, 상표권으로 등록되어 있지 않다 하더라도, 사안에 따라 부정경쟁방지법에 따른 보호도 가능하다. 해당 가상상품에 적용된 도안이나 이미지 등이 창작자의 개성적 표현의 창작물로 저작물로 인정될 수 있다면, 이러한 가상상품의 외관에 표현된 디지털 이미지, 즉 응용미술저작물을 모방하면 저작권 침해 주장도 가능하다.

◆ **판례 연구**

1. AM General LLC v. Activision Blizzard, Inc. , 17-cv-00796-RGK-FFM (C.D. Cal. 2018)

군용 지프차 '험비(Humvvee)' 제조사로 유명한 AM제너럴은 지난 2017년 11월 미국 뉴욕 맨하튼 법원에 액티비전 블리자드("블리자드")에 대해, 상표권 침해 및 부정경쟁방지법 위반을 이유로 제소했다. 블리자드가 만든 게임 'Call of Duty'시리즈가 험비차량의 상표권을 도용했다고 판단했기 때문이다. 이에 대해 2020년 4월 뉴욕 연방지방법원은 1980년대 예술 작품의 상표권 침해 관련 사건인 예술가 '진저 로저스' 사건의 판례[50]를 들어, 헌법상 보장된 표현의 자유에 해당하는 것으로 해당 게임은 현실감을 불러일으키기 위해 험비를 사용한 것

---

50. Rogers v. Grimaldi, 875 F.2d 994 (2d Cir. 1989), 미국의 유명한 배우이자 댄서인 Ginger Rogers가 영화 제목 "진저와 프레드(Ginger and Fred)"에 자신의 이름이 무단 사용된 것이 상표권 침해라고 주장하며 영화 제작사를 상대로 제기한 소송 이었다. 연방법원은, 해당 영화는 유명인을 흉내 낸 은퇴 연예인들을 다룬 내용의 영화로 법원은 영화 제목과 시나리오 내 '로저스(Rogers)'의 이름을 사용하는 것은 상업적 목적

일 뿐, 상표권 침해나 부정경쟁행위는 아니라고 판결했다. AM제너럴은 현실의 상품인 군용차량(험비)를 판매하는 것을 업으로 하는 반면, 브리자드사는 실감나는 전쟁 비디오 게임을 제작, 판매하는 것이 목적이므로, 앞으로도 서로 경쟁할 여지가 매우 적고, 소비자가 출처를 오인, 혼동할 우려도 없다는 점을 기각의 근거로 들었다.

2. 골프존 사건 (대법원 2020. 3. 26. 선고 2016다276467)

2015년 골프장 인천국제CC, 대구CC, 몽베르CC를 운영하는 운영사들은 스크린골프업체 골프존을 상대로 저작권 침해 및 부정경쟁행위에 따른 손해배상 소송을 제기했다. 오랜 공방끝에 우리나라 대법원은 골프존이 제3자의 실제 골프장 코스를 그대로 가져다 스크린골프에 쓰는 건 해당 골프장의 성과물을 무단으로 도용한 부정경쟁행위에 해당한다고 판단했다. 단, 저작권 침해주장에 대해서는 골프장 코스에 대한 저작권은 코스설계자에게 있으므로, 해당 골프장은 저작권자가 아니라는 이유로 기각하였다.

3. 비교 의견

가상 공간에서 구현된 배경 이미지이지만, 현실 골프장의 경제적 이익을 침해하는 경쟁적 관계에 있다는 점이 골프존 사건에서는 블리자드 사건과는 다른 결론이 도출된 결정적인 이유로 작용한 것으로 보인다.

물론, 두 사건은 다른 국가의 판례이고, 상표권과 저작권으로 판단의 주된 근거도 다르지만, 부정경쟁행위 판단 관점에서는 공통점을 찾을 수 있다. 즉, 모방행위로 인한 권리자의 이익 침해 여부 판단에서는 결국 경쟁관계 여부와 소비자 관점의 출처 혼동, 오인 여부가 주요 기준으로 작용한 것으로 보인다. 상표침해판단에서의 동일 유사 상품영역에서의 사용이나 저작권에서의 공정이용(Fair Use) 여부는 결국 두 대상간의 경쟁관계에 따른 경제적 이익침해여부가 관건이라고 보아진다.

앞서 본 Metabirkins사건에서도 가상 이미지 NFT상품인 Metabirkins가 현물가방을 지정상품으로 등록된 Hermes상표권을 침해한 것으로 판단한 배심원 평결 또한, 상표권 침해여부 특히, 유사상품영역에서의 사용(침해)인지를 판단함에 있어, 대상 상표의 주지/저명성은 물론, 소비자의 출처 혼동, 오인 가능성과 상표권자의 경제적 이익 침해 가능성 등이 주요 고려요인으로 작용하였던 것으로 추정된다.

메타버킨 NFT 판매 개시 직후 뉴욕 포스트는 에르메스가 메타버킨 NFT를 발행했다는 기사를 보도했고, 일반인들이 에르메스가 NFT 출시에 관여했다고 오해했음을 드러내는 답글들을 로스차일드의 인스타그램과 트위터 계정에 다수 남긴 바 있다. 특히, 이 사건에서는, 'MetaBirkins.

으로 의도된 것이 아닌 예술적 표현이며, 일반인이 출처를 혼동, 오인할 우려가 있다고 보기는 어렵다고 판단하여, Ginger Rogers의 청구를 기각했다.

com' 도메인 이름의 사용 (사이버스쿼팅)은 에르메스의 패션상점인 것으로 소비자를 혼동케 할 우려가 있다는 점이 일반인인 배심원들에게 부각되어 상표법 침해 평결이 내려진 것으로 보인다. (배심원 평결을 단순 인용한 1심 법원의 판결 인 관계로 상세 기록이 미비하여 정확한 분석은 어려움)

IX. NFT, 소유권과 지식재산권

◆ **NFT도 지식재산권 침해?**

▶ 디지털소유권 주장할 수 있고 매매가능
(i) 실물정품 인증용도 (QR/RFID)
  → 블록체인화된 Digital 파일
   (고유식별번호, 거래경로(중고) 기록
(ii) Metaverse에서의 가상상품
  → NFT화하여 출시, 발행
  ■ 원본증명(대체불가, 위조/복조 불가)
  ■ 한정, 희소성
  ■ 자산적 투자가치
▶ 그러나, DRM은 아니므로, 복제/다운로드 등은 여전히 가능
▶ 음반→ 음원 (다운로드)→ 스트리밍(유튜브, 넷프릭스) 위주 IT환경 변화
  ■ 시청/감상: 스트리밍위주로 다운로드 필요성 없어 DRM필요성도 약해짐
  ■ 소장: 원본 희소성에 따른 소장 욕구→ NFT

미술 작품 저작권과 소유권은 달라
작품 복제·전송 권리는 저작권법상 저작자 권리
현재 구조상 작품 소유자·저작자 검증 어려워

김환기   이중섭   박수근
〈출처: 이데일리〉

NFT란 난펀즈블토큰(Non-Fungible Token)의 약자로 대체불가능 토큰으로 번역되기도 하는데, 암호화 화폐 등에서 적용된 블록체인기술을 이용한 디지털 자산으로, 특정 디지털 콘텐츠 파일에 대한 고유의 원본 증명, 소유자 및 거래 변천사 등의 내역을 기록한 일종의 디지털 등기부에 해당한다. 디지털은 그 특성상 무한 복제가 가능하고, 원본과 복제본의 차이가 없어 소유에 따른 투자 가치 책정이 무의미해짐에 따

라, 인간의 본능적 독점 소유욕구를 충족시키기 위해 도입된 기술이라고 할 수 있다. NFT 이미지 자체는 별도의 DRM 등 복제방지 기술이 적용되지 않은 한, 그 이미지 콘텐츠를 복제할 수는 있으나, 증명서 또는 등기부 역할을 하는 파일은 암호화 기술을 적용하여, 고유한 식별 값이 블록체인상에 저장되기 때문에 위조 및 변조가 불가능하여, 이런 증명기능을 통한 원본성 및 소유권 확인이 보장된다. 최근 음악 및 영상 시청용 온라인 산업환경이 종전의 CD, DVD나 다운로드/저장형 시장에서 넷플릭스와 같은 인터넷기반의 OTT중심의 스트리밍 방식으로 전환되어 감에 따라, DRM 적용 필요성은 점차 줄어들고 원본 증명에 따른 소유욕 자극을 통한 거래 활성화를 통해 디지털 콘텐츠에 대한 새로운 투자수단으로 확산되고 있는 추세이다.

이런 NFT 가상 이미지 파일은 크게 2가지 유형으로 나누어 볼 수 있다.

(1) 앞서 본 '메타버킨스 NFT'처럼 현물 상품과는 연동되지 않는 별개의 독립적인 가상 이미지 상품으로 창출되어 거래하되, 그 디지털 이미지의 원본 인증과 한정성을 NFT파일로 증명하는 유형이 있고,

(2) 아래 '스탁엑스의 볼트 NFT'처럼 현물 신발과 연동되어 현물의 정품 보증서 역할차원에서 발급되거나, 또는 현물 상품에 갈음하여 교환, 거래되는 가상 이미지 NFT(NFT로 인증된 가상 이미지 상품) 유형으로 나누어 볼 수 있다.

(1)의 경우는 앞서 본 바와 같이, 현물 상품의 상표 또는 디자인 등을 모방한 가상 이미지 상품에 해당되어, 상표법 또는 부정경쟁방지법이 적용여부가 주된 쟁점이 될 것이다. 한편 (1)의 유형 중에서도 미술품 등의 원본 소유자가 이를 3D로 스캔하여 별도의 디지털 이미지파일로 전환하고, 암호화폐기술인 NFT를 삽입해 제작한 NFT작품의 경우, 원본 작품(하드웨어)에 대한 소유권과 그림 콘텐츠에 대한 저작권은 별개의 문제임에도, 이를 간과한 NFT미술품 경매 등 거래과정에서, NFT 미술품 소유권자와 저작권 자간의 저작권 분쟁이 발생하기도 했다. 지난 5월 말 국내에서 미술 작품의 NFT 거래가 활발해지자 어느 종합광고대행사가 이중섭, 김환기, 박수근 화백 등, 유명화가의 미술품 원본 소장자와 협의를 거쳐 해당 작품의 디지털 작품을 경매로 판매한다고 밝혔다가 해당 작품에 대한 저작권을 보유한 유족 등이 반발해서 경매 자체

가 무산된 일이 있다.[51]

〈참조: 유명그림 NFT경매관련, 미술등록협회 공식사과문〉

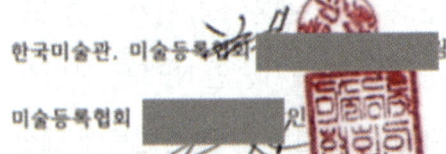

51. 미술등록협회의 공식사과문을 보면, 사건 초기 미술협회 조차, NFT작품 관련 쟁점의 본질을 정확히 이해하지 못했던 것으로 보인다. 사과문은, NFT의 기초가 된 미술품의 위작여부에 초점이 맞춰져 있으나, 사실 진품 원본이었다 하더라도, 여전히 그 소장자는 해당 미술품 1점에 대한 물리적 소유권자일 뿐, 그 속에 담긴 저작물을 무단으로 복제하거나, 디지털이미지 파일로 전환할 권리는 없다. 이는 저작권자의 '복제권' 및 '2차 저작물 작성권' 침해에 해당한다.

〈참조: 신발 NFT 분쟁사례, 나이키 vs 스탁엑스〉

(Vault NFT) Jordan 1 Retro High OG Patent Bred

(Vault NFT) Nike Dunk Low Retro White Black

(Vault NFT) KAWS Sacai Nike Blazer Low Blue

스탁엑스는 유명 브랜드 운동화, 의류, 명품 가방, 시계, 기타 수집품들을 미리 구입한 이들이 온라인으로 재 판매할 수 있게 중개하고 그 과정에서 검수 센터를 통해 진품 확인 서비스를 제공하는 미국기업이다. 주로 한정판이나 인기 상품들을 시장에서 구할 기회를 놓쳤던 이들이 스탁엑스가 진품으로 인증한 물건을 경매 입찰 방식으로 프리미엄 비용을 지불하고 구매하는 것이다. 2015년에 설립된 스탁엑스는 2021년 4월 기준 기업 가치 38억 달러(한화 약 4조7000억 원)에 육박하는 유니콘 기업으로 성장하였고 작년 9월부터 한국 시장에도 진출한 바 있다.

스탁엑스는 실제 운동화와 연동되어 교환할 수 있는 VAULT NFT를 판매했다. 운동화 resell 과정에서 정품 검증을 위해 검증센터에 오가는 시간과 노력을 줄이기 위해 도입된 사업모델로, 정품 검증을 마친 신발은 스탁엑스 창고에 두고 거래는 NFT로 한다는 개념이다. NFT에는 특정 브랜드 운동화 사진과 이름이 담겼으며 볼트NFT를 구매한 사람이 실제 운동화와 교환할 경우 동 NFT는 소비자의 스톡엑스 계정에서 삭제된다고 한다.

〈참조: 나이키 vs 스탁엑스, NFT 지재권 침해 제소〉

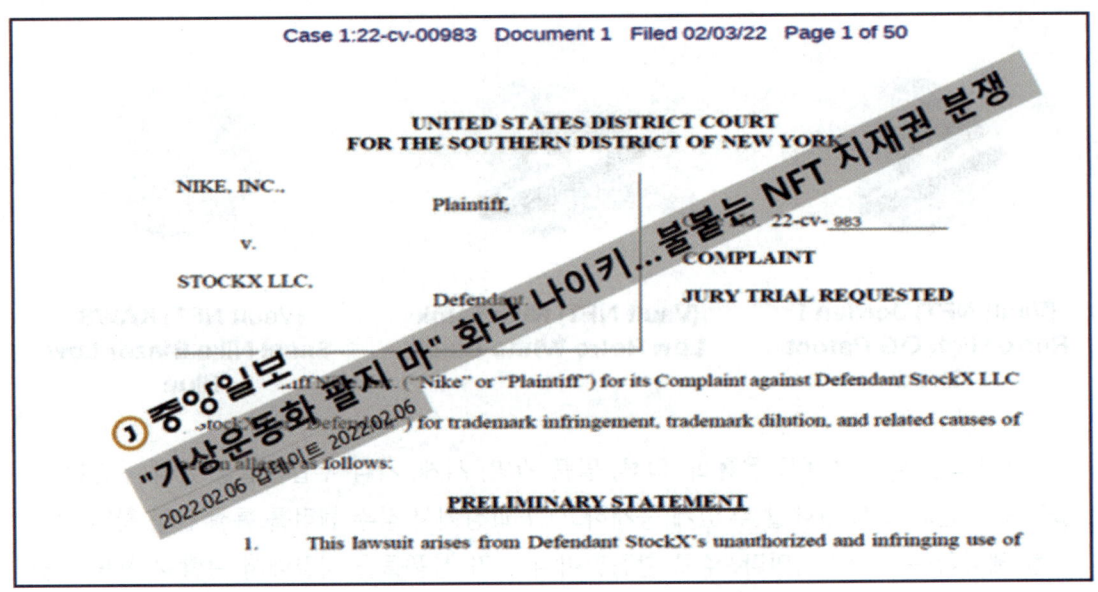

나이키가 법원에 제출한 소장에 따르면, 스탁엑스는 블록체인 기반으로 생성된 "Vault NFT"를 자사 웹사이트와 앱을 통해 판매를 개시했는데, 2022년 2월 2일 기준 스탁엑스가 판매 중인 Vault NFT 컬렉션은 총 9종이었고 그중 8종이 나이키의 상표 및 운동화 이미지를 수반했다고 한다. 나이키 브랜드를 언급하는 Vault NFT는 실제 나이키 신발 소매가의 몇 배를 호가하였다는 점등을 이유로, 나이키의 상표는 현물 신발 거래를 위한 부수적 사용이라 기 보다는, 이와 별개의 상품인 가상 신발에 무단으로 사용되어 상표침해에 해당한다고 주장하였다. 일례로 소매가 100달러 수준인 나이키 Dunk Low - Retro White Black 운동화는 스탁엑스에서 평균 809달러에 거래되고 있었고 최고가는 3,500달러로 확인되었다. 실물 상품 가의 최소 8배에서 수십 배까지 이르는 차액은 결국 새로 창출된 가상상품으로 인해 발생한 것이라는 주장이다.

관련업계의 상당수 전문 변호사들은, 이 소송에 대해 스탁엑스가 '공정 사용(Fair Use)'을 주장할 것으로 예상했다. Vault NFT는 스탁엑스 사용자들이 구매하는 실물 운동화의 디지털 버전으로 정품인증 보증서와 같은 것이라 법적으로 문제가 될 것이 없다는 주장을 내놓을 것이라 것이다. 또한 일부 전문가들은 나이키에 의해 정당하

게 판매된 상품의 후차적 유통과정에서는 더 이상 침해주장을 하지 못한다는 소진론(exhaustion) 또는 묵시적 라이선스(implied license) 항변을 예상하기도 한다.

반면, 순수 가상 상품에 대해서는 당초 나이키가 상표등록한 지정상품과 비유사 영역이므로 상표권 보호는 적용되기는 어렵다 하더라도, 부정경쟁방지법에 따른 출처 혼동행위, 또는 기타 성과물 도용행위등 부정경쟁행위에 해당되어 규제대상이 될 수 있을 것으로 전망하는 의견도 있다.

◆ 판례 연구

Miramax, LLC v. Quentin Tarantino et al., no.1:21-cv-08979(C.D.Cal)

미국의 영화 배급사인 미라맥스(Miramax)는 칸 영화제 황금종려상 수상작, '펄프 픽션(Pulp Fiction)'의 쿠엔틴 타란티노(Quentin Tarantino) 감독을 상대로 캘리포니아 중앙연방지방법원에 상표권 및 저작권침해 소송을 제기하였다.

타란티노 감독이 영화 '펄프 픽션'에서 미공개 했던 7장면(exclusive scenes), 감독의 음성해설과 친필대본으로 구성된 NFT를 발행하여 경매에 부치겠다고 홍보하였고, 미라맥스는 이에 대해 1993년에 체결된 저작권 양도 계약 위반 및 상표권과 저작권 침해를 이유로 2021. 11월 타란티노 감독을 상대로 소를 제기하였다.

타란티노가 영화 시나리오를 쓰고 감독한 펄프픽션은 로렌스 벤더가 제작총괄하고, 타란티노와 벤더가 설립한 Brown 25 Productions, Inc를 통해 배급되었다. 1993년 6월 타란티노와 벤더는 미라맥스 영화사와 펄프픽션의 제작 및 투자 계약을 체결하고, 두 사람의 모든 독점적인 권리를 미라맥스사에 영구 양도하기로 합의하되 , 유보 특약(Reserved Righrs)을 통해, "사운드트랙 앨범, 음악출판, 라이브 공연, 출판물 인쇄)대본출판, 책 만드는 과정, 만화책, 소설 출간 등 오디오 및 전자포맷 포함 포함), 인터랙티브 미디어, 연극 및 TV속편으로 리메이크할 권리, TV시리즈로 각색 또는 파생된 작품을 제작할 권리"는 제외하기로 합의하였다[52]. 1993년 체결된 저작권 양도계약에 따라 이 영화에 대한 모든 저작권은 영화배급사인 미라맥스에 양도하기로 합의하였으나,

---

52. "Soundtrack album, music publishing, live performance, print publication (including without limitation screenplay publication, "making of" books, comic books and novelization, in audio and electronic formats as well, as applicable), interactive media, theatrical and television sequel and remake rights, and television series and spinoff rights."

① 해당 영화의 대본에 대한 출판권은 감독인 타란타노가 유보(Reserved Rights)하는 특약 조항을 두고 있었던 바, NFT의 발행이 해당 계약에서 정한 출판권의 행사에 해당하는지, ② 미라맥스가 상표권을 보유한 영화 제목 '펄프 픽션'을 NFT 사업의 홍보에 이용한 것이 상표권 침해에 해당하는지, ③ 타란티노 감독의 NFT 제작이 영화 '펄프 픽션'에 관한 미라맥스의 저작권 침해에 해당하는지, ④ 타란티노의 NFT 발행 관련 행위가 부정경쟁행위(unfair competition)에 해당하는지 가 쟁점이 되었다. 이 사건은 법원의 판결없이 2022. 10. 합의 종결되어 NFT화 할 권리가 저작재산권중 출판권의 범위에 해당하는 지에 대한 법적 해석을 구할 수 는 없게 되었으나, 이 사건을 통해 영화제작 및 투자계약시 제작/투자사와 감독등 창작자들간의 NFT 발행권한등 Derivative works에 대한 권리 관련 명시적인 특약조항의 중요성이 다시 한번 강조되었다.

미국저작권법상 영화에 대한 저작권은 관련 당사자들간의 계약에 따른 특약이 없다면 영화의 저작자(author)에게 귀속되는 바, 대부분의 경우, 영화감독이 저작권을 갖는 반면, 우리나라 저작권법상으로는 영화 제작 자금을 투자하고 기획 관리한, 영화제작자(Producer)가 저작권을 갖는 것이 원칙이다. 그러나, 미국이던 우리나라던 해당 영화의 제작 관련 당사자들간의 계약에 따라 권리귀속, 이익분배등을 합의한 경우, 그 합의에 따르게 되므로, 당사자들간에 체결된 계약에 대한 면밀한 검토가 필요하다. 물론, 아무리 면밀히 규정한다 하더라도, NFT에 대한 개념이 없었던 1990년대 계약이다 보니, 이에 대한 명시적 규정은 어차피 생각할 수 없었을 것으로 보인다.

◆ **NFT 관련 지식재산 쟁점 정리**

(1) 지식재산관점에서본 기술적 기초

NFT(Non-Fungible Token)는 블록체인 네트워크에 저장된 고유하고 인증 가능한 디지털 자산이다. NFT는 이미지, 비디오, 음악 및 기타 유형의 창작물 등 광범위한 디지털 콘텐츠를 나타낼 수 있다.

지식 재산 관점에서, NFT는 창작자들이 전통적인 저작권 또는 상표와 마찬가지로 디지털 창작물에 대한 소유권과 통제권을 주장할 수 있는 방법을 제공한다. 이미지와 같은 디지털 콘텐츠에 대해 NFT가 생성되면 블록체인에 기록된 고유한 디지털 서명과 연관되어 자산의 소유권 및 양도 내역을 확인하는 데 사용할 수 있는 권리증(예: 부

동산등기부에 등기된 부동산에 대한 권리증) 역할을 한다. NFT는 창작자 입장에서는 자신의 디지털 콘텐츠를 수익화 하고 구매자입장에서는 고유한 디지털 자산을 수집하고 투자할 수 있는 안전하고 투명한 방법을 제공하고 있다.

[참조] NFT 구성항목	
Contract Address	**Token Metadata**
0x8c5aCF6dBD24c66e6FD44d4A4C3d7a2D955AA ad2	{ "symbol": "Mintable Gasless store", "image": "https://d1czm3wxxz9zd.cloudfontnet/613b908d 0000000000/861932402826187638543675501608353605 31676033165 "animation_url":"". "royalty_amount":true, "address": "0x8c5aCF6dBD24c66e6FD44d4A4C-37a2D955AAad2", "tokened" "8619324028261876385436750160835360531676 0331 "resellable": true, "original_creator": "0xBe8Fa52a0A28AFE9507186A817813eDC1 "edition_number":1, "description": " A beautiful bovine in the summer sun "auctionLength": 43200, "title": "The Clearest Light is the Most Blinding", "url": "https://metadata.mintable.app/mintable_gasless/86193 240 "file_key":"", "apiURL": "mintable_gasless/", "name": "The Clearest Light is the Most Blinding", "auctionType": "Auction", "category": "Art", "edition_total": 1, "gasless": true }
Token ID	
8619324028261876385436 7501	
6083536053167603316518083 45700	
084608326762837402898	
Token Name	
The Clearest Light is the Most Blinding	
Original Image	
https://d1iczm3wxxz9zd.cloudfront.net/613b908d-19ad-41b1-8bfa0e0016820739c/0000000000000000/8619324028261887638543675016083536053 16760331651808345700084608326762837402898/ITEM_PREVIEW1.png	
Original Creator	
0xBe8Fa52a0A28AFE9507186A817813eDC14 54E004	

> NFT는 암화화 기술이 블록체인을 기반으로 한다. 디지털 콘텐츠의 NFT를 생성(mint)하면, 디지털콘텐츠 자체가 블록체인상에 기록, 저장된다고 오해하기 쉬운데, 대부분의 경우는 그렇지 않다. 가장 일반적인 NFT유형은 토큰화되는 작업의 디지털 버전으로, 블록체인에 인코딩되는 메타데이터 코드파일이다. 위 표에서 보는 바와 같이 NFT를 구성하는 코드파일에는 토큰 생성시 생성되는 Token ID로 알려진 숫자와, 계약 주소(Contract Address)로, 블록체인 스캐너를 사용하여 전 세계 어디에서나 볼 수 있는 블록체인 주소와 원본저작물을 찾을 수 있는 위치에 대한 링크, 민팅을 한 사람, 작품 이름, 민팅 일시, 카피 수, 메타데이터 등이 선택적으로 포함된다. 그 이후 거래 과정에서 그 거래정보(매도인, 매수인, 매매일시, 매매 금액등)도 NFT에 기록되고, 블록체인 기술을 이용해 거래조건을 코딩하여 기록하는 스마트계약(Smart Contract) 이 활용되기도 한다.
> (일종의 상거래 약관으로 저작권 귀속, NFT를 통한 이용허가 범위, 재판매시 로열티 지불 등 제반 거래 조건이 포함될 수 있다.) 이들 구성항목중 NFT의 핵심은 Token ID와 Contract Address 두 항목의 숫자이고, 이 두 항목의 조합을 가진 토큰은 전 세계에 하나만 존재하게 된다. 이렇게 블록체인에 기록된 정보는 위조나 변조가 불가능하므로 NFT가 디지털 인증서 역할을 하게 되는 것이다.
> *출처: Moringiello, Juliet M. and Odinet, Christopher K., The Property Law of Tokens (November 1, 2021). U Iowa Legal Studies Research Paper No. 2021-44.)

(2) NFT를 둘러싼 오해

첫째, NFT가 암호화폐의 일종이라는 생각은 잘못된 것이다. NFT는 블록체인 네트워크에 저장된 디지털 자산이지만 화폐의 형태가 아니며 교환 가능한 고유한 가치가 없다. NFT의 가치는 화폐적 교환가치가 아니라, 다른 수집 가능한 품목과 마찬가지로 각각의 NFT 자체의 희소성, 작품성, 역사성 등에 따른 대부분 주관적인 평가 가치이며 시장 수요 및 기타 요인에 따라 변동할 수 있다.

둘째, NFT에 대응된 디지털 콘텐츠 (예: 디지털 이미지)도 블록체인기술이 적용되어 복제가 불가능하다는 것도 잘못된 생각이다. 디지털이미지 자체는 다른 디지털 파일들과 마찬가지로 DRM등과 같은 별도의 복제방지기술이 적용되어 있지 않는 한, 얼마든지 복제가능하다. 복제가 불가능한 것은 앞서 본 등기권리증에 해당하는 metadata code file이다.

셋째, NFT 구매자는 해당 디지털 콘텐츠 자산에 대한 소유권을 갖게 된다는 오해도

있으나, 이 또한 잘못된 이해이다. 구매자는 고유하고 인증 가능한 버전의 디지털 자산을 소유하게 되지만, 반드시 원본 저작물에 대한 저작권 또는 지식재산권을 소유하게 되는 것은 아니다. 엄밀히 말하자면 NFT구매자는 디지털콘텐츠 파일(예:이미지화일) 조차도 직접 받게 되는 것이 아니다. 대신, 디지털콘텐츠(이미지화일)가 저장된 웹 서버로 링크해줄 URL을 포함한 고유의 메타데이터로 구성된 가상토큰을 받게 된다. 극단적인 경우, 해당 디지털 콘텐츠가 저장된 웹서버의 소유자가 해당 이미지 관리를 중단하게 되면, 해당 디지털콘텐츠에 대한 접근조차 불가능해 지는 것이다. 또한, 해당 디지털 자산이 실물 저작물을 디지털로 전환한 것이 아니라, 원본 저작물인 경우, 디지털 자산 원본이 저장된 서버등 저장 공간이 해킹되거나 파손되게 되면 원본 자체 조차 상실하게 되어 소장자의 소유권도 위험에 처하게 된다. 따라서, 그 소장자는 디지털 파일을 분산하여 저장하고 공유하는 IPFS(Inter-Planertary File System, 분산형파일시스템: 여러 저장공간에 데이터가 분산되고, 복제, 저장되는 방식으로 IPFS에 저장된 데이터는 작게 분할되어 여러 컴퓨터와 저장공간 등에 분산되어 저장되고, 사용자가 데이터를 찾을 수 있도록 해시(Hash)가 할당된다. IPFS에서 저장된 데이터를 다시 불러올 때는 (종전방식) 디지털 자산이 보관된 '위치(URL, IP주소)'를 시스템에 전달하는 대신, '찾고있는 대상(데이터나 콘텐츠)'을 시스템에 전달하게 되는데, 각 데이터에 부여된 CID(Contents Id)를 활용해 여러 데이터 공간에서 분산, 저장된 데이터 조각들을 빠른 속도로 가져온 후 하나로 합쳐서 보여주는 방식으로 작동하게 된다. 대표적인 NFT거래 플랫폼인 OpenSea 등은 데이터 저장에 알위브(Arweave)라는 IPFS를 활용하고 있다)이용도 고려할 필요가 있다.

(3) 저작권 및 기타 법적 쟁점

NFT는 디지털 콘텐츠의 저작권, 소유권 및 사용권(라이선스)과 관련된 많은 법적 분쟁을 야기한다. NFT는 제작자들이 자신의 디지털 콘텐츠를 수익화할 수 있는 방법을 제공할 수 있지만, 기본 콘텐츠가 다른 사람의 저작권(저작인격권, 저작재산권 또는 저작인접권)을 침해하지 않도록 유의하여야 한다.

실물 미술작품과 마찬가지로, NFT디지털 작품을 구매한 사람은 특정 NFT 파일과 연계된 디지털 작품 한 점에 대한 물리적인 소유권을 가지게 될 뿐이고, 저작권은 원저작물의 저작권자가 계속 보유하게 된다. 따라서, 저작물을 NFT로 발행하여 판매하려면 NFT발행자 또는 판매자는 저작물에 대한 저작권(저작재산권)을 보유하고 있거나, 저작자로부터 이에 대한 이용허락(복제권, 2차적 저작물 작성권 등)을 받아야 한다. 원저작자 또는 (이후 승계, 양도에 따른) 저작권자로부터 실물 미술품을 구매한 경우라도, 저작권자의 허락없이 무단으로 복제하면, 저작권자가 보유한 복제권 침해에 해당된다. 특히, 2차적 저작물작성권은 저작자와 양수인 사이에 저작재산권 포괄양도 계약을 체결했다고 하더라도 양도되지 않은 것으로 추정(저작권법 제45조 제2항)되기 때문에 반드시 2차적저작물작성권도 양수 받았는지를 확인하여야 한다. 즉, 실물 미술작품 원본을 저작자로부터 구매하였더라도, 그 원본 그림을 디지털이미지로 전환하여 NFT 작품으로 생성하는 것은 복제물 또는 2차적 저작물에 해당하고, 이러한 2차적 저작물 작성권은 별도의 특약이 없다면 여전히 원 저작자가 보유하고 있다. 따라서, 원 저작자로 부터의 NFT생성을 위한 허가가 필요하게 되고, 무단으로 NFT를 발행하여 거래소 등을 통해 판매한 자에게 민사상 저작권 침해정지 및 손해배상을 청구할 수 있으며 고소를 통한 형사처벌 대상이 될 수도 있다.

저작재산권을 양도 받거나, 2차적 저작물 작성 허가를 받은 경우라도, NFT를 발행할 땐 저작자의 저작인격권을 침해하지 않도록 원저작자가 표시한 성명(실명 또는 이명)을 표시(성명표시권)해야 하며, 저작물의 내용·형식 및 제목 등을 변경해 판매하려면 변경 사항에 대해 저작자의 동의(동일성 유지권)를 받아야 한다. 이러한 저작 인격권은 원저작자의 일신전속권으로 양도나 상속의 경우에도 저작재산권자에게 양도되지 않는다. 또한 그림 작가와 스토리 작가가 따로 있는 만화 등과 같은 공동 저작물에 대해서는, 공동 저작자 모두가 동의하여야 NFT를 발행하고 거래할 수 있다는 점도 유의하여야 한다.

또한, 원저작자의 허락을 받고 디지털이미지로 전환한 경우라도, 그 디지털 이미지를 복제하거나, 인스타그램에 올리거나, 블로거, 유튜브, 카카오톡 등 SNS에 게시하

려면 저작권 공정 이용등 제한 사유에 해당되지 않는 한, 저작권자로 부터 복제권, 전송권, 공연권 등에 대한 양도 또는 이용허락을 받아야 한다. 실물 미술품 소장자의 경우는, 저작자와의 별도 약정이 없더라도, 저작권법 제35조 제1항에 따라 공중에 개방된 장소가 아닌 미술관등에서 전시할 수 있다. 그러나, NFT로 연계된 디지털미술품의 경우는 저작권법상 (유형물의) '전시'에 해당하지 않고, 일종의 상영으로 '공연'에 해당한다고 볼 수 있으므로, 디지털 작품의 소장(소유)자라도 작품의 온라인 전시 또는 게시를 위해서는 저작권자로부터 공연 및 전송에 대한 허락을 필요로 하게 된다.

NFT 디지털 콘텐츠는 주로 오픈씨(OpenSea)와 같은 거래플랫폼을 통해 거래되고 있으므로, 저작권자와 NFT 생성자간의 계약, 이후 NFT플랫폼과 콜렉터들간의 계약 체결여부 및 저작권 귀속, 2차적 저작물 작성권, 복제권, 전송권 등 기타 이용에 관한 상세 내용을 확인하여야 한다. 이들 계약은 주로 거래플랫폼의 약관에 의해 체결되므로, 반드시 약관 내용을 면밀히 확인후 허용된 권리범위내에서 게시 또는 기타 이용을 하도록 유의하여야 한다.

신뢰할 수 있는 거래플랫폼으로 부터 저작권 양도 또는 기타 복제, 전송, 이용허가 등에 대한 보증과 확인이 없는 거래의 경우, NFT 구매자는 사기 또는 무단 판매의 가능성을 포함하여 디지털 자산 구매와 관련된 잠재적 위험이 있음을 인지하고, 구매하기 전에 NFT의 거래경과와 출처 조사 등을 통해 위험성 판단에 유의하여야 한다. 또한, NFT는 디지털 컨텐츠의 소유권과 출처에 대한 인증일 뿐, 기본 컨텐츠가 무단으로 복사되거나 사용되는 것을 방지하고 있지는 않으므로, NFT 생성자 또는 구매자는 여전히 자신의 지식재산권을 보호하기 위한 조치를 취해야 한다.

한편, NFT는 엄밀히 말하자면, 디지털저작물과는 별개로 링크등 위치 정보를 포함한 메타데이터만이 저장되어 있으므로, NFT거래를 저작물 거래로 보기도 어려울 수 있다는 논란이 일기도 한다. 즉, NFT를 저작물 거래라고 보기 보다는 비트코인과 같은 가상자산 중 하나로 보아, 그 법적 성질과 거래의 유효성에 대해 의문이 제기될 수 있기 때문이다. NFT의 법적 성질이나 거래의 유효성에 대해 직접 다루어진 판례는 아직 없다. 대법원(형사)은 비트코인을 "경제적 가치를 디지털로 표상하여 전자적으로

이전, 저장 및 거래가 가능하도록 한 재산적 가치가 있는 무형의 재산"으로 판시한 사례가 있으나, 구체적으로 어떤 재산에 해당하는지를 규정한 바는 없다. 한편, 2021년 3월 25일 시행된 '특정금융거래정보의 보고 및 이용 등에 관한 법률(이하 '특금법')'은 가상자산에 대해 규정하였으나, 해당 법은 금융거래정보 보고 및 이용 등에 관한 내용으로 가상자산의 법적 성격 등에 대해서는 규정되지 않았다. 그러나, 그 법적 성격이 무엇이든, 현실적으로 NFT도 가상자산의 일종으로 인식되어 거래되고 있고, 특금법 뿐만 아니라 상속세법, 소득세법 등에서 간접적으로 가상자산의 매도와 매수 등 거래를 인정하고 있는 만큼 NFT의 거래는 유효하게 이루어지고 있다고 보아진다.

(4) 스마트계약(온라인계약)의 적법성 또는 집행력

NFT는 종종 구매자와 판매자 간의 계약 조건을 코드 라인으로 직접 작성하여 자체 실행 계약인 스마트 계약을 사용하여 매매가 이루어진다. 이런 스마트 계약은 블록체인 네트워크에 저장되어 있으며, 판매 가격, 소유권 이전, 로열티 약정 등의 세부 사항이 포함될 수 있는 계약 조건을 자동으로 시행한다. SMART 계약은 일반적으로 사전 정의 된 조건식이 충족 될 때 자동으로 작동하도록 프로그래밍되므로, 예를 들어, SMART 계약 코드는 NFT를 재판매할 때, 자동으로 원제작자에게 수익의 일부를 로열티로 지불하도록 할 수 있고, 코드 자체는 블록체인의 토큰으로 영구적으로 발행되므로 교체, 삭제 또는 수정할 수 없게 된다. 이러한 권리는 '미술작품의 재판매보상청구권 또는 추급권 (resale royalty right)으로 불리는 것으로, 베른협약에 따르면 이러한 추급권은 가맹국의 법령으로 정할 수 있도록 규정하고 있다. 우리나라는 이러한 권리를 인정하지 않고 있으므로, 당사자들간의 계약에 별도의 특약이 없다면 청구할 수 없다. 그러나, 주요 거래플랫폼에서 추급권 정책을 약관에 반영하고 있으므로, SMART 계약상 프로그래밍 된 로열티 지불은 특정된 조건(예, NFT재판매) 발생시 자동으로 수행되어, NFT의 원제작자에게 자동 지불되므로, 계약 당사자간 실제 이행 여부에 대한 불신을 해소할 수 있을 것이다.

그러나 스마트 계약의 합법성 또는 집행력에 대해서는 일부 법적 관할국/자치주에

따라 여전히 법적 논쟁이 일고 있다. 일부 법률 전문가들은 스마트 계약이 법적 구속력이 있는 합의가 될 수 있다고 주장하는 반면, 다른 전문가들은 스마트 계약이 현행법에 따라 시행될 수 없다고 주장한다.

일반적으로 스마트 계약의 집행력은 계약에 사용된 구체적 표현, 관련 당사자들의 의도, 계약이 집행될 관할 법원 등 여러 요소에 따라 달라질 수 있을 것으로 보인다.

(5) NFT 가상이미지 관련 상표 쟁점 : 상표 침해 vs 표현의 자유

Birkin 상표를 기반으로 Metabirkins, Nike 상표 관련 StockX 또는 Bored Ape Yacht Club(BAYC) 상표를 사용한 RR/BAYC사례[53] 에서 처럼, 타인의 상표를 기반으로 한 NFT연계 가상상품 또는 디지털 예술작품(이하, 총칭하여 "NFT 작품") 관련 쟁점은 기본적으로 (i) 원상표권자의 상표권 보호와 (ii) 헌법상 표현의 자유 보장간의 이익형량을 중심으로 충돌하고 있는 것으로 보인다. 즉, 원고측 입장에서는 (i) 타인의 등록 상표를 NFT 작품에 사용하는 경우, 상표권 침해에 해당하고, 상표법상 보호가 적용되지 않는 경우에도 (ii) 타인의 주지, 저명한 상품 또는 영업상의 표지 등을 사용하는 행위가 ① 상품/영업 주체 혼동행위, ② 저명표지의 가치희석행위 또는 ③ 타인의 성과물 도용행위 등 부정경쟁행위에 해당하여 부정경쟁방지법상 규제가 적용되어야 한다는 주장이 주요 쟁점이 되고 있다.

반면, 이러한 사례들에서 피고측은 공통적으로 공정한 이용(Fair Use) 또는 변형적 이용(Transformative Use)에 해당되는 일종의 상표 패러디이므로 상표침해 적용이 제한되는 예술영역으로 표현의 자유가 보장되어야 한다는 반론이 제기되고 있다.

이러한 쟁점에 대한 판단을 위해서는 우선, 문제의 NFT 작품이 상품(가상상품)인지, 디지털아트(예술작품)인지가 먼저 규명되어야 하고, 그 성격에 따라 다소 다른 판단 기준과 고려요인이 적용되어 진다.

A. 상표권 침해 검토

타인의 상표를 NFT 작품의 타이틀 또는 이미지에 사용한 행위가 상표권 침해에 해

---

53. Yuga Labs, Inc. v. Ripps, et. al., CV 22-4355 (C.D. C.A. April 21, 2023)

당하기 위해서는 아래 요건을 충족하여야 할 것이다.

(i) 상표적 사용

상표권자가 침해주장을 하기 위해서는 타인이 단순히 상표를 사용했다는 사실만으로는 부족하고, 상표적으로 사용한 행위가 있어야 한다.(대법원 1997. 2. 14. 선고 96도1424 판결) 즉, '상품의 출처를 나타내는 표지(상표)'로서 사용이 아닌 경우에는 상표권 침해로 인정되지 않는다.

대법원은 "상표권 침해가 성립하기 위하여는 상품의 판매업자가 상품이나 상품의 포장, 거래명세표 또는 간판 등에 상표 또는 이와 동일하게 볼 수 있는 표시를 하여 형식적으로 상표법 제2조 제1항 제6호 각목의 행위(구법 조항)에 해당하는 것만으로는 부족하고, 그것이 지정상품과의 구체적인 관계에 있어서 그 표시로서 자기의 상품을 다른 업자의 상품과 식별시키기 위하여 특정하는 방법으로 상표적으로 사용될 것을 요한다"고 판시해 왔고, 아래 요건을 고려하여 실제 거래계에서 그 표장이 상품의 식별표지로서 사용되고 있는 지 여부를 종합적으로 판단하도록 하고 있다.[54]

① 상품과의 관계,
② 상품 등에 표시된 위치, 크기 등의 해당 표장의 사용 태양,
③ 등록상표의 주지·저명성,
④ 사용자의 의도와 사용경위

대부분의 팝 아트(pop art) 작가들의 작품속에 등장하는 상품과 상표들의 사용이 상품 또는 작품의 출처 표시'로 사용되지 않은 좋은 예가 될 수 있을 것 같다. 앤디워홀의 실크스크린 작품에 등장하는 '코카콜라', '블릴로(Brillo)' 박스, '캠벨 수프' 등 상표가 이 작품들의 출처표시로 사용했다고 보기 어렵기 때문이다.

(ii) 출처에 관한 오인, 혼동 야기

또한, 상표적으로 사용된 경우라도 특정 상표권의 보호범위내에서의 사용인 경우라야 침해에 해당한다. 즉, 해당 상표의 ① 지정상품과 동일 또는 유사한 영역에서 사용

---

54. 대법원 2003.4.11. 선고2002도445 판결

되었고, ② 대상 상표와 사용된 표장간에 동일, 유사성이 존재하여, 거래상 상품의 출처에 관한 오인, 혼동을 초래할 우려가 있는 경우에 침해를 구성하게 된다.

최근 NFT와 현실상표간 가장 대표적인 사례인 에르메스의 명품 버킨(Birkin)가방과 NFT상품인 메타버킨스(MetaBirkins)를 예를 들어 살펴보면, 제소시점이전 기준으로 Birkin 상표는 현실상품(가방)만을 지정상품으로 등록된 상표였으므로, 메타버킨스가 예술작품이 아닌 가상상품이라 하더라도, 지정상품이 현실 가방과 유사하다고 보기는 어려워 보인다.

그러나, 상표법은 지정상품에 직접적으로 상표를 사용하는 경우뿐만 아니라 상표의 '광고적 사용' 행위도 '상표의 사용'으로 규정하고 있으므로, NFT 거래.유통 플랫폼이나 홈페이지, 웹사이트 등이나 기타 인터넷 화면 또는 인터넷 주소창이나 도메인 등에 타인의 현실상품 상표가 사용되더라도, 이러한 게시 행위가 광고, 홍보에 해당한다면 '광고적 사용'으로 '상표의 사용'에 해당될 수 있다.

앞의 메타버킨스 사례에서도 피고는 'MetaBirkins.com'이라는 도메인으로 웹사이트를 개설하고 이를 통해 메타버킨스 NFT를 홍보하고, 구매처 링크를 제공하는 등 광고행위를 하였고, 트위터나 인스트그램등 SNS를 통해서도 '메타버킨스'를 홍보하였으므로, 이러한 사용행위는 광고적 사용으로 판단될 수 있고, 실제로 에르메스가 버킨 가방의 가상상품을 생성하여 이를 광고하고 있다고 오인한 경우도 발생하였다는 증거가 제시되기도 하였다. 결국, 이러한 이유로 이 사건의 1심 법원은 배심원 평결을 인용하여 상표 침해라는 판결을 내리게 된 것으로 보인다.

B. 표현의 자유에 따른 상표침해 제한 검토

지식재산 영역중 '인간의 사상 또는 감정의 창조적 표현'을 보호하는 저작권과 관련된 대표적 쟁점중 하나가 저작권 침해주장의 제한사유, 특히 '공정한 이용(Fair Use)' 해당여부이다. 기본적으로는 저작자의 창작적 개성의 표현인 저작물에 대한 보호를 강화하여야 하지만, 또 한편으로는 앞의 팝 아트 또는 NFT 작품활동에서 흔히 등장하는 기존의 원저작물을 기반으로 한 변형적 이용(Transformative Use)을 위한 표현의 자유도 인정되어야 한다는 반론이다.

앞서 돌아본 골드스미스와 앤디워홀간의 '프린스' 초상화 관련 분쟁, 버킨 vs 메타버킨스 분쟁 등에서 등장하는 피고측의 공통된 주장의 요지이다. '원저작물 보호'와 새로운 창작을 위한 '표현의 자유'간의 충돌은 불가피하고, 개별적인 사안에 따른 가치 판단으로 결정될 수 밖에 없는 영역으로 보인다.

상표와 관련해서도 이러한 패러디로 인한 분쟁 사례는 NFT를 중심으로한 디지털 아트 영역에서 이어져 오고 있다. NFT가 하나의 상업적 상품으로서 특정 상표가 NFT에서 상표적으로 사용된 경우라면, 상표법상 오인/혼동 초래 여하에 따라 상표법상 침해에 해당될 수 있으나, 상표적 사용에 해당되지 않는 예술작품에 사용되었다면, 상표를 패러디하여 디지털 예술작품, 즉 NFT 아트가 전문 경매사이트등을 통해 거래되고 있다면 상업적 사용은 인정할 수 있지만, 상표적 사용에 해당하지 않거나, 출처 표시 관련 오인, 혼동의 우려가 있다고 보기 힘들어 상표권 침해에 해당되지 않는 사례도 많을 것이므로 구체적인 사안에 따라 면밀한 검토분석을 필요로 한다. 특히, 상표를 패러디하여 NFT 아트에 사용하는 행위가 상표적 사용에 해당하는 경우라도, 출처에 대한 소비자의 오인·혼동가능성이 있는가가 상표권 침해의 기준이 됨을 유의하여야 한다. 그러나 일반적으로는 대상 상표가 주지·저명하여 식별력이 강한 경우에 이를 패러디한 표장이나 작품이 존재하게 되고, 이를 보는 이들은 자연히 원 상표와 오인, 혼동하기보다는 오히려 원 상표를 떠올리게 되어야 패러디한 의도가 실현되게 될 것이다. 이처럼 패러디의 경우에는 원 상표의 강한 식별력과 인지도가 존재함과 동시에 패러디한 표장 또한 원상표와 외관상 상당히 유사해 보임에도, 소비자들은 이에 대해 오인, 혼동하기 보다는 명확히 구분할 수 있게 되는 특성을 가지고 있다. 결국 소비자 보호 관점에서 라기 보다는 '상표권자의 이익 보호'와 헌법상 보장된 '표현의 자유' 간의 이익형량에 따른 검토와 판단이 필요하다. 즉, 소비자의 오인, 혼동을 방지하고자 하는 공익이 표현의 자유에 따른 이익보다 더 큰 경우에는 변형적 이용에 따른 상표 패러디로 인정될 수 없을 것이다. 즉, 상표패러디를 통해 주지, 저명한 상표권자의 명성을 이용해 NFT 아트의 매출 또는 경제적 가치를 올리거나, 해당 사업의 광고를 위한 목적에서 사용된 것이라면 상표권 침해의 예외로 인정될 수는 없을 것이다.

대상 상표가 상품이 아닌, NFT 등 디지털 아트에 사용된 경우, 미국 판례법상, 아래 2 요건에 해당하지 않는다면, 상표침해 제소가 제한된다.[55]

① 문제된 상표 사용이 해당 저작물과 예술적 관련성이 없거나,

② 예술적 관련성이 있는 경우, 저작물의 출처 또는 내용에 대해 명시적으로 오도(explicitly mislead)하는 경우

달리 말하자면, 예술작품에 사용된 경우라도, 상표 사용이 해당 저작물과 예술적 관련성이 없거나, 예술적 관련성이 있더라도, 저작물의 출처 또는 내용에 대해 명시적으로 오도하는 경우에는 상표권 침해에 해당되게 된다.

C. 부정경쟁행위 해당여부 검토

특정 상표를 사용한 NFT 작품/상품이 앞서 본 검토결과, 해당 상표권의 보호범위에 속하지 않거나 기타 사유로 침해에 해당하지 않는 경우에도, 아래와 같은 부정경쟁행위에 해당하게 되는 경우에는 부정경쟁방지법에 따른 규제가 적용됨을 유의하여야 한다.

① 상품/영업 주체 혼동행위 (부정경쟁방지법 제2조 제1호 가목, 나목)

② 저명상표 희석행위 (부정경쟁방지법 제2조 제1호 다목)

③ 기타 성과물 무단 사용행위 (부정경쟁방지법 제2조 제1호 파목)

물론, 부정경쟁행위에 대한 규제 적용여부에도 위 표현의 자유 보호를 위한 이익형량 검토가 우선되어야 할 것이다.

NFT 디지털 이미지 파일 형태의 가상상품/작품의 경우, 우리나라 특허청 심사지침에서 제시된 바와 같이, 해당 등록상표의 지정상품이 현실 상품에 한정된 경우, 일반적으로 가상상품과 현실상품은 비유사 상품영역으로 간주되어 해당 상표권의 보호범위에 속하지 않는 것으로 해석되는 것이 일반적인 원칙일 것으로 판단된다. 따라서 가상상품이 지정상품으로 등록되지 않은 종전의 주지, 저명상표들의 환경하에서는 상표법보다는 부정경쟁방지법에 따른 부정경쟁행위 규제 관점에서 판단되는 것이 현

---

55. Rogers v. Grimaldi, 875 F.2d 994 (2d Cir. 1989)

법제하에서는 적절한 접근법으로 보인다.

  그러나, 미국의 경우, 상표는 등록 요건이 아니므로, 가상상품이 지정상품으로 등록되지 않은 경우는 물론, 현실상품에 한정 등록된 경우에도, 사용주의 원칙에 따라, 가상상품/현실상품 이분법보다는 출처 혼동, 오인 우려 관점에서 상표법에 따른 보호가 적용될 여지가 더 큰 것으로 판단된다. 최근 메타버킨스에 대한 뉴욕연방지방법원의 상표법 침해 판결도 이런 접근법에 따른 것으로 보인다. 이 사건이 우리나라에서 우리의 현행상표법제하에서 다루어졌다면 상표 침해는 아니고 부정경쟁행위에 대한 규제관점에서 다루어졌을 것이라는 것이 저자의 소견이다.

X. 가상콘서트

<출처: 한국포트나이트>

<출처: SBS>

메타버스가 대중화에는 디지털 게임의 기여를 무시할 수 없다. 로블로스와 함께 에픽게임즈의 '포트나이트'가 대표적인 게임기반의 메타버스 플랫폼이다. 해당 게임은 플레이어들의 전투가 주요한 배틀로얄 장르이지만, 코로나 팬데믹 기간중, 전투 없이 다른 플레이어와 함께 콘서트나 영화를 관람할 수 있는 파티 모드도 제공하며 가상콘서트와 게임의 융합을 통해 확장세를 보이고 있다 하기도 했다. K-팝 그룹 방탄소년단(BTS)은 2020년 9월 26일 신곡 '다이너마이트'의 안무 버전 뮤직비디오를 포트나이트 메인 무대에서 공개했다. 메타버스 기반의 온라인 공연이었는데, 공연과 함께 포트나이트의 게임 아바타가 BTS의 안무를 따라 하는 스페셜 패키지도 판매했다.[56] 이와 같이 메타버스내 가상아티스트(아바타)와 아바타를 통한 청중들의 만남으

---

56. 방탄소년단이 메타버스 게임플랫폼, '포트나이트'에서 가상콘서트를 통해 다이너마이트를 공연하였을 때 1200만 명이 입장했고, 인당 입장료 1만 원 기준시, 총 1200억 원의 수입을 수익을 얻었다고 한다.

로 이루어진 가상공연은 단시간에 물리적 장소나 공간의 제약없이 전세계 수많은 청중들의 참여가 가능한 관계로 물리적 장소와 장비, 운송, 여행비용 등 투입비용 대비 수입이 상당하기 때문에 메타버스를 통한 가상공연은 많은 아티스트들과 기획사들의 관심이 집중되고, 이러한 가상공연을 위해 AI(인공지능) 기술이 적극 활용되어 왔다. 지난 3년간의 코로나 팬데믹으로 인한 집회의 제약이 더욱 그 필요성과 기술의 발전을 재촉 했다.

메타버스 플랫폼에서 아바타를 활용한 이런 류의 가상콘서트는 작곡, 작사, 안무는 물론 무대의 디자인, 영상 프로젝션, 의상 등 시각적 요소 등 다양한 저작물을 포함하고 있고, 이에 따라 가상콘서트는 저작권법 및 관련 법규의 적용을 받게 된다. 메타버스내 아바타 나 가상아티스트의 연주나 노래가 저작권법상 공연인지, 방송, 전송, 디지털음성송신 등인지에 따라, 관련 저작권자로 부터의 사전 라이선스 필요 여부 또는 법정 실시권 적용 여부가 문제되고, 콘서트 결과물 (2차 저작물 등)에 대한 권리 귀속과 수입배분에 대한 기준도 달라지게 되어, 현재의 저작권법상으로는 분쟁 발생소지가 높아, 메타버스 환경에서의 가상아티스트와 가상 콘서트 관련 입법적 보완이 요구된다. 「저작권법」에서 '공연'이란 "저작물 또는 실연·음반·방송을 상연·연주·가창·구연·낭독·상영·재생 등의 방법으로 대중에게 공개하는 것이며, 동일인의 점유에 속하는 연결된 장소에서 이루어지는 송신(전송을 제외한다)을 포함한다"고 규정하고 있다(저작권법 제2조 3호).

저작권법상 '공연'은 저작물등을 상연·연주·가창등의 방법으로 공중에게 공개하는 것이고, 공중파와 같이 일방적·동시적으로 송신되는 것이 '방송'이며, 이시적·쌍방향적인 송신의 경우가 '전송'이고, 인터넷 방송사업자의 행위중 동시적·쌍방적 음의 송신부분은 '디지털음성송신'에 속한다. 디지털음성송신의 경우 사후적으로 저작인접권자(실연자 및 음반제작자)에게 보상금만 지급하면 되는 반면, 전송은 저작인접권자의 사전허락을 받아야 하는 차이점이 있다.

메타버스내에서 관중으로 참여한 아바타들이 가상 아티스트의 공연을 보는 경우, 동시적 일방형 송신인 방송과는 달리, 상호작용이 가능한 동시적 쌍방적 음의 송신이 존

재하므로 '디지털음성송신'적인 측면도 있고 그 가상콘서트에 출연한 아바타들의 노래와 안무 등을 관객(대중)으로 참여한 아바타들에게 공개한다는 점에서는 '공연'적 측면도 있다. 또한 메타버스 환경에서는 저작권 보호대상이 될 수 있는 영상저작물이 기본 플레임으로 저장되었다가, 각각 다른 시간대에 사용자(관중)으로 참여하는 다수의 아바타들에게 송신되고, 아바타를 통한 참여자간의 상호작용에 따른 쌍방향이 가능한 이시적, 쌍방향적인 송신으로 진행되는 경우도 있으므로, 디지털음성송신과는 별개로 영상에 대해서는 '전송'이라고 볼 수 있다. 디지털음성송신의 경우 사후적으로 저작인접권자(실연자 및 음반제작자)에게 보상금만 지급하면 되는 반면, 전송은 저작인접권자의 사전허락을 받아야 하는 차이가 발생한다.

1. 복제권 및 공연권

복제권이란 저작권 가운데서도 가장 기본적인 권리의 하나로, 복제의 개념은 단순한 복사라는 의미를 넘어서 인쇄, 사진, 녹음, 녹화 등의 방법으로 유형물로 다시 제작하는 것을 말한다. 공연, 방송 또는 실연을 녹음하거나 녹화하는 것도 복제에 포함된다. 따라서, 일반적인 경우 이러한 복제행위를 하고자 하는 때에는 저작권자의 허락을 받아야만 한다.

「저작권법」에서 '공연'이란 "저작물 또는 실연·음반·방송을 상연·연주·가창·구연·낭독·상영·재생 등의 방법으로 대중에게 공개하는 것이며, 동일인의 점유에 속하는 연결된 장소에서 이루어지는 송신(전송을 제외한다)을 포함한다"고 규정하고 있다(저작권법 제2조 3호).

메타버스환경에서 진행되는 라이브 콘서트는 BTS의 음악과 안무를 가상 공간의 관객에게 실시간 스트림하는 것이기 때문에 '공연'이라고 볼 수 있다. 저작권이 있는 저작물의 공연은 사전 허락(라이선스)을 요건으로 하므로, BTS 또는 그 대리인은 작곡, 작사 안무등 관련 저작권자이거나, 해당 저작권자로부터 공연에 필요한 라이선스를 취득해야 한다.

단, 거리공연(버스킹)과 같이, 저작권법상 공연권의 경우 저작권법에서 영리를 목적으로 하지 아니하고 청중이나 관중 또는 제3자로부터 어떤 명목으로든지 반대급부를 받지 아니하며, 실연자에게 통상의 보수를 지급하지 않는다면 저작권자의 허락을 받지 않고도 공표된 저작물을 공연할 수 있다고 규정(저작권법 제29조 제1항)하고 있다. 그러나 메타버스 환경은 대규모 참여가 가능한 온라인 플랫폼임은 물론, 직접 입장료 또는 회비, 광고수입/배분 등 어떤 형태로든 영리적인 이익을 얻을 소지가 있으

므로 저작권 제한사유에 해당될 경우는 거의 없을 것으로 판단된다.

◆ **사례연구: 버스킹**

▶ 타인의 음악 저작물을 거리공연(버스킹) 하면 저작권 침해에 해당할까?
- 저작권자의 공연권 (공연, 방송) 침해에 해당될 수 있다.
- 단, 비영리이고 반대급부가 없는 경우라면, (대통령령 해당 경우는 제외하고) 공연, 방송 및 상업용음반/영상물 재생 가능하다.

* 요건
- 영리를 목적으로 하지 않을 것
- 청중이나 관중 또는 제3자로부터 어떤 명목으로던 반대급부를 받지 않을 것
- 공표된 저작물을 공연(상업용 음반 또는 상업적 목적으로 공표된 영상저작물을 재생하는 경우는 제29조 제2항을 적용)하거나 방송할 것
- 실연자(공연하는 자)에게 통상의 보수를 지급하지 않을 것

▶ 버스킹 공연을 인터넷 전송하거나, SNS 등에 업로드 하면?
- 복제권, 공연권, 공중송신권 (디지털음성송신권 및 전송권 등) 침해에 해당되어, 원저작권자 및 저작인접권자(실연자)의 허가가 필요하다.

또한, 메타버스내 가상아티스트의 공연을 '실연'으로 보아 실연료가 분배될 수 있을지도 문제된다. 저작권법 제2조 제4호 '실연자'에는 저작물뿐만 아니라 저작물이 아닌 것도 연기·무용·연주·가창·구연·낭독 그 밖의 예능적 방법과 유사한 방법으로 표현하는 실연을 하는 자도 포함하고 있고, 저작권법 제64조 제1항 제1호에서 보호받을 수 있는 실연에 대하여 대한민국 국민이 행하는 실연, 제64조 제1항 제2호 각목의 음반에 고정된 실연을 포함하고 있으며, 그 제2호 나목에서 "나. 음이 맨 처음 대

한민국 내에서 고정된 음반"으로 규정하고 있어 실연자가 저작물이 아닌 것을 실연하여 음반에 고정한 것도 실연과 음반으로는 보호받으나,

 인공지능 프로그램을 구동시키는 것을 연기·무용·연주·가창·구연·낭독 그 밖의 예능 적 방법과 유사한 방법이라고 해석하는데 어려움이 있고, 저작권법 제66조 내지 제68조에 서 실연자의 인격권을 전제로 하고 있기 때문에 가상아티스트 자체의 실연권을 인정하기는 어려울 것으로 보인다.

 그리고 저작권이 인정되는 곡을 메타버스에서 가상아티스트가 연주 또는 노래한 경우 해당 인공지능 프로그램을 구동한 자를 연기·무용·연주·가창·구연·낭독 그 밖의 예능적 방 법과 유사한 방법으로 표현하는 실연을 한 자로 보기에 어려움이 있어 해당 인공지능 프로그램 구동자에게 실연권을 인정하기 어려워 보인다. 다만 저작권법 제64조 제1항 제2호에서 음이 맨 처음 대한민국 내에서 고정된 음반도 저작권법에서 보호받을 수 있는 음반으로 규정하고 있기 때문에 인공지능이 창작하여 저작권이 인정되지 않는 곡도 저작권법상 음반으로 보호될 수 있다.

2. 공중송신권 (전송 및 디지털음성송신)

또한, 가상 콘서트에서 BTS의 음악을 원격 청중에게 디지털로 전송하는 것은 디지털 음성 송신에 해당하므로, 저작권법 또는 기타 관련 법규에서 정한 법정 실시권(라이센스) 적용대상이 된다. 법정 실시권(라이선스)은 저작권법 규정에 따른 실시권(라이선스)의 일종으로, 저작권의 사전 승인 없이 녹음된 디지털 음성저작물의 전송을 위한 법정실시권(유상 로열티 조건)을 허여한다.

따라서, 메타버스에서의 가상 콘서트 맥락에서, 콘서트가 원격 청중에게 온라인으로 스트리밍된다면, 방탄소년단의 음악 사용은 디지털 음성 송신권에 해당하므로 법정 실시권이 적용될 것이다 . 그러나 저작권법상 사전승인을 필요로 하지 않는 법정 실시권은 녹음된 음성 저작물에만 적용되고 음악 작곡이나 가사에는 적용되지 않는다는 점에 유의해야 한다. 따라서 콘서트에 방탄소년단의 음악 작품들의 라이브 공연이 포함되거나 그들의 가사를 사용한다면, 그 작품들은 해당 저작권자들로부터 별도의 사전 허가나 라이선스가 필요하게 된다 (위 A. 공연권 참조).

메타버스에서의 공연을 디지털음성송신으로 볼 경우 이러한 음반을 메타버스에서 디지털음성송신한 경우 디지털음성송신업자는 음반제작업자에게 상당한 보상금을 지급하여야 한다(저작권법 제83조). 또한 디지털 음성송신업자가 실연이 녹음된 음반을 사용하여 메타버스에서 디지털음성송신한 경우 그 실연자에게 상당한 보상금을 지급하여야 하고(저작권법 제76조), 그 음반에 사용된 곡에 저작권이 인정되면 저작권료를 지급하여야 한다. 이 때의 보상금 징수는 한국음반산업협회, 한국실연자협회, 한국저작권협회에 의하나, 전 세계인이 참여하는 메타버스공연의 특성상 한국저작권협회, 한국음반산업협회, 한국실연자협회가 징수하는데는 현실적으로 상당한 어려움이 예상된다.

3. 영상저작물 관련 2차적 저작물 작성권 및 저작인접권

아바타와 가상 환경을 사용한다고 해서 BTS나 그 대리인이 저작권법상 의무에서 면제되는 것은 아니므로, 가상 콘서트 공연중 제공되는 영상이 있고, 저작권이 인정되는 영상저작물에 해당된다면 해당 영상 저작권자의 공연 및 전송권이 적용되어 이에 따른 사용권(라이선스)이 필요하게 된다.

또다른 각도에서 보자면, 디지털 가상콘서트의 특성상 그 공연은 디지털 영상물의 형태로 생성될 수 있으므로, 이를 녹화, 저장하는 경우는, 영상저작물이라는 2차적 저작물 작성권의 대상이 되고, 이러한 권리는 저작자에게 속하므로 이에 대한 원저작자의 사전 허가(라이선스) 또한 필요하다고 볼 수 있다. 또한, 저작재산권이 양도된 경우에도, 계약상 반대의 특약이 없다면, 2차적 저작물 작성권은 양수인(저작재산권자)에게 양도되지 않고, 저작자에게 유보된 것으로 추정된다. 저작권자의 허가(라이선스)를 받은 경우, 디지털 공간에서 진행된 가상콘서트를 통해 공연 또는 실연된 BTS의 음원과 영상에 대해서는 BTS가 저작인접권[57]을 갖게 되므로, 이렇게 생성된 영상저작물을 저장, 온라인 게시하거나, 게임 등에서 사용하려면 원저작권자뿐만 아니라 저작인접권자로 부터의 라이선스도 필요하게 된다.

따라서, 이러한 영상저작물을 온라인으로 무단 업로드하여 게시하는 것은, 업로드를 위한 원저작물의 복제로 인한 복제권 침해를 구성하고, 이 복제물이 온라인 게시를 통해, 다른 사람들에게 전송(다운로드 또는 스트리밍)되게 되므로 전송권 침해에도 해당하게 된다.

또한, 공연의 영상화를 전제로 공연을 기획·제작하는 경우, 다양한 이해관계자들의

---

57. 저작인접권이란 저작물을 직접적으로 창작하는 것은 아니지만 저작물의 해설자, 매개자, 전달자로서 역할을 하는 자에게 부여되는 권리 말하는 것으로, 저작권의 '이웃에 있다'라는 의미로 영어로는 'neighboring rights'라고 한다. 이러한 저작인접권의 보호를 받는 자는 실연자, 음반제작자, 방송사업자가 있다.(문체부 누리집 참조)

권리관계 처리와 수익배분이 쟁점이 될 수 있다. 저작권법상 이러한 영상저작물에 대해서는 영상제작사가 저작권자로서 배급, 처분 및 사용 등 수익활동에 필요한 라이선스권을 행사하는 것이 원칙이다. 또한, 공연제작사는 공연물(뮤지컬의 대본이나 악곡 등)을 업무상 저작물로 주장할 수 있을 것이고, 이 경우 업무상 저작물에 대하 저작권은 해당 창작자들이 수행한 업무를 기획, 제작한 사용자, 즉 공연제작사에 귀속된다. 그러나 (i) 공연기획(제작)사의 기획(지휘, 감독)에 따른 저작물인지, (ii) 관련 창작자들과 제작사간의 고용관계 또는 실질적인 지휘, 감독 관계 존재 여부, (iii) 업무상 작성여부, (iv)제작사 명의 공표(또는 공표예정) 여부등 업무상 저작물의 요건이 충족되지 않았다면, 그 공연결과물인 영상저작물에 대해, 창작과정에 실질적으로 기여한 창작자들은 공동저작권자로 그 공동저작물에 대한 공동저작권자로서의 권리행사를 주장할 수도 있을 것이다. 그러나, 저작물의 창작에 복수의 사람들이 관련하였다 하더라도, 각자의 창작물을 분리하여 이용할 수 있는 경우에는 공동저작물이 아니라 결합저작물에 불과한 것일 수도 있다.[58]

■ 영상저작물 특례

영화와 드라마, 특별편집과정을 거친 공연영상물 등은 여러 창작자들에 의해 완성된 종합예술로서 (사안에 따라) 공동저작물 또는 결합저작물로 볼 수 있고, 원저작물을 기반으로 영상화한 경우는 2차적 저작물의 성격도 가지고 있다. 이에 따라, 별도의 명문상 법규정이 없다면, 창작자주의(법제2조제2호)에 따라 창작자가 저작자가 되어 수많은 저작자 또는 공동 저작자들의 권리행사와 제한으로 인해 상당한 투자와 노력의 산물인 영상저작물의 흥행과 상업적 성공에 심각한 장애요인이 되어 영상산업 발전을 저해할 우려가 높다. 이러한 부정적 영향을 예방, 최소화하기 위해 우리나라 저

---

58. 참조, 대법원 2015.06.24선고2013다58460,58477판결: 가사부분과 곡부분은 분리하여 이용할 수 있으므로, 이 사건 노래는 공동저작물이 아니라고 봄이 타당하다고 판시하여 악곡과 노래가사가 결합된 경우 결합저작물로 판단하였다. 참조, 서울중앙지법 2016.03.18. 선고2015가합553551판결: 공연기획사를 운영하는 갑의 요청으로 발레 무용수 겸 안무가 을이 창작발레 작품의 예술감독 겸 안무가로 참여한 사안에서, 발레작품을 업무상 저작물(고용관계 인정이 어려웠음) 이나 갑과 을의 공동저작물(갑은 기획, 제작, 공연과정 참여외에 발레작품의 창작적 표현에 대한 기여인정이 어려웠음)로 볼 수 없다고 판시하였다.

작권법에서는 아래와 같은 '영상저작물에 대한 특례' 조항을 통해 다양한 이해관계자들의 권리관계와 권리행사를 간소화하였다. 최근, '오징어 게임'의 국제적 흥행에도 모든 수익이 영상제작사(넷플릭스)로 귀속되고 감독, 배우 등 창작자와 원작자들은 아무런 수혜를 받지 못하는 문제점이 제기되고 있으나, 현행 저작권법상으로는, 영상제작계약상 권리귀속과 수익배분에 관한 특약 조항을 통한 사전적 예방 조치외에는 대안이 없어, 입법개정의 목소리가 높아지고 있다.

> ▶ 영상저작물에 관한 특례 (저작권법 제99조~101조)
>
> - 영상저작물이란, "연속적인 영상(음의 수반여부는 가리지 아니한다)이 수록된 창작물로서 그 영상을 기계 또는 전자장치에 의하여 재생하여 볼 수 있거나 보고 들을 수 있는 것"(저작권법 제2조 제13호)으로, 영화나 드라마, 애니메이션, 뮤직비디오, 비디오 게임 등은 물론, 개인이 촬영한 동영상 도 이러한 영상저작물의 대상이 될 수 있다. 단, 창조적 개성의 표현이 담긴 창작성이 인정되어야 저작권법에 따른 보호가 적용된다.
> - 소설이나 시나리오 등 다른 원작을 기반으로 한 영상저작물의 제작은, 원저작자의 2차적 저작물 작성권에 해당하므로, 영상제작자는 원저작물의 저작자로부터 영상화(복제, 공연, 2차적 저작물 작성)에 대한 허락을 받아야 한다.
> - 원저작물의 저작자가 영상제작자 등에게 영상화를 허락한 경우에는, 특약이 없는 한 원저작물에 대한 각색, 공개 상영과 방송 및 전송, 영상저작물의 복제와 배포, 영상저작물의 번역물을 그 영상저작물과 같은 방법으로 이용하는 것 등을 포괄적으로 허락한 것으로 추정한다.(제99조 제1항)
> - 영상제작자와 영상 제작계약을 체결하고 영상저작물의 창작에 함께 참여한 창작자들이 갖는 저작권 중에서 영상저작물의 이용을 위하여 필요한 권리는 영상제작자에게 양도한 것으로 추정한다.(제 100조 제1항). 여기서 '영상저작물의 이용을 위하여 필요한 권리'란 '영상저작물을 복제·배포·공개 상영·방송· 전송 그 밖의 방법으로 이용할 권리'를 말하며 이를 양도하거나 질권의 목적으로도 할 수 있다(제101조 제1항). 단, 이때 양도한 것으로 추정되는 권리는 '그 영상저작물의 이용을 위하여 필요한 저작재산권에 한정된다. 따라서 원저작자의 성명표시권 및 원저작물에 대한 동일성유지권 등의 저작 인격권은 여전히 보호되어야 한다.

- 영상저작물의 제작에 사용되는 소설·각본·미술저작물 또는 음악 저작물 등에 대한 원 저작작들의 저작재산권은 영상제작자에 대한 포괄적 허락(제99조 및 제100조 제1항)에 따른 제한 외에는 지속적으로 유지된다. (제100조제2항)
- 영상제작자와 영상저작물의 제작에 협력할 것을 약정한 실연자의 그 영상저작물의 이용에 관한 복제권, 배포권, 방송권 및 전송권은 특약이 없는 한 영상제작자가 이를 양도 받은 것으로 추정한다 (제100조제3항)

■ 음악저작물의 인터넷 관련 침해유형

메타버스내 공연 관련 음악저작물 사용에 따른 저작권법 관점의 쟁점은, 기본적으로 메타버스 또한 온라인(인터넷)기반의 플랫폼이라는 특성상 아래와 같은 침해유형으로 정리해 볼 수 있다. 단. 이 경우에도, 최종적인 침해 판단은, 원저작물의 창작성, 침해자의 의거성, 두 저작물간의 실질적 유사성(수요자 기준으로, 원저작물의 창작적 표현에 해당하는 가락을 중심으로 하여 대비 부분의 리듬, 화성, 박자, 템포 등의 요소를 종합적으로 고려)을 요건으로 한다.

① 업로드 또는 스트리밍
MP3 파일등 음반 또는 음원을 온라인(인터넷) 플랫폼에 업로드 하거나 스트리밍 하는 것은 '전송' (공중송신 중 공중의 구성원이 개별적으로 선택한 시간과 장소에서 접근할 수 있도록 저작물 등을 이용에 제공하는 것)에 해당되어, 저작권자의 공중송신권(전송권)에 포함된다. 따라서, 해당 음악저작물의 저작권자(예, 작곡자, 작사자)와 저작인접권자(예, 가수 또는 연주자)의 이용허락이 필요하다. 또한, 저작자의 저작재산권중 가장 기본이 되는 복제권에도 해당된다.

② 공연
메타버스등 온라인 플랫폼에서의 라이브 공연 또한 인터넷에서 실시간 스트림하는 것이기 때문에 '공연'이라고 볼 수 있고, 공연권도 저작자의 저작재산권에 속한다. 따라서, 이 또한 저작권자와 저작인접권자의 이용허락이 필요하다. 공연 또한 복제행위에도 해당된다.
단, 비영리 목적 또는 반대급부를 받지 않은 경우에는, 저작권자의 이용허락없이, 공표된 음악저작물을 공연(상업용 음반 또는 상업적 목적으로 공표된 영상저작물을 재생하는 경우를 제외함)할 수 있다.

그러나, 온라인상에서의 공연은 비영리 목적이라 하더라도, 기술적으로 단순 재생을 벗어난 업로드 또는 스트리밍을 요하게 되므로, 복제권과 공연권외에 위 ①에서와 같이 공중송신권 침해에도 해당할 수 있음을 주의하여야 한다.

* 공중송신권중 방송은 (공중파나 유선통신망등을 통해) 특정시간에 동시에 다수의 수신자에게 전송되는 것이고, 전송이나 디지털 음성송신은 (인터넷 등을 통해) 언제 어디서든 개별적으로 수신자에게 전달될 수 있다는 차이가 있다.

③ 링크 서비스

웹사이트의 서버에 저장된 저작물의 인터넷 주소와 하이퍼 텍스트 태그 정보를 복사하여 이용자가 이를 자신의 블로그 게시물 등에 붙여두고 여기를 클릭함으로써 위 웹사이트서버에 저장된 저작물을 직접 보거나 들을 수 있게 하는 심층링크 또는 직접 링크를 이용한 음악저작물의 이용은 원칙적으로 음악저작물의 복제 및 전송에 해당하지 않는다. 단, 불법 복제물이 게시된 사이트임을 알면서 영리목적으로 인터넷 사이트에 계속 링크한 경우에는 저작권(공중송신권) 침해의 방조책임을 부담할 수 있으므로 주의가 필요하다.

④ 웹하드 서비스

공표된 음악저작물을 비영리 목적으로, 개인적, 또는 가정 및 이에 준하는 한정된 범위 안에서 이용하는 경우에는 저작권자의 허가없이도 복제할 수 있다. 그러나, 파일공유 프로그램이나 웹하드 등을 활용하여 업로드 하는 행위는 제3자가 파일에 제한 없이 접근하여 내려 받을 수 있으므로 사적이용을 위한 복제의 범위를 벗어난 것으로 복제권 및 공중송신권 침해에 해당한다. 또한, 미공표 음악저작물을 무단으로 업로드 등을 통해 공개(비영리 목적이라도)하게 되면 저작자의 저작인격권에 속하는 공표권 침해에도 해당된다.

⑤ 이메일 발송

한정된 특정인에게만 발송하는 것은 공중송신에 해당하지 않으나, 발송행위가 자동 또는 수동적으로 반복되어 다수의 사람들(공중)에게 발송된다면 공중송신(방송, 전송, 디지털 음성송신 포함)에 해당되어 공중송신권을 침해하게 된다.

⑥ UCC, 광고물 등 2차적저작물 제작

해당 저작권자의 허락없이 음악저작물의 전부 또는 일부를 이용하여 UCC또는 홍보영상물을 제작한 경우, 비영리 목적이라 하더라도, 인터넷 업로드 또는 기타 게시를 통해 공중의 접근이 가능하게 되면 저작권(복제권, 공중송신권, 2차적저자물작성권) 침해에 해당될 수 있다. 또한, 원저작물을 재구성하여 리메이크 하는 경우, 저작자의 인격권에 해당하는 동일성 유지권 침해에 해당할 수도 있다.

XI. 가상게임

게임에서 표절 시비는 오랫동안 다투어져 왔으나, 그동안 법원은 아이디어·표현 2분법 원칙에 따라 게임 저작권 침해 인정에 부정적인 경향을 보여왔다. 그러나 코로나 팬데믹과 4차산업혁명에 따른 메타버스 환경의 발전으로 인해 게임산업이 급성장해 왔고, 이에 따라 게임저작물 보호를 위한 침해 소송 또한 늘어나고 있다. 최근 대법원은 게임에 대한 창작성 판단에 있어 종전에 아이디어로 판단하여 제외해 왔던 시나리오와 게임 규칙, 구성요소등도 종합하여 게임의 창작성을 판단할 수 있도록 하여, 게임에 대한 저작권 침해를 인정하는 사례도 점차 증가하고 있다.[59]

대법원은 게임의 성격에 대해, "어문저작물, 음악저작물, 미술저작물, 영상저작물, 컴퓨터프로그램 저작물 등이 결합되어 있는 복합적 성격의 저작물"로 규정하면서, "컴퓨터 게임물이나 모바일 게임물에는 게임 사용자의 조작에 의해 일정한 시나리오와 게임 규칙에 따라 반응하는 캐릭터, 아이템, 배경화면과 이를 기술적으로 작동하게 하는 컴퓨터프로그램 및 이를 통해 구현된 영상, 배경음악 등이 유기적으로 결합되어 있다"고 정의하고 있다.[60]

아래에서는 게임을 구성하고 있는 (i) 컴퓨터 프로그램, (ii) 시나리오, 게임 규칙 등 게임운영방법, 그리고 (iii) 게임 캐릭터, 게임아이템, 게임 맵, 배경화면, 배경음악·효과음 등 영상·음악 콘텐츠로 나누어, 게임관련 저작권과 특허로 보호받을 수 있는 대상을 살펴보고, 게임저작물에 대한 창작성 인정과 침해 판단기준 관련 판례들을 살펴보고자 한다.

---

59. 참조, 대법원(2019.6.27선고2017다212095판결
60. 위 대법원판례

1. 컴퓨터 프로그램

저작권법에 따르면, '컴퓨터프로그램저작물'이란 "특정한 결과를 얻기 위해 컴퓨터 등 정보처리능력을 가진 장치 내에서 직접 또는 간접으로 사용되는 일련의 지시나 명령으로 표현되는 창작물을 말한다.[61]

저작권법은 인간의 사상 또는 감정을 표현한 저작물을 보호하는 법률이지만, 컴퓨터 프로그램의 경우에는 인간이 이해할 수 있는 컴퓨터언어로 작성된 소스코드(source code)와 함께 0과 1로 이루어진 기계어로 작성된(인간은 이해할 수 없는 이진수적 표현) 오브젝트코드(object code)까지 저작물로 인정하고 있다.

법 제34조 에 따르면, 컴퓨터 프로그램 저작물컴퓨터 프로그램의 소스 코드(source code) 는 어문 저작물로 보호되며, 실행되는 프로그램 자체는 프로그램 저작물로 보호된다.

그러나, (i) 프로그램 언어 (프로그램을 표현하는 수단으로서 문자·기호 및 그 체계), (ii) 규약 (특정한 프로그램에서 프로그램 언어의 용법에 관한 특별한 약속) 또는 (iii) 해법 (프로그램에서 지시·명령의 조합방법)에는 저작권법의 보호가 적용되지 않는다.[62]

저작재산권 전부를 양도하는 경우에도 특약이 없는 한 2차적 저작물을 작성해 이용할 권리는 포함되지 않는 것으로 추정하는 것이 원칙이다. 그러나 프로그램 저작물은 특성상 업그레이드 등 변경 작업을 할 필요성이 있으므로 저작권 전부를 양도하는 경우에는 2차적 저작물 작성권까지 양도된 것으로 추정한다.[63]

---

61. 저작권법 제2조 16호
62. 저작권법 제101조의2
63. 네이버 지식백과

2. 게임규칙 등 운영방법관련 특허권

　판례에 따르면, '게임규칙'은 "추상적인 게임의 개념이나 장르, 게임의 전개방식 등을 결정하는 도구로서 게임을 구성하는 하나의 소재일 뿐 저작권법상 독립적인 보호객체인 저작물에는 해당하지 않는 일종의 아이디어 영역에 해당한다고 할 것이므로, 게임의 경우 게임을 하는 방법이나 게임규칙, 진행방식 등 게임에 관한 기본 원리나 아이디어까지 저작권법으로 보호되지는 않는다."[64] 따라서 게임규칙 자체는 아이디어 영역에 해당하는 것으로 저작권의 보호대상이 아니므로, 게임규칙이 표현된 표현방식의 창작성에 따라 저작권 보호여부가 판단될 것이다.

　반면, 이러한 게임규칙 등을 통해 정해진 결과를 도출하는 게임의 운영방법은 사업 아이디어, 또는 영업방법(Business Method)의 일종으로 그 자체로는 특허 등록될 수 없으나, 컴퓨터 및 네트워크 등의 통신기술과 결합하여 구체적 기술수단이 뒷받침되면 특허(BM특허)로 등록 될 수 있을 것이다.

◆ **사례참조**

▶ NHN엔터테인먼트, 한국등록 2014.12.22 (등록번호10-1476976)[65]
발명의 명칭: 게임 그룹별 랭킹 제공 방법, 시스템 및 컴퓨터 판독 가능한 기록 매체

〈청구항 1 요약〉
게임 그룹별 랭킹 제공 방법, 시스템 및 컴퓨터 판독 가능한 기록 매체에 관한 것으로,
게임 서비스 플랫폼 서버와 복수의 가입자(사용자) 단말기로 구성된 게임 플랫폼 시스템에서,
게임순위 제공방법에 있어서,

---

64. 서울고등법원 2017. 1. 12. 선고 2015나2063761 판결
65. NHN은 카카오를 상대로 이 특허를 포함한 3개의 특허로 카카오 등에 대한 특허 침해소송을 제기하였고, 무효심판에서1심 결과, 3건의 특허 중 '게임친구 등록방법'과 '게임친구의 게임순위 제공방법' 특허가 무효로 판정된 바 있다. 이후 양사가 특허 침해 손해배상과 특허무효심판을 각각 취하, 화해하고 종결하였다.

- 사용자 단말기로부터 식별할 수 있는 사용자 계정정보 등 서비스 요청신호를 수신하는 단계;
- 상기 서비스 요청신호에 응답하여, 사용자가 상기 게임서비스플랫폼의 가입자인지를 확인하는 단계; 및
- 상기 임의의 게임에 대한 게임 순위 정보를 생성 하기 위해, 사용자의 친구 목록에 포함된 상기 다른 사용자의 단말기에 상기 게임이 설치되어 있는지 여부를 확인한 결과를 사용자 단말기에 전송하는 단계; 를 포함하고,
- 상기 게임 순위 정보는, 상기 서비스 요청 신호에 대응한 상기 임의의 게임 구동시 사용자 단말기에 표시되는 것을 특징으로 하는 게임순위 제공 방법.

3. 콘텐츠 등 게임 저작권

3.1 게임 구성요소와 게임규칙 관련 창작성

게임을 이루는 주요 요소를 선택하고, 배열하고, 조합하는 일종의 규칙에 대한 부분도 저작권법으로 보호할 수 있느냐에 대해, 종전 판례들은 추상적인 게임의 장르, 기본적인 게임의 배경, 전개방식, 규칙, 단계 변화 등은 아이디어에 불과하며, 아이디어는 저작권법 내에서 보호를 받을 수 없다는 입장이었다.

그러나, 최근 들어, 저작권법으로 보호하지 않는 아이디어로 판단되어 왔던 게임규칙에 대해서도 개별 게임의 개성이나 창작성이 인정된다면 저작권을 인정하는 판결이 나오고 있다.

◆ **판례연구〈팜히어로 사가 사건〉**

대법원 2019. 6. 27. 선고 2017다212095 판결,
서울고등법원 2017. 1. 12. 선고 2015나2063761 판결,
서울중앙지방법원 2015. 10. 30. 선고 2014가합567553 판결

① 원고 게임

② 피고 게임

〈사건 경과 및 판결 개요〉

원고인 킹닷컴은 지난 2014년 9월, 피고의 '포레스트 매니아'가 원고가 개발한 '팜 히어로 사가'의 저작권을 침해했다고 소송을 제기했다.

두 게임은 특정 타일이 3개 이상 직선으로 연결되면 사라지면서 점수를 획득하는 매치3 게임 룰을 채택한 게임이다. 매치3 게임은 '팜 히어로 사가' 이전에도 여러 게임에 채택된 룰이다.

이 사건 소송의 쟁점은 i) '팜히어로사가'가 종전 게임과 다른 창작적 개성을 입증해서 저작물로서 인정받을 수 있는지 여부와 ii) '포레스트 매니아'가 '팜 히어로 사가'와 실질적 유사성을 증명할 수 있는지에 있었다.

▶1심에서는 법원은 '포레스트 매니아'가 '팜 히어로 사가'의 저작권을 침해하지는 않았지만, 게임규칙과 진행 방식이 유사해 부정경쟁방지법을 위반했고, 이는 민법상 불법행위도 인정된다고 판결하였다.

▶2심에서는 저작권 침해 및 부정경쟁행위, 민법상 불법행위를 모두 부인하고, 원고 패소 판결을 내렸다.

▶대법원은 2심의 판결을 파기환송한 이유로 "원고(킹닷컴)의 모바일 게임이 i) 선행게임과 구별되는 창작적 개성을 갖추고 있어 저작권 보호대상이 될 수 있고, ii) 피고의 게임(포레스트 매니아)과 실질적 유사성도 인정된다"고 판시하고, 원고 패소 판결한 원심을 깨고 원고 승소 취지(저작권인정)로 사건을 서울고법으로 돌려보냈다. 부정경쟁방지법 위반여부에 대해서는 판단하지 않았다.

〈판결이유〉

▶ **1심 요지**

저작권 침해와 관련하여, 원고는 게임 규칙의 조합, 게임 규칙들의 선택과 배열 및 신규 규칙을 소개하는 단계의 선택, 게임의 시각적 디자인과 각 구성요소의 조합, 게임 보드 구성과 배치 등은 창작물로서 저작권법의 보호 대상인 '표현'에 해당한다고 주장하였으나, 법원은 이를 받아들이지 않았다. 다만, 게임 규칙이나 진행 방식이 유사하고, 출시 시점도 근접한 점, 게임 표현의 방식, 사용되는 효과, 그래픽 등도 상당히 유사한 점 등을 들어 부정경쟁행위에 해당한다고 판시하였다.

▶ **2심 요지**

저작권 침해와 관련해서는 1심과 동일한 결론을 유지하였으나, 부정경쟁행위에 관하여는 법원이 부정경쟁방지법 제2조 제1호 (차)목과 같은 일반조항의 적용을 함에 있어서는 신중을 기해야 하고, 저작권법 등 지식재산권법에 모순 저촉되지 않는 한도 내에서만 국한되어야 한다는 점 등을 들어 1심과 달리 부정경쟁행위에 해당하지 않는다고 판단하였다. 즉, 아주 예외적인 경우(예를 들어 타인의 성과를 대부분 그대로 가져오면서 모방자의 창작적 요소가 거의 가미되지 않은 직접적 모방에 해당하는 경우)에만 인정되어야 한다는 새로운 기준을 제시하였다. 즉, 피고의 게임물은 피고의 독자적인 아이디어를 바탕으로 피고 측의 비용과 노력을 들인 성과물로서, 원고 게임에 존재하지 않는 다양한 창작적 요소를 가진 것으로, 두 게임물이 실질적으로 유사하다고 보기 힘드므로, 원고의 저작권을 침해하지 않는 한도내에서의 행위인 바, 그것이 상도덕이나 공정한 경쟁질서에 반한다고 보기 어려운 바, 부정경쟁행위에 해당하지 않는다고 판단하였다.

▶ **대법원**

(저작권법 제 2조 제 1호를 인용하여) 게임의 성격에 대해, "어문저작물, 음악저작물, 미술저작물, 영상저작물, 컴퓨터프로그램 저작물 등이 결합되어 있는 복합적 성격의 저작물"로 규정했다. 또한 "컴퓨터 게임물이나 모바일 게임물에는 게임 사용자의 조작에 의해 일정한 시나리오와 게임 규칙에 따라 반응하는 캐릭터, 아이템, 배경화면과 이를 기술적으로 작동하게 하는 컴퓨터프로그램 및 이를 통해 구현된 영상, 배경음악 등이 유기적으로 결합되어 있다"고 정의했다.

따라서, 게임의 개성과 특징은 저작자의 제작 의도, 시나리오를 기술적으로 구현하는 과정에서 구성요소를 선택하고 배열하고 조합하는 것에서도 나타날 수 있으므로, 게임의 창작성 여부를 판단할 때 구성요소 각각 외에도 제작 의도, 시나리오, 그리고 기술적으로 구현되는 과정에서 선택과 배열, 조합 자체가 어우러진 결과물도 고려해야 한다고 판시하였다.

대법원은 '팜 히어로 사가'는 개발자가 그간 축적된 경험과 지식을 토대로 게임에 필요하다고 판단된 것을 나름대로의 제작 의도에 따라 배열, 조합한 것으로 보았다. 또한 이 유기적인 조합이 선행 게임물과 확연히 구별되는 창작적 개성을 갖추고 있으므로, 저작물로서 보호 대상이 될 수 있다고 판단했다.

〈해설 및 의견〉

이번 판결을 통해 저작권법이 보호하는 표현의 영역이 넓어졌다는 점에서 큰 의의가 있다. 즉, 개별 구성요소뿐만 아니라 이러한 구성요소들을 선택, 배열하고 조합함으로써 나타나는 다른 게임과 확연히 구별되는 특징이나 개성도 저작권법상 보호대상이 되는 독자적인 표현이라고 본 것이다.

그러나, 대법원은 이 사건에서도 아이디어와 표현의 이분법은 여전히 유지됨을 분명히 하였던 바, 룰과 시스템을 고스란히 베꼈다고 해도 장르와 룰은 아이디어에 해당하기에 저작권 침해 판단을 위해서는 표현의 영역인 전체적인 게임의 구성요소와 시스템 등을 살펴봐야 할 것이다.

◆ **판례 참조**

(미국) 게임 'Fortnite' 관련 저작권침해 판례[66]

---

66. 참조 Alfonso Ribeiro v. Epic Games, Inc., No. 2:18-cv-10412 (C.D. Cal. filed Dec. 17, 2018); 2 Milly v. Epic Games, Inc., No. 1:18-cv-10428 (S.D.N.Y. filed Dec. 5, 2018); Backpack Kid v. Epic Games, Inc., No. 1:18-cv-02226 (S.D.N.Y. filed Dec. 18, 2018) ; Orange Shirt Kid v. Epic Games, Inc., No. 2:19-cv-00218 (E.D. Cal. filed Mar. 7, 2019); The Fresh Prince of Bel-Air v. Fortnite, No. 2:20-cv-00046 (C.D. Cal. filed Dec. 17, 2019) ; BlocBoy JB v. Epic Games, Inc., No. 2:19-cv-00129 (W.D. Tenn. filed Jan. 23, 2019).

<사실 개요>

미국의 게임개발사 에픽게임즈(Epic Games)가 2017년 발표한 '포트나이트(Fortnite) 게임'에서 아바타가 춤을 추게 하는 이모트 기능 중 일부분이 실연자의 댄스를 모방한 것이어서 퍼블리시티권 침해라는 이유로 여러 차례 유명연예인들로부터 소송이 제기된 바 있다. '포트나이트'에는 자신의 캐릭터가 댄스나 감정 표현 동작을 할 수 있도록 해주는 '이모트(emotes)'라는 아이템이 있는데, 유명 가수나 배우들의 특징적인 댄스나 율동을 그들의 허락 없이 이모트 아이템으로 만들어 판매한 행위에 대하여 저작권 침해 등이 자주 문제가 되었다.

그 중, '스와이프 잇(Swipe it)'이라는 춤이 적용된 이모트 관련, 래퍼 '투 밀리(2 Milly)'의 실연자 다섯 명이 해당 이모트가 자신들의 창작 안무 '밀리 록 댄스(Milly Rock Dance)'를 허락 없이 베꼈다며 소를 제기하였다.

원고들은 ①밀리 록 댄스는 실연자를 특징적으로 구별하게 함에도 ②에픽게임즈의 이모트가 춤을 복제했고, ③에픽게임즈가 춤을 무단 사용한 것은 저작권 및 퍼블리시티권 침해라고 주장했다. 이에 대해, 피고(에픽게임즈)는 자사의 '스와이프 잇' 이모트와 밀리 록 댄스는 유사하지 않다고 반박했다.

<판결>

법원은 원고 측에 밀리 록 댄스를 저작권 등록하라는 판결을 내렸다.[67]
이에 따라 원고인 실연자들은 저작권 등록신청을 하였으나, 미국 저작권청은 단순한 율동(따라 하기 간단하며 흔히 볼 수 있는 세 가지 안무로 이루어졌다는 이유)에 불과하다면 '안무 저작물'로 볼 수 없다며, 등록거절 결정을 내렸다.

<의견>

각각의 판결들에서 쟁점이 된 원고들의 해당 표현물의 창작성과 피고의 모방 정도와 유사성 등에 따라 다른 결론이 도출될 수 밖에 없지만, 피고가 개발한 게임에서 게임의 사실성을 높이기 위하여 포함시킨 일부 구성요소들의 유사성만으로는 침해로 판단하지는 않는다는 것이 현재까지 법원들의 판단이다.

3.2 게임 캐릭터의 창작성

---

67. 미국 저작권법 제104조상, 저작권 등록이 저작권 침해소송의 선결조건임, 이 책 __페이지 참조.

◆ 대법원 2010. 2. 11. 선고 2007다63409 판결

(B, 피고) '신야구' 캐릭터

(A, 원고) '실황야구' 캐릭터

〈사건 개요〉

일본의 게임개발회사인 A(원고)는 한국의 게임개발회사인 B(피고)가 서비스하고 있는 '신야구' 게임캐릭터가 A가 먼저 창작, 서비스를 하고 있던 게임인 '실황야구'의 게임캐릭터와 실질적으로 유사하기 때문에 B사가 A사의 게임 캐릭터에 대한 저작권(복제권) 또는 2차적저작물 작성권을 침해하였다고 주장하면서 B사를 상대로 저작권침해금지청구 소송을 제기하였다.

〈판결요지〉

대법원은 원심판결(서울고법 2007. 8. 22. 선고 2006나72392 판결)을 인용하여, 피고가 원고의 게임 캐릭터에 대한 복제권 및 2차적 저작물 작성권을 침해하였다는 주장을 기각하였다.

[1] 저작권법에 의하여 보호되는 저작물이기 위하여는 인간의 사상 또는 감정을 표현한 창작물이어야 할 것인바, 만화, 텔레비전, 영화, 신문, 잡지 등 대중이 접하는 매체를 통하여 등장하는 인물, 동물 등의 형상과 명칭을 뜻하는 캐릭터의 경우 그 인물, 동물 등의 생김새, 동작 등의 시각적 표현에 작성자의 창조적 개성이 드러나 있으면 원저작물과 별개로 저작권법에 의하여 보호되는 저작물이 될 수 있다.[68]

[2] 게임물에 등장하는 캐릭터에 창작성이 인정되므로 원저작물인 게임물과 별개로 저작권법의 보호대상이 될 수 있고, 그 캐릭터에 관하여 상품화가 이루어졌는지 여부는 저작권법에 의한 보호 여부를 판단함에 있어서 고려할 사항이 아니다.

---

68. 참조, <u>대법원 2003. 10. 23. 선고 2002도446 판결</u>, <u>대법원 2005. 4. 29. 선고 2005도70 판결</u> 등 참조).

[3] 다른 사람의 저작물을 무단 복제하면 복제권의 침해가 되고, 이 경우 저작물을 원형 그대로 복제하지 아니하고 다소의 수정·증감이나 변경이 가하여진 것이라고 하더라도 새로운 창작성을 더하지 아니한 정도이면 복제로 보아야 한다.[69] 한편 저작권법 제5조 제1항 소정의 2차적저작물로 보호받기 위하여는 원저작물을 기초로 하되 원저작물과 실질적 유사성을 유지하고 이것에 사회통념상 새로운 저작물이 될 수 있을 정도의 수정·증감을 가하여 새로운 창작성을 부가하여야 하는 것이므로[70], 어떤 저작물이 기존의 저작물을 다소 이용하였더라도 기존의 저작물과 실질적인 유사성이 없는 별개의 독립적인 신 저작물이 되었다면, 이는 창작으로서 기존의 저작물의 저작권을 침해한 것이 되지 아니한다.

[4] 그리고 저작권법이 보호하는 것은 인간의 사상 또는 감정을 말·문자·음·색 등에 의하여 구체적으로 외부에 표현하는 창작적인 표현형식이므로, 복제권 또는 2차적저작물작성권의 침해 여부를 가리기 위하여 두 저작물 사이에 실질적 유사성이 있는가의 여부를 판단함에 있어서는 창작적인 표현형식에 해당하는 것만을 가지고 대비하여야 한다.[71]

<판결이유>

[1] 이사건에서 원고의 캐릭터는 창작성이 인정되므로 게임저작물과 별개로 저작권법 보호 대상이 된다.

[2] 원고의 캐릭터가 상품화 되었는지는 저작권 보호여부 판단상 고려사항이 아니다.

[3] 따라서, 원고의 캐릭터와 피고의 캐릭터를 비교한 결과, 양 캐릭터는 귀여운 이미지의 야구선수 캐릭터로서 신체 부위가 2등신이고 머리 크기를 과장하고 얼굴을 부각하되 다른 신체부위는 생략하거나 단순 표현한 점, 다리를 생략한 점, 발을 크게 표현한 점, 타격 및 투구시 정지 동작의 모양이 유사한 점, 야구게임 장비 모양이 유사한 점 등은 인정된다.

[4] 하지만, 양 캐릭터의 실질적 유사성을 판단할 때에는 모든 표현 요소들을 전부 비교하는 것이 아니라 유사한 게임물에서 기존에 통상적으로 사용되는 표현이나, 야구라는 게임의 특성상 유사하게 표현할 수 밖에 없는 표현들은 창작적 표현 형식이라고 인정되기 어렵기 때문에 비교 대상에서 제외하여야 한다. "위와 같은 표현들은 실황야구 캐릭터가 출시되기 이전에 이미 만화, 게임, 인형 등에서 귀여운 이미지의 어린아이 같은 캐릭터들을 표현하는 데에 흔히 사용되었던 것이거나 야구를 소재로 한 게임물의 특성상 필연적으로 유사하게 표현될 수 밖에 없는 것"이라고 하면서 "저작권법이 보호하는 것은 인간의 사상 또는 감정을 말, 문자, 음, 색 등에 의하여

---

69. 참조, 대법원 1989. 10. 24. 선고 89다카12824 판결 ;
70. 참조, 대법원 2002. 1. 25. 선고 99도863 판결, 대법원 2004. 7. 8. 선고 2004다18736 판결 등
71. 참조, 대법원 1999. 11. 26. 선고 98다46259 판결, 대법원 2004. 7. 8. 선고 2004다18736 판결 등.

구체적으로 외부에 표현하는 창작적인 표현형식이므로, 복제권 또는 2차적저작물작성권의 침해 여부를 가리기 위하여 두 저작물 사이에 실질적 유사성이 있는가의 여부를 판단함에 있어서는 창작적인 표현형식에 해당하는 것만을 가지고 대비하여야 한다"고 판단하였다.

따라서 양 캐릭터를 비교함에 있어서는 위에서 지적한 유사한 표현들을 제외한 나머지 구체적인 표현들인 "얼굴 내 이목구비의 생김새와 표정 및 신발의 구체적인 디자인 등"을 가지고 대비하여 실질적으로 유사한지 여부를 판단하여야 한다.

이 사건에서, 신야구 캐릭터의 얼굴모양이나 신발디자인은 실황야구의 그것을 무단 복제한 것도 아니고 다소의 수정, 증감 변경 정도의 변형을 넘어서서 새로운 창작성을 부가한 표현에 해당하므로 복제권 침해는 아님이 분명하다.

하지만, 신야구 캐릭터의 얼굴모양이나 신발디자인의 모습에 새로운 창작성이 인정될 정도라고 하더라도 실황야구 캐릭터의 그것과 실질적으로 유사하다면 실황야구 캐릭터에 대한 2차적저작물작성권 침해가 될 수 있다.

그런데 이 사건에서는 대법원은 신야구 캐릭터의 구체적인 얼굴모습과 신발디자인이 실황야구 캐릭터의 그것과 상당한 차이가 있기 때문에, 결국 양 캐릭터의 표현 중 창작적인 표현 부분만을 비
교했을 때 양 캐릭터는 실질적으로 유사하지 않은 별개의 독립적인 신 저작물이 된 것으로 보아 2차적저작물작성권 침해도 인정하지 않았다.

XII. 사진도 저작권으로 보호되나요?

　메타버스 구현을 위한 기본 자료로서는 물론, 유튜브나 페이스북, 인스타그램 등 다양한 온라인 SNS등에서 가장 많이 동원되는 매체가 사진 또는 그 연속 결합물인 동영상일 것이다. 사진은 지식재산권 유형중 기본적으로 저작권의 대상일 될 수 있고, 사진과 관련된 쟁점은 아래와 같은 두가지 유형으로 나누어 볼 수 있다.

(1) 자연 풍경, 건물, 미술품 또는 다른 사람들을 촬영한 사진이나 영상을 유튜브나 인터넷 등에 게시해도 되는가?

(2) 이렇게 촬영한 사진도 저작권으로 보호가 되는가?

1. 사진저작물

■ 사진도 저작물로 보호?

　사진도 저작권 보호대상이 되는 저작물의 일종으로 사진저작물에 해당된다. 단, 저작권법에 따른 보호를 받기 위해선, 우선 "인간의 사상 또는 감정이 표현된 창작물"(2조1항)로 인정되어야 하는 데, 대법원 판례(대법원 2006. 12. 8. 선고 2005도3130 판결)에 따르면, "사진의 경우, 피사체의 선정, 구도의 설정, 빛의 방향과 양의 조절, 카메라 각도의 설정, 셔터의 속도, 셔터찬스의 포착, 기타 촬영방법, 현상 및 인화 등의 과정에서 촬영자의 개성과 창조성이 있으면 저작권법에 의해 보호되는 저작물에 해당한다.

■ 사진의 저작물 성립도

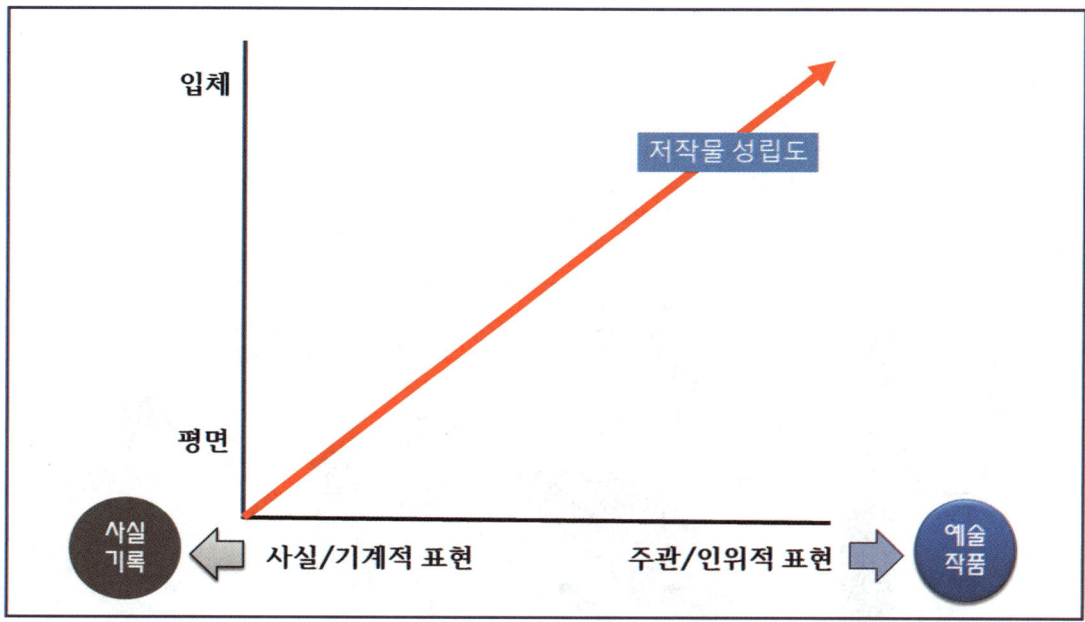

　사진의 경우, 피사체 자체에 충실한 사실적, 기계적 표현 비중이 높아 누가 촬영하더라도 동일한 결과를 도출하게 되는 경우는 저작물로 인정되기 어려운 반면, 촬영자의 주관적, 인위적 요소가 높아, 특정 촬영자의 개성적 표현 비중이 높을수록 저작물로 인정받을 가능성이 높다. 유화나 동양화 같은 평면 피사체보다는 동상이나 건축물과 같은 입체를 촬영한 사진의 경우, 촬영자의 개성적 표현 요소가 가미될 여지가 더 높고, 이에 따라 촬영자에 따라 종국적인 결과물인 사진에 실질적인 차이가 발생할 여지가 높아질 것이다.

2. 제품사진과 이미지 사진

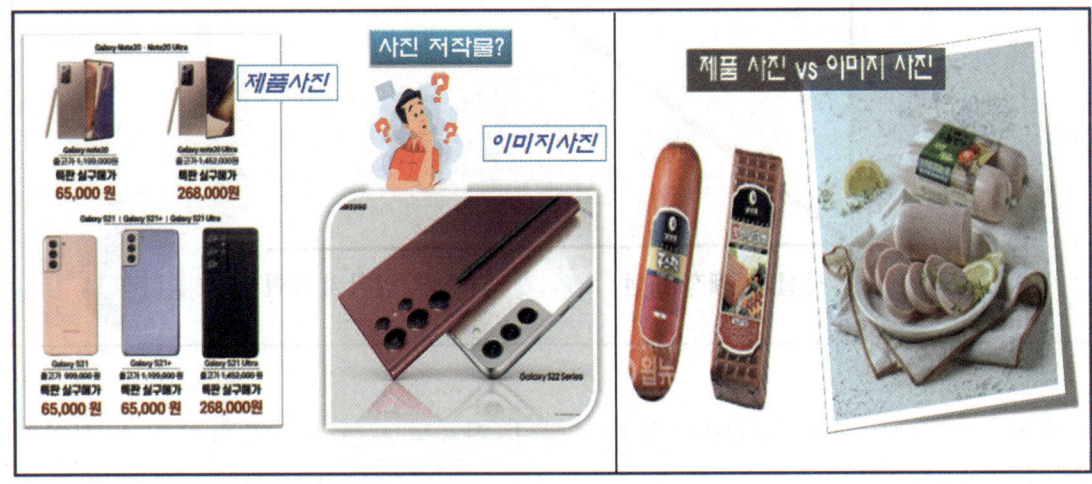

　상품의 선전광고를 목적으로 하는 광고사진은 피사체인 제품 자체를 그대로 촬영하는 실용적 목적의 사진(제품사진)과, 상품을 다른 장식물과 조화롭게 배치하는 등 연출 가미하여 제품의 이미지를 부각시켜 광고의 효과를 극대화하기 위한 사진(이미지사진)으로 대별할 수 있다. 이중 제품사진에 대해, 대법원은 속칭, 광고용 햄 사진 사건에서 광고 목적이 피사체인 제품 자체의 사실적 표현에 충실한 소위 상품 사진은 창작성과 개성을 인정하기 어려워 저작물로 보호가 불가능하다고 판단한 바 있다.[72]

---

72. 대법원 2006. 12. 8. 선고 2005도3130 판결

3. 인물사진

■ 인물사진도 사진저작물로 보호?

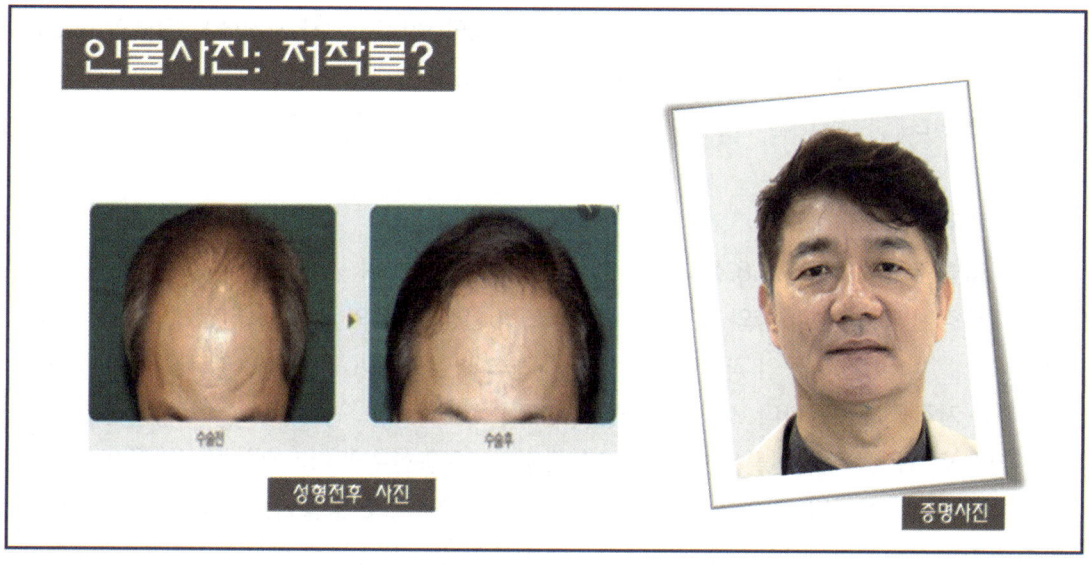

성형 전후 사진의 경우에도 피사체를 있는 그대로 보여주는 목적으로 촬영된 것이라는 이유로 저작물로 보호되지 않는다는 판결을 내린 바 있다. 그런데 성형전후사진은 제품사진보다는 각도나 조명, 편집 등에 인위적인 작업요소의 개입에 따라 다른 결과 도출 가능성이 크므로, 국내판례와는 다른 결론을 내린 해외 판례도 있다. 여권 등 증명사진이나 일반 사진관에서 초상 사진에 대해서도 법원은 실용적인 목적의 사진으로 저작물로 볼 수 없다는 판결을 내린 바 있다. 물론, 이경우에도 구체적인 사안에 따른 개성적 표현 요소의 가미정도에 따라 판단이 달라질 수 있음에 유의해야 한다.

◆ **판례연구: 파파라치[73] 사진도 저작물?**

1. 서울남부지방법원 2014.4.24 선고2013가단215014판결

〈사건개요〉

원고는 온라인 뉴스, 광고 및 뉴스콘텐츠판매를 업으로 하는 회사로, 소속 기자들이 찍은 사진을 인터넷뉴스 사이트에 기사와 함께 게재하는 등으로 활용하고 있었다.

피고들은 예능프로그램을 기획, 제작하여 TV 방송으로 방영하고 있었는데, 특정 연예인들의 데이터사실을 다룬 원고의 인터넷 기사를 발견하고, 해당 인터넷 기사 사진에서 원고의 로고표시를 삭제하고, 피촬영자의 얼굴부분을 모자이크 처리하여 2~4초간 피고의 방송프로그램을 통해 방영하였다.

〈판결이유〉

법원은 대법원 판례(2001.5.8.선고98다3366판결)을 인용하여, 사진의 경우, "피사체의 선정, 구도의 설정, 빛의 방향과 양의 조절, 카메라 각도의 설정, 셔터의 속도, 셔터찬스의 포착, 기타 촬영방법, 현상 및 인화 등의 과정에서 촬영자의 개성과 창조성이 인정되어야 저작권법에 의해 보호되는 저작물에 해당한다."고 판시하면서,

이 사건에서 사용된 각 사진들은 연예인 남녀, 유명남자운동선수와 여자 아나운서가 비공개장소에서 사적인 만남을 하고 있다는 사실을 전달하기 위한 목적으로 촬영되었고, 피고가 사용한 사진의 사진기술은 촬영대상이 누구인지와 그들의 행동이 잘 식별되도록 함을 목적으로 하는 등 사실을 전달하기 위한 것으로, 촬영자(원고)가 대상이나 시간의 선정 등을 기획한 것이 아니었고, 대상이 된 연예인들도 촬영대상으로 드러내려고 하지도 않았기 때문에, 촬영자가 사실전달을 넘어서서 자신의 개성을 표현하기 위해 구도를 설정하거나 빛의 방향과 양, 카메라 각도를 조절하는 등의 작업을 할 여지도 없었다는 점을 들어, 원고의 사진은 저작권법에 의하여 보호할 만한 촬영자의 개성과 창조성을 인전하기 어려우므로 저작권법상 보호받는 저작물이라 할 수 없다고 판시하고, 이사건 각 사진이 저작물임을 전제로 한 원고의 청구는 모두 기각하였다.

---

73. 파파라치(Paparazzi)는 유명인들을 몰래 미행하면서 사진을 찍어 고액을 받고 신문 등 언론에 사진을 파는 직업적 프리랜서 사진사를 의미한다. 이탈리아 페데리코 펠리니 감독의 1960년작 영화 '달콤한 인생'(La Dolce Vita)에 등장하는 사진사 보도 카메라맨으로 등장한 영화캐릭터 "파파라초(Paparazzo, 남성 단수형, 여성 단수형은 Paparazza)"라는 인물에서 파생된 용어로, 1997년 영국 다이애나 황태자비와 연인이 파리에서 파파라치에 의한 추적을 피하려다 발생한 무모한 운전으로 발생한 사고로 유명해졌다.

2. Balsley v. LFP, Inc., 691 F.3d 747, 760 (6th Cir. 2012),
BWP Media USA, Inc. v. Gossip Cop Media, LLC, 113 U.S.P.Q.2d 1585
(S.D.N.Y. 2015)

반면, 미국 연방항소법원(6th Cir.은 도촬된 파파라치의 사진도 예술적 기술 이용정도에 따라 창작적 저작물로 간주될 수 있고, 이를 무단 이용하는 행위는 저작권 침해에 해당한다고 판결하였다.

〈사실관계〉

유명농구선수 오닐을 어느 식당에서 촬영한 원고(파파로치)의 사진을 피고가 무단으로 어느 잡지에 게재하였다. 원고는 피고를 상대로 사진 저작권 침해를 이유로 제소하였고, 피고는 당사자(피사체)의 동의 없이 무단으로 촬영된 파파로치 사진은 침해물로서, 저작권 보호대상이 아니라고 항변하였다.

〈판결이유〉

- 피고의 동의 여부는 사진의 창작성 유무와는 무관하다는 점을 강조하면서, 쟁점이 된 사진은 단순한 스냅샷(snapshot) Ehsms 단순한 기술적 재생물이 아니라, 사진사의 예술관을 반영하여 신중히 구성된 이미지임을 주목하여야 한다.
- 파파라치가 사진촬영의 대상에게 필요한 사항을 지시하거나 사진의 배경을 만들어 내지는 않았지만 필름의 노출도(예, 셔터 속도 및 프래시 설정 등)을 결정하며, 사진의 크기, 색상, 선명도를 편집하는 예술적 기술을 이용하고 대상의 특징을 잘 포착한 이미지를 선택하여 발행하는 등을 고려할 때, 원고의 사진이 파파라치에 의하여 촬영되었다 하더라도 창작적 저작물로 간주될 수 있다고 판사하였다.("while a paparazzi photographer does "not direct [the subject] or create the background for the 18 images," he does "ha [ve] control over the exposure of the film (i.e., shutter speed and flash settings), use [] his artistic skill to edit the pictures for size, color, and clarity, and [choose] which images to publish based on the allurement of the subject.")

〈의견〉

파파라치 사진에 대해 위의 우리나라 법원(서울남부지법)은 사진촬영 단계에서 창작성이 없다고 판단하였으나, 미국 법원(제6순회연방항소법원)은 사진촬영 단계에서는 창작성이 없다 하더라도, 편집 단계의 기술까지 고려하여 창작성을 넓게 인정한 차이가 보인다.

■ 인물사진- 저작권 vs 초상권

　인물사진의 경우, 저작권보다는 주로 초상권 문제가 자주 발생하게 된다. 원칙적으로 사진의 저작권자라고 하더라도 초상권자의 동의 없이 사진을 마음대로 이용할 수는 없다.

　초상권은 자신의 얼굴 또는 모습에 대한 인격권으로 의사에 반해 공표되지 않을 권리를 뜻합니다. 다시 말해, 자신의 얼굴이나 신체적 특징이 동의나 승낙 없이 촬영, 공표되지 않을 법적 권리이다. 인물사진과 관련하여 특히 주의해야할 점은,

　첫째, 사회 통념상 특정인임을 알 수 있는 신체적 특징이 함부로 촬영되거나 작성되어서는 안된다.

　둘째, 촬영된 사진 또는 작성된 초상이 함부로 보이거나 복제되어서는 안된다. 또한, 대상자가 승낙한 경우에도, 승낙 받은 용도 외의 다른 목적에 사용하면 안된다.

　셋째, 유명인의 초상의 경우는, 인격권인 초상권과는 별개로, 재산적 권리인 '퍼블리시티권'에 해당되는 경우가 많으므로, 이를 광고 등 영리적 목적으로 이용하여서는 안된다.

　초상권은 일반인에 대해 폭넓게 인정되고 있으나, 법원은 "연예인 같은 직업을 선택한 사람은 직업의 특성상 자신의 성명과 초상이 대중 앞에 공개되는 것을 포괄적

으로 허락한 것이므로, 초상권 등 보호 범위는 일반인에 비하여 제한된다."고 판시하고 있다. 따라서, 개인 블로그나 카페 등에 사진을 올리는 것은 크게 문제되지 않는다. 하지만 연예인의 사생활을 무단으로 촬영한 사진이고 이에 따른 정신적 고통 등의 피해가 발생하게 되면, 사안에 따라 명예훼손 또는 사생활 침해 등에 따른 법적 책임문제가 발생할 수도 있다. 또한, 연예인 사진을 자신의 블로그나 카페 수익을 위한 광고나 기타 상업적 용도로 사용한다면 '퍼블리시티권' 침해 소지가 있으므로 주의하여야 한다.

■ 퍼블리시티권

유명인의 얼굴, 신체의 특성, 독특한 걸음걸이(찰리 채플린), 독특한 말투(개그맨들의 유행어)처럼 '잘 알려진 사람의 특성'을 상업적으로 이용할 수 있는 권리를 의미한다.

상업성과 관련해서 미국에서는 '수익을 얻을 능력', 일본에서는 '고객흡입력'이라고 표현한다..

프라이버시(privacy)는 19세기 말에, 퍼블리시티(publicity)권은 20세기 중반에 등장했고, 초상권 등 프라이버시는 일종의 인격권으로 초상을 침해하지 말 것을 요구하는 소극적인 권리인 반면,

퍼블리시티권은 내 것을 대중에게 선 보이고 시장에 내다팔 수 있도록 재산권으로 만들어주는 적극적인 권리(양도가능)이다..

우리나라 대부분 판례는 재산권적인 퍼브리시권 존재는 부인(물권 법정주의 위반)하지만, 부정경쟁방지법을 근거(기타 성과 등 무단 사용에 따른 경제적 이익침해)로 판단해 왔다.

▶ 우리법원 판단기준: 1) 유명인 일 것 2) 성명과 초상 관련 3) 재산적 가치가 있을 것

2021년 부정경쟁방지법 개정 (2021년 12.7 개정, 22.6.8시행)에 따라, 유명인의 초상, 성명등의 무단 사용행위를 구체적인 부정경쟁행위로 신설하였다.

■ 거리풍경에 담긴 인물은?

▶ 부수적 복제 〈법35조의 3〉[74]
사진촬영, 녹음 또는 녹화를 하는 과정에서 보이거나 들리는 저작물이 촬영 등의 주된 대상에 부수적으로 포함되는 경우에는 이를 복제·배포·공연·전시 ·공중송신 할 수 있다.
다만 그 이용된 저작물의 종류 및 용도, 이용의 목적 및 성격 등에 비추어 저작재산권자의 이익을 부당하게 해치는 경우에는 그러하지 아니한다.

거리 광경을 촬영하거나, 어떤 피사체(건물, 나무 등)를 촬영하는 과정에서, 누군가의 얼굴이 우연히 찍혔다 거나, 사진 속 여러 사람들 중 한 명일 경우에는 대부분 초상권 침해가 인정되지 않는다. (저작권법 35조의 3, 부수적 복제) 그러나 여러 사람 중 유독 한 명의 모습이 부각되어 있다면 이는 초상권 침해로 연결될 가능성이 크므로, 별도의 동의를 확보해 두어야 한다.

■ 공중집회 참가자도 초상권 보호?

<출처: NEWSIS>

---

74. 저작권법 제35조의 3, 2019.11. 26 법률 제1600호 개정

시위에 나갔는데 TV에 내 얼굴과 모습이 방송됐다. 초상권 침해 주장이 **가능한가?**
답은 공공 장소 집회 참가는 참가자들이 자신의 의사를 알리기 위한 행동이기 때문에 초상권을 주장할 수 없다는 것이 법원의 입장이다. 단, 사진이 사용된 기사가 왜곡된 사실을 전달했다 거나 피촬영자에게 부정적인 인식을 주는 것이라면 침해 여지가 있다고 덧붙였다. 반면, 공공장소가 아닌 다른 장소에서 (가령, 대학교 교내) 집회 사진을 찍어 매체에 게재한다면 초상권 침해에 해당할 수 있다. 이는 공공적으로 내 의사를 밝히는 행위가 아니기 때문이다.

4. 건축물 사진

■ 공개장소의 건축/미술저작물을 촬영하면?

▶ 파노라마의 자유 〈저작권법 35조2항〉
공중에게 개방된 장소에 항시 전시되어 있는 미술 저작물 등은 이를 복제하여 이용할 수 있다.
단, 저작권법 제 35 조 제 2 항에 해당하기 위해서는, i) 건축물을 건축물로 복제하는 경우가 아니어야 하며 , ii) 개방된 장소 등에 항시 전시하기 위하여 복제하는 경우가 아니어야 하고, iii) 판매의 목적으로 복제하는 경우도 아니어야 한다.

앞서 본 거리 풍경 사진 촬영과정에서 부수적으로 포함된 인물들의 경우처럼, 공개장소에 있는 건축물이나 조각, 동상 등 미술저작물이 부수적으로 담긴 경우에는 부수적 복제에 따른 저작권 보호 제외에 해당되어 침해가 아니겠지만, 공개된 장소에 있는 특정 건축물이나 미술저작물을 중심 피사체로 한 경우는 어떻게 될까? 이런 경우에도, 소위 '파노라마의 자유' 라 불리는 저작권법 제35조 2항에 따라 원칙적으로는 침해에 해당되지 않는다. 권리자가 스스로, 공개 장소에 공공연히 노출시킨 행위로부터, 소유자 및 저작권자의 동의가 의제되기 때문이다. 단, 공개장소에서 촬영된 사진저작물이라 하더라도,

(a) 영리/판매 목적 복제(영리목적 엽서/달력 제작, 판매)에 해당하거나, 개방된 장소에 항시 전시할 목적으로 복제, 촬영하여서는 안되며,

(b) 원저작물과 동일 형체 (건축물을 건축물로 복제, 조각/회화를 조각/회화로 복제)로 복제하고자 하는 경우는 침해에 해당하므로 원저작물 저작권자의 허락이 필요

하다.

■ **공개되지 않은 장소의 건축/미술품 촬영은?**

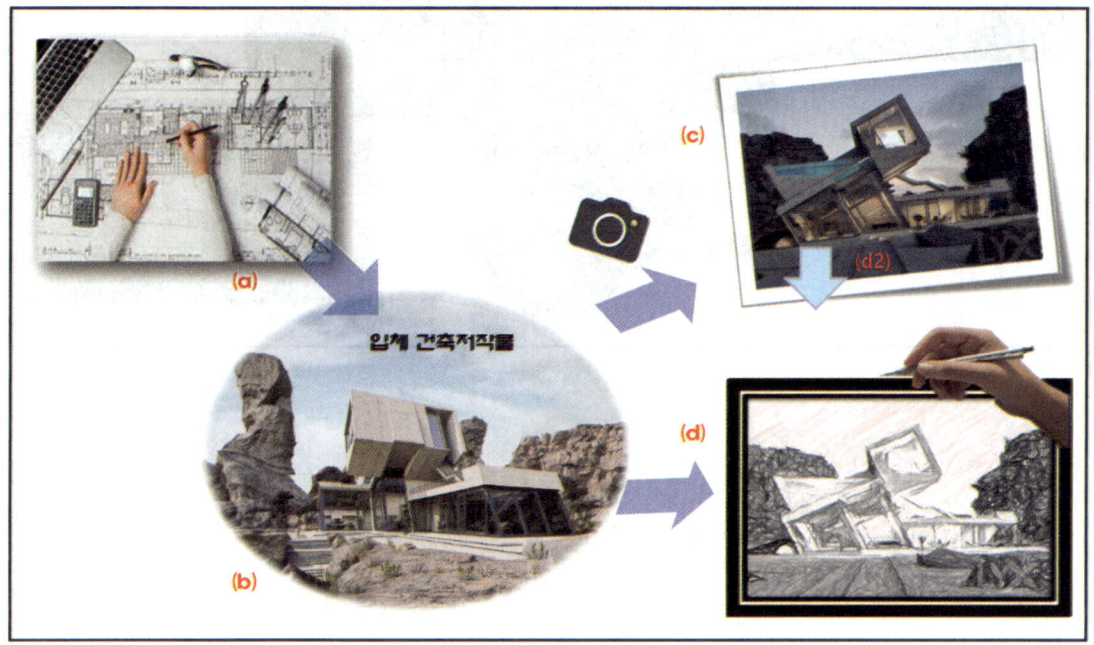

반면, 공개되지 않은 장소에 있는 조각/회화로 무단으로 촬영한 사진(c)이나 건축물을 묘사한그림(d)에 대해서는 여전히 침해가 적용된다. 이 때, 무단으로 찍은 사진에 대해 침해 주장을 할 수 있는 저작권자는 누구일까? 해당 건축물(b)의 건축자 또는 현재 소유자일까? 건축저작물에 대한 저작권자는, 건축설계 당시 계약상 특약이 없는 한, 건축설계도(a)의 작성자, 즉 건축설계사이다. 즉, 원건축저작물은 설계도이고, 건축행위는 건축설계도(저작물)의 복제행위에 해당되기 때문이다.

■ **골프 존 사건**[75]

75. 서울고법 2020. 2. 6. 선고 2019나2031649 판결; 대법원 2020. 3. 26. 선고 2016다276467

원고들은 피고가 원고들이 운영하는 골프장 골프코스들의 모습 내지 종합적인 이미지를 무단 사용하여 3D 골프코스 영상으로 제작한 후 이를 스크린골프장 운영업체에 제공한 행위가 골프장 골프코스에 관한 원고들의 저작재산권을 침해하고, 부정경쟁방지법 제2조 제1호 (카)목의 성과물 도용행위에 해당한다고 주장하며 손해배상을 청구하였다. 1심과 2심에서 문제가 된 것은 골프코스가 저작물이 될 수 있는가 여부이다. 결론적으로 저작물로 인정받은 것은 골프코스 설계도 자체에 대한 것이고 설계도 대로 만들어진 골프코스 그 자체는 저작권의 보호대상이 아니라고 판단하였다. 골프코스의 설계도 상 나타난 구체적인 배치에 있어서는 각 홀마다 페어웨이의 모양이나 길이, 폭, 꺾어진 방향과 각도, 벙커나 워터 해저드의 위치, 모양 및 크기 등이 모두 달라 전체 각 홀마다 독특한 특색을 가지고 있어 창작성 있는 저작물로 인정되었다. 그리고 이 설계도에 대한 저작권은 설계자가 가지게 된다. 문제는 설계도에 따라 골프코스를 시공한 결과물이 저작권의 보호대상이 되는지 여부이다. 이에 대한 구체적 규정은 없지만 우리나라 저작권법은 건축물의 경우에는 그 건축을 위한 모형 또는 설계도서에 따라 이를 시공하는 것을 건축물의 복제행위로 인정한다. 따라서 유추적용하자면 골프코스 설계도로 만들어진 골프장은 설계도면의 복제물일 뿐 저작물로서 보호받을 수 없다. 따라서 골프장을 운영하거나 골프장을 시공한 자는 설계자로부터

저작권을 양도받지 않는 이상 골프장의 구성과 배치에 대한 저작권을 가지지 않는다. 다만, 골프장을 운영한 자는 골프장을 관리함으로써 골프장의 자연적 모습이 유지될 수 있도록 관리한 사람으로서 대법원은 골프장의 종합적인 '이미지'가 골프장을 조성하고 운영하는 자가 만들어낸 성과라고 인정하였다.

■ **실제 건물/공간을 가상공간에 재현하면?**

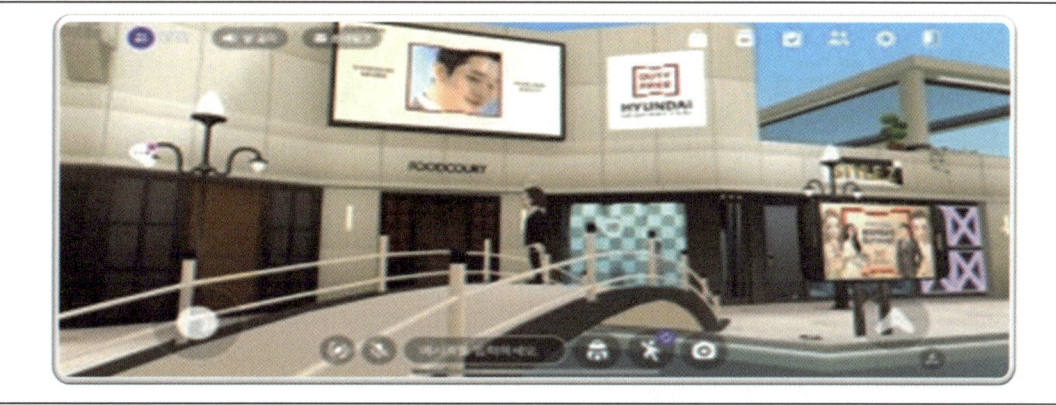

저작권법 제2조 제1호는 저작물을 '인간의 사상 또는 감정을 표현한 창작물'로 규정하여 창작성을 요구하고 있다. 여기서 창작성은 완전한 의미의 독창성을 요구하는 것은 아니라고 하더라도 창작성이 인정되려면 적어도 어떠한 작품이 단순히 남의 것을 모방한 것으 아니 되고 사상이나 감정에 대한 창작자 자신의 독자적인 표현을 담고 있어야 한다. 저작권법은 제4조 제1항 제5호에서 "건축물·건축을 위한 모형 및 설계도서 그 밖의 건축저작물"을, 같은 항 제8호에서 "지도·도표·설계도·약도·모형 그 밖의 도형저작물"을 저작물로 예시하고 있다. 그런데 건축저작물이나 도형저작물은 이른바 기능적 저작물로서, 해당 분야에서의 일반적인 표현방법, 그 용도나 기능 자체, 저작물 이용자의 이용의 편의성 등에 의하여 그 표현이 제한되는 경우가 많다. 따라서 기능적 저작물이 그와 같은 일반적인 표현방법 등에 따라 기능 또는 실용적인 사상을 나타내고 있을 뿐이라면 창작성을 인정하기 어렵지만, 사상이나 감정에 대한 창작자 자신의 독자적인 표현을 담고 있어 창작자의 창조적 개성이 나타나 있는 경

우라면 창작성을 인정할 수 있으므로 저작물로서 보호를 받을 수 있다. 대법원 판례[76]에 따르면, 건축저작물이나 도형저작물은 이른바 기능적 저작물로서, 해당 분야에서의 "일반적인 표현방법, 그 용도나 기능 자체, 저작물 이용자의 이용의 편의성 등에 따라 기능 또는 실용적 사상을 나타내고 있을 뿐이라면 창작성을 인정하기 어렵지만, 사상이나 감정에 대한 창작자 자신의 독자적인 표현을 담고 있어 창작자의 창조적 개성이 나타나 있는 경우라면 창작성을 인정할 수 있다"고 한다.

---

76. 대법원 2009. 1. 30. 선고 2008도29 판결, 대법원 2020. 4. 29. 선고 2019도9601 판결 참조

5. 실내외 인테리어 사진

■ 인테리어등 내부공간을 모방하면?

"점포의 실내외 디자인과 관련하여, 상호의 홍보를 극대화하기 위한 간판의 구성, 이미지 부각 및 고급스러운 분위기를 구현하기 위하여 간판, 창 외 장식, 내벽 부분의 벽지, 창내 부분의 블라인드 부분 등의 형태, 색채, 문양 등을 취사선택하고, 취사 선택된 각 부분을 적절히 조합, 배열하여 만들어진 디자인은 그 디자인이 이용된 건축물인 점포와 구분되어 독자성이 있다고 인정할 수 있으므로, 점포의 실내외 디자인은 응용미술저작물에 해당한다.[77]"

한편, 실내외 디자인이 대중들에게 식별력(주지성) 있는 트레이드 드레스 등으로 인정될 수 있는 경우는 부정경쟁방지법에 따라, 영업 주체의 혼동 초래(제2조1호 나), 트레이드 드레스 모방(제2조 1호 파, 나~다) 또는 기타 성과물 무단사용(제2조1호 파) 등에 따른 제재를 받을 수도 있을 것이다.

---

77. 서울중앙지방법원 2006. 7. 12. 선고 2006가합14405 판결

6. 자연물 사진

<대한항공 여행사진공모전 출품작>

▲영국출신사진작가마이클케나의'솔섬'　　　　　　　　▲대한항공 광고 사진공모전 출품수상작 '솔섬'

　잠시, 판례를 통해 실질적 유사성 판단 사례를 돌아본다면, 화면의 좌측은 영국 전문 사진작가가 2007년 삼척시 소재 솔섬을 배경으로 촬영한 사진 작품이고, 오른쪽은 2010년 대한항공의 여행사진 공모전에 출품된 아마추어 작가의 수상작이다.

　이 사건에서, 서울중앙지방법원은, 대법원 판례에 따라, "저작권의 보호 대상은 … 사상 또는 감정을 …구체적으로 외부에 표현한 창작적인 표현 형식이고, 아이디어나 이론 등의 사상 및 감정 자체는 설사 그것이 독창성, 신규성이 있다하더라도 원칙적으로 저작권의 보호 대상이 되지 않는 것"이라고 전제한 후, "동일한 피사체를 촬영하는 경우, 이미 존재하고 있는 자연물이나 풍경을 어느 계절의 어느 시간에 어느 장소에서 어떠한 앵글로 촬영하는가의 선택은 일종의 아이디어로서 저작권의 보호대

상이 될 수 없다"고 판시하였다.[78] 결론적으로, 두 사진은 동일한 자연물을 피사체로 하였으나, 이는 창작물이 아닌 반면, 창작적 요소인 위치 및 구도, 빛의 방향, 계절과 시각, 수묵화 톤과 컬러톤 등에 있어 두 사진간에 상당한 차이가 있어, 사진저작물과 공모전 사진이 실질적으로 유사하다고 보기 어렵다며 원고의 침해주장을 받아들이지 않았다.

---

78. 서울고등법원 2014. 12. 4. 선고 2014나2011480 판결: 항소기각(확정), 서울중앙지방법원 2014. 3. 27. 선고 2013가합527718 판결(항소)

7. 인물사진과 그림

■ 인물사진을 보고 그린 그림은 사진 저작권 침해? - 침해인정사례

골드스미스의 "프린스" 사진　　앤디워홀의 모사 초상화(실크스크린)

   그렇다면, 저작권이 인정된 인물사진을 보고 그린 그림은 어떨까? 1987년 사망한 앤디워홀이 설립한 워홀 재단과 사진작가 골드스미스는 지난 2016년부터 저작권을 둘러싼 다툼을 벌이고 있는데, 문제는 워홀이 초상화의 밑그림으로 골드스미스가 찍은 프린스의 흑백사진을 사용했다는 것이다. 당시, 워홀은 실크스크린 기법으로 프린스의 사진에 다양한 색을 입히는 초상화 시리즈를 제작했었다.

   이에 대해 2019년 뉴욕 맨해튼 연방법원은 워홀의 손을 들어줬다. 골드스미스 사진 속의 프린스는 상처받기 쉬운 인간적인 모습을 드러낸 반면, 워홀이 만든 초상화 속의 프린스는 시대의 상징으로서 존재감이 느껴진다는 이유에서 였다. 원본과의 차이점이 분명한 만큼 저작권을 침해하지 않는 '공정이용'으로 볼 수 있다는 것이었다. 공

정이용은 미국 저작권법에서 저작권자의 이익을 부당하게 침해하지 않는 범위 내에서는 허락 없이도 저작물을 제한적으로 사용할 수 있도록 허용하는 규정이다.

이 사건을 둘러싸고, 원저작물 보호가 우선이냐, 또다른 예술창작을 위한 표현의 자유가 우선이냐를 두고 예술계의 관심이 집중되었다. 특히, 실제로 널리 알려진 기성 이미지를 이용해 작품을 만드는 팝아트 작가들과 관련 미술관들은 "기존 이미지를 전용하는 것은 수 세기 동안 사용된 예술적 기법이고, 현대 미술의 핵심"이라는 내용의 의견진술서를 내기도 했었다.

워홀은 이 사건의 프린스 시리즈 외에도 유명인의 모습을 담은 다양한 작품으로 유명한데, 최근 크리스티 경매는 워홀이 할리우드 여배우 마릴린 먼로의 사진으로 제작한 초상화를 역대 경매 사상 최고 시작가인 2억 달러(한화 약 2430억 원)에 출품하기도 했다.

그러나 2심에선 판결이 뒤집어졌다.(Andy Warhol Foundation for the Visual Arts, Inc. v. Goldsmith, 11 F.4th 26 (2d Cir. 2021)) 공정이용으로 보기 위해선 두 작품의 예술적 목적과 특성이 달라야 하고, 변형적 이용(transformative use)으로 인정될 정도의 차별성이 요구되나, 워홀의 초상화가 그 정도의 차별성을 구현했다고 볼 수는 없다는 것이었다. 2023년 5월 18일, 미국 연방대법원도, 2심 판결과 같이 워홀의 실크스크린 초상화 작품이 골드스미스의 사진저작물을 침해하였다는 최종판결(Andy Warhol Foundation for the Visual Arts, Inc. v. Goldsmith (598 U.S. ___, 2023)을 내렸다. 대법원 판결은 7 대 2의 표결로 결정되었다. 소니아 소토마요르 대법관은 다수 의견에서 "가수 프린스의 사진을 찍은 골드스미스의 원작은 다른 사진작가들의 작품처럼 저작권 보호를 받을 자격이 있다"면서 "이런 보호에는 원본을 변형한 파생적인 작품에 대한 보호도 포함된다"고 밝혔다. 반면 엘레나 케이건 대법관은 반대의견에서 "(저작권 침해 판결 시) 모든 종류의 창의성을 억압하고 새로운 예술과 음악, 문학을 방해하게 될 것"이라는 우려의 의사를 표명했다. 이 사건 대법원 판결에 따라, 향후 기성이미지를 기반으로 한 팝아트계에 저작권 분쟁이 이어

질 것으로 예상된다.

■ **사진저작물 침해 부정사례**

> 원고 갑 회사는 사진이나 영상콘텐츠 촬영 및 판매 회사이고, 을은 일러스트레이터이다. 이 사건에서 갑은 사진집을 판매하였고, 을은 그 중 한 사진을 참고하여 일러스트를 그렸고, 이를 모 잡지에 게재하였다. 〈일본판례〉 https://ipforce.jp/Hanketsu/jiken/no/12146

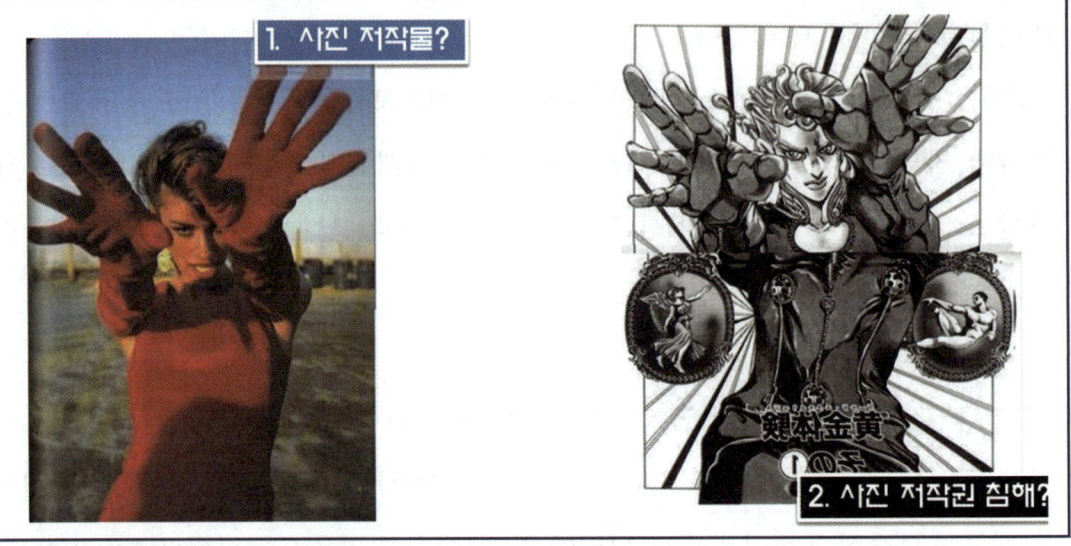

한편, 워홀 사건과 유사한 위의 사건에 대해, 일본 동경지방법원은, 원고의 사진은 사진저작물로 인정되고, 피고의 일러스트가 원고가 판매하는 사진집의 사진을 참고한 것도 맞지만, 피사체의 배치나 구도, 피사체와 광선의 관계, 색채의 배합, 피사체와 배경의 콘트라스트 등 해당 사진의 창작성을 인정한 본질적 특성까지 재현한 것은 아니라는 이유로 피고의 저작권 침해를 부정하고 2018년 3월 원고의 청구를 기각하는 판결을 내린 바 있다.[79] 또한, 저작권법에 따른 침해를 주장하기 위해서는 앞서 설명한 바와 같이 대상물이 저작물로 인정받아야 하고, 두 객체 간에 실질적 유사성과 주관적 의거성을 입증하여야 함은 물론, 해당 사용이 침해주장 제한사유에 해당하지 않아야 한다.

즉, 일반적으로 재판/행정, 비평, 교육, 학술 연구, 시사 보도, 예술 등에서의 작업이

---

79. 참고, https://ipforce.jp/Hanketsu/jiken/no/12146

나 원저작물의 저작권자의 경제적 이익을 부당하게 침해하지 않는 공정한 이용의 경우 등, 산업재산권과는 달리 저작권 영역에서는 헌법상 표현의 자유 보호 등을 이유로, 상대적으로 허용 범위가 넓다. 저작권법에 따른 보호는 창작성, 즉 창작적 표현활동을 장려하기 위한 취지에서 비롯된 것이므로, 저작물 사용에 대한 지나친 제한은 창작활동을 오히려 저해할 수도 있다는 우려에서, 구체적 예외사항의 열거뿐 아니라, '공정이용'과 같은 포괄적 예외(허용)규정으로 보완하여, 기존 저작물의 변형 적 이용을 통한 새로운 창작활동을 보호하고 있는 것으로 사료된다.

8. 미술작품 사진

■ 미술작품을 사진촬영하여 온라인 게시하면?

　공개된 장소가 아닌 실내 전시회 등에 전시된 미술작품을 허락없이 촬영하면, 앞서 돌아본 저작권 보호 제한 사유에 해당하는 경우가 아니라면, 원칙적으로 저작권 침해에 해당된다. 기본적으로 원저작권자의 복제권 침해에 해당한다. 이렇게 촬영한 사진이나 영상을 인터넷 등에 게시하면 복제권침해외에도 공중송신권 침해, CD/DVD나 NFT등 디지털 이미지 파일로 만든 경우는 2차 저작물 작성권 침해에도 해당된다. 그런데 최근에 인터넷 등에 명화 콘서트 등의 이름으로 블로그나 까페 등을 운영하는 경우가 많이 보이는데 이런 건 문제가 안될까?

　저작권 보호기간 (현행법상 저작자 생존기간+70년)이 종료된 작품에 대해서는 사진 촬영하더라도 침해가 아니기 때문이다. 소위 클래식 또는 명화로 불리는 작품들은 이에 해당하기 때문에 문제가 되지 않는다. 그렇다면, 아직 저작권 보호기간 존속중

인 작품의 원본을 소유하고 있는 사람은 마음대로 전시 또는 사진이나 영상물 촬영, 게시하여도 문제가 없을까?

■ **미술작품 원본 소유자의 전시권?**

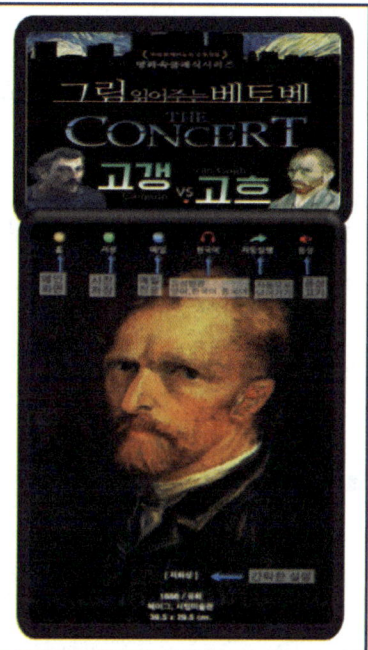

① 그 저작물의 원본 전시회
② (원본 전시/판매 목적)
③ 가로・공원・건축물의 외벽 기타 공중에게 개방된 장소에 항시 전시 (전시권)
④ 작품 감상을 대체할 정도의 화집, 포스터 및 DVD, 디지털 파일 등으로 제작, 온라인 전시, 전송 등
　(복제권, 공중송신권, 2차적 저작물 작성권)
⑤ 저작물의 해설이나 소개를 목적으로 인터넷 사이트에 디지털 형태로 게시(공중송신권)

화면에 표시된 항목들을 살펴보면,

①과 ②의 경우는 가능, 즉 저작권 침해가 아니다.

③과 ④의 경우는 원본 소유자라 하더라도 저작권자의 허락이 없다면 저작권 침해 가능성이 높다.

⑤의 경우, 즉 온라인 공개/게시 경우는 저작권자의 경제적 이익 침해 위험성 여하에 따른 이용 목적, 용도, 공개 비중 정도에 따라 공정한 이용에 해당하는 지 판단이 필요하게 된다. 달리 말하면, 경우에 따라 다를 수 있다.

9. CCTV 영상

저작권법상 저작물이란 "인간의 사상 또는 감정의 창작적 표현물"을 의미하므로, 블랙박스나 CCTV로 찍힌 영상 또는 사진의 경우, 이러한 창작의 의도가 있다고 보기 어렵기 때문에 저작물로 보호되기 어렵다. 또한 블랙박스나 CCTV에 촬영된 영상을 편집한 경우에도, 창작적 요소가 가미되어야 저작물로 인정되며, 단순히 영상의 시간적 길이를 줄인 경우에는 보호받지 못한다.

■ CCTV 영상은 "개인정보" 원칙적으로 개인정보보호법 적용 대상

CCTV 영상은 발생한 사실을 인위적 개입이나 조작 또는 편집 없이 발생한 사실 그대로를 기록한 영상물인 관계로 촬영자의 창작적 표현이라는 저작물의 요건을 충족할 수 없으므로 저작권의 보호대상은 아니라고 판단된다. 오히려 영상 속 정보는 개인정보에 해당되고, 촬영된 인물의 동의없이 기록된 관계로 개인정보보호법이 적용되므로 그 영상물의 사용 또는 공개는 각별한 유의가 필요하다. 개인정보보호법 17조에 따르면 개인정보처리자는 아래 경우에 한해서만 개인정보를 제3자에게 제공할 수 있다.

■ 정보 주체(처리되는 정보에 의해 알아볼 수 있는 사람)의 동의를 받거나

- 법률에 특별한 규정이 있는 경우,
- 공공기관이 법령 등에서 정하는 소관 업무의 수행을 위해 불가피한 경우
- 정보 주체가 의사표시를 할 수 없는 상태에 있거나 주소불명 등으로 사전 동의를 받을 수 없을 때는 정보 주체나 제3자의 급박한 생명, 신체, 재산의 이익을 위해 필요하다고 인정되는 경우

개인정보보호법 제25조에서는 범죄예방, 시설안전, 화재예방 등의 제한적인 목적으로만 공개된 장소(불특정다수가 지나다니는 골목길, 지하철 역 등)에 CCTV를 설치하여 운영할 수 있도록 하고 있다. 그런데 다른 사람의 주택은 공개된 장소가 아니라 개인이 소유한 사유지로 사생활의 비밀이 보장되어야 하는 사적공간에 해당된다. 사람은 사적 공간에서 자신의 사생활의 비밀에 관한 사항을 타인에게 공개 당하지 않을 법적 이익을 갖고 있고, 개인의 사생활의 비밀에 관한 사항은 비밀로서 보호되어야 한다.

또한 사람은 누구나 자신의 얼굴 기타 사회통념상 특정인임을 식별할 수 있는 신체적 특징에 관하여 함부로 촬영 또는 그림 묘사되거나 공표되지 아니할 초상권을 갖는다. 따라서 다른 사람의 사유지를 촬영하는 것은 사생활의 비밀과 자유 및 초상권을 침해할 수 있으므로 CCTV를 설치할 때에는 다른 집이 촬영되지 않도록 CCTV 촬영 범위 및 각도를 조절해야 한다. 정보주체는 자신의 영상정보를 열람 청구하여 확인할 수 있으며, 타인이 포함된 영상정보는 해당 영상정보주체의 주소 불명 등으로 동의를 얻을 수 없는 경우로 정보주체의 급박한 생명, 신체, 재산상 이익을 위하여 필요한 경우에 한해서 열람할 수 있다.

10. 음란물 사진

■ 웹하드·온라인 유통 음란물도 저작권 보호?

<그림출처: 타이핑 탁>

예술이냐? 외설이냐? 는 국가, 지역, 시대에 따라 다른 기준과 해석이 적용되어 왔다. 하드코어 포르노와 같은 음란물에 대한 저작권을 인정할 것인가에 대한 법률적 해석이나 판례 또한 국가와 시대에 따라 다른 기준과 해석이 이어져 왔다. 기본적으로 예술과 과학 등 관련 산업의 발전을 도모하기 위해 저작권을 인정하기로 하고 있는데, 만약 음란물에 저작권을 인정하면 불법으로 간주하고 있는 포르노관련 산업을 장려하는 모순에 빠지게 되기 때문이다.

"과학과 예술의 발전을 장려하기 위함이 저작권법의 제정 취지라면, 포르노가 이와 무슨 관련이 있는가?", "과연 포르노도 상업적 가치를 인정해야할 산업으로 수용하

고, 보호해야 할 것인가?", "외설적 불법 음란물과 예술적 표현의 자유의 경계는 어디서 찾을 것인가?"등 음란물의 저작권 인정을 둘러싼 논쟁이 끊임없이 일어왔다.

미국법원에서조차, 1970년대 이전까지는 포르노 저작권에 대해서는 부정적 입장이었다가, 'Mitchell Brothers Film Group v. Cinema Adult Theater' 분쟁[80]에서 미국 법원은 설사 포르노의 저작권이 부인된다고 하더라도 포르노의 제작 및 배포에 미치는 영향은 그리 크지 않을 것이라고 판단하면서, 내용과 상관없이 저작권은 인정해야 한다고 판결하였고, 이후 1982년 'Jartech, Inc. v. Clancy' 사건에서도 미국 법원은 음란물이라고 해서 저작권의 예외가 되어서는 안 된다고 판단했다. 성에 대한 개방적 풍조 변화와 불법 복제, 유통에 대한 제재가 없을 경우 발생할 관련산업 쇠퇴에 따른 시장경제적 우려가 반영된 결과인 것으로 보인다.

우리나라에서도 이런 논란은 계속되고 있으나, 1990년 대법원은 소위 '여대생 누드 사건'에서 일본의 시사 주간지 ≪플래시(FLASH)≫에 실린 일부 누드 사진을 무단 게재한 국내 월간지에 대해 "(해당) 사진들은 「형법」의 제재를 받아야 할 음란물이라고 볼 수 없고, 예술의 범위에 속하는 창작물로 없을 뿐 보호 대상이 된다"고 판단을 내린 뒤에 "설사 그 내용 중에 부도덕하거나 위법한 부분이 있다 하더라도 「된다고 저작물로 보호되어야 할 된다고 판결을 내린 바 있고, 이후 2015년 6월 대법원은, 음란 동영상에 대해서도 저작권 보호 대상이라는 입장을 보였다. 이 사건에서 대법원은 인터넷 파일 공유 사이트에 불법으로 일본 포르노 동영상 4만여 건을 업로드한 혐의로 기소된 피고에 대한 재판에서 "음란물 역시 저작권 보호 대상"으로 "저작권자의 허락 없이 불법 복제를 통해 이득을 취했다면 처벌 대상"으로 판결하여 포르노에 대해서도 저작권을 인정하는 입장을 유지해 왔다.[81]

대신, 저작권법과는 별개로 음란물 규제 관련법 ('정보통신망 이용촉진 및 정보보호 등에 관한 법률') 위반 (음란물 유포 등)에 의한 처벌을 통해, 하드코어 포르노와 같은

---

80. Mitchell Bros. Film Group v. Cinema Adult Theater, 604 F. 2d 852 – Court of Appeals, 5th Circuit (1979)

81. 참고, [네이버 지식백과] 포르노그래피와 저작권 (포르노그래피, 2015. 11. 1., 홍성철); https://terms.naver.com/entry.naver?docId=3385615&cid=42219&categoryId=58302

음란물의 유통, 게시를 규제하는 한편, 명백하게 불법인 음란물의 보호를 주장하는 저작권자에 대해서는 사실상 검찰이 수사권을 행사하지 않는 방식으로 사회의 도덕적, 윤리적 요구를 수용하는 보완책을 전개하고 있다.

XIII. 저작권 침해와 제한사유

1. 저작권 침해유형

침해 분쟁의 대표적인 유형은 다음과 같이 정리할 수 있을 것이다.

(1) 선행 저작물이 저작권 보호대상으로 인정되고, 양 저작물이 동일하거나 일부 미세한 차이 정도로 선행 저작물과의 사실상 동일한 것으로 인정할 수 있는 경우에는 선행 저작물을 후행 저작물이 모방, 복제한 것으로서 선행 저작권 침해(저작재산권 중 복제권 침해)에 해당된다.

(2) 후행 저작물이 선행 저작물과 다른 새로운 창작적 요소가 있으나 선행 저작물과 실질적으로 유사한 경우에는 후행 저작물이 선행 저작물의 2차적 저작물에 해당하는 지가 쟁점이 될 수 있다. 2차적 저작물은 저작재산권의 하위분류로(특약이 없다면, 저작재산권 양도의 경우에도 양수인에게 양도되지 않고 원저작자에게 유보된다), '원저작물을 기초로 하되 원저작물과 실질적 유사성을 유지하고 이것에 사회통념상 새로운 저작물이 될 수 있을 정도의 수정·증감을 가하여 새로운 창작성을 부가하는 것'[82]이라 해석된다. 물론 2차적 저작물로 인정된다고 하더라도 선행 저작물 저작권자의 허락이 없었다면 선행 저작물의 저작재산권 중 2차적저작물작성권 침해가 된다. 따라서 원작자의 허락 없이 임의로 2차적 저작물을 작성한 자는 원작자의 권리인 2차적 저작물 작성권을 침해함과 동시(5조 2항)에 제3자에 대해서는 고유의 저

---

82. 대법원 2010. 2. 11. 선고 2007다63409 판결

작권을 취득(5조 1항)하는 것이다. 따라서, 1차 번역된 자료를 기초로, 2차 번역하는 경우, 2차 번역자는 1차 번역자 뿐만 아니라 원저작자의 허락도 받아야 한다. 반면 2차적 저작물이 아니라 약간의 변형에 불과하다면 원작자의 복제권을 침해한 것이고 고유의 저작권은 인정되지 않는다.

(3) 후행 저작물이 선행 저작물과 유사한 부분이 있지만 해당 부분이 저작권으로 보호되는 부분이 아니거나 후행 저작물이 선행 저작물의 아이디어나 컨셉 또는 기능적 표현만 이용하였을 뿐, 이를 제외한 각각의 창조적 표현 부분은 실질적으로 유사하지 않은 경우라면 저작권 침해에 해당하지 않는다. 대부분의 저작권 침해 분쟁은 유형 (3)에서 발생한다.

2. 저작권침해 판단기준

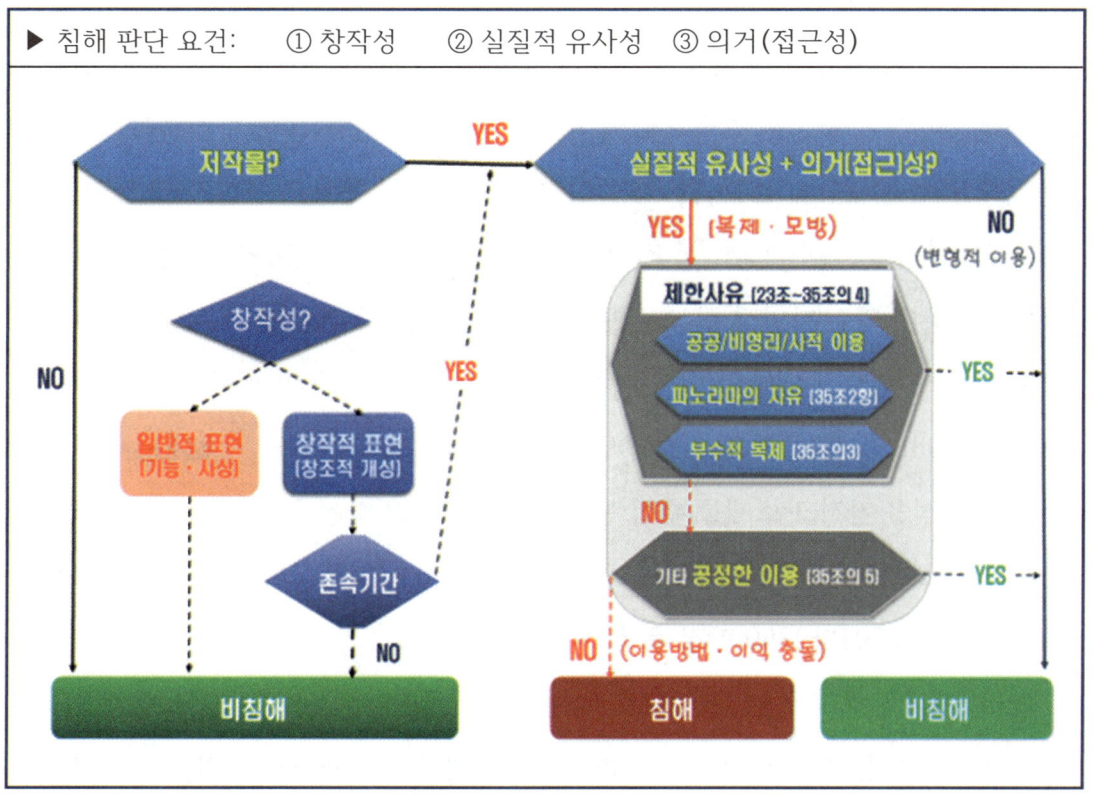

저작권법에 따른 침해를 주장하기 위해서는,

앞서 설명한 바와 같이 ① 대상물이 저작물로 인정(창작성) 받아야 함은 물론, 두 객체 간에 ② (객관적 요건) 실질적 유사성과 ③ 주관적 의거성(즉, 모방하였거나, 모방하지 않고는 저런 유사성이 나올 수 없다는 추정)을 저작권자가 입증하여야 한다.

① 저작물의 창작성:
제2조 제1호는 저작물을 "문학·학술 또는 예술의 범위에 속하는 창작물"로 규정하고 있는바, 위 규정에서 말하는 창작물이라 함은 창작성이 있는 저작물을 말하고 여기

서 창작성이라 함은 완전한 의미의 독창성을 요구하는 것은 아니라고 하더라도 적어도 어떠한 작품이 단순히 남의 것을 모방한 것이어서는 안 되고 작자 자신의 독자적인 사상이나 감정의 표현을 담고 있어야 할 것이므로, 누가 하더라도 같거나 비슷할 수밖에 없는 표현, 즉 저작물 작성자의 창조적 개성이 드러나지 않는 표현을 담고 있는 것은 창작물이라고 할 수 없다(대법원 2005. 1. 27. 선고 2002도965 판결 등 참조).

한편, 일반적으로 지도는 지표상의 산맥·하천 등의 자연적 현상과 도로·도시·건물 등의 인문적 현상을 일정한 축적으로 약속된 특정한 기호를 사용하여 객관적으로 표현한 것으로서, 지도상에 표현되는 자연적 현상과 인문적 현상은 사실 그 자체일 뿐 저작권의 보호대상은 아니라고 할 것이므로, 지도의 창작성 유무를 판단함에 있어서는 지도의 내용이 되는 자연적 현상과 인문적 현상을 종래와 다른 새로운 방식으로 표현하였는지, 그 표현된 내용의 취사선택에 창작성이 있는지 등이 판단의 기준이 되고(대법원 2003. 10. 9. 선고 2001다50586 판결 등 참조), 편집물의 경우에는 일정한 방침 혹은 목적을 가지고 소재를 수집·분류·선택하고 배열하는 등의 작성행위에 편집저작물로서 보호를 받을 가치가 있을 정도의 창작성이 인정되어야 한다(대법원 2003. 11. 28. 선고 2001다9359 판결 등 참조).

그리고 저작권의 보호 대상은 학문과 예술에 관하여 사람의 정신적 노력에 의하여 얻어진 사상 또는 감정을 말, 문자, 음, 색 등에 의하여 구체적으로 외부에 표현한 창작적인 표현형식이고, 거기에 표현되어 있는 내용 즉 아이디어나 이론 등의 사상 및 감정 그 자체는 원칙적으로 저작권의 보호 대상이 아니므로, 저작권의 침해 여부를 가리기 위하여 두 저작물 사이에 실질적인 유사성이 있는지 여부를 판단함에 있어서도 창작적인 표현형식에 해당하는 것만을 가지고 대비해 보아야 하고, 표현형식이 아닌 사상이나 감정 그 자체에 독창성·신규성이 있는지 등을 고려하여서는 안 된다(대법원 2000. 10. 24. 선고 99다10813 판결 등 참조).

② 실질적 유사성:
우리 법원은 침해를 주장하는 저작물의 아이디어나 기능적, 사실적 표현은 제외하

고 창작적인 표현형식에 해당하는 것만은 가지고 두 저작물 간에 실질적 유사성이 있는 가를 판단하여야 한다고 판시하고 있다.

일반적으로 법원실무상 주관적 의거성 먼저 살펴본후, 객관적 실질적 유사성을 판단한다고 하나, 어차피 주관적 요건과 객관적 요건을 모두 충족해야 하고, 상호 연관성도 있으므로, 순서는 중요하다고 보기 힘들어 보인다.

◆ 실질적 유사성 판단관련 판례

▶저작권의 침해 여부를 가리기 위하여 두 저작물 사이에 실질적인 유사성이 있는가의 여부를 판단함에 있어서도 창작적인 표현형식에 해당하는 것만을 가지고 대비하여야 한다. (대법원 2009. 5. 28. 선고 2007다354 판결, 대법원 2000. 10. 24. 선고 99다10813 판결 등 참조)
▶저작권 침해 여부를 가리기 위하여 두 저작물 사이에 실질적 유사성이 있는지 여부를 판단함에 있어서 창작적인 표현형식에 해당하는 것만을 가지고 대비해 보아야 하고, 표현형식이 아닌 사상이나 감정 그 자체에 독창성, 신규성이 있는지 등을 고려하여서는 안 된다. (대법원 99다10813 판결, 대법원 2009도291 판결 등 참조)
▶다른 사람의 저작물을 무단 복제하면 복제권을 침해하는 것이고 이 경우 저작물을 원형 그대로 복제하지 아니하고 다소의 수정·증감이나 변경을 가하더라도 새로운 창작성을 인정할 수 없는 정도이면 단순한 복제에 해당한다. (대법원 2010. 2. 11. 선고 2007다63409 판결, 대법원 1989. 10. 24. 선고 89다카12824 판결 등 참조)
▶반면에 어떤 저작물이 기존의 저작물을 다소 이용하였더라도 기존 저작물과 실질적인 유사성이 없는 별개의 독립적인 새로운 저작물이 되었다면, 이는 창작으로서 기존의 저작물의 저작권을 침해한 것이 아니다. (대법원 2010. 2. 11. 선고 2007다63409 판결 참조)

③ 주관적 의거성(접근성):

'의거'라 함은 침해자가 원 저작물의 존재를 알고 그것을 직간접적으로 기초하여 자신의 저작물을 만드는 것을 의미한다. 따라서 후행 저작물이 선행 저작물과 비록 동일하거나 실질적으로 유사한 것으로 보인다고 하더라도, 단순히 우연의 일치로 동일

하게 된 것이거나, 공통의 문화유산, 자연환경 등 공공 유산이나 공지된 내용을 이용함에 따른 자연스러운 결과로서 동일하게 된 경우에는 의거 관계를 인정하지 않는다.

그러나, 의거 관계는 주관적 인식에 의하여 결정되므로 침해자가 실제로는 선행 저작물의 존재를 알고 있었음에도 이를 부인하는 경우가 많아 입증이 어려운 경우가 대부분이다.

따라서 판례는 의거관계의 입증을 엄격하게 요구하지 않고 의거관계를 저작물에 대한 접근기회, 즉 이를 보거나 접할 상당한 가능성만 있으면 인정하고 있으며(서울고등법원 2012. 10. 18. 선고 2011나103375 판결 참조), 양 저작물이 현저하게 유사한 경우 현저하게 유사하다는 사실 자체에서 양 저작물의 의거 관계를 추인하는 경우도 있다.[83]

하지만 선행 저작물이 먼저 창작되었다고 하더라도 후행 저작물에 대하여 무조건적인 접근기회를 인정하는 것은 아니다. 선행 저작물이 일부 관계자들 사이에서만 공유가 되고 대외적으로 발행, 공표되지 않은 경우에는 후행 저작물의 의거관계가 인정되지 않을 수 있다.

또한 양 저작물이 실질적으로 유사하다고 하더라도 해당 유사 부분이 기능적으로 그런 형태로 표현할 수 밖에 없는 부분이거나, 해당 장면의 필수적 장면이거나, 전형적인 표현인 경우에는 그런 표현만으로 의거 관계를 추정할 수 없다.

미국 판례법에 따르면, 이러한 정황적 상황에 따른 의거성 추정을 위해서는, a) 기존 저작물에 대한 접근(access) 가능성이 인정되고(and), b-1) 양 저작물간의 현저한 유사성(striking similarity)이 있거나, (or) b-2) 공통의 오류 (common error)가 있어야 한다. 판례는, 이들 판단요소들간에는 어느 한 요소가 강하면 상대적으로 다른 요소가 약해도 추정 가능한 것으로 보완적으로 판단하고 있다(반비례 원칙, inverse ratio rule).[84]

---

83. 참조, 서울중앙지법 2007.7.13선고2006나16757판결. "주관적요건으로서 A 저작자가 B저작자의 저작물에 의거하여 저작물를 제작하였어야 하고… 이때의 의거관계는 이르 입증할 직접 증거에 의하여 인정될 수도 있고, 직접증거가 없거나 부족한 경우라도 A 저작자가 B저작자의 저작물에 대한 접근기회, 즉 이를 보거나 접할 상당한 가능성이 있었음이 인정되면 추인될 수 있다."

84. 참조, Arnstein v. Porter, 154 F.2d 464 (2d Cir. 1946); Sid & Marty Krofft Television Produc-

◆ **판례연구**

1. Arnstein v. Porter, 154 F.2d 464 (2d Cir. 1946):

원고 Jannete Arnstein은 자신의 노래와 유사한 구절이 포함된 다른 노래들을 작곡한 유명작곡가 Cole Porter를 저작권 침해로 고소했다. 피고는 원고의 노래를 들어본 적이 없으며 독자적으로 노래를 작곡했다고 항변하였고, 원고는 피고가 자신의 노래를 훔치기 위해 스파이를 심어두었다고 주장했다.

1심법원은 두 노래가 실질적으로 유사하지 않다고 판단하고 원고의 약식판결 청구를 인용하여 비침해판결을 내렸으나, 항소심에서는 1심 판결을 파기, 환송하였다.

항소심은 침해여부 판단에 있어 기존 저작물에 대한 접근 가능성, 현저한 유사성, 그리고 공통의 오류를 판단 요소로 검토하여야 한다고 판시하면서, 쟁점이 된 실질적 유사성은 일반 청중 관점에서 판단되어야 함을 강조하고, 두 노래간의 유사성이 사소하여 1심 판사가 피고에게 유리한 평결을 지시할 수 있을 정도로 확실한 사안이 아님에도, 배심원을 통한 유사성 판단기회를 허여하지 않은 약식판결은 잘못이라고 판단하여 1심의 약식판결을 파기, 환송하였다. 또한, 항소법원은, 이러한 판단 요소들에 대한 반비례 원칙을 언급하며, "어느 한 요소가 강할수록, 다른 요소들이 그만큼 강하지 않아도 저작권 침해의 추정은 가능하다"고 판시하기도 하였다.

2. Sid & Marty Krofft Television Productions, Inc. v. McDonald's Corp., 562 F.2d 1157 (9th Cir. 1977):

아동용 TV 프로그램 제작사인 원고는 자신의 아동용 방송프로그램에서 등장한 "H.R. Pufnstuf" 캐릭터와 유사한 "Mayor McCheese"라는 캐릭터가 McDonald's에서 만든 광고에서 무단으로 사용되었다고 주장하며 McDonald's를 상대로 저작권 침해소송을 제기하였다. 항소심 법원은 두 캐릭터는 상당히 유사하다고 볼 수 없다고 판단하고 비침해 판결을 내렸다 또한 상표침해도 주장하였으나, 법원은 소비자의 혼동가능성도 부인하여 원고의 상표권에 침해주장도 기각하였다. 이 판결에서도 반비례 원칙을 언급하며, "유사성이 현저한 경우, 접근 가능성 부족도 보완될 수 있다"고 판시하였다.

3. Williams v. Crichton, 84 F.3d 581 (2d Cir. 1996):

크라이튼의 소설 "Eaters of the Dead"를 원작으로 한 영화 "The 13th Warrior"를 제작하면서 작가 트라이튼과 영화제작사가 원고 Williams의 저작물 "Vengeance of Alvarado"의 아이디어와 특정 구성 요소를 도용했다는 저작권 침해소송이다. 원고는 도용의 증거로, 원고가 소설가 크라이튼에게 이전에 소개했던 영화 이아이디어와 최종 영화 "The 13th Warrior"에 유사성이 있다

---

tions, Inc. v. McDonald's Corp., 562 F.2d 1157 (9th Cir. 1977); Williams v. Crichton, 84 F.3d 581 (2d Cir. 1996)〉

는 점을 주장했다. 항소법원은 이 사건에서 저작권 침해 여부를 '상당한 유사성" (substantial similarity)'을 기준으로 검토한 결과, 법원은 "Vengeance of Alvarado"와 "The 13th Warrior"간에 상당한 유사성이 부족하다고 판단하여, 원고의 저작권 침해 주장을 기각하였다. '상당한 유사성' 기준에 따르면, "해당 작품이 저작권자의 창작(original creation)에서 파생된 것이어야 하며, 단순히 공통 소재가 공유되었다는 것만으로는 침해주장의 충분한 근거가 되지 않는다"고 판시하였다. 이 사건에서도 법원은 공통의 오류와 현저한 유사성을 주요 판단 요소로 사용하였고, 상호간 반비례 원칙을 언급하며, "공통의 오류가 크면 현저한 유사성이 작더라도 저작권 침해를 추정할 수 있다"는 점을 확인하기도 하였다.

4. 서울중앙지방법원 2007. 4. 11. 선고 2005가합102770 판결

A저작물

B저작물

A가 위 왼쪽 강아지 그림을 상표로 출원 등록하였는데 그 후 B가 이와 유사한 위 오른쪽 강아지 그림을 상표로 출원 등록하였다(후에 무효로 됨). C는 B로부터 위 후행 상표에 대한 전용실시권을 설정받아 신발에 부착하여 대형마트에 공급하였는데, 이에 대하여 A가 저작권 침해 등 소송을 제기한 사례이다.(일명 '팻독' 사건)

이 사건에서 판례는 "피고측 표장이 이 사건 저작물에 의거하지 아니하고 독자적으로 피고측 표장을 작성하였다고는 생각하기 어려울 정도로 표현상에 현저한 유사성이 인정되는 경우에는 의거 관계를 추인할 수 있을 것인바, 후행 상표 그림은 이 사건 저작물의 개성 있는 표현과 그 형태가 완전히 동일하고 바탕과 강아지의 음영을 서로 바꾸어 놓은 것에 불과하여 이 사건 저작물에 의거하지 아니하고 독립하여 창작되었을 가능성은 희박할 정도로 현저히 유사하므로 의거관계가 추인된다고 할 것이다"라고 판단하여(서울중앙지방법원 2007. 4. 11. 선고 2005가합102770 판결 참조) 의거관계가 입증이 되지 않더라도 양 저작물 사이에 현저한 유사성이 있는 경우 의거관계를 추인하였다.

3. 저작권 제한사유와 공정한 이용(Fair use)

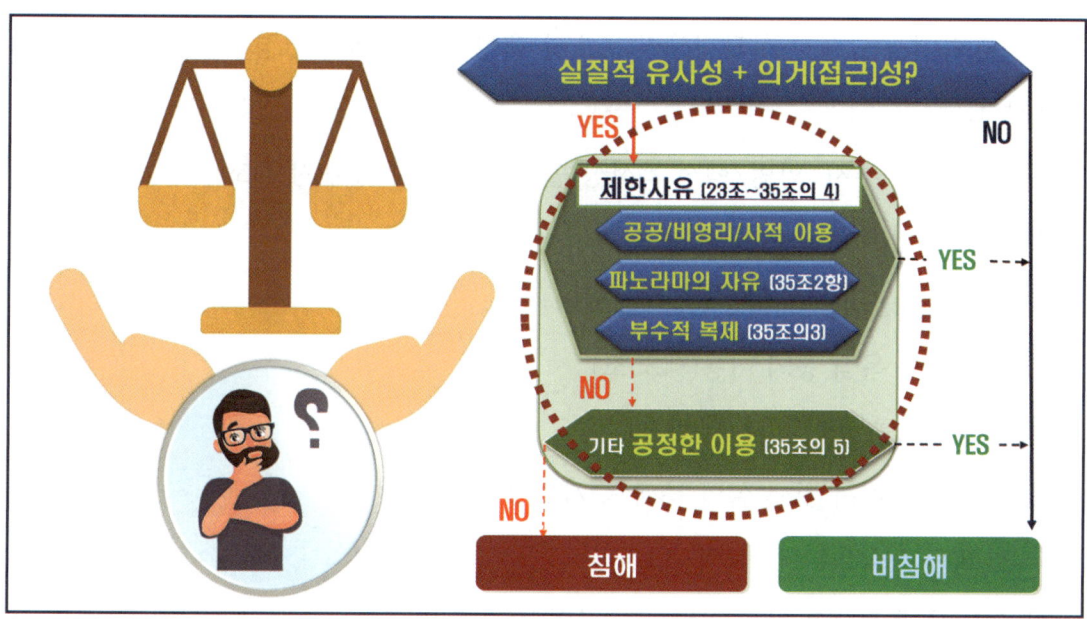

또한, 저작권법에 따른 침해를 주장하기 위해서는 앞서 설명한 바와 같이 대상물이 저작물로 인정받아야 하고, 두 객체 간에 실질적 유사성과 주관적 의거성을 입증하여야 함은 물론, 해당 사용이 침해주장 제한사유(저작권자 허락없이 사용할 수 있는 경우)에 해당하지 않아야 한다. 즉, 일반적으로 재판/행정, 비평, 교육, 학술 연구, 시사보도, 예술 등에서의 작업이나 원저작물의 저작권자의 경제적 이익을 부당하게 침해하지 않는 공정한 이용의 경우 등, 산업재산권과는 달리 저작권 영역에서는 헌법상 표현의 자유 보호 등을 이유로, 상대적으로 허용 범위가 넓다.

저작권법에 따른 보호는 창작성, 즉 창작적 표현활동을 장려하기 위한 취지에서 비롯된 것이므로, 저작물 사용에 대한 지나친 제한은 창작활동을 오히려 저해할 수도 있다는 우려에서, 구체적 예외사항의 열거 뿐만 아니라, '공정이용'과 같은 포괄적 예

외(허용)규정으로 보완하여, 기존 저작물의 변형 적 이용을 통한 새로운 창작활동을 보호하고 있는 것으로 사료된다.

3.1 저작권 제한사유

저작권법에서 규정한 저작재산권 보호가 제한되는 구체적인 경우를 돌아보면 다음과 같다.

1. 재판 또는 수사, 입법/행정 목적상 필요한 경우의 복제(제23조)
2. 정치적 연설 등의 이용(제24조)
3. 공공저작물의 자유이용 (제24조의2)
4. 학교교육 목적 등의 이용(제25조)
5. 시사보도를 위한 이용(제26조)
6. 시사적인 기사 및 논설의 복제 등(제27조)
7. 공표된 저작물의 인용(제28조)
8. 영리를 목적으로 하지 아니하는 공연·방송(제29조)
9. 사적 이용을 위한 복제(제30조)
10. 도서관 등에서 복제(제31조)
11. 시험문제로서 복제(제32조)
12. 시각장애인과 청각장애인 등을 위한 복제 등(제33조, 33조의2)
13. 방송사업자의 일시적 녹음·녹화(제34조)
14. 미술저작물 등의 전시 또는 복제(제35조)
15. 저작물 이용과정에서의 일시적 복제(제35조의2)
16. 저작물의 부수적 복제(제35조의3):
    촬영등 과정에서 다른 사람의 저작물이 부수적으로 포함된 경우, 침해책임 및 출처표시 의무 제외 → 가상, 증강현실 기기 활용 가능 환경 조성, 발전 기여

목적

17. 문화시설에 의한 복제 (제35조의 4):

문화시설보관된 '권리자불명 저작물이용→ 사장 방지

3.2 저작물의 공정한 이용 <35조의 5>

위에 열거한 저작권법 23조~35조의 4에 따른 제한사유 외에도,
저작물의 통상적인 이용 방법과 충돌하지 아니하고 저작자의 정당한 이익을 부당하게 해치지 아니하는 경우에는 보도비평교육연구 등을 위하여 저작물을 이용할 수 있다.

공정한 이용에 해당하는 지는 아래 사항을 종합적으로 고려하여 판단한다.
(1) 영리성 또는 비영리성 등 이용의 목적 및 성격
(2) 저작물의 종류 및 용도
(3) 이용된 부분이 저작물 전체에서 차지하는 비중과 그 중요성
(4) 그 저작물의 현재 시장 또는 가치나 잠재적인 시장 또는 가치에 미치는 영향

우리나라의 <공정한 이용> 규정은 베른협약 제9조 제2항 및 무역관련 지적재산건협정(TRIPs협정) 제13조에 따른 것으로, 베른협약 9조2항은, "저작물의 복제가 그 저작물의 통상적인 이용과 충돌하지 않고, 저작가의 합법적 이익을 불합리하게 해하지 아니하는 특별한 경우에 그 저작물의 복제를 허용할 것인지 여부는 각 동맹국의 국내 입법의 문제이다"라고 명시하고 있다.

한편 우리나라의 공정이용 허용여부에 대한 판단에 대한 4가지 요소는 미국 저작권법 제107조를 모델로 한 것으로 , 아래 미국저작권법 제107조(Copyright Act of 1976, 17 U.S.C., § 107)와 매우 유사하다:

" 제106조 및 제106조의 A의 규정에도 불구하고, 비평, 논평, 뉴스 보도, 학교 수업 (학급에서 다수 복제하는 경우를 포함), 학문, 또는 연구 등과 같은 목적을 위하여 저작권이 있는 저작물을 복제물이나 음반으로 제작하거나 또는 기타 제106조 및 제106조의 A에서 규정한 방법으로 인용하는 경우를 포함하여 공정 이용 행위는 저작권 침해가 되지 아니한다. 구체적인 경우에 저작물의 사용이 공정 이용인가의 여부를 결정함에 있어서 다음의 사항을 참작하여야 한다."

(1) 이러한 사용이 상업적 성질의 것인지 또는 비영리적 교육목적을 위한 것인지의 여부를 포함한, 그 사용의 목적 및 성격 (the purpose and character of the use);
(2) 저작권이 있는 저작물의 성격 (the nature of the copyrighted work);
(3) 저작권이 있는 저작물 전체에서 사용된 부분이 차지하는 양과 상당성 (the amount and substantiality of the portion used); 및
(4) 이러한 사용이 저작권이 있는 저작물의 잠재적 시장이나 가치에 미치는 영향 (the effect of the use upon the potential market for or value of the copyrighted work).

위의 개정된 미국저작권법 제107조상 열거된 4가지 요소에 대해, 현재 변경된 미국대법원 판례는 위 4가지 요소들 중 어느 특정 요소의 중요성을 강조하기보다는 모든 요소들을 종합적으로 고려하여야 한다는 입장이다.[85] 그러나, 현실적으로는 제1요소 중 특히 변형적 이용에 해당하는지 여부가 공정이용 여부의 판단에 있어 사실상 결정적인 역할을 수행하고 있는 경향을 보이고 있다.

<예외>

디지털 밀레니엄 저작권법(Digital Millennium Copyright Act; DMCA)은 1998

---

85. 참조, Sony Corp. of America v. Universal City Studios, 464 U.S. 417, 455-56 (1984), Campbell v. Acuff-Rose Music, Inc., 510 U.S. 569, 577-78, (1994).

년 온라인 디지털 콘텐츠의 저작권 보호를 위해 제정한 미국의 포괄적 법안으로, 'takedown notice' 절차를 도입한 조항으로도 잘 알려져 있다. 즉, 저작권을 주장하는 사람이 온라인사업자에게 자신의 저작물이 허락 없이 올라가 있다는 사실을 소명하면, 온라인사업자는 그 소명을 진정한 것으로 생각하고 즉각 해당 저작물을 삭제해야 한다.

이 절차를 성실하게 따르기만 하면 온라인사업자는 저작권 침해책임에서 벗어나게 된다. 저작 인터넷에서 HTML 소스 코드, 본문 내용, 사진, 이미지, 소프트웨어의 불법 복제, 음악, 영화 등을 저작권자의 허가 없이 공유할 경우 처벌 대상이다. 저작권자에게 예외의 범위를 정할 수 있는 권한이 주어져 있다는 것이 특징이다.

XIV. 링크유형과 저작권 침해

■ **저작권 침해물 링크도 저작권 침해?**

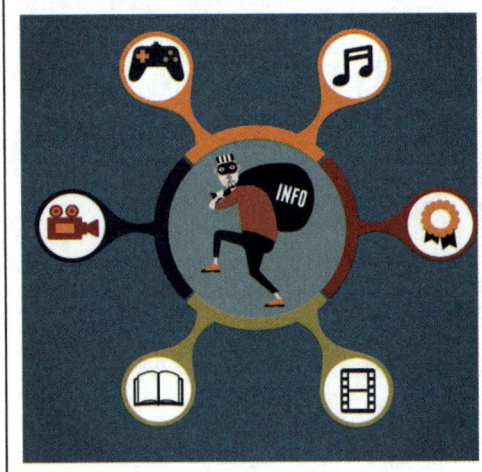

헤럴드 경제, 2021.10.12 [그림출처: 123rf]

▶ 대법원 2021. 9. 9. 선고 2017도19025 판결

과거 대법원은 링크 행위 자체는 웹페이지 등의 위치정보나 경로를 나타낸 것에 불과하다고 보기도 했었다.
BUT!!!
영상링크를 퍼온 곳(정범) 자체가 저작권법 위반행위를 하고 있고, 그 게시물이 저작권(공중송신권)을 침해한다는 사실을 인식하고도 게시물 링크를 인터넷 사이트에 영리적, 계속적으로 게시하는 경우 **저작권(공중송신권) 침해의 방조 책임**을 물을 수 있다고 판시

최근 대법원은, 종래 대법원 입장을 변경하여, 링크 행위가 구체적인 사안에 따라서는 저작재산권 침해의 방조가 성립될 수 있다고 판단함으로써, 저작권자 보호를 강화하였다. 대상판결은 방조 성립 여부의 구체적인 판단기준을 제시하여, 저작권 침해물 링크 사이트에서 침해 게시물에 연결되는 링크를 제공하는 경우 등과 같이, 링크 행위자가 정범이 공중송신권을 침해한다는 사실을 충분히 인식하면서 그러한 침해게시물 등에 연결되는 링크를 인터넷 사이트에 영리적, 계속적으로 게시하는 등으로 공

중의 구성원이 개별적으로 선택한 시간과 장소에서 침해 게시물에 쉽게 접근할 수 있도록 하는 정도의 링크 행위를 하는 경우에 공중송신권 침해의 방조가 성립될 수 있다고 판시했다.

한편, 대법원은 본 판결에서 방조범 성립의 제한 법리를 선언하였는데, 인터넷을 이용하는 과정에서 일상적으로 이루어지는 링크행위에 대해서까지 공중송신권 침해의 방조를 쉽게 인정하는 것은 바람직하지 않고, 링크가 인터넷 공간의 본질적 가치인 정보의 자유로운 유통을 위한 핵심적이고 필수적인 수단이라는 점을 고려하여 방조범 성립을 위한 고의와 인과관계 요건 등에 대한 엄격한 적용이 필요함을 강조하였다.

■ 링크방식 유형별 검토

(1) 단순/직접 링크

https://www.youtube.com/watch?v=u-7o7LuK0AaY

웹사이트 주소와 URL만 게시하는 '단순링크'와 저작물의 이름과 간략한 정보만 제시하고 저작물이 존재하는 세부페이지에 바로 연결시키는 '직접링크'는 저작권 침해가 아니다.[86]

(2) 프레이밍 링크 (Framing Link)

게시된 링크를 눌렀을 때, 해당 영상물의 홈페이지(유튜브 등) 일부가 현재 페이지 속 프레임 내에서 작동하도록 설정된 방식. 즉, 위의 박스 안에 표기된 링크를 누르면 유튜브의 해당 채널로 이동하지만 내용 일부를 현재 페이지의 박스안에서도 시청할 수 있다.

---

86. 문화체육관광부, 한국저작권위원회

(3) Embedded Link

유튜브나 다른 웹사이트의 영상, 음악등 저작물을 현재 페이지에서 바로 재생될 수 있도록 게시하는 방식

　대법원 판례에 따르면, 단순 링크나 직접 링크 처럼, 단순히 링크만 거는 것은 다른 사람의 콘텐츠, 저작물을 직접 이용하는 것이 아니기 때문에 저작권 침해라고 보기 어려운 경우가 많으나, 프레이밍 링크와 임베디드 링크는 저작권 침해(방조)가 될 수 있다.[87] 단, 앞서 본 최근 대판례에서 판시한 바와 같이, "침해한다는 사실을 인식하고도 게시물 링크를 인터넷 사이트에 영리적, 계속적으로 게시"[88]하는 경우에는 단순 링크나 직접링크도 침해방조책임이 적용될 수도 있음으로 주의를 요한다.

---

87. 대법원 2017.9.7. 선고, 2017다222757판결
88. 대법원 2021. 9. 9. 선고 2017도19025 판결

XV. 패러디와 저작권 침해

■ 모방/표절(저작권침해) vs 패러디(공정한 이용)

▶ **패러디:** 비평/희화 의도 + 창작적 요소 → 공정한 이용

널리 알려진 원작을 흉내 내거나 과장해 왜곡시킨 것을 대중에게 알림으로써 원작을 비평하거나 웃음을 이끌어내는 것

  널리 알려진 영화, 소설, 방송프로그램등 원작을 모방한 사진 또는 동영상물들이 유튜브, 블로그, 페이스북 등 다양한 인터넷 SNS를 통해 게시되고 있고, 이런 모방 영상물을 둘러싼 분쟁이 심심치 않게 보도되고 있다. '패러디'란 이름의 공정한 이용인가? 아니면 모방, 표절, 즉 저작권 침해행위 인가?

우선, 패러디란 널리 알려진 원작을 흉내내거나 과장해 왜곡시킨 것을 대중에게 알림으로써 원작을 비평하거나 웃음을 이끌어내는 것을 의미한다. 근저에 비평 또는 희화의 의도가 깔려있고, 적절한 창작적 요소가 가미된 경우들로, 표현의 자유 차원에서의 '공정한 이용'라는 항변이 제기되는 영역이다 보니, 구체적 사안에 따라, 앞서 돌아본 저작물의 공정한 이용에 관한 저작권법 제35조의 5에 따른 4가지 고려사항을 기준으로 원저작물의 "통상적 이용방법과 충돌하지 아니하고 저작자의 정당한 이익을 부당하게 침해하지 아니하는 경우"인지를 판단하여야 할 것이다.

■ 마이아더백 vs 더페이스샵 사례

2018년 루이비통이 더페이스샵을 상대로 낸 부정경쟁행위 금지 청구소송[89]에서도 패러디 요소가 없었다는 점이 원고 승소 판결의 주요 근거가 됐다. 당시 더페이스샵

---

89. 서울중앙지법 민사63부(2016가합36473)는 " 패러디 의도 드러나지 않고 창작적 요소 가미됐다 보기도 어려워…"라는 이유로, 상표권을 침해한 것으로 봐야한다고 판결하였다.

은 미국의 가방 브랜드인 '마이아더백'과 협업계약을 맺고 화장품을 디자인해 출시했다가 루이비통과 법정공방을 빚었다. 마이아더백(그림 1)은 가방 한쪽에 루이비통 등 명품 가방의 일러스트를 그려 넣은 패러디 제품으로, 가방의 다른 면에는 'My Other Bag'이라는 글자를 넣어 '지금 내가 사용하는 가방은 저가 제품이지만 다른 가방으로 고가의 명품을 가지고 있다'는 의미를 반영하고 명품을 좇는 세대를 풍자했다.

더페이스샵은 '마이아더백 디자인은 패러디에 해당한다'는 미국 법원의 판단[90]을 근거로 자사 제품에 들어간 마이아더백 디자인(그림 2) 역시 패러디라고 주장했지만 법원은 받아들이지 않았다. 당시 재판부는 "마이아더백의 국내 인지도, 사회·문화적 배경, 일반적 영어 수준 등을 고려할 때 수요자들에게 'My Other Bag'이라는 문구가 특별한 논평적 의미를 전달하지는 못하는 것으로 보인다"고 판단했다. 또한 "양면에 일러스트와 문자가 각각 프린트된 마이아더백 가방과 달리 더페이스샵 제품에는 같은 면에 표시돼 있어 희화의 의도가 분명히 드러나지 않는다"며 "피고만의 창작적 요소가 가미됐다고 보기도 어렵다"고 적시했다.

---

90. Louis Vuitton Malletier, S.A. v. My Other Bag, Inc., - 156 F. Supp. 3d 425 (S.D.N.Y. 2016); Louis Vuitton Malletier, S.A. v. My Other Bag, Inc., No. 16-241-cv (2nd Cir. Dec. 22, 2016) affirmed the district court's summary judgment based on a parody defense.

XVI. 도메인 이름

■ **도메인 이름도 규제 대상?**

도메인이름이란 인터넷상 호스트 컴퓨터의 주소에 해당하는 숫자로 된 주소(IP address)에 해당하는 알파벳 및 숫자의 일련의 결합 (예: www.meditationclub.com)으로, 상표권과는 별개의 문제로, 상표 등록했더라도 해당 도메인이름을 등록할 권리가 부여되지는 않으며, 도메인이름을 등록하였다 하더라도 당해 상표를 등록할 권리를 부여하지는 않는다. 도메인은, 인터넷과 온라인 확산에 힘입은 3차 산업혁명시대의 도래와 함께, e-commerce 중심의 시장경제에서 온라인 상 영업 주소 또는 간판으로서 중요한 역할을 하다 보니, 도메인 선점 경쟁이 치열했었다.

도메인이름은 사전심사 없이 선착순 방식(first come, first served)으로 등록되고, 최대한 많은 등록자를 확보하려는 영리적 목적으로 관리, 운영되어 타인의 상호, 상표를 도메인이름으로 무단 점유하는 형태가 통제되지 못하고 결과적으로 도메인이름 등록자와 해당 이름에 대한 기존의 상표, 상호권 자 사이의 분쟁이 빈발하여 왔던

것이다.

상표법상 상표권자만이 등록상표를 지정상품에 사용할 권리를 독점하므로, 상표권자 이외의 자가 정당한 권한 없이 등록상표와 동일 또는 유사한 상표를 도메인이름으로 등록하고, 등록상표의 지정상품과 동일 또는 유사한 상품을 판매하는 경우에는 상표권 침해행위에 해당한다. (상표법 제108조제1항)

또한, 상법 제23조 (주체를 오인시키는 상호의 사용금지)에 따르면, "① 누구든지 부정한 목적으로 타인의 영업으로 오인할 수 있는 상호를 사용하지 못한다. ② 제1항의 규정에 위반하여 상호를 사용하는 자가 있는 경우에 이로 인하여 손해를 받을 염려가 있는 자 또는 상호를 등기한 자는 그 폐지를 청구할 수 있다. ③ 제2항의 규정은 손해배상의 청구에 영향을 미치지 아니한다. ④ 동일한 특별시·광역시·시·군에서 동종영업으로 타인이 등기한 상호를 사용하는 자는 부정한 목적으로 사용하는 것으로 추정한다."

한편, 등록되지 않았거나, 지정상품과 비유사영역의 영업활동인 관계로, 상표법의 보호대상이 되지 못하는 경우에도, 아래 도표의 (1)은 부정경쟁방지법 제2조 제1호의 가, 나 목에 따른 규제대상이 될 수 있다.(2)는 동 법률 제2조제1호의 다 목의 적용대상이 될 수 있으며, (3)은 사이버스쿼팅(Cyber Squatting)에 해당하여, 동 법률 제2조1호 아 목에 따른 규제가 적용될 수 있다.

행위유형	규제유형	적용법규
(1) 지정상품과 동일, 유사 상품 영업행위	상품/영업주체 혼동행위	부경법 2조 1호 (가), (나)
(2) (동일, 유사하지 않은 상품 영업행위) 타인의 표지의 식별력이나 명성 손상행위	저명상표 희석행위	부경법 2조 1호 (다)
(3) 도메인 이름 등록만 하고 영업행위 않고, 금전 요구 등 악의 목적 선점 행위	사이버스쿼팅	부경법 2조 1호 (아)

사이버스쿼팅에 대한 분쟁을 보다 효율적으로 해결하기 위하여 부정경쟁방지법은 2004. 1. 20. 제2조 제1호 아 목으로 "정당한 권원이 없는 자가 (1) 상표 등 표지에 대하여 정당한 권원이 있는 자 또는 제3자에게 판매하거나 대여할 목적, (2) 정당한 권원이 있는 자의 도메인이름의 등록 및 사용을 방해할 목적, (3) 그 밖에 상업적 이익을 얻을 목적으로 국내에 널리 인식된 타인의 성명, 상호, 상표, 그 밖의 표지와 동일하거나 유사한 도메인이름을 등록·보유·이전 또는 사용하는 행위"를 부정경쟁행위에 추가하는 것으로 개정되어 2004. 7. 21. 부터 시행되어 왔다.

또한, 2004. 1. 29. 인터넷주소자원에관한법률(이하 인주 법)이 제정되어 이 법률 제12조 제1항, 제2항은 정당한 권원이 있는 이의 도메인이름 등록을 방해하거나 정당한 권원이 있는 이로부터 부당한 이득을 얻는 등 부정한 목적으로 도메인이름을 등록·보유 또는 사용하는 이가 있으면 정당한 권원이 있는 이가 법원에 그 도메인이름의 등록말소 또는 등록이전을 청구할 수 있다고 규정하고 있다. 도메인 관련 분쟁을 신속하고 저렴한 비용으로 해결할 수 있는 행정절차를 마련함으로써 분쟁당사자의 편의를 도모하고자 하는 논의가 국제적으로 대두되어 세계 지식재산기구인 WIPO는 악의적인 도메인이름의 등록을 배제하기 위하여 강제적인 행정절차를 둘 것을 ICANN(국제인터넷주소관리기구)에 권고하였고 '99년 8월 ICANN은 "통일된 도메인분쟁해결정책(Uniform Domain Name Dispute Resolution Policy: 이하 UDRP)"을 채택하여 신속하고 경제적인 분쟁해결 절차를 제정하였다.

UDRP는 ICANN이 등록을 관장하고 있는 일반 최상위도메인(예: .com, .org, .net) 분쟁처리에 적용되는 것으로 도메인분쟁처리규정 및 절차규칙이 마련되어 있다.

한편, 우리나라의 경우 국가 도메인(한국의 경우 .kr)에 대한 분쟁과 관련하여 인터넷주소의 등록과 사용에 관한 분쟁(이하 "분쟁"이라 한다)을 조정하기 위하여 "인터넷주소분쟁조정위원회"를 두고 있으며(인터넷주소자원관리법), 인터넷주소 등록관리기관인 "한국인터넷진흥원(KISA)"이 사무국역할을 담당하고 있다.

XVII. 기타

1. 방송프로그램 포맷

■ **방송프로그램 포맷:** 방송프로그램을 제작하기 위한 독창적이고 구체적인 체재로서 줄거리, 진행방법, 세트 디자인, 출연자의 행위 등을 포함하는 제작 계획 또는 기법

> - 저작물?
>   드라마, 영화 vs 리얼리티 프로그램
>   ✓창작성:
>   초기 기획 컨셉(아이디어) vs 배경/요소의 선택, 배열에 따라 구별되는 창작적 개성
> - 침해여부?
>   ① 실질적 유사성 (객관적 요건):
>   양자의 '창작적 표현형식' 만을 대상으로 대비한(아이디어와 표현의 이분법) 유사성 판단
>   ② 의거성 (주관적 요건):
>   - 우연의 일치가 아니라, 접근에 따른 의도적 이용(모방/복제) 판단
>   - 침해자가 저작물에 의거하여 그것을 이용하였을 것을 요구
>   - 직접증명보다는 접근이나 유사성 등 간접사실에 의한 추정 사례가 많음
> - 영업비밀 또는 부정경쟁행위(성과물) 위반?

지난 2021년초, '미스 트롯', '미스터 트롯' 등 트로트 경연 프로그램을 통해 엄청난 시청률을 확보해온 TV조선이 "자사 포맷을 도용했다며 '보이스 퀸', '보이스 트롯', '트롯파이터' 등을 방송한 MBN을 상대로 손해배상청구 소송을 냈다. 이런 류의 리얼리티 방송 프로그램인SBS '짝'의 저작물성과 관련해, 서울고등법원은 "독창적인 장면으로서 저작권법의 보호 대상이라 주장하는 원고 영상물의 내용은 저작권법의 보호대상이라 할 수 없는 아이디어의 영역에 포함되는 것에 불과하거나, 이미 다른 영상물에서 사용되고 있었던 장면으로서 창작성을 인정하기 어려우므로," 저작물성을 부정하였으나,

대법원은 서울고등법원 판결을 파기하고, "구체적인 대본이 없이 대략적인 구성안만을 기초로 출연자 등에 의하여 표출되는 상황을 담아 제작되는 이른바 리얼리티 방송 프로그램도 이러한 창작성이 있다면 저작물로서 보호받을 수 있다"고 하면서, "리얼리티 방송 프로그램은 무대, 배경, 소품, 음악, 진행방법, 게임규칙 등 다양한 요소들로 구성되고, 이러한 요소들이 일정한 제작 의도나 방침에 따라 선택되고 배열됨으로써 다른 프로그램과 확연히 구별되는 특징이나 개성"이 나타날 수 있으므로, "리얼리티 방송 프로그램의 창작성 여부를 판단할 때에는 그 프로그램을 구성하는 개별 요소들 각각의 창작성 외에도, 이러한 개별 요소들이 일정한 제작 의도나 방침에 따라

선택되고 배열됨에 따라 구체적으로 어우러져 그 프로그램 자체가 다른 프로그램과 구별되는 창작적 개성을 가지고 있어 저작물로서 보호를 받을 정도에 이르렀는지도 고려함이 타당하다."고 판시하면서, '짝' 프로그램의 저작물성을 인정한 바 있다.[91]

---

91. 대법원 2017. 11. 9. 선고 2014다49180 판결

2. 책표지

■ 책표지 사진을 온라인 게시하면?

　대법원 판례에 따르면, "서적의 표지제호 디자인은 … 서적의 내용이 존재함을 전제로 하여 이를 효과적으로 전달하기 위한 수단에 불과하고, 서적표지라는 실용적인 기능과 분리 인식되어 독립적으로 존재할 수 없으며, 그 문자, 그림의 형태나 배열 등의 형식적 요소 자체만으로는 하나의 미술저작물이라고 할 수 있을 정도의 독자적인 실체가 인정되지 않으므로, 위 표지제호 디자인이 저작권법의 보호대상이 되는 응용미술저작물이 아니다."[92] 따라서, 책표지 사진을 온라인에 게시하는 행위는 책 저작권자의 전시권 침해에 해당되지 않는다.

　단, 책 표지 또는 제목 디자인을 모방하여 다른 책을 만드는 경우 등은 원본 책 저작권자의 복제권 또는 2차적 저작물 작성권 침해에 해당될 수 있다.

---

92. 대법원 2013.4.25. 선고 2012다41410

3. 폰트

■ 폰트 사용도 저작권 침해?

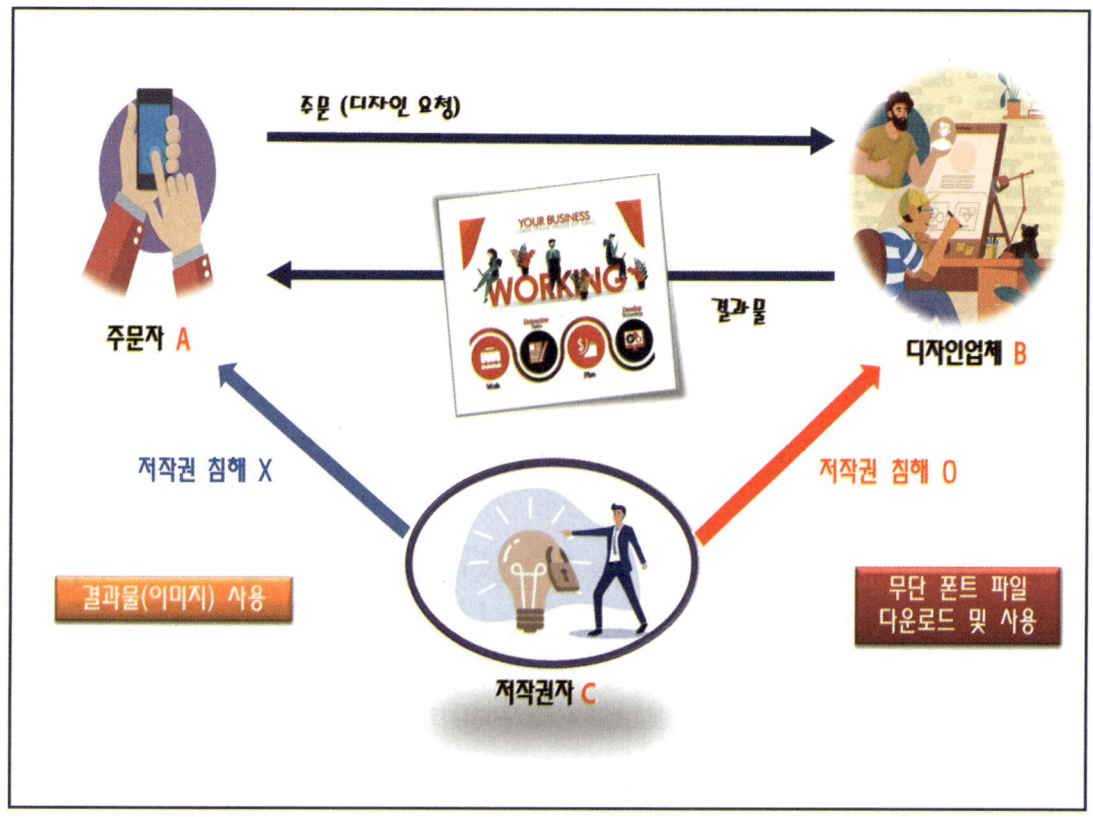

A는 디자인회사 B에게 디자인 외주를 요청하였고, B는 무단으로 폰트화일을 다운로드 및 사용하여 A에게 디자인 결과물을 공급하였다.

이에 폰트화일 저작권자 C는 A에게 아래와 같은 경고장을 발송하기에 이르렀다.

〈경고장〉

"귀하는 우리가 만든 서체를 무단 사용해 저작권법을 위반했고, 이를 근거로 우리는 형사 또는 민사소송 등 법적 조치를 취할 예정임을 알려드립니다.

법적 소송까지 가지 않으려면, 즉시 우리가 만든 프로그램을 정식 구매하기 바랍니다!

폰트 사용과 관련해 흔히 접하게 되는 단속 경고장의 내용이다. 의외로 많은 사람들이 폰트 자체가 저작권 보호대상이라고 오해하는 경우가 많은 것 같다. 하지만, 글자체(폰트) 그 자체는 저작권법의 보호 대상이 아니라는 점을 유념하기 바란다. 컴퓨터 프로그램인 폰트 '파일의 설치 또는 복제는 문제될 수 있지만, 폰트 그 자체의 이용이나 결과물인 이미지의 이용은 저작권 침해가 아니라는 것이 위의 사례 에서처럼, 외주업체가 간판, 팜플렛 또는 동영상 제작 과정에서 무단으로 폰트 파일을 이용하였더라도, 특정 폰트 파일 사용을 제작업체에 지시하지 않았다면, 발주자에게는 책임이 없다는 것이 판례 입장이다. 폰트 파일이란, 디지털화 한 글꼴 파일로, 컴퓨터 프로그램 저작물에 해당하고, 글자체(폰트)도안 자체는 저작물로 인정하지 않으므로,

- 손으로 글꼴을 모방하여 사용하는 것은 침해가 아니고,
- 글꼴 파일 자체를 무단 복제 또는 이용하는 행위는 침해이나
- 특정폰트파일 사용을 제작업체에 직접 지시하지 않은 경우는 주문자에게 책임이 미치지 않으며,
- 폰트파일 이용하여 표현된 결과물인 현수막, 간판, 기타 인쇄, 영상물 등의 사용도 침해가 아니라는 것이 확립된 판례입장이다.[93].

한편, 특정 글꼴파일(컴퓨터 프로그램저작물)을 적법하게 설치 또는 다운로드 받은 경우라도, 약관상 이용허락범위 또는 상업적 사용 허여 조건 등 구체적 사안에 따라, 계약위반 또는 저작권 침해 문제가 발생할 수 도 있으므로, 불법으로 파일을 복제하지 않았다는 사실만으로 상업용도로도 사용할 수 있다고 안심하기는 이르고, 설치 또는 다운로드시 이용약관을 확인할 필요가 있다. 무료프로그램으로 제공된 글자파일이 버전 업그레이드 과정에서 유료 또는 상업용 제한 적용으로 전환된 경우, 사용자는 이에 대한 인식없이 문제가 발생할 가능성도 있는데, 대법원은 이 경우 채무불이행(계약위반)에 따른 책임은 발생하나, 저작권 침해는 아니라고 판시한 바 있다. 또한 한

---

93. 참조, 대법원 2013.3.28. 선고2010도8467판결; 대법원 1996. 8. 23. 선고 94누5632 판결; 서울중앙지법 2017. 12. 15. 선고 2017나29582 판결

별의 글자체는 전체로서 디자인권의 보호대상이나, 디자인권으로 등록되었다 하더라도, 단순 입력, 출력과정에서의 글자체 사용은 디자인권 침해도 아니다.

그러나, 여러 직원이 근무하는 기업체의 경우, 특정 직원이 개인적으로 불법 폰트 화일을 사용하였고, 이에 대한 사용자의 감독 및 주의의무 위반에 따른 양벌규정 적용 가능하므로, 전직원을 대상으로 한 적극적인 교육 등 관리 및 주의의무 노력이 필요하다.

4. 트윗글과 유행어

▶ 어문저작물?

글의 분량이 짧다고 하여 자동적으로 저작물성이 부정되는 것은 아니므로, 저작자 나름의 '창조적 개성'이 표현되어 있다면 저작물로 보호받을 수 있다.

그러나, 짧은 문구나 문장은 아주 적은 수의 단어 조합으로 이루어진 표어나 슬로건 등에서처럼 표현의 방법이 제한되어 있거나, 일상적인 흔한 표현들로 이루어진 관계로, 창작성을 인정받기 힘들어 (저작물성), 저작권의 보호대상이 아니라는 것이 지배적인 판례의 입장이다. (문화예술 발전 저해 및 사람들의 일상적 언어생활 제약으로 인한 불편 초래)

따라서, 일반적으로 유행어, 슬로건, 광고카피, 캐치 프레이즈는 저작권으로 보호 받기 어렵다.

> ▶ 상표 등록?
> 식별력? – 기타 식별력없는 상표로 등록받기 어려움.
> 단, 문자 또는 도안과 결합하거나, 특정 억양등 소리 상표로 등록 시도할 수는 있으나, 보호대상은 (i) 지정상품은 물론, (ii) 식별요소에 한정되므로 보호범위가 좁아 침해 회피가 용이하다.
>
> ▶ 퍼블리시티권?
> – 특정 유명인의 캐릭터와 밀접한 관련성 + 재산권 가치에 대해 좁게 인정되는 판례 경향
>
> ▶ 기타 부정경쟁행위로 제재?
> – 2조 1호 차목, 주요 성과물?

글의 분량이 짧다고 하여 자동적으로 저작물성이 부정되는 것은 아니므로, 저작자 나름의 '창조적 개성'이 표현되어 있다면 저작물로 보호받을 수 있다.

그러나, 짧은 문구나 문장은 아주 적은 수의 단어 조합으로 이루어진 표어나 슬로건 등 에서처럼 표현의 방법이 제한되어 있거나, 일상적인 흔한 표현들로 이루어진 관계로, 창작성을 인정받기 힘들어 (저작물성), 저작권의 보호대상이 아니라는 것이 지배적인 판례의 입장이다. 문화예술 발전 저해 및 사람들의 일상적 언어생활 제약으로 인한 불편 초래할 수 d있다는 점이 고려된 결과로 보인다. 따라서, 일반적으로 유행어, 슬로건, 광고카피, 캐치 프레이즈는 저작권으로 보호 받기 어렵다고 보아야 한다.

또한, 책이나 영화의 제목, 단체의 명칭 및 일상생활에서 흔히 쓰이는 표현도 대부분 창작물로 인정되지 않는다. 2006년 영화 <왕의 남자>에서 사용된 "나 여기 있고 너 거기 있어"라는 대사가 희곡<키스>라는 작품의 일부임이 지적되면서 저작권 침해 여부를 다투는 소송까지 간 적이 있으나, 법원에서는 비슷한 표현을 일상에서 흔히 볼 수 있고 다른 작품에서도 유사한 표현을 볼 수 있다는 이유로 이 대사가 창작물이라는 것을 인정하지 않았다. <행복은 성적 순이 아니잖아요> 라는 영화 제목에 대해서도 역시 저작권이 인정되지 않았다.

반면, 아래와 같이 저작물성이 인정된 사례도 있으므로, 창작성은 구제적인 사안에

따라 신중히 판단하여야 할 것이다.

◆ 판례참조

▶ 서울중앙지법 2018.9.4. 선고 2017가소7712215 판결

피고(백화점)는 지하 2층 상품 판매 공간에 '난 우리가 좀 더 청춘에 집중했으면 좋겠어'라는 문구를 네온사인으로 제작하여 내걸었다. 원래 이 문구는 '1984 청춘집중-난 우리가 좀 더 청춘에 집중했으면 좋겠어'로 발매된 음반에 쓰인 글이었다. 음반에 쓰인 문장이 무단으로 이용된 위 사안에 대해 법원은 "저작물은 저작자의 어떠한 개성이 창작행위에 나타나 있으면 충분하고 저작자의 개성이 창작행위에 나타나 있는지를 판단할 때에는 용어의 선택과 전체 구성의 궁리, 표현방식과 내용 등을 종합적으로 검토해야 한다."고 판시하였다. 해당 문구에는 '우리 조금 불안하더라도 인생에서 다시없을 청년 시절을 충분히 만끽하고 즐기자'라는 사상이 표현되었다 할 것이고, 용어의 선택, 리듬감, 음절의 길이, 문장의 형태 등에 비추어 독창적인 표현 형식이 포함되었다고 할 것이므로 창작성이 인정된다."라고 판시하여 음반에 쓰인 문장에 대해 저작물성을 인정하였다.

▶ 서울남부지방법원 2013.5.9. 선고 2012고정4449 판결

작가 이외수가 올린 트윗 글에 대해, 법원은 "일반적으로 트윗글은 140자 이내라는 제한이 있고 신변잡기적인 일상적 표현도 많으며, 문제가 된 이 사건 트윗글 중에도 문구가 짧고 의미가 단순한 것이 있기는 하다. 그러나 그러한 트윗글조차도 짧은 글귀 속에서 삶의 본질을 꿰뚫는 촌철살인의 표현이나 시대와 현실을 풍자하고 약자들의 아픔을 해학으로 풀어내는 독창적인 표현형식이 포함되어 있는 것이 대부분이고, 각 글귀마다 특유의 함축적이면서도 역설적인 문체가 사용되어 그의 개성을 드러내기에 충분한 사실을 인정할 수 있다."며 저작물성을 인정하였다.

5. 영화포스터

<출처: 영화, 오징어게임>

영화 포스터도 기본적으로 저작물에 해당한다. 그러나, 영화를 소개하기 위해 또는 영화 감상평을 쓰기 위해 영화 포스터를 사용하는 경우, 저작권법 제28조 인용 규정에 따라 보도, 비평, 교육, 연구 등을 위해서는 공표된 저작물을 정당한 범위 안에서 공정한 관행에 합치되게 인용할 수 있도록 한다면 사용 가능하다.

법원은 인용되는 저작물이 주(主)인지 종(從)인지를 두고 저작권 침해 여부를 판단하기 때문이다.

단, 이 경우에도 출처는 명시해야 한다. 일반적으로 영화 포스터는 포스터 자체에 영화 제목이나 배우, 영화 제작사 등 각종 정보가 들어 있기 때문에 그 자체가 영화 출처라고 볼 수도 있지만, 가능한 출처를 명시하는 이 좋다.

XV. 저작권 등록의 효력

저작권은 산업재산권과 달리 등록이 권리 성립이나 효력발생의 요건은 아니다. 반면 속지주의적 보호가 적용되는 산업재산권과 달리, 저작권 보호에 관한 파리협약 가입 국으로서 상호 주의에 따른 국제적 보호가 가능하다. 즉, 우리나라는 물론 개별국가에 등록하지 않더라도, 우리나라의 국민이나 기업의 저작물은, 우리나라는 물론 파리 협약 국 전역에 걸쳐 상호주의 원칙에 따른 저작권 보호를 받을 수 있다. 권리성립 요건과는 무관하지만, 우리나라의 경우, 한국저작권 위원회 등을 통해 일정한 행정적 절차를 거쳐 저작물을 등록할 수 있는 제도가 있고, 이런 절차로 등록해두면 아래와 같은 효력을 인정받을 수 있어, 등록을 권장하고 있다.

1. 개요

저작물에 관한 일정한 사항(저작자 성명, 창작 연월일, 맨 처음 공표 연월일 등)과 저작재산권의 양도, 처분 제한, 질권설정 등 권리변동에 대한 사항을 저작권 등록부에 등재하고 일반 국민에게 공개·열람하도록 공시하는 제도이다.

* 안내 및 신청: 한국저작권위원회 https://www.cros.or.kr/page.do?w2xPath=/ui/main/main.xml

2. 효력

- 추정력: 저작자로 실명이 등록된 자는 그 등록저작물의 저작자로, 창작 연월일 또는 맨 처음 공표 연월일이 등록된 저작물은 등록된 연월일에 창작 또는 맨 처음 공표된 것으로 추정.

다만, 등록된 창작 연월일에 창작한 것으로 추정 받기 위해서는 창작한 때로부터 1년 이내에 등록을 해야 함. 등록된 저작권 등을 침해한 자는 그 침해 행위에 과실이 있는 것으로 추정(입증책임의 전환)

- 대항력: 저작재산권의 양도, 처분제한, 질권설정 등 권리변동 등록을 하는 경우 제3자에 대한 대항력을 가짐
- 법정손해배상 청구 가능: 등록된 저작권을 침해 받은 저작권자는 저작권법에서 정한 일정한 금액 (저작물마다 1천만 원, 영리목적의 고의적인 침해의 경우 5천만 원 이하)을 손해액으로 청구할 수 있음
- 보호기간의 연장: 무명 또는 널리 알려지지 않은 이명으로 공표된 저작물의 경우 저작자의 실명을 등록하면 저작물의 보호기간이 공표 후 70년에서 저작자 사후 70년으로 연장됨
- 침해물품 통관보류 신고자격의 취득: 저작권을 등록하는 경우 등록된 저작물을 침해하는 물품의 수출 또는 수입의 통관보류를 신청할 수 있음

제3장.
기술이전과 지식재산 계약실무
-기술이전 및 라이선스 계약

I. 개요

■ 지식재산계약: 지식재산〉지식재산권+기술

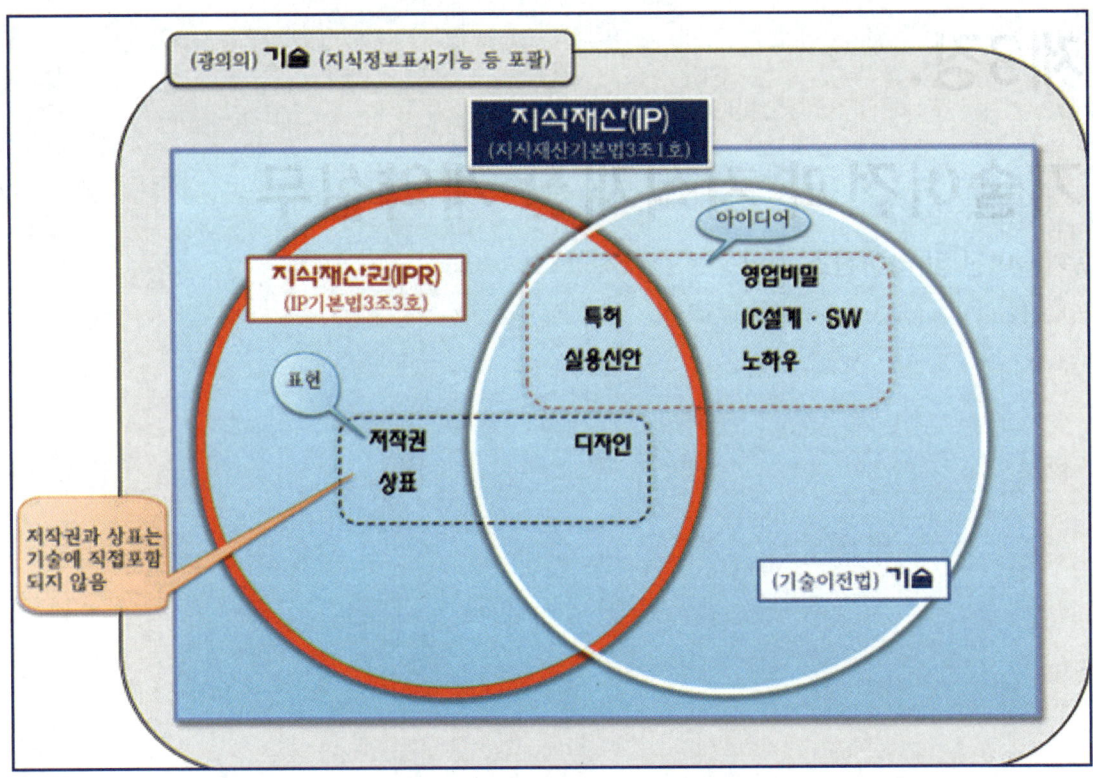

　기술 이전 또는 도입을 수반하거나, 이러한 기술에 대한 보호 수단 또는 권리 로서의 지식재산권 자체에 대한 거래를 통칭하여, '지식재산권 계약' 또는 '기술이전 계약' 등의 용어를 사용하고 있으나, 이러한 거래유형에 대한 표준화된 명칭은 없는 것으로 보인다. '기술이전 및 사업화 촉진에 관한 법률 (이하, "기술이전법")'이 존재함에 따라 상대적으로 '기술이전계약' 이라는 명칭이 좀더 포괄적인 개념으로 통용되고 있는 것으로 보인다.

그러나, 정작 기술이전법에서 정의한 '기술'의 범위와 '지식재산기본법'에서 정의한 '지식재산'이나 '지식재산권'에는 차이가 있어 법률적 관점에서는 주의를 요한다. 한편, 지적재산 또는 지적재산권이란 용어도 혼용되고 있는데, 그 영어 어원인 'intellectual property', 'intellectual property rights'을 고려하면 '지적 재산', '지적재산권'이란 표현이 더 적절해 보인다. 하지만 2011년 지식재산기본법의 입법, 시행에 따라, 특허청은 '지식재산'과 '지식재산권'으로 용어를 통일하여 사용하고 있다.

일상에서 일반적으로 사용하는 넓은 의미의 기술은 사전적으로는 "과학이론을 실제로 적용하여 인간 생활에 유용하도록 가공하는 수단[94]"을 통틀어 이르는 말이다. 지식, 정보, 표시, 지능 등을 포괄하는 개념인 반면, 기술이전법 제2조 1호에서 정의한 '기술'에는 '저작권' 또는 '상표'는 직접 포함되지 않는다. 그러므로 실무상 통용에도 불구하고, 법률상으로는 저작권 또는 상표의 양도 또는 사용권 실시(license)계약을 기술이전계약으로 분류하기는 부적절해 보인다.

반면, 일상은 물론, 관련 실무에서도 구분없이 혼용되고 있는 '지식재산권(intellectual property right; IPR)' 또는 '지식재산(intellectual property; IP)'이라는 명칭의 적절성을 돌아보면, '지식재산권'이란 지식재산기본법제3조제3호에서 "법령 또는 조약 등에 따라 인정되거나 보호되는 지식재산에 관한 권리"로 규정하고 있다. 판례상으로도 물권과 같이 절대적, 배타적 권리로 인정받기 위해서는 '물권법정주의'원칙에 따라 '지식재산권'은 산업분야의 특허, 실용신안, 상표 또는 디자인 보호를 위한 <u>산업재산권</u>, 문화예술 및 학술분야의 <u>저작권</u> 및 '반도체 배치설계권' 등과 같이 새로운 형태의 <u>신지식재산권</u> 등과 같이, 해당 법규를 통해 독점적, 배타적 권리로 인정, 보호되고 있는 유형에 한정되는 것으로 해석되고 있다. 따라서 실무상 오히려 좁은 의미의 '기술이전계약'은 영업비밀이나 노하우 등을 주요대상으로 하고 있음을 고려하면, 지식재산권이 아닌 '영업비밀'의 양도 또는 실시권 계약을 지식재산권 계약으로 통칭하는 것 또한 법률적으로 부적합한 것으로 판단된다. 영업비

---

94. 국립국어원, 표준국어대사전

밀은 개별법률에 의해 절대적, 배타적으로 권리로 보호되고 있는 지식재산권이라기 보다는 불법행위 로서의 부정경쟁행위 규제('부정경쟁방지 및 영업비밀보호에 관한 법률', 제1조)에 따른 간접적 보호 또는 이에 따른 반사적 이익에 불과하기 때문이다.

지식재산기본법제3조제1호에 따르면, '지식재산'이란 "인간의 창조적 활동 또는 경험 등에 의하여 창출되거나 발견된 지식·정보·기술, 사상이나 감정의 표현, 영업이나 물건의 표시, 생물의 품종이나 유전자원, 그 밖에 무형적인 것으로서 재산적 가치가 실현될 수 있는 것"으로 정의되고 있다. '지식재산권'은 물론, 영업비밀, 미등록 상표 또는 디자인 등과 같이, 지식재산권으로 인정받지 못한 경우에도, 재산적 가치가 있는 기타 무형자산을 포괄하는 것으로 해석된다. 따라서, 종전의 하드웨어 중심의 산업사회에서 주된 거래 대상이었던 특허 중심의 거래 보다는 오늘날 4차 산업혁명에 따른 온라인 중심 산업 구조하에서 영업 방법/모델, 소프트웨어와 콘텐츠 등과 같은 유형에 대한 거래 비중이 높아지고 있는 점을 고려한다면, 상표 또는 저작권의 양도 및 실시권 거래는 물론 영업비밀 실시권 거래도 포함할 수 있는 가장 포괄적 용어인 '지식재산'을 사용한, '지식재산 계약'으로 통칭하는 것이 가장 적절해 보인다.

1. 지식재산 거래(Commercialization)와 수익화(Monetization)

■ 지식재산 거래 (상업화·Commercialization)

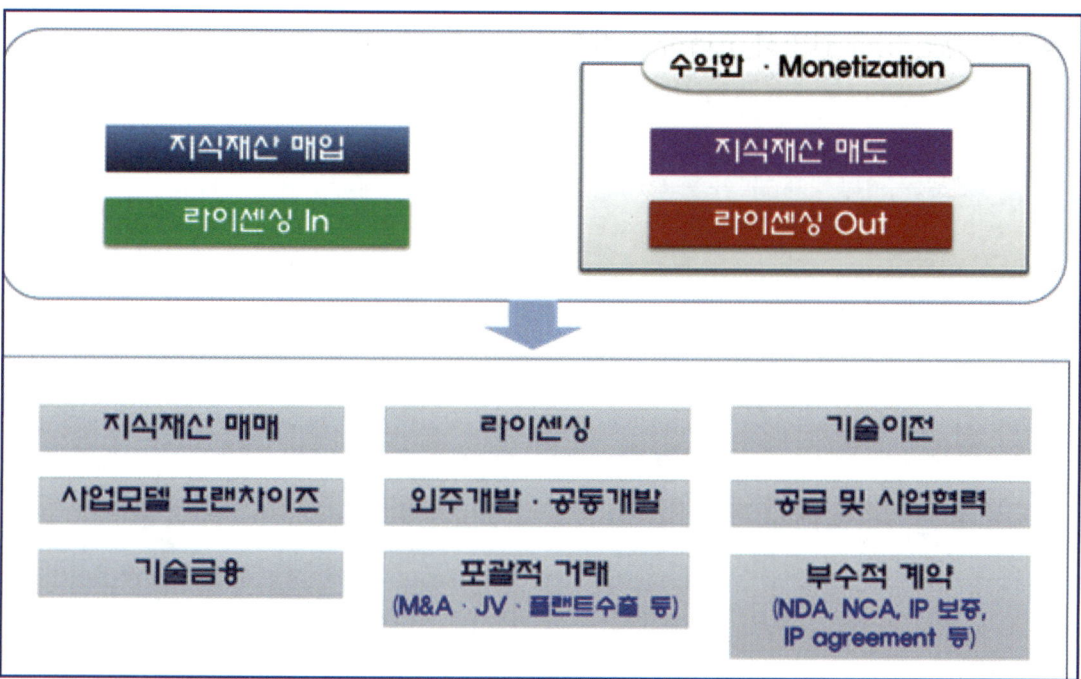

오늘날 기업들은 사업 보호와 경쟁력 강화를 위해 사내 연구개발을 통한 지식재산 창출 외에도, 외부업체와의 지식재산 거래를 통해 성장사업과 신규 사업 등 핵심사업에 필요한 지식재산을 매입, 또는 실시권을 허여 받는(licensing in) 한편, 위축 사업 또는 구조조정이 필요한 사업 등 비핵심영역의 지식재산을 처분 또는 로열티 수익창출을 목적으로 하는 공격형 라이센싱 (licensing out)을 병행하고 있다.

▶ 성장 사업 또는 신규사업사업 등 핵심사업영역에 대한 사업자유도 및 경쟁력 확보를 위한 추가 지식재산 창출 또는 매입은 물론, 경쟁사의 침해행위에 대한

단속 및 소송 등 라이센싱 아웃 활동에도 자금 및 전문인력 등의 자원 조달을 필요로 하며,

▸ 핵심사업 관련 지식재산 상업화를 위한 재원 확보 또는 사업경쟁력이 악화에 따른 경영수지 개선을 위한 수익창출을 목적으로, 비 핵심 사업영역의 지식재산을 직접 매각 처분하거나 라이선스 아웃을 통해 수익을 창출하기도 한다.

이러한 상업화 및 수익화 활동을 위해서는, 사전에 해당 지식재산의 전략적 중요성(예: 비즈니스의 핵심 자산인지 또는 비즈니스 가치에 직접적으로 기여하지 않는 비핵심 자산인지)을 면밀히 고려하여 결정하여야 할 것이다.

2. 기술이전 및 지식재산 계약 유형

일반적으로 넓은 의미의 '기술이전'이라 통칭되고 있는 '지식재산 거래'는, 지식재산의 개발(창출), 이전(양수도), 활용 (licensing /financing) 및 이와 관련된 부수적인 거래(NDA, NCA, IP보증 등)를 의미하며, 양수도, 라이센싱, 사업화 (기술이전, 합작, 인수합병, 공동투자), 개발(외주용역, 공동개발), 금융(IP fund, IP융자/담보, SLB) 등 다양한 형태의 상거래 과정에서, 직접 또는 간접적으로 기술 또는 지식재산의 이전을 수반하게 된다.

기술이전을 수반하는 거래 유형을 정리해보면 아래와 같다.
①지식재산권(특허, 실용신안, 다자인, 상표, 저작권 등) 양도
②특허 등 산업재산권 및 저작권 라이센싱,
③(좁은 의미의) 기술 이전: 영업비밀 및 기타 노하우
④프랜차이즈 (사업모델): 기술+상표+설비 및 시설+원부자재공급+광고홍보등 비즈니스모델 전체 시스템을 제공하고, 지속적인 운영지원
⑤위탁/외주 개발 R&D
⑥기술금융: 담보대출, IP funding 등)
⑦사업협력/제휴(연구개발, 생산, 공급, 마케팅 및 영업, AS 등)
⑧설비/도구/부품/원부자재 등 공급,
⑨기술지원 및 자문,
⑩경영/운영 위탁,
⑪복합적 계약: 기업인수/합병, 합작, 플랜트 수출 등 턴키 프로젝트

⑫부수적 계약: 비밀유지계약(NDA)[95],부쟁합의 (NCA)[96], IP권리합의(IP Agreement)[97], 제3자 지재권 비 침해 보증 및 면책(IP indemnification)

따라서, 넓은 의미의 기술이전 계약 또는 지식재산 계약이란, 위에서 열거한 해당 지식재산 거래의 주요 내용, 조건 및 제한 등에 관해 법적 구속력이 인정되는 거래 당사자간의 구체적 상호 합의를 의미한다.

이러한 지식재산계약은 그 거래대상인 지식재산의 보호유형에 따라,
 (a) 영업비밀 또는 노하우를 주된 목적물로 하는 좁은 의미의 '기술이전 계약' 또는 영업비밀 license계약,
 (b) 특허, 실용신안, 상표, 디자인 등과 같이 유효하게 등록된 산업재산권 이나 저작권의 양도 계약
 (c) 특허, 실용신안, 상표, 디자인 등과 같이 유효하게 등록된 산업재산권 이나 저작권에 따른 사용권(실시권)을 얻기 위한 라이선스 계약
 (d) 기존 기술을 기반으로 새로운 결과물을 도출하기 위한 '개발(외주용역 또는 공동개발) 계약'
 으로 대별해 볼 수 있는 바, 이러한 계약 유형별 주안점은 그 계약의 주된 목적물에 대한 법적 보호수단이 특허 등 산업재산권 또는 저작권인가, 그러한 배타적 지식재산권으로는 성립되지 못한 영업비밀인가에 따라 달라지게 된다.

■ **주요특성비교**

	영업비밀	특허	저작권

---

95. Non Disclosure Agreement: 비밀 유지계약
96. Non-Competition Agreement: 부쟁 합의(경쟁금지의무)
97. IP Agreement: 외주 용역개발, 외주 위탁 가동/생산, 공급 등 다양한 유형의 상호 사업 협력관계에서 발생하게 될 지식재산에 대한 소유권, 사용권 등의 권리관계를 규정한 합의조항 또는 별도의 계약서

권리성	불법행위 규제에 따른 상대적 이익	독점적, 배타적 권리 (재산권)	독점적, 배타적 권리 (재산권)
공개성	비공개성(비밀성)	등록에 따른 공개성	표현과 발표에 따른 공개성
범위	기술상, 영업상 또는 경영상의 정보 포괄	**자연법칙을 이용한** 고도의 기술적 창작 (발명 Idea)	문학·학술·예술적 창작의 표현
권리자	보유자 모두에게 영업비밀인정	등록된 권리자 한정	우연히 창작된 다수의 동일저작물은 각각에 저작권인정
침해 의사	선의의 제3자 특례	선의, 무과실에 의한 행위도 침해	우연에 의한 유사성은 침해 아님
존속 기간	비밀성 유지되는 한 영구	**특허등록에 의해 특허권 발생,** 출원일로부터 20년	저작일부터 권리발생, 생존기간 + 사후 70년
전환성	특허(저작권) 전환가능	영업비밀로 전환불가	영업비밀로 전환불가
선택 기준	▶ 비밀유지난이도 (유출위험성)? ▶ 유사 발명 용이성 (reverse engineering)? ▶ 침해입증 난이도?	▶ ~~Idea~~ vs. 표현	

  기술적 사상(아이디어)를 보호하는 영역 중, 특허발명 또는 실용적 고안은 그 존속기간 동안은 절대적, 배타적 권리로 보호 받을 수 있는 반면, 등록을 요건으로 하는 관계로 공개된 기술이라고 볼 수 있다. 반면, 영업비밀은 기술적 사상 뿐만 아니라, 영업상 또는 경영상의 정보까지 그 대상영역이 될 수 있어 보호대상 범위는 넓으나, 등록을 요건으로 하지 않는 대신 스스로 비밀로 유지하여야 하는 비공개성을 요건으로 하고, 절대적, 배타적 권리로 인정받지 못하고, 타인의 영업비밀을 불법적으로 침해한

경우, 부정경쟁행위의 일종으로 규제하다 보니 영업비밀 보유자는 간접적으로 보호받게 되는 반사적 이익을 향유할 수 있음 따름이다. 따라서 제3자가 독립적으로 창출하였거나, 기존 영업비밀보유자와는 무관한 경로 또는 침해사실을 모르고 선의로 자득한 경우에는 침해 주장을 할 수 없게 되는 등 보호의 한계가 잠재한다.

어떤 기술적 사상을 창작하게 되었을 때, 이를 특허 또는 실용신안과 같은 산업재산권으로 출원하여 절대적, 배타적 권리를 확보할 것인지, 아니면, 공개로 인한 기술유출 리스크 예방을 위해 영업비밀로 보유할 것인지는 i) 비밀유지 난이도, 즉 유출 위험성; ii) 유사발명의 용이성, iii) 침해 입증 난이도 등을 종합적으로 고려하여 결정할 필요가 있다. 특허, 실용신안 등으로 등록된 경우는, 해당 발명 또는 고안의 내용이 공보를 통해 해당 업계의 일반적인 종사자라면 반복, 재현 가능할 정도로 상세히 설명되어 있으므로, 구체적인 기술 내용을 전수받기 위한 별도의 노력은 필요치 않은 반면, 영업비밀의 경우는 양도 또는 이전을 위한 구체적인 이행이 필요하게 된다. 한편, 저작권은 특허 또는 영업비밀과는 달리, 아이디어가 아니라 '표현' 자체를 보호대상으로 하므로, 표현의 유사성이 증명되지 않는 한, 표현 속에 내재한 아이디어를 활용하는 것은 저작권 침해에 해당하지 않는다. 저작권 또한 영업비밀과는 달리 발표를 통해 공개된 것이므로 일반적으로 구체적인 내용 전수가 필요치 않다. 저작권도 특허, 실용신안 등 산업재산권과 같이 절대적, 배타적 권리로 보호되나, 특허, 실용신안과는 달리, 고의로 모방한 것이 아니라, 우연히 유사한 표현에 이르게 된 경우에는 침해에 해당하지 않는다.

특허, 실용 신안, 디자인권 (의장),저작권 은 발명 / 창작의 공개를 장려하기 위해 일정한 기간 동안 해당 발명 / 창작에 배타적 권리를 인정하는 반면, 영업비밀 은 발명 / 창작의 공개를 통한 소비자 및 공공복리 증진을 장려하기 위한 것이 아니라 , 경쟁자 또는 타인의 영업비밀 (발명 / 정보) 을 도용 또는 기타 부정한 방법으로 취득 , 사용하거나 , 계약상의 비밀유지의무를 위반하여 부당하게 사용,공개하는 행위를 규제하기 위한 것이다. 그러므로 부정경쟁방지법에 따라 간접적으로 보호되며, 특허 또는 실용신안과는 달리, 상표, 디자인 또는 트레이드 드레스 등의 경우, 미등록이라 하

더라도, 타인의 상표, 디자인 등을 무단 복제하거나, 유사한 표장을 사용하여 소비자의 혼선을 유발하는 등을 통한 부당한 이득을 얻으려는 경우도 불공정한 경쟁행위에 해당될 수 있어 규제에 따른 간접적 보호를 받게 된다.

특허, 실용신안 그리고 영업비밀 은 기술적 " 사상 (ideas)" 을 보호하는 한편 , 디자인권 ,상표권 ,저작권 은 창작물의 사상이 아니라 시각적 외관 ,명칭 내지 기호 또는 표현을 각각 보호한다 . 따라서 도서에 기록된 사상의 이용 (예를 들어 ,특정 장치를 만드는 법) 은 저작권에 의해 보호되지 않는 반면 , 그러한 도서의 구매자는 저작자의 허락 없이 도서의 복제물을 만드는 것이 금지된다 . 그러나 만일 그러한 장치 또는 공정이 특허 등록을 통해 보호되어 있다면 ,특허권자의 허락 (라이센스) 없이 ,그 기술적 사상인 ,특허 등록된 장치를 생산하거나 특허 된 공정을 이용하는 행위는 침해를 구성하게 된다 .

등록을 통한 공개를 요구하는 특허, 실용신안, 상표, 디자인 등 산업재산권과 달리, 영업비밀 은 그러한 발명이 비밀로 유지되는 한 보호된다. (등록을 통해 일반대중에 대한 공시효과를 가진 관계로) 특허 의 침해는 침해당사자가 특허 된 발명을 실제로 복제하였는지, 독립적으로 개발하였는지, 또는 다른 방법으로 제3자로부터 합법적으로 취득하였는지 여부와 관계없이 등록된 특허발명과 동일 또는 유사성이 입증되는 한 ,침해를 구성하게 되나, 영업비밀 은 이를 절취하거나 비공개 계약과 같은 비밀유지계약이나 경업금지약정을 위반하는 등의 부정한 방법으로 취득, 사용한 것이 아니라면, 단순히 상호간의 동일, 유사성만으로는 침해가 성립하지 않는다. 저작권 의 경우에도, 의거 성 요건에 따라 복제하였다는 입증이 필요하다. 즉, 어떤 이가 실제로 복제 또는 모방한 것이 아니라, 우연히 저작권물과 동일하거나 유사한 예술적 작품을 창작해낸다면, 이는 침해를 구성하지 아니한다.

■ 부수적 계약 활용: 기술/정보 보호를 위한 프로세스

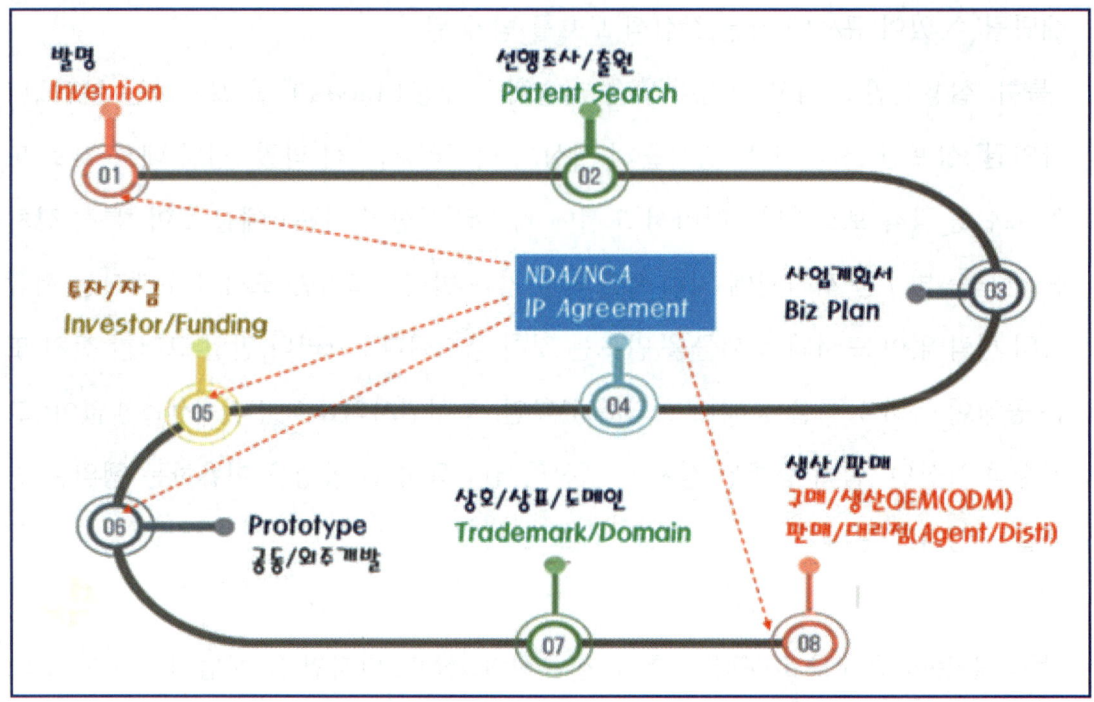

디지털 컨버전스와 제품의 융복합화가 가속화 되고 있는 현대산업사회에서는 과거 어느 때보다도 다양한 파트너쉽과 협업이 요구되고 있고, 수많은 스타트업 과 벤쳐 사업모델 이 전성기를 맞고 있다. 반면에 이러한 잦은 협업과 동업은 결별을 수반할 수 밖에 없어 오늘의 동지가 내일의 경쟁자가 되는 극단 상황에 대한 대비와 함께 각자의 기술적 사상(아이디어), 영업방법 등 지식재산에 대한 원초적 보호와 명확한 권리관계 설정이 필요하다. 위의 도표에서 보는 바와 같이,

▸ 사업초기 아이디어 창출(01),

▸ 해당 아이디어 관련 선행조사 및 지식재산권 확보를 위한 출원(02)[98],

---

98. 일반적으로 선행조사는 특허 등의 출원단계에서 변리사 등 특허전문업체에서 진행하는 형식적 요식행위에 거치는 경우가 많으나, 가능한 발명자 또는 해당 업체가 직접 무료 특허검색사이트를 통해 검색해 보기를 권고한다. 이러한 검색과정은, 해당 발명 또는 창작물의 관련시장에 기 존재하고 있는 종전 기술의 동향을 살펴보고, 신규성, 진보성 등의 문제점 보완을 통해 등록 가능성과 완성도를 높임은 물론, 향후 관련 시장의 동향 예측을 통해 해당 지식재산의 권리범위 및 활용도를 높이고, 경쟁 아이디어와의 비교, 평가를 통해 시장성을 판단해 볼 수 있는 좋은 기회가 될 수 있고, 심사과정에서 거절될 경우 낭비하게 될 출원비용을

- 사업계획서 작성(03)[99],
- 투자유치(05)를 거쳐,
- 시제품 개발(06),
- 상호, 상표 및 도메인 등록/확보 (07)[100] 를 거쳐
- 상용 제품 생산, 판매(08)에 이르기 까지,

각 단계별로 동업자 또는 사내 직원 들과의 관계는 물론 사외 투자자, 파트너 또는 기타 협력자와의 비즈니스 협력에 앞서, 기술, 경영상의 영업비밀은 물론, 출원 전 단계의 아이디어나 기타 저작물에 대한 대외 또는 제3자 공개 금지는 물론, 합의 용도 외 사용 을 제한하기 위한 비밀유지합의(NDA, Non-Disclosure Agreement), 경쟁 금지 또는 제한 합의 (NCA, Non-Competition Agreement)를 체결하고, 외주용역, 공동개발, 위탁 생산/판매 등 다른 업체와의 비즈니스 협력이 필요한 단계에서는 사전에 그러한 협력관계에서 창출 또는 파생될 지식재산에 대한 소유권 귀속과 사용권(license) 관계 등에 대한 사전 합의 (IP Agreement)를 통해 향후 분쟁을 예방하고, 피땀 어린 성과물이 관리 부실로 보호받지 못하게 되는 리스크를 최소화하도록 각 단

절감할 수 있기기도 하다.

99. 사업 계획 은 기본적으로 발명에 많은 시간과 돈을 투자하기 전에 고려해야 할 항목의 체크 리스트입니다. 해당 아이디어 또는 지식재산으로 수익을 창출하기 위한 방법 및 그 지식재산을 보호하기 위한 비용지출을 정당화하기 위한 계획서입니다. 이런 사업계획서를 통해 돈을 벌 수 있다는 것을 보여줄 수 없다면 현실 세계에서는 더더욱 해당 아이디어 또는 제품으로 돈을 벌 기회가 없다고 보아야 할 것이다. 사업 계획은 기본적으로 개발 및 상품화 일정, 제조 비용, 유통 채널, 마케팅 비용 및 계획 등을 구현하는 데 필요한 시간을 이해하는 데 도움이 될 것이다.

100. 해당 제품이나 서비스의 홍보, 출시 이전에 상표나 도메인 확보를 하지 않고 특정 표장이나 명칭을 임의로 사용하는 경우, 상표 출원과정에서 거절로 인한 표장 또는 명칭의 불가피한 변경으로 소비자나 투자자들에게 혼선을 야기하고, 변경에 따른 비용 낭비 등 비효율이 발생하게 된다. 상호는 법인등기상 요구되는 명칭으로 상표와는 달리, 관할 등기소의 법인등기상 동일한 이름(발음)이 존재하지 않는 한, 상호등록은 가능한 관계로, 국내시장 전체를 놓고 보면 동일한 명칭의 다른 기업이 존재할 수 있음을 유의하여, 사용하고자 하는 상호에 대한 상표 검색 후, 문제가 없을 경우, 그 상호를 상표로 우선 확보해 두는 것이 향후 침해 시비나 혼선 방지에 도움이 될 것이다. 사업초기에 있는 스타트 업이나 중소기업들의 제품 또는 서비스는 단일 또는 제한적이고,, 기업 상호에 대한 인지도 강화 차원 에서라도, 상호를 상표로 사용하게 되는 경우가 대부분인 점을 감안하면, 더욱 상표 검색, 선정이 우선되어야 할 것이다. 또한 도메인은 상표와는 별개의 문제이므로, 상표와 도메인 주소도 연관하여 면밀히 결정하는 것이 바람직하다.

계별로 면밀한 검토와 관리를 거쳐, 관련 거래에 대한 본계약 협의 또는 체결에 앞서, 상술한 부수합의 또는 계약(04)101 을 선결 후 거래 협의를 진행하도록 노력하여야 할 것이다.

---

101. NDA 또는 confidentiality agreement라 불리는 비밀유지계약은, 특허 등 산업재산권 출원시까지 유지하여야 할 비공지성 요건을 해하지 않으면서도, 출원 전 단계에서도 투자 유치나 시제품 외주 또는 공동 개발 등의 목적으로 투자자 또는 협력사에게 해당 기술 또는 사업아이디어를 제공하고 협의할 수 있도록, 상대방에게 비밀유지 의무를 부과하기 위한 합의이다. 이러한 비밀유지합의를 위반하는 경우, 위반자에게는 영업비밀 침해 또는 계약위반에 따른 법적 책임이 부과된다.
NCA(Non-Competition Agreement)는 경쟁금지계약 또는 합의로, 동업자, 해당업체의 임직원, 또는 외주 개발 또는 디자인용역 업체 등 수탁 협력사에게 일정기간 동안 해당 직무 또는 용역업무와 관련하여 사용자 또는 위탁사와의 사업상 경쟁(競業) 금지 의무를 부과하기 위한 법적 구속력 있는 합의를 의미한다,
IP Agreement는 주로 외주 하청 개발이나 디자인 용역 등의 경우에, 마치 사용자와 임직원의 고용관계에서처럼, 위탁자가 관련 비용을 전액 부담한 위탁용역에 따른 결과물이므로 'work for hire' 원칙에 따라, 그 결과물에 대한 지식재산 소유권은 위탁자가 갖는 것으로 하는 합의를 말한다. 공동개발 등의 경우에는 해당 지식재산권을 공동소유로 하기로 합의하기도 한다. (상세내용은 본서, 개발계약편 참조)

3. '기술적 사상' 관련 주요 계약유형 및 특성

위에서 살펴본 바와 같이 지식재산 또는 기술의 이전을 수반하는 계약의 유형은 상당히 다양하나, 기술적 사상을 대상으로 하는 경우로 한정하여 살펴보면, 제공 대상이 특허 또는 실용신안 과 같은 절대적 배타적 지식재산권 인지 부정경쟁행위 규제에 따른 간접보호 영역인 영업비밀인지에 따른 특성에 따라, 3대 유형으로 분류해 볼 수 있고, 각 유형별 주요 조건과 주안점에 대해서는 아래 4절에서 상세히 돌아보고자 한다.

■ **기술적 사상관련 주요계약 유형별 특성 및 주안점**

	특허권 LICENSE	영업비밀 LICENSE	용역개발
주행위 성격	不作爲 의무 (NOT TO SUE)	作爲의무 (전수)	作爲의무 (개발)
배타성	법적 보호에 의한 절대적 배타성	계약관계 기초 상대적 배타성	혼재 (영업비밀 중점)
공개성	공개성	비공개성, 비밀유지의무	혼재(비공개중점), 비밀유지의무
전환성	영업비밀로 전환불가	특허로 전환가능	영업비밀은 전환가능
사용기간	계약기간내	계약기간후 사용권에 대한 학설상 논란	左同
과세지	사용료소득으로 사용지/지급지 과세	사용료소득으로 사용지/지급지 과세	인적용역이 주된 경우, 용역 수행지국 과세

	▶ type of license: 전용실시/통상실시/재실시권 ▶ scope of licensed patent(tech) ▶ scope of licensed products ▶ products subject to royalty ▶ royalty structure ▶ grant-back license *특허/등록번호 제품 표시의무 * 상표사용시, 품질 검사 및 승인의무	▶ type of license ▶ scope of licensed tech & products ▶ products subject to royalty ▶ royalty structure ▶ deliverables ▶ technical assistance ▶ maintenance/update ▶ rights to derivative works ▶ grant-back license ▶ indemnification	▶ scope of consignment ▶ specifications ▶ acceptance criteria ▶ deliverables (source code?) ▶ tech assistance ▶ maintenance/update ▶ development / payment schedule ▶ liquidated damages ▶ rights to results ▶ license to pre-existing tech. ▶ indemnification

II. 계약 개요

1. 계약의 성립: 법적 구속력 있는 합의

1.1 계약이란?

계약이란 법률적인 측면에서 규율해야 할 가치 있는 약속으로, 당사자 간의 합의(의사표시의 합치)에 따른 권리의무관계가 성립하고, 이에 대한 불이행이나 위반 등의 경우에 법률에 의해 강제집행 가능한 구속력 있는 합의(법적 구속력 있는 합의)를 말하는 것으로, 청약과 승낙에 따른 당사자 상호 간의 의사표시의 일치를 통해 이루어지며, 형식상 서면합의에 한정되지 않고, 구두합의는 물론, 청약을 통해 요청한 행위의 이행이나 승낙의 의사표시로 인정되는 사실(의사실현)을 통해 이루어질 수도 있는 등, 계약은 당사자들 간의 합의를 보여주기에 충분하다면 어떤 형식으로 든 성립될 수 있다. 즉, 전체 의사소통 내용을 통해(from the totality of communication), "법적 구속력 있는 합의(계약 체결)를 하고자 하는 의도가 명백한가?" (확정의사, firm and clear intention to be bound) 라는 기준으로 판단하여야 한다. 그 외에도, 해당국 법제에 따라서는, 일반적인 계약 성립 요소에는 약인(Consideration: 일방의 약속에 대한 상대방의 대가), 행위능력(Capacity) 등이 요구되는 경우도 있으나, 국제상거래 계약은 주로 기업들 간에 이루어지므로 크게 고려할 요인은 아니다.

특히, 국제물품매매계약에 관한 UN협약("CISG")에 따르면, 계약은 청약에 대한 유효한 승낙이 이루어질 때 성립되는 것으로 규정하고 있어[a contract is concluded (becomes binding) "when an acceptance of an offer becomes effective"], 약인(consideration) 등은 계약성립의 요건이 아니다. CISG상, 청약은 (a) a proposal for concluding a contract, (b) intention to be bound in case of acceptance, 및 (c) sufficiently definite를 요건으로 하며, sufficiently definite하기 위해서는 최소한 (i) 매매대상 제품, (ii) 수량 및 (iii) 가격에 대한 규정을 요구한다. 단, 수량이나 가격에 대한 규정은 계약 당시에 특정/확정되지 않더라도, 그 결정 방법 또는 기준 등에 대한 규정만으로도 충족되는 것으로 해석된다. 한편, CISG상에서도, 승낙은 의사표시 뿐만 아니라, 청약에 대한 동의로 간주되는 사실행위("other conduct" by an offeree "indicating assent to an offer")에 의해서도 성립되는 것으로 규정하고 있다.

1.2. 법적 구속력이 있는 합의 식별법

기업실무에서, 양해각서(Memorandum of Understanding, MOU) 또는 의향서(Letter of Intent, LOI)는 일반적으로 법적 구속력이 없는 것으로 알려져 있으나, 그 이유는 양해각서의 특성 또는 표제(title)로 인한 것이 아니라 다음과 같이 당사자들 간의 상호 합의에 의해 법적 구속력이 없는 것으로 명시하였기 때문임을 명심해야 한다.

"This MOU is not a binding commitment or contractual undertakings of either party and no commitment will exist unless and until both parties enter into the Definitive Agreements satisfactory to them. Neither party shall have any liability to the other should the parties fail to consummate the transactions outlined herein or fail to enter into the Definitive Agreement for any

reason. Either party, in its business discretion, may terminate negotiations at any time without obligation or liability to the other, and each party agrees that it shall bear its own expenses in connection with the negotiation of the proposed business relationship."

다시 말해, 쌍방당사자는 다른 어떤 계약처럼 MOU와 LOI를 구속력이 있는 것으로 만드는 데에 동의할 수 있고, 필요와 당사자간 의도여하에 따라, 법적 구속력을 가진 의향서나 양해각서도 실무에서 통용되고 있다. 그러므로, 서류의 양식이나 표제만을 근거로 하여 구속력 여부를 속단하지 말고, 전체 의사표시 내용을 통해 주의 깊게 검토, 판단하여야 할 것이다. 또한, 대부분의 경우, 구속력이 없는 양해각서의 경우에도, 다음과 같은 구속력을 부여해야 할 필요성이 있다.

① 기밀유지(confidentiality) 조항 또는 대외보도 금지(non-publicity) 조항,

② 중재지 또는 기관/관할법원 및 준거법 조항,

③ 계약기간 및 종료 조항,

④ 독점협상(lock-up or exclusive dealing) 조항, 그리고

⑤ 구속력배제(non-binding) 조항

그러한 구속력 있는 조항들을 만들기 위해서는 다음과 같이 상술한 non-binding provision에 대한 예외 또한 구체적으로 명기해 두어야 할 것이다.

"Notwithstanding the foregoing, the provisions of paragraphs x, y and z shall be binding upon the parties."

■ 주의사항

● 표제를 근거로 판단하지 말라.

양해각서(MOU), 의향서(LOI), 합의서(LOA), 동의서(Letter Agreement), 조건 표(Term Sheet), 메모(Memo), 합의서(Agreement), 계약서(Contract), Work Plan, Terms & Conditions 등

● 형식(양식)을 근거로 판단하지 말라.

간단한 서한 또는 구두 의사소통도 법적 구속력 있는 합의/약속일 수 있다.

● 실질적인 내용과 표현(wording)에 나타난 의도를 찾아라

① 당사자들 간의 합의 또는 일방 당사자에 의한 약속이 있는지?
② 확고하거나 최종적인가? 아니면 조건부(정지/해제조건) 또는 잠정적인가?
   (예) "to perform the works, subject to a final definitive contract"
③ 단순한 이해, 의도, 희망의 표현, 회의록, 사업/작업 계획, 또는 메모에 불과한 것인지?
   (예) "to perform the works, subject to a final definitive contract"
③ 단순한 이해, 의도, 희망의 표현, 회의록, 사업/작업 계획, 또는 메모에 불과한 것인지?

● 실질적인 내용과 표현에 집중하라.

① 구체적인 명문 조항들은 이전의 모든 의사소통 또는 다른 정황적 증거들보다 우선 적용된다.
② 불확실, 묵시적 또는 모순된 쟁점들이 있는 경우에만 당사자의 진의를 찾기 위해 이전의 의사소통 또는 다른 정황 증거들이 소개될 수 있다.
③ 동사와 조동사의 선별적 사용에 유의하라.
   (i) Agree, Promise, Commit, Obligate, Guarantee, Warrant (vs)
    Intend, Plan, Wish, Desire, Want, Need, Assist, Help
   (ii) Shall, Will, Must, Should (vs) Would, Could, Might

1.3 서면 합의의 필요성

(1) 증거자료로서의 가치

해당 국가의 법규상 서면계약 또는 특정 양식의 계약을 요구하는 경우를 제외하고, 통상적인 상거래 계약은 서면계약에 한정되지 않음에도 불구하고, 서면체결을 강력히 권고하는 이유는 시간이 경과함에 따라 상황의 변화에 따른 일방 당사자의 변심 등으로 계약 성립 또는 존재를 부인하는 경우는 물론, 정확한 계약 조건 및 내용에 대한 이해와 기억의 한계로 당사자 간 분쟁발생 risk가 존재하기 때문에 이에 대한 분쟁 risk 예방을 위해 서면계약이 강력히 요구되고 있고, 경우에 따라서는 계약 작성/체결과 함께 해당 국가의 법규에 따른 공증을 받아 두면 증거력은 더욱 확실해질 수 있다. 대부분의 경우, 당사자 간 원만히 계약이 이행되고 있는 경우에는 되돌아보지 않다 가도, 분쟁 발생 시에 서면 계약서의 필요성이 결정적으로 나타나게 되고, 일방 당사자의 변심 등의 유혹을 방지하는 심리적 강제효과도 있다는 점을 유의하기 바란다.

(2) 의사해석의 기준

앞서 설명한 바와 같이, 체결 시 특정조건에 대한 상호이해와 인식의 차이 발생 가능성은 물론, 체결 후 당자자의 변심 또는 시간의 경과에 따른 기억력 쇠퇴 등의 이유로, 성립된 계약의 Terms & Conditions에 대한 상호 이해 및 해석에 대한 상호간의 분쟁을 예방하기 위해서도 서면 합의/계약이 바람직하다.

(3) 미비조건 보완순서(Rules of Construction)
   ① **명시적 규정** (Express terms)
   ② **동일계약에서의 다른 거래** (Course of performance under the same contract)[102]

---

[102] UCC§ 1-303: (a) A "course of performance" is a sequence of conduct between the parties to a particular transaction that exists if: (1) the agreement of the parties with respect to the transaction involves repeated occasions for performance by a party; and (2) the other party, with knowledge

③ 동일당사자 간 다른 유사한 계약에서의 거래 (Course of dealing under simlar contracts between the parties)[103]

④ 상관습 (Usage of trade; industry practices)[104]

미국 통일상법전(Uniform Commercial Code; UCC)에 따르면, 특정 사안 또는 조건에 대한 명시적 규정이 존재하는 경우에는, 다른 보충/보완 조건이 적용될 여지가 없고, 명시적 조건이 존재하지 않거나 불명확한 경우에는 해당 사안/조건의 보충 또는 해석을 위해 상술한 조건들이 순차적으로 적용되게 된다.[105] 계약의 내용이 모호할 경우 뿐만 아니라, 위와 같이 ②, ③, ④에 따라 보충되는 내용이 계약의 명시적 내용과 부합하게 해석될 수 있을 경우에는 그러한 보충이 허용된다는 것이 미국 판례의 입장이다.[106]

---

of the nature of the performance and opportunity for objection to it, accepts the performance or acquiesces in it without objection.

103. UCC§ 1-303: (b) A "course of dealing" is a sequence of conduct concerning previous transactions between the parties to a particular transaction that is fairly to be regarded as establishing a common basis of understanding for interpreting their expressions and other conduct.

104. 거래상 반복적으로 행해지는 행위를 의미하며, 이 규정이 인정되기 위해서는 쌍방 당사자가 그 Usage of Trade를 알고 있었거나, 최소한 알 수 있었던 상황이었어야 함.
UCC§ 1-303: (c) A "usage of trade" is any practice or method of dealing having such regularity of observance in a place, vocation, or trade as to justify an expectation that it will be observed with respect to the transaction in question. The existence and scope of such a usage must be proved as facts. If it is established that such a usage is embodied in a trade code or similar record, the interpretation of the record is a question of law.

105. UCC§ 1-303: (e) ……., the express terms of an agreement and any applicable course of performance, course of dealing, or usage of trade must be construed whenever reasonable as consistent with each other. If such a construction is unreasonable: (1) express terms prevail over course of performance, course of dealing, and usage of trade; (2) course of performance prevails over course of dealing and usage of trade; and (3) course of dealing prevails over usage of trade."

106. Columbia Nitrogen Corp. v. Royster Co. 451 F.2d. 3,

2. 진행단계별 계약유형

M & A, 합작투자, plant 수출 등 장기간에 걸쳐 여러 영역의 조사, 협상이 필요한 프로젝트성 계약의 경우, 아래 표와 같이 진행 단계에 따라 여러 유형의 계약 또는 서식을 접하게 되는 바, 아래에서는 이러한 예비적 합의 또는 협의 서식에 대해 살펴 보고자 한다.

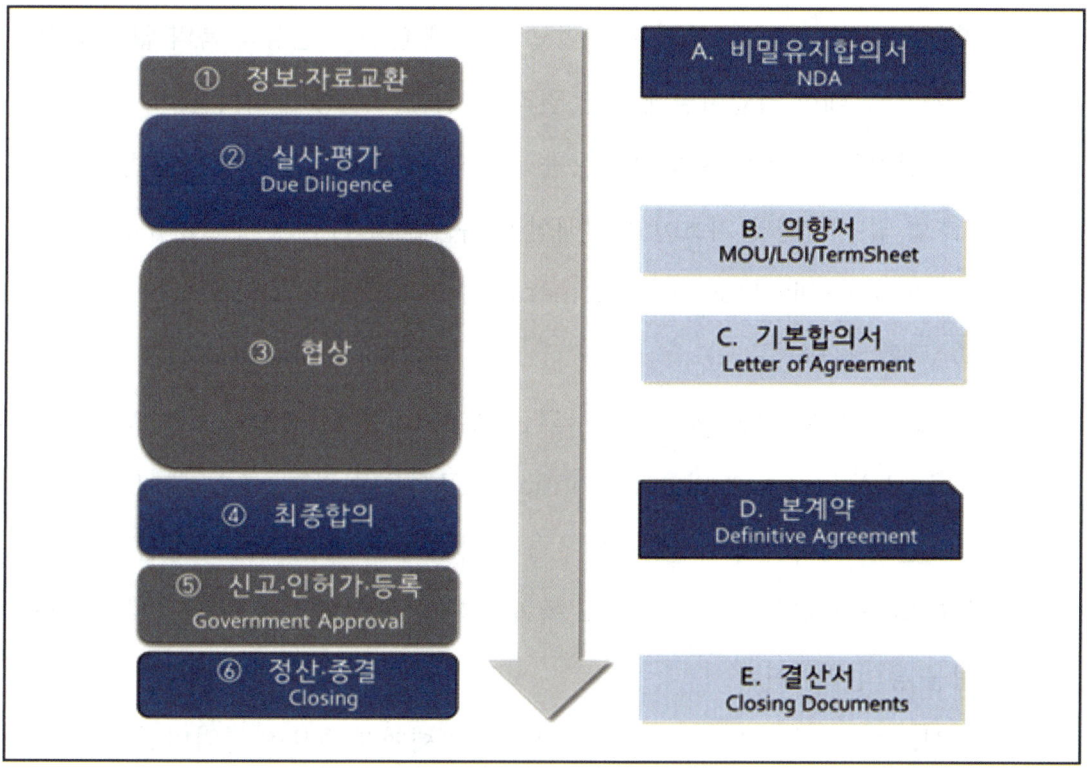

2.1. 비밀유지계약 (NDA: Non-Disclosure Agreement)

(1) 개요

기술도입, 기술개발, 합작투자, 기업합병·매수, 건설, 장기구매, 용역 등을 위한 교섭 단계에서 그 타당성 평가 및 검토에 필요한 자료를 입수코자 할 때, 정보제공자가 상대방에게 정보 제공전에 요구하는 서식이다.

① 특허권과 같은 물권적 권리는 각국의 법률에 의하여 공개적인 상태에서 보호받고 있으므로, 특약에 의한 비밀유지의 의무 부과 없이 특정인 또는 다수인에게 공개하더라도 임의 사용에 한 법적 보호를 받을 수 있다.

② 반면, 아직 공표되지 않았거나, 일반에게 아직 이용되지 않고 있는 영업비밀(Know-How, Trade Secret)은 법률상 절대적인 일반보호 규정이 없고, 권리자의 비밀유지노력도가 그 보호의 관건이므로, 이에 대한 서면상의 특약 없이 공개된 경우에는 그 대상 영업비밀에 대한 권리 및 침해의 입증이 어려운 바, 제공자는 그 제공비밀범위, 조건 및 용도제한 등을 계약의 형식으로 확보하여, 위반시 영업비밀보호법 및 계약법에 기초한 손해배상 및 구제책을 사전에 확보하기 위하여 비밀유지계약(Non-Disclosure Agreement 또는 Confidentiality Agreement, 이하 "NDA")을 체결한다.

③ 향후 해당 사업에 관한 계약이 성사되는 경우, 그 본계약(Definitive Agreement, Final Agreement)의 confidentiality 규정으로 연결, 흡수되어 (또는 별개 계약으로 존속) 지속적인 비밀유지의무를 부담하게 되고, 본계약이 성립되지 않는 경우에도 NDA자체의 효력에 의해 그 특약에 따라 상당기간 비밀유지의무를 부담하게 됨을 유의해야 한다.

④ 따라서, 제공자가 자신의 하청업체 및 거래업체에게 주요한 영업비밀을 특정 목적으로 제공해야 할 필요가 있는 경우에도 반드시 특약(Non-Disclosure Agreement)에 의해 그러한 영업비밀에 한 보호장치를 해둔 후 제공토록 해야 한다.

⑤ 반대로, 기술·영업비밀의 수령 자 입장에서는 그러한 계약 체결로 인해 향후 수령자가 독자적으로 또는 제3자와 공동으로 유사한 관련 기술 개발 또는 사업진행 시 부당한 장애요인이 되지 않도록 면밀히 검토 후 NDA를 체결토록 해야 한다.

(2) 주요조항 구성

(a) 비밀정보 교환목적 (Purpose for Exchange of Confidential Information)
(b) 비공개 의무 및 내부공개 제한 (Non-Disclosure & Limited Internal Disclosure: Need to Know)
(c) 비밀 정보 기술 및 범위 (Description and Scope of Confidential Information)
(d) 비밀정보 제외 (Exclusion)
(e) 주의의무 (Standard of Care)
(f) 비밀정보 반환 또는 파기 (Return or destruction of Confidential Information)
(g) 존속 및 보호기간 (Survival & Protection Period)
(h) 기간 및 해지 (Term & Termination)

(3) 주요 규정의 내용 및 유의사항

1) 비밀정보 기재 (Description of Confidential Information)
① 기밀유지계약서 작성시, 기밀유지 대상인 영업비밀 또는 기타 비밀정보의 구체적 열거 또는 명기가 요구되는 바, 이러한 구체적 명기·열거는:
ⅰ) 수령자로 하여금 특정용도 외에 사용 또는 공개금지의 의무가 부과된 대상 기밀에 대한 명시적인 인지(notice)가 있었음을 명확히 하고
ⅱ) 이러한 명기·열거와 수령인의 이에 대한 영업비밀성 인식으로 인해 사후 분쟁시, 그 대상 정보가 법상 보호가치가 있는 "유효한 영업비밀(valid trade secret)"임을 입증하기 용이해진다는 효과를 기할 수 있다.
② 대상 기밀의 총체적 명기·열거와 더불어, 개별적인 대상자료·서류에도 그 기밀성을 명기한 marking과 쪽 매김을 해두는 신중성을 통해 수령인의 영업 비밀성에 대한 인지도를 강화할 수 있을 것이다. 또한, 무형의(구두 또는 시각) 정보제공의 경우에도 반드시 적정한 기일 내에 이러한 영업비밀의 identification을 명기한 서

한을 발송하여 대상 범위에 관한 불필요한 사후 분쟁을 예방할 수 있을 것이다.
③ 수령자의 입장에서도 광범위하고 일반적인 범위설정으로 인해, 사후 제공자가 부당하게 그 기밀 대상 범위를 확대 주장하여 수령인의 독자적인 개발·생산·영업 활동에 제한을 받게 될 위험을 예방할 수 있을 것이다. 또한 수령자는 이러한 범위 설정에 있어 이로 인해 현재 및 향후 관련 사업 수행(전사 차원)에 미치게 될 영향을 신중히 고려해야 할 것이다.

2) 당사자

계약 당사자의 존재를 명확히 하기 위하여 당사자의 정확한 명칭 및 주소, 법인설립 준거법 등을 명기해둘 필요가 있다. 이는 서명인의 대표·대리권확인 및 사후소송 등의 경우 당사자 적격 등의 근거로 필요한 내용이다.

① 또한 제공·수령 해당 법인·기관 외에 그 계열사(모·자회사)에게도 당해 계약에 따른 확인 또는 의무부담을 부과해야 할 필요성이 있는 경우에는 그러한 계열사의 명기 및 이에 따른 연대서명·위임·보증을 확보하도록 해야 한다.
② 아울러 당사자인 제공자(Disclosing Party, Discloser, Provider)와 수령자(Receiving Party, Recipient)를 명기해야 한다.
③ 단, 쌍방이 각자의 영업비밀을 상호(mutual) 교환하는 경우에는 권리와 의무가 쌍방에게 동일하게 적용되도록 규정되었는지를 신중히 검토해야 한다.

3) 비밀유지대상 제외

통상적으로 영업비밀로서 보호받기 위해서는 신규성(novelty)이 요구되는 바, (이는 특허에서 요구되는 것보다는 낮은 정도일 수 있음), 공지 또는 공용의 기술·정보 또는 별개의 경로로 비밀유지 부담 없이 지득한 기술·정보는 통상 비밀 유지의 대상에서 제외되는 것으로 명기해야 한다.
① 또한, 제공받은 기술·정보와는 무관하게 독립적으로 이루어진 독자적인 개발활

동이나, 별도의 경로를 통한 제3자로부터의 기술도입·license가 부당히 금지·제한되는 경우를 방지기 위한 규정도 고려되어야 한다.

② 이러한 유사 분야에 대한 독자적인 단독연구개발이나, 제3자와의 별개의 연구개발진행시는, 제공자로부터의 사후 claim가능성이 높아지고, 그 대상 기밀인지, 독자적인 기술·정보인지가 불분명한 경우가 많으므로, 수령자로서는 사후 입증 책임을 고려하여 연구개발일지 등의 연구기록유지와 제공받은 대상 기밀 기술 검토에 관련된 연구원의 격리·차별화 등에 특별한 유의가 요구된다.

③ 장기간에 걸친 다수의 생산·개발 하청업체 및 판매대리점 등을 필요로 하는 생산자의 경우, 그 제품·기술에 관한 영업비밀을 이러한 다수의 하청업체 들에게 장기간 제공하여야 하는 경우가 많은 바, 그 생산자(제공자)는 모든 관련 업체를 대상으로 한 기밀유지각서 확보 및 지속적이고 정기적인 보안유지 관리책에 각별한 주의를 기울여야 한다. 이들 관련 수령자 중 일부 업체가 그 영업 비밀을 부당하게 무단사용 하여 이에 대한 소송을 제기하고자 하는 경우, 통상적으로 이들 위반 업체는: "제공자가 동일·유사한 정보를 다른 관련 업체·인사에게 비밀유지각서를 징구함이 없이 제공하였다", 또는 "제공자는 그 영업비밀관리를 소홀히 하여 이에 대한 비밀 성 유지를 사실상 포기한 것으로 간주된다"는 등의 항변을 제기하고 있는 경우, 대부분의 법정은, 자유·공개경쟁원칙에 입각하여, 적정한 영업보안·비밀유지제도유지 및 이의 체계적·정기적·지속적인 집행·관리가 부재하는 경우 비밀 성 존속을 부정하려는 경향이 있음에 주목해야 한다.

④ 따라서, 체계적인 보안, 기밀유지제도 수립 및 이의 예외 없는 적용 등 에 만전을 기하여 영업비밀의 예기치 않은 사장이 발생치 않도록 해야 한다.

⑤ 특히, 장기간의 영업비밀유지가 필요한 경우에는 비밀유지각서·계약서 확보 외에도, 매년 이러한 비밀성과 유지의무를 경각시키는 서한(annual reminder letter)을 발송하는 등 소유자로서 비밀 성 유지를 위한 적정한 관리의무를 다해야 한다.

⑥ 통상적으로 인정되는 기밀유지제외 대상은:

ⅰ) 수령자 또는 그 계열사가 기밀유지의무 없이 기보유한 기술·정보,

ⅱ) 공지·공용의 기술·정보,

ⅲ) 제공자에 대해서 비밀유지의무를 지지 않는 제3자로부터 수령자 또는 그 계열사가 정당하게 입수한 기술·정보,

ⅳ) 제공자가 제3자에게 비밀유지의무 부과 없이 공개한 기술·정보,

ⅴ) 수령자가 독립적으로 개발·발견한 기술·정보,

ⅵ) 제공자의 승낙 하에 공개된 기술·정보,

ⅶ) 사법기관 등의 공권력에 의해 공개 의무가 명령되거나, 당해 기술에 관한 수령자의 권리보호 및 방어상 공권력기관에 제출이 필요한 기술· 대상

4) 보호기간

비밀제공·평가·license기간의 종료 후에도 적정기간 동안 비밀유지의무가 부과되는 것이 일반적 관례이다. 특히, 해당 기밀이 첨단·신조 기술이거나, 거액 장기의 기술투자가 소요된 고도의 기술을 수반한 경우 비밀유지의무는 대상기술의 비밀성이 존속하는 한, 영구히 부과되도록 규정한 경우도 있다(예: source code). 그러나, 현실적으로 '비밀성 존속'의 입증·반증에는 상당한 어려움이 따르므로, 그러한 분쟁의 방지를 위해 가급적 비밀유지의무의 존속기간을 명기해 둠이 바람직하다. 수령자의 입장에서는 이러한 비밀유지기간을 최소화하는데 주력하여야 할 것이나, 업계의 관례는 통상적으로 수령일로부터 2~3년을 요구하며(지속적인 기술제공이 이루어지지 않는 경우, 통상적인 단위기술·제품의 life는 2~3년을 넘지 않는다는 논리에 기초함), 특수한 경우를 제외하고는 5년을 경과하여서는 곤란하다.

5) 사용목적

기밀 제공의 목적(통상적으로 평가/검토용도)을 명기하여, 제공기밀은 한정된 용도로 제공된 것이므로 일반적인 권리 허여가 배제된 것임을 입증키 위함. 이러한 규정에 따라 수령자는 제3자에 대한 공개금지 뿐만 아니라, 수령자 자신의 사용도 특정목적 외의 다른 용도로 사용할 수 없게 된다.

■ 유의사항

▸ 통상 Evaluation 목적에 한정됨에 유의하여, 수령자료·정보에 관한 Marking 및 기록유지를 해야 한다.
▸ 유사기술을 단독 또는 타사와 연구개발진행 필요 시는 이에 관한 독립된 연구·개발일지를 기록·관리하여야 한다.
▸ Evaluation 후 대상기술에 대한 수령자 검토의견의 명확한 회신이 있어야 하고, Rejection 시 가급적 수령 기술 중 당사가 기보유한 기술 및 공지기술 등에 대한 범위설정을 하여 이에 관한 범위 및 근거를 거절서면에 서술하여 둠이 바람직하다.

6) 수령자의 관리 의무: 비밀유지정도(Standard of care)

통상적으로 수령자가 자신의 비밀을 유지하기 위하여 취하는 주의 정도에 한정하는 것이 관례임(단, 최소한 reasonable degree of care 요구). 수령자에게 부과될 수 있는 구체적인 의무는 아래와 같은 항목이 있으나, 수령자는 자신의 내부 보안 규정이나 현실적 관행을 고려하여, 일반적인 주의로 관리 가능한 범위 내로 한정 토록 하여야 할 것이다.

① 제공정보 / 자료의 기록 유지,
② 다른 영업비밀 / 자료와의 분리보관,
③ 내부사용자제한(need to know),
④ 사용자 및 사용 용도 / 시간기록,
⑤ 제공자 요구 시 또는 NDA 해제 / 종료 시 자료 반환 또는 파기,
⑥ 사용자 개인별 기밀유지각서 확보

7) 보증(Warranty)

기밀소유권 및 부당사용을 이유로 예기치 않은 claim을 제기할 경우, 그 제공자에게 이에 대한 책임을 전가하고 그러한 claim에 따른 손해배상의 근거를 확보키 위함. 특히 이러한 규정은 제3자가 권리를 보유하고 있다는 인지를 배제하는 입증자료로 사

용될 수도 있을 것이다.

◆ **판례 연구**
▶ 서울중앙지방법원 2012. 10. 26. 자 2012카합697 영업비밀침해금지가처분 결정

〈사건개요〉
레이저 포인터 제품을 선도하고 있던 C사는 2011년 말경에 D사로부터 아이폰 액세서리로 사용될 수 있는 포인터 제품에 대한 레이저 모듈의 공급 여부에 대한 문의를 받았다. D사는 평소 SW개발 및 디자인 분야에 집중하던 중에 레이저 포인터 액세서리의 개발을 진행 중인 회사이고 C사는 이미 관련 제품의 개발을 거의 완료하고 있었지만, 양사는 기술과 디자인의 시너지를 통하여 시장 확대가 유리할 것이라는 생각으로 NDA를 맺었고 C사는 D사의 제품 개발에 적극 협조하기 위하여 제품 샘플과 전원 공급 기술을 공개하였다.
이후 D사 제품의 완성단계에 이르렀으나 양사는 레이저 모듈의 부품 단가의 협상에서 합의에 이르지 못하여 최종적으로 부품 공급 협상은 결렬되었다. 이후 C사와 D사는 각자의 신제품을 거의 동시에 출시하여 경쟁에 이르게 되었다.
이에 C사는 신제품을 출시한 D사를 상대로 하여 자사의 영업비밀을 침해한 제품에 대한 생산 판매금지를 구하는 가처분을 신청하였다. C사는 D사에 공개한 전원공급기술이 당시 D사가 알지 못하였고 C사가 독자 개발한 기술이므로 영업비밀에 해당함을 주장하였고, D사는 독자 개발과 함께 이미 공지된 기술임을 주장하였다.

〈법원 결정〉
비밀유지계약에 따라 이 기술정보를 비밀로 유지하여야 할 의무가 있음에도, C사의 허락 없이 기술정보를 사용하여 제품을 제조 판매하고 있고, 여러 사정을 종합하면 D사가 이 사건 기술정보를 사용함에 있어 부정한 이익을 얻거나 C사에 손해를 입힐 목적을 가지고 있었다는 점 역시 추인할 수 있다.
따라서, D사의 행위는 부경법 제2조 제3호 로 목의 영업 비밀 침해 행위에 해당하므로, D사에게 아래와 같이 명령함.
(1) 기재한 기술정보의 사용 및 공개금지,
(2) 개발제품의 생산, 판매, 대여, 광고, 청약, 수출금지,
(3) 창고, 공장, 영업소에 보관 중인 제품의 출하금지 및 집행관 보관,
(4) 집행사실 공시

◆ 참조서식 2.1

▶ (한글)표준비밀유지계약서, 공정거래위원회

https://www.ftc.go.kr/www/cop/bbs/selectBoardList.do?key=4436&bbsId=BBSMSTR_000000004352&bbsTyCode=BBST01

◆ 참조서식 2.2

MUTUAL NON-DISCLOSURE AGREEMENT

This agreement (hereinafter "the Agreement") is entered into and made effective as of _____ (the Effective Date") by and between _____, a _____ corporation, having a place of business at _____ ("Partner"); and _____., a Korean corporation having a place of business at _____, Korea ("KCO"), concerning such proprietary information which either party may furnish to the other party relating to _____ _____ (hereinafter "Proprietary Information").

Proprietary Information of a furnishing party is that information which it has not released publicly and considers to be confidential.

In consideration of the premises and the promises made herein, the parties agrees to be legally bound as follows:

1. All Proprietary Information furnished by either party to the other hereunder in tangible form shall be clearly marked with a "proprietary," "confidential" or similar legend, and if it cannot reasonably be so marked, written notice shall be given to the receiving party at the time it is furnished advising that it is to be treated as Proprietary Information. In the event Proprietary Information is furnished other than in tangible form, the furnishing party shall inform the receiving party of its proprietary nature at the time it is furnished and describe it in a written transmittal to the receiving party within thirty (30) days.

2. Title or right to possess Proprietary Information as between the parties shall, except as otherwise

provided herein, remain in the party which furnishes it to the other party. Neither party shall furnish to the other party any Proprietary Information which it does not have the right to furnish and Neither party shall defend and indemnify the receiving party against any claim or liability resulting from breach of such obligation.

3. All Proprietary Information furnished by either party to the other party under this Agreement shall be used by the receiving party solely for the purpose of evaluation to determine whether the parties may have an interest in entering into a further business relationship and shall be treated by the receiving party with the same degree of care to preclude disclosure thereof that the receiving party uses to protect its own information of like importance. Any other agreement between the parties relating to different subject matter shall not be affected by this Agreement.

4. Neither party shall make any copies of Proprietary Information received from the other party except as necessary for performing the authorized evaluation, and any copies which are made shall be identified as Proprietary Information the same as the original.

5. Neither party shall be restricted from disclosing Proprietary Information of the other party pursuant to a judicial or governmental order, but any such disclosure shall be made only to the extent so ordered and provided that the receiving party: (a) shall timely notify the other party so that it may intervene in response to such order, or (b) if timely notice cannot be given, shall seek to obtain a protective order from the court or government for such information.

6. The obligations and limitations set forth herein regarding Proprietary Information shall not apply to information which is:
    a. at any time in the public domain, as evidenced by written documents, other than by breach of this Agreement on the part of the receiving party; or
    b. rightfully known to the receiving party prior to receipt of the same from the furnishing party as evidenced by bona fide written, dated documents, and was not acquired, directly or indirectly, from the furnishing party; or
    c. independently developed by the receiving party without using any Proprietary Information provided by the furnishing party under this Agreement; or
    d. generally made available to third parties by the furnishing party without restriction concerning use or disclosure.

7. Any party hereto may terminate the use of its Proprietary Information by the receiving party at any time without any liability for such termination, but the obligations of the parties set forth herein regarding use and disclosure of Proprietary Information shall not terminate until ____ (_) years after the date of respective disclosure thereof, after which the duties of each party with respect to Proprietary Information which it has received from the another party shall be governed solely by copyright, trade secret and patent laws except in the case of software for which the obligations shall continue until the occurrence of any circumstances listed in the preceding paragraph.

8. When it no longer has need thereof for the purpose stated herein or upon request of a furnishing party, whichever occurs first, a party shall promptly cease using and shall return or destroy (and if requested by the furnishing party certify destruction of) (a) all Proprietary Information which it receives from the other party along with all tangible copies which it may have made, and (b) all copies stored in any computer memory or storage medium.

9. Each party understands that receiving party develops and acquires technology for its own products, and that existing or planned technology independently developed or acquired by the receiving party may contain ideas and concepts similar or identical to those contained in the furnishing party's Proprietary Information. Each party agrees that entering this Agreement shall not preclude the receiving party from developing or acquiring technology similar to the furnishing party's, without obligation to the furnishing party, provided receiving party does not use the Proprietary Information to develop such technology.

10. Recipient acknowledges that Confidential Information may still be under development, or may be incomplete, and that such information may relate to products that are under development or are planned for development. DISCLOSER MAKES NO WARRANTIES REGARDING THE ACCURACY OF THE CONFIDENTIAL INFORMATION. Discloser accepts no responsibility for any expenses, losses or action incurred or undertaken by Recipient as a result of Recipient's receipt or use of confidential Information. DISCLOSER MAKES NO WARRANTIES OR REPRESENTATIONS THAT IT WILL INTRODUCE ANY PRODUCT RELATING TO CONFIDENTIAL INFORMATION.

11. Neither party has any obligation under or by virtue of this Agreement to purchase from or furnish to the other party any products or services, or to enter into any other agreement, including but not limited to, a development, purchasing or technology licensing agreement.

12. Other than as expressly specified herein, Discloser grants no license to Recipient under any copyright, patents, trademarks, trade secrets or other proprietary right to use or reproduce Confidential Information.

13. The failure of a party to enforce any right resulting from breach of provision of this Agreement by the another party shall not be deemed a waiver of any right relating to a subsequent breach of such provision or any other right hereunder. This Agreement is subject to the laws of the Republic of Korea without reference to its conflict of laws.. Any and all disputes or claims under this Agreement shall be exclusively settled by the arbitration to be held in Seoul under and in accordance with the then effective arbitration rules and procedures of the International Chamber of Commerce.

14. This Agreement states the entire agreement and supersedes all prior agreements, written or verbal, between the parties with respect to the subject matter hereof and may not be amended except in writing signed by a duly authorized representative of the respective parties.

15. Each party acknowledges and recognizes that a violation of the covenants contained herein may cause such damage to the other party, as will be irreparable, and that the damaged party may have no adequate remedy at law for such violation. Accordingly, each party agrees that the other parties may seek an injunction, subject to ruling by the competent jurisdiction pursuant to applicable laws, restraining any further violation of such covenants. Such right to injunctive relief shall be cumulative and in addition to whatever remedies the damaged party may have at law.

16. In the event of invalidity or unenforceability of any provisions of this Agreement, such invalidity or unenforceability shall not render invalid the remainder of this Agreement or the remainder of such provision. If any provision of this Agreement is so broad as to be unenforceable, such provision shall be interpreted to be only so broad as is enforceable.

IN WITNESS WHEREOF, the parties, effective the date first written above, have caused this Agreement to be executed by their duly authorized representatives.

[Partner]   **[KCO]**

_____: _____

Signature:_____   Signature: _____

Print Name:_____   Print Name: _____

Title: _____   Title: _____

Date: _____   Date: _____

2.2. 의향서/양해각서
(Letter of Intent/Memorandum of Understanding)

(1) 개요

논의 중인 프로젝트나 거래가 복잡한 쟁점들에 대한 협상 및 타당성 평가 등의 이유로 최종 계약을 위한 합의까지 상당 기간을 필요로 하는 경우, 기초 평가/검토결과 기본적인 사업타당성이 확인되고, 목적으로 하는 거래를 진행하고자 하는 쌍방 당사자 간의 의도 및 협상의 기본 조건, 원칙 등이 합의된 단계에서 이러한 상호 이해를 일단 정리하고, 이러한 상호신뢰를 바탕으로 구체적인 조건에 대한 협상 진행을 위한 초석을 마련하기 위한 서류로, 해당산업의 실무에 따라, 의향서(letter of Intent, "LOI") 또는 양해각서(memorandum of understanding, "MOU"), 경우에 따라서는 letter of agreement, memorandum of agreement이라고도 불려지고 있고, Term Sheet형식으로 교환하기도 한다.

형식상 **Letter of Intent**는 일반적으로 일방이 상대방에게 보내는 편지 형식으로 작성, 서명 후 송부하되, 그 내용이 상대방의 이해와 부합, 동의하는 경우, 상대방이 말미에 counter-sign하여 회신토록 요청하는 형식으로 작성하는 반면, **Memorandum of Understanding**은 LOI보다는 좀 더 formal하나, 정형적인 계약서 양식의 완전한 서술형보다는 메모 또는 회의록 형식으로 하여 요약형 서술방식으로 작성하고 상호서명을 교환하는 형식을 취하는 것이 일반적이다. 그러나, 오늘날에는 이러한 양식적 특징에 따른 title 구분마저 없이 편의에 따라 title을 붙이고 있고, 사실 구분해서 사용해야할 법리적 실익도 없다.

최종계약 체결 시까지 법적 구속력이 없고, 중도에 일방이 임의로 협상을 중단할 수도 있다는 전제와 의도 하에 작성, 체결되는 경우가 대부분이나, 이는 의향서 또는 양해각서의 특성 또는 표제(title)로 인한 것이 아니라 다음과 같이 당사자들 간의 상호합의에 의해 법적 구속력이 없는 것으로 명시하였기 때문임을 명심해야 한다.

"This MOU is not a binding commitment or contractual undertakings of either party and no commitment will exist unless and until both parties enter into the Definitive Agreements satisfactory to them. Neither party shall have any liability to the other, should the parties fail to consummate the transactions outlined herein or fail to enter into the Definitive Agreement for any reason. Either party, in its business discretion, may terminate negotiations at any time without obligation or liability to the other, and each party agrees that it shall bear its own expenses in connection with the negotiation of the proposed business relationship."

다시 말하면, 쌍방당사자는 다른 어떤 계약처럼 MOU와 LOI를 구속력이 있는 것으로 만드는 데에 동의할 수 있고, 필요와 당사자간 의도여하에 따라, 법적 구속력을 가진 의향서나 양해각서도 실무에서 통용되고 있다. 그러므로, 서류의 양식이나 표제만을 근거로 하여 구속력 여부를 속단하지 말고, 전체 의사표시 내용을 통해 주의 깊게 검토, 판단하여야 할 것이다.

■ Letter of Agreement, Memorandum of Agreement

협정서(LOA) 또는 협약서(MOA)라는 title의 서류들도 종종 거래계에서 보이는 데, 이 또한 형식이나 유형만으로 법적 의미나 특성을 규정 지울 수는 없다. 대부분의 경우, LOI 또는 MOU와 같이 협상 초기 또는 중간 단계에서 당사자간의 기본적인 이해 또는 합의 사항을 정리 후 이를 기반으로 구체적인 거래조건들의 협상을 통해 최종 계약을 체결하고자 하는 의도에서 작성되고, 당사자들이 이를 확인하고 서명하고 있어 구분의 실익이 없는 경우가 다수이나, 통상적인 MOU나 LOA라는 호칭을 사용하지 않고 Agreement라는 표현을 title에 인용하여 전자와 달리, MOA나 LOA는 법적 구속력을 부과한 기본합의서임을 강조할 의도로 사용된 경우 또한 많이 발견된다.

LOA와 MOA를 굳이 구분하자면 그 형식/서식에 있어 LOA는 LOI의 경우처럼 letter의 형식을 통해 교환되는 반면, MOA는 좀더 계약형식에 유사한 메모/문서 양식을 택한 경우에 많이 발견되고 있다.

LOA 또는 letter agreement는 복잡한 거래에서 지속적인 협상을 위한 기본적인 조건 또는 원칙의 합의 목적으로 작성되는 경우도 있지만, 이와 반대로, 고용계약, 용역계약 등과 같이 비교적 단순하고 정형화된 유형의 거래에서 고용주/의뢰인이 job offer 형식의 서한(letter)을 통해 고용/용역 기본 조건을 본문에 제시하고, 기타 세부적인 조건은 (1) 별첨, (2) 추후 협의 또는 (3) 고용주의 근로협약/취업규칙에 따르기로 하고 서명하여 EMPLOYEE 또는 CONSULTANT에게 송부 후, 이를 수락하면 COUNTER-SIGN하여 합의가 완료되는 순서로 진행할 용도로 사용되기도 한다. 아주 단순하고 기본적인 합의조건으로만 구성된 LOA를 보충하기 위해, 용역(service) 거래 등의 경우에는 SOW (Statement of Work 또는 Work Order), 또는 공급/구매 거래에서는 표준거래약관 (General Terms and Conditions) 등을 통해, 세부적이고 구체적인 거래조건을 보충하기도 한다.

Term Sheet

의향서와 같이 본계약 체결 이전의 초기단계에서 교환되는 문서의 한 유형으로, 의향서와 같이 일반적으로는 양 당사자에 대한 법적 구속력을 갖지 않는 것을 전제로 교환, 또는 작성되는 문건이다.

의향서가 주로 letter형 또는 계약서 양식에 준하여 완전한 문장으로 양 당사자의 이해와 합의를 정리하여 상호 서명하는 형식을 취하는 반면, Term Sheet는 형식적인 구조/조항을 취하지 않고, 완전한 문장형식보다는 key words 중심의 bullet-point 또는 ball-park data 중심의 요지만을 단순 정리한 형식으로, 양당사자의 합의에 따라 작성하는 경우보다는 일방당사자가 먼저 자신의 proposal 형식으로 Term Sheet를 상대방에게 제시하고, 상대방은 이에 대한 자신의 counter-proposal을 회신하는 형식으로 진행하는 경우가 많고, 종국적으로 상호이해와 합의가 이루어진 조건을

통합한 Term Sheet를 작성, 상호 서명하거나, 이를 토대로 의향서를 완성, 서명 후 본계약 협상으로 진입하는 경우 등이 있다. 이러한 이유로 의향서 대비, 작성/교환상 신속, 간이성이 있는 반면, 완전한 문장형식이 아닌 관계로 해석상 다변성, 불확실성, 모호성 등으로 인한 상호 오해나 혼선이 존재할 수 있는 단점도 상존한다.

Term Sheet의 경우에도, 그 내용상 binding한 의무로 해석될 명시적 규정이 있는 경우에는 법적 구속력 있는 것으로 해석될 여지가 있으나, 그러한 명시적 특약이 없는 경우에는, 그 형식이나 표현상의 불완전성, 특히 완전한 문장형식도 아닌 key words 중심의 나열인 관계로 당사자의 확정적 의사표시로 보기에는 부족하다는 것이 법원의 일반적인 해석인 바, 법적 효력 강도 측면에서는 상대적으로 의향서보다도 구속력이 약하고, 단순 proposal의 교환, 또는 협의내용을 정리한 회의록 수준의 문서로 이해하는 것이 보편적인 입장이다(상호 합의된 문서로 보기 힘든 경우도 많다).

(2) 유의사항

① 앞서 강조한 바와 같이, 법적 비구속력은 의향서라는 형식에서 오는 특성이 아니라, 구속력을 갖지 않는다는 명문규정으로 인해 부여되는 특성이다. 따라서, 이러한 명문조항이 없는 경우, 예기치 않은 법적 책임이 부과될 수 있음을 유의하여야 한다.

② 법적 비 구속력도 절대적으로 인정되는 것이 아니라, good-faith(신의성실의 원칙)를 기초로 하여야 하는 바, 이를 무시한 악의, 기망 등으로 상대방에게 피해를 가한 경우에는 손해배상책임이 발생할 수도 있다. 즉, 법적 구속력을 인정받지 못한 의향서라 하더라도, 합리적인 경영적 판단에 따른 상당한 이유 없이 임의로 대상사업을 파기함에 따라 상대방이 손해를 입은 경우에는 신의칙 위반에 따른 불법행위로 인한 손해배상 책임을 부담하게 될 수 있음을 유의해야 한다.[107]

---

107. 참조. 현대차증권과 신영증권 간 매매대금 청구소송〉
사실관계: 현대차증권 직원 A씨는 2018년 5월14일 신영증권 직원 B씨에게 텔레그램 메신저를 통해 BNK투자증권이 현대차증권으로부터 매수해 보유하고 있던 '금정제12차 ABCP' 기업어음 100억원 상당을 신영증권이 매수해 보관해 달라고 요청했고, 이후 해당 어음을 발행한 회사가 2018년 11월13일 당좌거래정지거래자로 등록돼 부도처리되어 분쟁이 발생하였다. 신영증권은 해당 어음을 2018년 5월21일까지 이전하기로 하는 매매계약 또는 위임계약 등이 체결됐으니 매매금액을 현대차증권이 지급해야한다고 주장했다.

◆ **판례연구 〈신의칙 위반〉**

현대차증권과 신영증권 간 매매대금 청구소송
〈사건개요〉 현대차증권 직원 A씨는 2018년 5월14일 신영증권 직원 B씨에게 텔레그램 메신저를 통해 BNK투자증권이 현대차증권으로부터 매수해 보유하고 있던 '금정제12차 ABCP' 기업어음 100억원 상당을 신영증권이 매수해 보관해 달라고 요청했고, 이후 해당 어음을 발행한 회사가 2018년 11월13일 당좌거래정지거래자로 등록돼 부도처리되어 분쟁이 발생하였다. 신영증권은 해당 어음을 2018년 5월21일까지 이전하기로 하는 매매계약 또는 위임계약 등이 체결됐으니 매매금액을 현대차증권이 지급해야한다고 주장했다.
〈판결〉 ▶ 1심 판결: 양사간 매매계약 등이 체결됐다고 볼 수 없고, 따라서 매매계약 체결에 따라 현대차증권이 매매대금을 지급할 이유가 없다고 판단. ▶ 2심 판결: 2심에서도 매매계약 체결은 인정되지 않았으나, 현대차증권이 신영증권에 매매계약이 체결되리라는 정당한 기대 또는 신뢰를 주었고, 신영증권이 그 신뢰에 따라 BNK투자증권으로부터 어음을 매수한 상황에서, 현대증권이 상당한 이유 없이 매매계약체결을 거부한 건 신의성실 원칙상 계약자유 원칙의 한계를 넘는 위법한 행위에 해당한다고 적시하였다. ▶ 대법원: 신의성실 원칙과 관련한 원심(2심) 판결이 문제가 없다고 본 것으로, 현대차증권의 신의칙 위반 행위를 재확인하였다. 단, 보관행위 등이 개인적 친밀관계를 이용해 이뤄진 비정상적인 행위이기 때문에 현대차증권이 배상할 손해액은 손해액의 70%로 제한했다. 대법은 이같은 원심 판결을 확정하고 양측 상고를 모두 기각했다.

③ Representation이나 warranty에 관한 내용은 비 구속력을 명기한 규정에도 불구하고 사실과 다름이 판명된 경우, misrepresentation 또는 fraud에 따른 책임문제가 발생할 수도 있음에 유의해야 한다.

④ 비구속적 의향서라 하더라도, 규정의 성격상 구속력을 부과해야 할 필요가 있는 바, 일반적으로 구속력을 부여하는 조항은 다음과 같다.

ⅰ) 기밀유지 규정 또는 대외보도/공개금지,

ⅱ) 관할법원 또는 중재(jurisdiction/arbitration) 및 준거법(governing law),

ⅲ) 유효기간 및 해제/해지(term and termination),

ⅳ) 독점적 우선협상기간(exclusive dealing),

ⅴ) 비구속력(non-binding) 확인

따라서, 해당 의향서의 일반적인 비 구속력에도 불구하고 상술한 조항들은 예외적으로 법적 구속력이 있음을 아래와 같이 명기하여야 한다:

"Notwithstanding the foregoing, the provisions of paragraphs x, y and z shall be binding upon the parties."

⑤ 의향서 말미에 계약서 형식을 준용하여, "In witness whereof"이라는 문구를 무의식적으로 넣는 예가 많으나, 이러한 formality로 인하여 binding할 의도나 정황을 유출하는 요인이 될 수도 있는 바, 가능한 사용하지 않는 것이 좋다.

⑥ 명시적인 비 구속력 확인 조항이 없거나, 불명확한 경우에는 각 조항의 표현상 확정적인 commitment 또는 binding agreement로 해석될 여지가 있는지를 면밀히 검토, 선별하여야 할 필요가 있다. 특히, 동사나 조동사 사용 시 확정적 의지 또는 합의 의도가 있는지를 구분하여 사용하는 것이 바람직하다.

→ (확정적) Agree, Promise, Commit, Obligate, Guarantee, Warrant vs.
　(의향적) Intend, Plan, Wish, Desire, Want, Need, Assist, Help

→ (확정적) Shall, Will, Must, Should vs.
　(의향적) Would, Could, Might

일정기간 동안 특정 당사자에게 해당 계약 관련 우선협상권(exclusive dealing)을 부여하는 경우가 있으나, 이로 인해 허여당사자는 다른 제3자와의 협상 기회상실 등의 risk가 있으므로, 이런 경우에는 협상의 신중성 확보 등을 위해 일정금액을 보증금 등으로 예치하도록 요구하는 경우가 많다. 허여자의 귀책사유나 불가항력8)으로 인한 경우 외의 사유로, 특히 우선협상권자가 임의로 협상중단/포기로 본계약 체결이 성사되지 못한 경우에는 해당 보증금은 반환되지 않으며, 본계약 성사 시에는 본계약상 관련 지불금액에 포함되는 것으로 규정하는 것이 통례이다.

◆ 참조서식 2.2.1

[LETTER HEAD]

_____, ____

KORCO Electronics Co., Ltd

_____

_____

KOREA

Attention: _____, President and CEO

Dear _____:

The purpose of this letter is to set forth a framework for expanding our existing relationship under the License Agreement dated _____ ("Existing Agreement"). We anticipate negotiating a definitive supplemental agreement or definitive supplemental agreements based on this framework ("Supplemental Agreement"). Rights set forth in the Supplemental Agreement will be incremental to any rights granted in the Existing Agreement.

Areas to be covered in the Supplemental Agreement would include license rights to future LLL implementations developed by LICENSOR, an LLL Architectural license, a mechanism whereby KORCO can provide input into future development of LICENSOR's LLL RISC Architecture, an expanded license to LICENOR CAD Tools and the transfer of appropriate LICENSOR technology to KORCO in furtherance of the rights and licenses granted above, all as further described below.

1. Future Implementations

[생략]

2. Architecture License

[생략]

3. Grant Back

[생략]

4. Termination for Convenience

[생략]

5. Confidentiality & Non-publicity

[생략]

6. Non-binding

It is expressly understood that this letter is a letter of intent and that no liability or obligation of any nature whatsoever is intended to be created between Digital and Samsung. Either party, in its business discretion, may terminate negotiations at any time without obligation or liability to the other, and each party agrees that it will bear its own expenses in connection with the negotiation of the Supplemental Agreement.

We believe the preceding describes the framework under which Digital and Samsung can negotiate the Supplemental Agreement. We're looking forward to working more closely with Samsung to implement this new and expanded business relationship.

Very truly yours,

LICENSOR CORPORATION

By: _____

Name: _____

Title: _____

Date: _____

READ AND AGREED:
KORCO ELECTRONICS CO., LTD
    By: _____
    Name: _____
    Title: _____
    Date: _____

◆ 참조서식 2.2.2

Memorandum of Understanding

between

_____ 	_____

("PARTNER") 	("KORCO")

_____ 	_____

_____ 	Seoul, Korea

_____, 2020

This memorandum of understanding ("MOU") confirms the intention of the PARTNER and KORCO to *[initiate steps to form a framework for strategic business alliance in various product and technology areas by expanding existing business relations between the parties hereto and to create new business opportunities between the parties hereto]*.

SUMMARIZED BELOW IS THE SUBSTANCE OF DISCUSSIONS BETWEEN BOTH PARTIES TO DATE:

1. Major Terms and Conditions

The principal components of the transaction(s), as currently contemplated by the parties, are outlined in Exhibit A, below.

2. Definitive Agreement

The parties would use their reasonable best efforts to finalize and execute definitive written agreement(s) ("Definitive Agreement") to implement their strategic alliance contemplated hereunder based on the major terms and conditions set forth in the Exhibit A on or before _____, 2020.

3. Primary Contact

The parties agree that the following individuals will serve as primary contact personnel for each respective party:

For Partner:

    Principal Contact:

    Phone:

    Facsimile:

    E-mail:

    Mailing Address:

For KORCO:

    Principal Contact:

    Phone:

    Facsimile:

    E-mail:

    Mailing Address:

If it becomes necessary to appoint substitutes for the above persons, the parties may do so by notice to the other party.

4. Term

This MOU shall be effective on the execution date of this MOU and shall continue until the first to occur of (a) termination of negotiations by a written notice by either party to the other party, (b) the effective date of the Definitive Agreement, or (c) the expiration date of this MOU, which is _____, 2020.

5. Confidentiality

Neither party shall issue any news release, advertisement, publicity or promotional materials or disclose the existence of this MOU or any other information regarding this cooperative business relationship (including denial or confirmation thereof) without the other party's prior written consent. In addition, this MOU and any proprietary information disclosed by one party to the other under or

in connection with this MOU shall be considered confidential information which will be governed by the terms and conditions of the non-disclosure agreement between the parties effective at the time of respective disclosure.

6. General Provisions

Each of the parties shall act, and shall be independent contractor in all aspects of this MOU.

Neither Party will act or have authority to act an agent for the other Party for any purpose whatsoever. Nothing in this MOU will be deemed to constitute or create a joint venture, partnership, pooling arrangement, or other formal business entity or fiduciary relationship between the parties.

(3) Neither party shall be bound to the other for any performance, payment, license, right, or reliance with respect to the subject matter, unless and until all material terms have been set forth in the Definitive Agreement.

7. Non-binding Commitment

This MOU is not a binding commitment or contractual undertakings of either party and no commitment will exist unless and until both parties enter into the Definitive Agreements satisfactory to them. Neither party shall have any liability to the other should the parties fail to consummate the transactions outlined herein or fail to enter into the Definitive Agreement for any reason. Either party, in its business discretion, may terminate negotiations at any time without obligation or liability to the other, and each party agrees that it shall bear its own expenses in connection with the negotiation of the proposed business relationship. Notwithstanding the foregoing, the provisions of paragraphs 4, 5, 6 and 7 shall be binding upon the parties.

AGREED:

                PARTNER   **KORCO**

_____   _____

[첨부]

EXHIBIT A

— Major Terms and Conditions —

◆ 참조서식 2.2.3

Term Sheet for Settlement & License Agreement

Date:_____

Items	Contents
Settlement	Mutual release and dismissal with prejudice of all pending actions made prior to the execution date - within 5 biz. days from the first payment
License	Non-exclusive, non-transferable, world wide license w/o a right to sublicense, or w/o a right to have-made for complete sets or semi-finished products (i.e. motherboards)
Licensed Products	Notebook Computers
Licensed Patents	Patents owned and controlled by Licensor as of the execution date (Licensed Patents to be listed) - Licensed Patents to be limited to Licensor's patents related to Notebook system, not including Licensor's patents primarily related to parts or components (i.e. semiconductor, LCD panels, or HDD)
Grant Back	Licensee's patents within the same scope of Licensed Patents
Term of License	5 years from the execution date

License Suspension	License would be suspended when Licensee's buyer make a patent claim against Licensor until the claim is resolved. - For such suspension period, Licensor would provide Licensee with a personal non-assertion covenant
Withholding Tax	If any, such withholding taxes imposed by tax authorities other than Korean tax authority would be made at Licensee's costs
Payment	US$ _____ Million (net amount after withholding taxes) - Payments to be made within _ years as follows: 1. US$ ___M to be paid within _ days from the execution date 2. 3.

[NOTICE]

Licensor Proposal stated above is a non-binding draft provided to Licensee for discussion purposes only, subject to the non-disclosure agreement between the parties and further subject to FRE Rule 408.

◆ 판례연구 〈양해각서 사례 1: '법적 비 구속력' vs '신의성실의 원칙'〉

毎日新聞

[단독] 양해각서 깬 상주시 한국타이어에 씁쓸한 승소

매일신문 19:17:07 31-10-2019 |

경북도·상주시와 투자 양해각서 체결하고도 사업 무산… 소송서도 패소 왜?

양해각서 체결해도 '법적 구속력' 명기 없으면 한쪽이 일방적 사업 중단해도 무 효력

〈사실관계〉
한국타이어와 상주시는 2013년 9월 2,500억원 규모의 국내최대 주행시험장과 연구개발센터 등을 설립하는 사업을 추진하기로 합의하고 투자양해각서를 교환했다. 한국타이어는 산업단지 예정부지에 관한 문화재 지표조사를 위한 용역대금 등 21억여원을 집행했지만 주민 반대 등으로 2015년 4월 주행시험장 건립이 무산됐 그런데 행정·재정적 지원을 약속한 상주시가 이듬해 시장이 바뀐 뒤 일부 주민의 반대를 이유로 착공까지 한 사업에 대해 제동을 걸자 한국타이어는 소송을 제기했다.

〈1심 판결〉
'상주시가 한국타이어와 투자양해각서를 체결하는 등 유치를 독려해 놓고, 이미 진행된 사업을 주민들의 반대를 이유로 중단시킨 것은 신의성실의 원칙 위반이 인정된다'며 한국타이어가 요구한 배상금 21억7천만원의 60%인 13억200만원의 배상 책임을 물었다.

〈2심 판결〉
그러나, 항소심은 '법적 구속력을 명기하지 않은 양해각서는 상호 간에 확고한 신뢰를 부여했다고 보기 어렵다'고 판단하여 손해배상책임을 인정하지 않았고,108

〈대법원 판결〉
대법원도 한국타이어와 상주시의 양해각서가 법적 구속력을 명기하지 않아 신뢰를 부여하기 어렵다며 상고를 기각하고, 상주시가 승소한 2심 판결을 유지했다.109

---

108 애초 상주시와 한국타이어 간 양해각서엔 법적 구속력을 가진다는 문구가 들어갔으나 최종 체결 과정에서 삭제된 것으로 확인됐다.

109 대법원 2019. 10. 31. 선고 2016다xxxxx

〈판결 취지〉

계약당사자 사이에 어떠한 계약내용을 처분문서인 서면으로 작성한 경우에 문언의 객관적인 의미가 명확하다면 특별한 사정이 없는 한 문언대로의 의사표시의 존재와 내용을 인정하여야 하며, 문언의 객관적 의미와 달리 해석함으로써 당사자 사이의 법률관계에 중대한 영향을 초래하게 되는 경우에는 문언의 내용을 더욱 엄격하게 해석하여야 한다. 그리고 채권자의 권리행사가 신의칙에 비추어 용납할 수 없는 것인 때에는 이를 부정하는 것이 예외적으로 허용될 수 있을 것이나, 일단 유효하게 성립한 계약상의 책임을 공평의 이념 및 신의칙과 같은 일반원칙에 의하여 제한하는 것은 자칫하면 사적 자치의 원칙이나 법적 안정성에 대한 중대한 위협이 될 수 있으므로 신중을 기하여 극히 예외적으로 인정하여야 한다.

◆ 판례연구 〈양해각서 사례 2: 양해각서 위반에 따른 이행보증금 몰취〉

EBN 산업경제 2018.01.11 16:55

한화, '대우조선 M&A 무산 이행보증금' 1300억 되돌려 받는다.
10년 전 대우조선해양 인수 위해 3150억원 이행보증금 지불
1~2심 한화 패소·작년 7월 파기 환송 후 보증금 40% 반환 판결

▶ 대법원 2016. 7. 14. 선고 2012다65973 판결

〈원고, 상고인〉 한화케미칼 주식회사
〈피고, 피상고인〉 1. 한국산업은행, 2. 한국자산관리공사

〈사실관계〉
한화는 2008년 10월 우선협상대상자로 선정되었고,
2008년 9월 대우조선 경영권을 인수하기 위해 산은과 캠코가 보유한 주식 9639만주 (50.37%)를 6조3002억원에 사들인다는 양해각서를 체결하고,
2008.11월 한화케미칼은 대우조선 인수를 위한 한화 측 컨소시엄을 대리해 인수대금의 5%인 3150억원을 산은에 이행보증금으로 지급하였다. 당시 양해각서에 따르면 한화 측에 의해 계약이 무산될 경우 이행보증금은 산은이 모두 갖도록 했다.
매각대상회사인 대우조선 노조는 2008년 10월말 피고 은행에 각종요구사항을 전달하면서, 확인실사를 저지하겠다는 입장을 표명하였고, 한화컨소시엄은 대상회사에 대한 확인실사를 개시하지 못하였다.
한편, 한화는 그 무렵 서브프라임모기지 사태로 인한 글로벌 금융위기로 자금 확보가 어려워지자 최종계약 체결을 미뤘다.
피고은행은 최종계약체결일인 2008.12.29까지 계약이 체결되지 않자, '자금조달계획서를 제출하라'는 산은의 독촉에 한화는 자산매각을 통해 3조8000억원을 자체조달하고 나머지 2조5000억원은 5년뒤 지급하겠다는 계획을 밝혔지만 산은은 양해각서에 위반된다며 거부했고, 결국 피고은행은 2009.1.22원고에게 한화측 귀책사유로 최종계약이 체결되지 못했음을 이유로 양해각서를 해제하고, 이행보증금 및 이에 대한 이자는 위약벌로 몰취한다고 통지하였다.

한화는 최종계약이 체결되지 못한 것은 대우조선 노조의 반대로 확인실사를 못하게 된 바, 피고에게 책임이 있음을 주장함과 동시에, 설사 원고에게 불이행에 대한 책임이 있다하더라도, 금융위기의 영향으로 국내 대부분의 금융거래가 중단된 게 주 원인이고, 양해각서상 위약금 몰취규정은 손해배상액의 예정에 해당하므로 상당부분 감액되어야 하는 바, 이행보증금 전액 몰취는 과도하다고 항변했으나 받아들여지지 않자 2009년 11월 법원에 소송을 냈다.

〈1심판결〉
1심은 대우조선해양이 상장기업이므로 정보가 공개돼 있어 확인 실사는 필요하지 않았다고 판단하고, 원고측이 본입찰제안서 및 양해각서에 정한 거래조건과 상반된 주장을 하며 최종계약체결을 거부하여 그 체결에 이르지 못하였다는 이유로 원고의 청구를 받아들이지 않았다.
또한 양해각서상 이행보증금 몰취규정은 무산될 경우 피고들 및 대상회사가 계량화하기 어려운 손해와 손실을 입게 됨을 고려하여, 최우선협상자로 선정된 원고측에 우선적 지위를 보장하되, 최종계약체결을 강제하기 위한 상호합의에 따른 위약 벌이고, 그 액수가 3,200억원에 이른다고 하더라도 선량한 풍속 기타 사회질서에 반하여 그 일부 또는 전부가 무효라 할 수도 없음은 물론, 설사 손해배상의 예정에 해당 한다 하더라도 종합적인 사정에 비추어, 그 액수가 부당히 과다하다고 할 수 없으므로 이를 감액하지 아니함이 상당하다고 판시하였다.

〈2심판결〉
원고의 항소를 기각하고 원고의 이행보증금 반환이나 감액 주장을 받아들이지 아니한 1심의 결론을 그대로 유지하였다.

〈대법원 판결〉
"원고 측은 막대한 이행보증금을 지급하고도 확인실사의 기회를 전혀 갖지 못하였다는 등의 사정 등을 고려하여 볼 때 3,150여억 원에 이르는 이행보증금 전액을 몰취하는 것은 부당하게 과다하다." 고 판단하였으나, 본 이행보증금의 몰취관련 조항의 성격에 대하여는 이를 감액이 불가능한 위약벌이 아니라 손해배상액의 예정으로 해석하고, 전액몰취는 부당하게 과다하므로 감액이 필요하다는 취지에서 원심을 파기하였다.
기업인수를 위한 주식 매매와 관련하여 매수인들을 대리한 갑 주식회사와 매도인들을 대리한을 은행이 양해각서를 체결하면서 '매수인들의 책임 있는 사유로 양해각서가 해제되는 경우 매수인

들이 기납부한 이행보증금 및 그 발생이자는 위약벌로 매도인들에게 귀속된다' 는 조항을 둔 사안에서, 위 조항을 양해각서의 다른 조항들과 함께 살펴보면 매수인들의 귀책사유로 양해각서가 해제됨으로써 발생하게 될 모든 금전적인 문제를 오로지 이행보증금의 몰취로 해결하고 기타의 손해배상이나 원상회복청구는 명시적으로 배제하여 매도인들에게 손해가 발생하더라도 매도인들은 이에 대한 손해배상청구를 할 수 없도록 한 것인 점, 당사자들이 진정으로 의도하였던 바는 이행보증금을 통하여 최종계약 체결을 강제하는 한편 향후 발생할 수 있는 손해배상의 문제도 함께 해결하고자 하였던 것으로 보이는 점 등을 종합하면, 이행보증금은 손해배상액의 예정으로서의 성질을 가진다고 판단하였다.

〈대법원 판결취지: 위약 벌 vs 손해배상액의 예정〉
당사자 사이에 채무불이행이 있으면 위약금을 지급하기로 약정한 경우에 위약금 약정이 손해배상액의 예정인지 위약 벌인지는 구체적인 사건에서 개별적으로 판단해야 할 의사해석의 문제이다. 그런데 위약금은 손해배상액의 예정으로 추정되므로(민법 제398조 제4항), 위약금을 위약벌로 해석하기 위해서는 이를 위약벌로 인정할 만한 특별한 사정이 있어야 한다. 위약금의 법적 성격을 판단할 때에는 계약을 체결할 당시 위약금과 관련하여 사용하고 있는 명칭이나 문구 뿐만 아니라 계약 당사자의 경제적 지위, 계약 체결의 경위와 내용, 위약금 약정을 하게 된 경위와 그 교섭 과정, 당사자가 위약금을 약정한 주된 목적, 위약금을 통해 그 이행을 담보하려는 의무의 성격, 채무불이행이 발생한 경우에 위약금 이외에 별도로 손해배상을 청구할 수 있는지 여부, 위약금액의 규모나 전체 채무액에 대한 위약금액의 비율, 채무불이행으로 발생할 것으로 예상되는 손해액의 크기, 그 당시의 거래관행 등 여러 사정을 종합적으로 고려하여 합리적으로 판단하여야 한다

2.3. 기본합의서

(Heads of Agreement, Basic Agreement, Framework Agreement)

국제상거래 실무상, Heads of Agreement, Basic Agreement, Framework Agreement등의 title로 불려지는 계약서 형식의 문서들이 있으나, NDA 나 LOI 또는 MOU 정도로 정형화된 형태는 아님은 물론, 거래당사자들에 대한 법적 구속력 여부도 그 제목 또는 형식에 따라 부여되는 것이 아님은 MOU 또는 LOI 등과 마찬가지

이다. 해당 당사자들이 상호 합의, 서명한 내용상 어떻게 규정하였는가에 달려 있다. 따라서, 이러한 제목들의 문서들을 접할 경우, 그 제목이나 형식에 따른 선입감이나 편견보다는 내용상 확정적 의사표시로 상호권리, 의무를 합의하여야 할 필요성이 있는지, 아니면 통상적인 MOU나 LOI에서와 같이 당사자들의 현재까지의 이해와 의도를 정리하는 수준(non-binding)으로 할지를 면밀히 검토, 협의 후 판단, 결정하는 것이 바람직하다.

이러한 기본합의서는 주로, 의도하는 거래를 위해 non-binding 의향서 하에서 협상 및 기타 검토, 준비작업을 진행해 온 경우, 상호 합의된 기본적인 거래구조, 주요 원칙 및 조건 등을 상호 binding하게 확정하고, 이를 전제로 최종 계약 협상을 진행하고자 할 경우에 의향서와 최종계약 중간단계에서 작성, 서명하게 되는 경우가 많다. 한편, 이러한 기본합의서가 전술한 MOU 또는 LOI 와 같은 단계에서 그와 같은 의도로 작성된 경우도 많으므로 기본합의서를 MOU 또는 LOI와 구분하여 작성할 법리적 실익이 없는 경우가 대부분이다.

기업인수, 합병, 합작 또는 plant 수출 및 project financing 등 상당히 복잡한 거래구조와 여러 부수계약을 수반하는 경우, 초기에 서명, 교환한 non-binding 의향서 이후 본계약 체결 전까지 진행하여야 할 추가적인 협상과 함께 지속하여야 할 검토, 분석 및 기타 준비작업 관련 불가피하게 상당한 인력 투입, 시간과 비용이 필요한 반면 이러한 준비과정상의 투자에도 불구하고, 어느 일방이 임의로 협상을 지연, 중단, 포기하는 등으로 최종계약체결에 실패하는 경우, 직/간접 비용손실은 물론 제3자와의 협의/진행 기회 상실 등으로 인해 목적한 입찰 참여 또는 낙찰 실패나 경쟁업체의 시장 선점 등과 같은 기회 손실이 크다고 판단될 경우, 상호 합의한 주요 구조, 원칙, 조건에 대한 당사자간 상호 구속력을 인정, 확인하고, 이를 전제로 최종계약까지의 협상 및 준비작업을 진행하고자 하는 경우에 이러한 기본합의서의 필요성과 실익이 있다.

반면에 binding한 의향서를 체결한 경우에는 일방 당사자의 임의적, 진행포기, 거부가 이미 어려운 단계이므로 추가적인 기본합의서 협상, 서명보다는 최종합의서 협상,

체결에 주력하는 것이 상대적으로 효과적일 것이므로 그 실익이 적고, MOU를 아직 체결하지 않은 경우에는 기본합의서보다는 상대적으로 정형화된 MOU형식으로 상호 이해와 합의를 정리, 교환하는 것이 오히려 바람직할 것이다. 상술한 이유로 binding 한 기본합의서를 서명한 경우,

ⅰ) 어느 일방이 기본 합의서상 합의 조건을 부정 또는 위반함에 따라 본계약 체결 지연 또는 실패 시, 그 상대방은 계약위반 등에 따른 손해배상 등의 법적 구제 수단을 통해 상대방이 계약 준수, 이행하도록 강제할 압박수단을 확보하게 되는 장점이 있고,

ⅱ) 상대방이 제3자와 직, 간접적으로 이중협상 또는 상대적으로 유리한 기회를 저울질하는 등의 부정적 움직임을 방지하여, 사실상 우선 또는 독점협상권을 확보한 것과 같은 효과를 얻을 수 있다.

한편, 상기와 같은 경우나 용도 외에도, 당사자 간 진행될 여러 건의 유사 또는 부속 거래가 계획되는 경우, 이러한 개별 거래를 포괄한 총거래 범위, 규모, 일정 또는 총체적인 거래의 기본 원칙과 조건을 Framework Agreement 등과 같은 총론적 기본계약(합의서) 형식으로 체결하고, 이후 그 범위 내에서 각 개별 거래를 협의 진행하여 후속 세부계약으로 체결하는 순서로 진행하기도 한다.

Heads of Agreement(또는 heads of Terms)라는 용어는 영국, 호주, 뉴질랜드 등 영연방 국가들 에서 LOI나 MOU이후 최종 계약에 앞서 나타나는 중간단계에서 그간의 협의에 따른 주요 조건을 재정리하고, 이를 기반으로 최종계약에 필요한 세부조건들을 협상하기 위한 의도로 체결되고 있다. 주로 기업인수합병(M&A), 플랜트수출, 전략적 제휴(Partnership)등 복잡한 거래 구조나 장기간 협상이 필요한 상거래에서 최종계약 협상에 이르기 전에 기본적인 협상조건과 원칙을 정리한 기본 합의서 성격을 띠고 있다. 최종계약체결여부는 양당사자의 합리적인 경영상 판단에 따라 결정하되, 법적 구속력이 없는 것으로 하는 반면, 기밀유지/대외 공표금지, 독점 또는 우선

협상 권, 독점/우선 협상기간, 이행보증금 등에 대해서는 법적 구속력을 갖는 것으로 구성하는 경우가 대부분이다.

한편, Framework Agreement는 EU Procurement Directives등에 따른 공공기관의 구매/조달 거래에서 찾아볼 수 있는 유형으로, 표준약관(general terms & conditions) 또는 거래기본계약(master procurement agreement)처럼, 특정 구매자에게 특정상품을 공급하고자 하는 복수의 공급자 또는 단일 공급 자간에 적용될 거래(구매 등)의 기본 조건 등을 규정해 둔 문서로 실제적인 계약은 구매자와 해당 공급자와의 개별 공급계약 또는 각각의 PO에 의해 성립되나, 일단 성립된 개별 계약에 적용될 구체적인 조건으로서, 계약의 일부를 구성하기로 한 양당사자간의 합의에 따라, 해당 문서의 내용은 당사자간 법적 구속력을 갖게 된다. 즉, Framework Agreement 자체 만으로는 양당사자간 확정적 의사표시의 합치라 볼 수 없어 법적 구속력을 가진 계약이라 할 수 없으나, 이후 PO등 개별 계약 합의 및 체결이 이루어진 시점에서는 그 개별 계약에서 반대의 특약이 없는 한, FA에 기재된 규정들은 개별계약의 terms and conditions로 적용되는 법적 구속력을 갖게 된다.

또한 Framework Agreement는, 1992년 호주와 미국간 체결된 "Tare and Investment Framework Agreement(무역투자 기본협정)" 등 과 같이, 국제법이나 국가간 외교문건에서도 가끔 등장하는 용어이기도 한데, 이경우는 특정 목적을 추진하기 위한 '기본 틀'에 관한 국가 간의 합의를 다룬 기본협정으로 포괄적인 협력에 관한 내용을 규정하고 있다. 최근엔 FTA가 협력분야로서 포함되기도 한다.

예를 들어, 중-아세안 포괄적 경제협력에 관한 기본협정 (Framework Agreement on Comprehensive Economic Cooperation)이 있으며, 우리나라는 유럽연합(EU)과 지난 96년 체결한 '한-EU 기본협력협정'(Korea-EU Framework Agreement on Trade and Cooperation, 2001.4 발효)등 이 있다.[110] Basic Agreement(기본합의서)는 미국 정부조달청에서의 구매/조달거래에서 사용되는 용어[111]로서, EU나 영

---

110. 기본협정 [Framework Agreement] (한경 경제용어사전)
111. US Federal Acquisition Regulation Section 16.702: "A basic agreement is a written instrument of understanding, negotiated between an agency or contracting activity and a contractor, that (1)

국 정부의 중앙조달관련 등장한 앞의 Framework Agreement와 거의 유사한 기능과 의미를 같고 있다. 즉, 중앙 조달청 등과 같은 구매자가 일정기간 여러 공급자와의 개별적, 반복적인 공급계약이 예정되는 경우, 그 거래조건에 대한 반복적 협상도 피하고, 표준조건 적용에 따른 공급자간 형평성도 유지하기 위한 의도로 마련된 형식이다. 민간기업간 장기공급계약에서 찾아볼 수 있는 표준공급약관과도 유사한 유형에 해당된다.

2.4 본계약(Definitive Agreement)

위에서 살펴본 서식들은 모두 최종 계약에 도달하기 전의 예비적 또는 중간 협상단계에서의 정리를 위한 서식이었다면, 최종계약 (본계약)은 양 당사자들 간 상호 협상 결과 도출된 최종 합의사항을 정리한 법적 구속력이 있는 계약이다. 일반적으로, 최종계약 이전에 교환된 당사자들 간의 합의, 협의, 제안 등은 최종계약상 명시적 특약으로 그 효력을 인정하지 않은 한, 최종 계약서상의 명문 규정이 우선적 효력을 갖게 된다. 단, 최종계약상 명시적 조항이 없는 사안이나 해석상 이견이 발생하는 경우에는 보충적 증거로 활용될 수는 있다.

---

contains contract clauses applying to future contracts between the parties during its term and (2) contemplates separate future contracts that will incorporate by reference or attachment the required and applicable clauses agreed upon in the basic agreement. A basic agreement is not a contract. …. A basic agreement should be used when a substantial number of separate contracts may be awarded to a contractor during a particular period and significant recurring negotiating problems have been experienced with the contractor. Basic agreements may be used with negotiated fixed-price or cost-reimbursement contracts."

■ General Terms And Conditions (일반거래조건)

일종의 표준약관으로 양당사간 구체적 거래관련 조건을 개별적으로 합의, 작성한 것이라기 보다는, 어느 일방이 여러 다른 거래 상대방과 유사한 형태의 거래를 반복, 지속적으로 진행할 필요성이 있는 경우(원재료/부품/표준 완제품 등 장기 매매계약 등), 그러한 유형에 적용될 표준 거래조건을 작성하여 상대방들에게 제시하고, 상대방이 이를 수락하는 형식을 통해 이러한 일반거래조건을 각 개별거래를 위한 개별 계약의 일부로 편성되도록 진행하는 경우가 많다. 주로 여러 업체로부터 동일 또는 유사한 원재료, 부품 또는 표준화된 완제품을 구매하는 구매자의 입장에서 이러한 표준 거래조건의 적용을 요구하는 경우가 많다. 경우에 따라서는 특정업계(PLANT 건설 등) 차원에서 일종의 표준 기본조건을 정립하여 통용하고, 각 업체들의 개별 계약 시 모든 세부 조건을 일일이 협의, 협상하는 과정을 생략하고, 업계에서 상호 공정한 조건으로 널리 인정, 통용된 표준 거래조건을 전제로 개별 거래에 적용될 구체적인 금액, 일정, 공사내역 등 개별 특수 조건만을 중심으로 협상, 합의하여 본계약에 서술하되, 표준 거래조건상 수정이 필요한 부분은 SPECIAL TERMS 또는 PARTICULAR TERMS 등과 같은 이름의 특수 거래조건으로 정리하고, 일반거래조건보다 우선 적용 효과를 갖는 것으로 하여,

본계약 – (첨부1) 특수거래조건 – (첨부2) 일반거래조건 – (첨부 3) 기타 관련 부속서와 같은 구조로 계약문서를 구성하여 진행하기도 한다.

III. 국제상거래계약 공통조항 및 유의점

현대 산업사회는 정보통신과 디지털 혁명의 영향으로 글로벌 시장 환경하에서 대부분의 거래가 이루어지고 있고, 특히 우리나라는 대외무역의존도가 __%에 달하고 있는 실정인 바, 지식재산 계약 또한 예외가 아니다. 오히려 다른 어느 영역보다 활발한 글로벌 기술이전이 진행되고 있다. 아래애서는 기술이전계약에 특수한 조항과 유의점을 살펴보기에 앞서, 국제상거래계약의 일반적인 공통조항과 유의사항을 돌아보고자 한다.

국제상거래란 International Business Transactions 또는 International Trade 라는 영어 용어에서 설명되듯이, Inter + National, 즉 국가 간의 상거래(business transaction 또는 trade)로서, 단순히 국적이 다른 당사자들 간의 상거래라고 하기보다, 서로 다른 국경을 이동(cross-border business transactions)한다는 개념으로 각각 다른 국가에 영업지를 둔 당사자 간의 상거래를 대상으로 한다.[112]

여기서 상거래 (trade)란

(a) Trade in Goods (상품 거래),

(b) Trade in Technology & Service (기술 및 용역 거래) 와

(c) Trade in Capital (자본 거래)를 포함하는 개념으로 볼 수 있다.[113]

---

112. 1980년의 국제물품매매계약에 관한 유엔협약(UN Convention on Contracts for the Inter- national sale of Goods)에 따르면, 동 협약이 적용되는 국제물품매매계약 관련 국제성 요건을 "상이한 국가영역에 있는 영업소"로 단일화하여 규정하고 있다(제1조).

113. Barton and Fisher, Interntional Trade and Investment(Little, Brown and Company, 1986), pp.3~4; 장효상, 국제경제법, 법영사, 1996, 제1장 참조.

따라서, 국제상거래 계약이란 통상 서로 다른 국가에 영업지를 둔 당사자간의

(a) **상품 매매**,

(b) **기술이전/라이선스 또는 용역** 및

(c) **해외 투자, 대출**(loan) **또는 금융**(financing)을 목적물로 하는 계약인 바,

원칙적으로 국내 계약과 마찬가지로 계약으로서 기본적인 성립 요건인 청약과 승낙이라는 확정적 의사 표시를 통해, 공공정책이나 강행법규 등에 위반되지 않는 한, 계약자유의 원칙에 따라 양당사자간 합의에 따른 조건(terms and conditions)으로 계약을 구성할 수 있다. 좋은 계약을 작성하기 위해서는, 가능한 한 이해하기 쉬운 용어와 표현으로 육하원칙에 입각하여 대상 목적물, 이행방법, 장소와 시기 및 당사자 상호 간 권리와 의무를 명확히 규정하고, 예상 가능한 모든 경우에 따른 책임과 조건들을 명확히 열거, 협의 후 합의사항을 반영하는 것에 초점을 두어야 한다.

■ **공통규정**

▸ 준거법의 선택 (Choice of law)

▸ 관할법원 또는 중재장소와 중재기관 (Jurisdiction/Venue or Arbitration)

▸ 불가항력 (Force Majeure)

▸ 선적조건 (Shipping Terms)

▸ 지불(통화 및 환위험) [Payment (Currency and Exchange Risk)]

▸ 언어의 선택 (Choice of Language)

▸ 준법관리 (Legal Compliance)

그럼에도 불구하고 해석상 이견의 발생이나, 미처 규정하지 못한 사항 또는 분쟁 발생시 구제책 등에 대한 대비가 필요한 바, 특히 국제계약의 특성상 국적이 다른 영업소 간의 거래이므로, 적용 법규에 대한 분쟁예방을 위해 준거법(governing law) 조항과 함께 분쟁해결법정(jurisdiction) 또는 중재장소 및 중재기관(arbitration) **관련** 조항

등을 사전에 합의해 두어야 한다.

 관할법원 지정 시, 서로 상대국 법정에서 소송 진행 시 상대방 본거지에 따른 불이익 및 변호인 선정, 법규 이해 부족 및 법률비용 부담 등을 꺼려 하는 관계로 대부분의 경우 사실상 양 당사자국 중 한쪽 국가로의 관할법원 지정 합의는 어려우며, 제3국 법원 지정은 해당국 소송법규상 관할권 부재로 성립이 어려운 관계로, 주로 제3국에서의 중재를 통한 분쟁해결을 약정하는 경우가 지배적이다. 단, 중재의 경우 판사와는 달리 독립성 및 객관성 확보가 쉽지 않은 관계로 사실에 대한 오판 또는 편견 발생 시 중대한 절차상 하자가 없는 한 항소 방법이 없다는 위험이 잠재한다. 경우에 따라, 당사자 간 원만한 합의를 통한 분쟁해결을 유도하고, 제소 억제를 위한 방안으로 피소지**(피고지관할)** 법원으로 관할법원을 지정하는 사례도 종종 있다.

 반면, 준거법은 관할법원 대비 상대방에 대한 편견이나 불이익 요인이 적음은 물론, 국제경제가 미국시장 중심으로 편성 또는 미국법에 따른 기준/원칙을 중심으로 계약협상이 이루어지고 있는 경우가 대부분이고, 상대적으로 세계 어느 지역에서든 미국법 전문 변호사 확보가 가장 용이한 관계로 미국**(뉴욕주 또는 캘리포니아주)**법을 준거법으로 하는 경우도 많으나, 분쟁 발생 시 관할법원 재판부 또는 중재인 및 사건 대리 변호인들 간의 이해편의상 법정지**(중재지)**의 법을 준거법으로 지정하는 것이 무난할 수도 있다.

 기본적으로 2개 이상 국가가 관련됨에 따라, 준거법 외에도 계약 작성 및 해석상 기준이 될 언어의 선택 또한 필수 고려사항이나, 오늘날 거의 모든 국제상거래 계약에서는 사실상의 국제 통용어인 영어를 적용언어로 선택하고 있다. 국적이 다른 영업지 간 거래의 특성상, 지불관련 화폐의 지정 또한 필수적이며, 환율변동에 따른 환차손익 부담을 고려하여 결정하여야 할 것이다.

 국내거래 대비 국경이동에 따른 선적/운송업자 선정, 수출입 통관, 운송 중 화재, 손상, 분실 등에 따른 책임 및 보험 등 관련 책임과 비용 부담에 대한 사전 합의가 이루어져야 함은 물론, 특히   개발도상국 또는 후진국과의 거래 시 정치, 경제, 노동관

련 불안정 및 자연재해에 따른 예측치 못한 이행 지연, 불능 등 거래 당사자가 통제 불가능한 천재지변 또는 기타 불가항력에 대비한 면책 및 일정기간 초과시 계약 해지권 등에 대한 고려도 필요하다.

또한 국제상거래 계약의 경우, 계약자유의 원칙에 따라 당사자가 계약상 상호 합의한 구체적인 조건들의 적용 외에도,

① 계약에 규정되지 않은 권리, 의무 및 기타 제반 거래조건의 해석관련 당사자간 상호합의에 따른 특정국의 준거법 적용은 물론,

② 일반적인 수입국의 무역규제 (Trade Regulations) 영역에 해당되는,

   ⅰ) 수출입 관세 및 조세,

   ⅱ) Anti-dumping:

자국시장 가격 또는 제조원가 대비 현저히 낮은 가격으로 수출한 경우,

   ⅲ) 상계관세 (countervailing duties):

자국 정부가 제공한 보조금 등에 따른 수입국의 상계관세,

   ⅳ) 기타 Economic Sanctions(경제제재):

국제질서에 반한 적성국가에 대한 무역/외화 송금 금지 및 기타 제재조치,

③ 카르텔 및 기타 반독점행위 규제와 인수합병(M&A)/합작투자 등 관련 합병심사 등 공정거래 (anti-trust) 영역,

④ 제3자 영업비밀, 특허/저작권 등 지적재산권 보호 영역,

⑤ 제조물책임 및 소비자 보호법규,

⑥ 환경보호상 규제,

⑦ 뇌물제공 방지를 위한 규제,

⑧ 개인정보보호법규,

⑨ 국제산업표준 또는 국가표준 등 산업/안전 표준화 기준 준수 및 규제 등

다양한 영역의 강행법규가 적용될 수 있음은 물론, 양 당사자국 외에도, 거래의 영향이 제3국에도 미치는 경우 **[공정거래(anti-trust) 또는 부패방지(anti-corrupt) 등]**, 제3

국의 강행법규 적용에 따른 행정당국 또는 법원의 제재가 발생하는 경우도 많으므로, 사전 및 사후 지속적인 관련 법규 점검과 관리를 요한다.

Ⅳ. 지식재산권 행사와 공정거래법

1. 규제 영역 및 유형

실무상 흔히 공정거래법이라 약칭하고 있는 이 영역은 우리나라에서는 "독점규제 및 공정거래에 관한 법률"에서 규정하고 있으며, 미국에서는 주로 anti-trust law, 유럽에서는 competition law로 불려지고 있다. 각국마다 경쟁법의 구체적 실체법상 규정과 기준은 각기 다르나, 경쟁 정책의 공통적인 목표는, 반경쟁적 행위 및 관행을 규제함으로써 시장에서의 건전한 경쟁을 유지, 증진하여, 소비자 보호와 복지 증진을 도모하는 것이다. 일반적으로, 대부분 국가의 공정거래 법규가 규제하는 주요 3대 영역은 다음과 같다.

a) 수직적(Distribution) 또는 수평적 제한(카르텔과 같은 담합) 및 기타 반경쟁적 계약 또는 <u>부당한 공동행위</u>

[미국, Sherman Act 제1조; EU, 유럽연합의 기능에 관한 조약(TFEU) 101조]

<u>b) 시장 지배적 지위의 남용을 통한 반경쟁적 행위</u>

[미국, Sherman Act 제2조; EU, 유럽연합의 기능에 관한 조약 102조]

c) 반경쟁적인 합병 또는 <u>인수</u> (합작 포함)

[미국, Clayton Act 제7조; EU, 유럽연합 이사회 규칙(Regulation)No 139/2004]

'OECD 다국적기업 가이드라인'에서 회원국들의 기업들에게 권고하고 있듯이, 기업들은 그들의 영업활동이 반경쟁적인 효과를 야기할 수 있는 모든 국가의 경쟁법규를 준수하며 영업할 것이 요구된다. 더 구체적으로, 기업들은 경쟁자 상호간에 다음과 같은 사항을 포함하는 반경쟁적 계약 체결 또는 관행을 금지한다. OECD 가이드라인에서 금지한 아래 4대 부당경쟁행위는 미국 및 EU 등 대부분 국가에서 입법 및 판례를 통해 당연 위법으로 규정되어 왔다. (Market Allocation)

① 가격담합 (Price Fixing)
② 입찰담합 (Bid Rigging)
③ 생산량 제한 또는 쿼터 할당 (Output Restraint or Quota Allocation)
④ 고객, 공급자, 지역(territory) 또는 중개인(dealer) 할당을 통한 시장 분할

Legal compliance 프로그램의 일환으로 기업은 주기적인 임직원 교육, 특히 최고경영진을 대상으로 한 교육, 훈련을 통해, 모든 관련 경쟁 법규 준수의 중요성에 대한 임직원의 이해와 인식을 증진하여야 한다. 경쟁법의 일반적인 재판 관할권 원칙은, 각 국가의 영토적 경계 이내로 제한되기 때문에, 국내 경쟁법은 자국 시장에 중대한 영향을 미치지 않는 한, 관할 영토 밖의 행위를 다루지 않는다. 그러나 역사적으로 많은 국가들, 특히 미국과 유럽연합은 그들의 관할권 밖에서 이루어지는 반경쟁적인 행위로부터 자국 시장과 소비자(고객)들을 보호하기 위해, 이른바 영향 이론 또는 효과 이론(effects doctrine) 이라 불리는 원칙을 근거로 들고 있다. 이는 자국시장 바깥에서 행해진 반 경쟁 행위에 대해서도, 국내 시장에 반경쟁적인 효과를 끼친 경우, 치외법권 적용에 의한 재판관할권을 인정하고 있다.

오늘날 거래의 국제화 경향 확산과 함께, 반경쟁행위에 대한 역외관할 적용사례도 확산되어, 특정 제품관련 가격담합 등 동일한 위반 사건에 대해 미국, 유럽 및 중남미 국가에 이르기까지 여러 국가 경쟁당국 의 조사, 벌금 및 형사처벌 제재가 줄지어 다

발적으로 이루어 지는 경우가 빈번히 발생하고 있다. 특히, 이미 오래전부터 미국 독점금지법이 글로벌 스탠너느로 확산된 상황에서, 한국 기업늘의 글로벌 경생력(또는 market share)이 높은 국가적 효자 산업일수록 각국 경쟁당국의 감시, 규제에 직면할 risk가 높다는 점을 각별히 유의하여야 한다. 더불어 기업 내 자체적인 'Antitrust Compliance Program'을 만들어 실행에 옮겨야 한다.

이러한 '반독점 법 준수 프로그램'에 따른 임직원 교육 및 내부 상시 감시를 통해, 위법행위의 사전예방은 물론, 우발적으로 발생한 위법행위도 조기에 적발하여, 경쟁당국에 자진 신고하여 감면혜택(Leniency) 기회를 확보, 과징금 및 형사처벌 risk를 최소화한다. 그리하여 이로 인한 소비자 피해 또한 조기 차단하여 민사상 손해배상 risk 또한 최소화 하는 활동에 최선을 다해야 할 것이다.

참고로, 법원에서의 판결은 최종 확정판결 (예, 1심 또는 2심 불복으로 항소 또는 상고시 대법원에서의 판결이 최종, 확정 판결) 시까지 판결의 효력 또는 집행이 유보되는 반면, 공정거래당국의 결정(행정명령)은, ITC 결정의 집행력과 유사하게, 원칙적으로 불복으로 인해 항소법원에 사건이 계류되더라도, 자동으로 효력이 유보되어 집행이 보류되는 것이 아니고, 유보를 청구하는 경우는 해당 당국 또는 항소법원의 재량적 판단에 따라 결정되어 진다. 따라서, 분쟁시 그 결정에 따른 직접적 제재력은 법원을 통한 효력보다 신속하게 집행된다는 점을 유의하여야 한다.

2. 부당경쟁 행위 유형 및 검토기준

실무 입문자들의 체계적 이해를 돕기 위해, 미국 법무성과 연방공정거래위원회가 발간한 거래 영역별 Anti-trust Guidelines을 기준으로, 부당경쟁 행위 규제영역 및 유형, 검토기준 등을 요약, 정리하면 아래 도표와 같다.

심사면제	합리적 판단 Rule of reason	당연불법 Per se illegal
(1) 표면적으로 부당경쟁요인이 없으며(and), (2-1) 관련자 총 시장점유 20% 이하 또는 (2-2) 경쟁적인 가격으로 사용자에게 제공가능한 4종 이상 대체기술 존재	⟨비교 테스트⟩ 1. 해당 거래제한이 반경쟁적 효과를 야기할 가능성이 있는가? Whether the restraint is likely to have anti-competitive effects? 2. 관련시장상황을 고려할 때, 해당 제한이 긍정적 경쟁효율을 도모하기 위해 합리적으로 필요한 행위이고, 그로 인한 긍정 효과가 부정적 효과보다 더 클 것으로 예상되고, 덜 제한적 대안은 없는가? Whether, under the relevant market context, the restraint is reasonably necessary to achieve pro-competitive efficiencies that outweigh anti- competitive effects? (practical and significantly less restrictive alternatives?)	(1) 가격담합 　(price fixing) (2) 입찰담합 　(bid rigging) (3) 생산량제한/쿼터할당 　(output restraint, quota allocation) (4) 시장분할 　(market allocation- customer/territory)

2.1 Per Se Illegal (당연위법)

불공정거래 목적이나 효과의 입증이 없는 경우에도, 입법 또는 판례를 통해 "per se illegal"로 규정된 행위의 경우에는 그 목적이나 효과에 관계없이 규제됨에 유의하여야 한다.

- ▸ price fixing (가격담합)
- ▸ output restraint (생산/공급제한)
- ▸ market division (시장분할)

2.2 Rule of Reason(합리적 판단)

▶ Balance test between pro-competitive effects **vs** anti-competitive effects
해당 담합행위가 그 특성상 "per se illegal"이 아닌 경우, anti-competitive effect와 pro-competitive effect와의 비교 및 less restrictive한 대체수단의 존재여부를 종합적으로 고려하여 위반여부를 결정하게 된다. 미국 법원은 경쟁 법 위반이 되는 지 여부를 판단함에 있어서는 그 행위가 경쟁에 미치는 여러 가지 영향을 고려하여 그것이 합리적인지, 또한 경쟁에 중대한 악영향을 미치는 여부를 검토하고, 불합리한 경쟁 제한 효과를 가진 행위만을 불법으로 간주한다는 '합리의 원칙'(rule of reason)을 확립해 왔다.

2.2.1 Resale Price Maintenance(RPM)
최근 들어 재판매가격유지에 대한 유럽과 미국의 경쟁당국과 법원의 입장에 상당한 차이가 발생함에 따라, 재판매가격유지를 둘러싼 논쟁이 더욱 확산되고 있다. 미국에서는 재판매가격유지는 per se illegal유형으로 분류되어 당연 금지되어 왔으

나, 2007년, Leegin 판례(Leegin Creative Leather v. PSKS) 이후로 '효과중심(effects based)' 또는 'rule of reason'에 따른 분석, 심사의 대상으로 재 분류 되었다. Leegin 사건의 법원은 RPM이 (당연(per se) 금지 유형으로 판단하기 위해 필요한 기준인) "항상 또는 거의 항상" 경쟁을 제한하고 output 을 감소시킨다고 확언할 수는 없으므로, 해당 재판매가격 제한 합의가 경쟁에 불합리한 피해를 야기했음을 입증하여야 한다고 판시했다.

반면, 유럽에서는 재판매가격 확정 또는 최저가격의 부과(예, RPM)는 그 자체만으로 일반적인 제한 대상으로 간주되므로, 실제 경쟁에 미친 영향과 관계없이 유럽연합의 경쟁법을 침해하는 것으로 추정된다. 따라서, 재판매가격유지 합의가 경쟁법의 위반인지를 판단하기 위해 경쟁에 미치는 부정적 영향여부를 검토할 필요가 없다. 이러한 추정에 따른 금지를 피하기 위해서는, 합의 당사자들이 예외적 면제를 받기에 충분한 친 경쟁적 효과가 충분하다는 것을 반증하여야 하나, 실무상 그러한 면제를 얻기는 어렵다.

2.2.2 Group Boycott

경쟁법상, 집단 boycott은 관련 시장에서 경쟁관계에 있는 둘 이상의 사업자들이 실제 또는 잠정적 경쟁자인 특정 기업과의 거래를 중단하지 않는 한, 그러한 당사자와의 거래를 거부하기로 약정하는 2차적 유형의 boycott으로, 이는 거래 거부(refusal to deal)의 유형으로 경쟁자를 시장에서 축출하거나 신규진입을 제지하는 방법으로 악용될 수 있다. 미국에서, 이러한 행위는 셔먼 공정거래법을 위반하는 것으로 간주된다. 해당 boycott의 성격에 따라 법원은 rule of reason 을 적용하기도 하고, per se illegal로 판결할 수도 있다.

2.2.3 Exclusive Dealing(배타적 거래)

다른 경쟁업체로부터의 경쟁기술 도입 또는 경쟁 제품/부품 구입을 금지 또는 제한하는 약정이다.

〈참조〉

▶ United States v. Microsoft Corp. - 346 U.S. App. D.C. 330, 253 F.3d 34 (2001)

Window OS license상 PC 제조업체에 대한 royalty를 실제 적용된 per copy 방식이 아닌 per processor 방식으로 부과하여, 다른 Operating System (예: IBM O/S 2) 탑재 시, 이중으로 royalty를 부담하게 된다. 사실상 다른 OS 탑재를 기피하게 되는 결과를 초래한 반경쟁행위로 위법이라는 판결이다.

2.2.4 Tying Arrangements(끼워팔기) 또는 Package Licensing

공급자가 특정 물품 공급조건으로, 구매자가 필요로 하는 제품/부품외에 다른 물품/제품을 끼워서 공급하고, 구매자가 이를 패키지로 구매하도록 강제하는 규정이다. 표준 특허 라이선스 계약의 경우, 표준 구현상 필수적인 특허 외에 기타 부수적인 특허까지 포함하여 라이선스를 받도록 하고, licensee에게 부수적 특허 포함여부에 대한 선택권을 주지 않는 package license등도 tying arrangement의 유형으로 rule of reason 기준에 따른 형평성 판단을 요한다.

〈참조〉

▶ United States v. Microsoft Corporation, 253 F.3d 34 (D.C. Cir.)

PC제조업체에 웹 브라우저인 Internet Explorer를 Windows 95와 연계 판매한 행위는 반경쟁적 위법행위라는 판결이다.

〈참조〉

▶ Motion Picture Patents Co. v. Universal Film Mfg. Co., 243 U.S. 502 (1917)

영사기에 필름을 걸어주는 당시 유일한 특허장치 공급자가 자신이 공급하는 필름만을 사용한다는 조건을 붙인 행위는 영화필름 제조업의 독점을 초래할 것이라는 이유로 위법이라고 판시하였다.

2.2.5 판매지역 또는 사용지역 제한

지재권에 허여 된 독점적 권리의 성격상, 제한적인license 혹은no license 가능한 바, 판매지역 및 사용분야 제한은 일반적으로 용인하고 있다. 판매지역/사용분야 제한 등은 경쟁시장에서 특허권자 / 실시권 자를 보호해 줌으로써, 더욱 적극적인 기술투자 및 라이선스를 허여 할 인센티브 증대효과가 있기 때문이다. 반면, 이러한 exclusive license는 exclusive dealing과 달리 다른 대체/경쟁기술 공급자와 실시권 자 간의 거래를 제한하지는 않기 때문에 통상 경쟁제한을 유발하지는 않는다. 단, 이러한 exclusive license가 동종업종의 카르텔형성 또는 촉진목적으로 이루어진다면 공정거래법상 규제대상이 된다.

〈참조〉

▶ United States v. Pilkington plc, CV 94-345-TUC-WDB

. 미 법무성은 피고가 평면유리 특허/영업비밀 license계약을 통해 전세계적으로 판매지역을 분할하여 카르텔을 형성함으로써 세계시장을 독점했다고 제소하였고, 피고는 종국적으로 라이선스 계약 포기하기로 합의하고 사건을 종결하였다.

2.2.6 Grant-Back

라이선스 제공자가, 도입자의 개량기술에 대해 제공자에게 Non-exclusive조건의 라이센스를 허여 하도록 강제하는 grant-back조항에 대해서는 일반적으로 pro-competitive 효력을 인정한 사례가 많다. (개량기술공유, 재실시권 허여로 중복투자 예방 및 혁신 파급효 증대상 필요)

〈참조〉

▶ 동아건설산업㈜ – Alanco 국제 계약 사례, 우리나라공정거래위원회 심결

탈황설비관련 기술도입 계약서 중, "기술도입자가 계약제품관련 개량기술 개발 시 그 소유권은 기술제공자가 갖는다"는 조항에 대해 이 조항은 기술개량을 이룬 기술도입자의권리를 부당하게 구속하여 계약제품에 대한 개발의지를 손상시켜 기술개량을 저해하고 그 결과 관련시장에서의 경쟁악화 우려 있다고 판단하여 시정명령을 내렸다.

2.2.7 Merger & Acquisition / Joint Ventures / Exclusive Licensing

미국 anti-trust 법규상, 특허 매입 또는 독점 license 계약의 경우도 Merger Control 절차에 따른 notification이 필요하며, 관할경쟁국의 심사를 경유하여야 한다. 시장지배력을 가진 특정기술 보유자가 한정된 경쟁기술 매입/독점사용권 등의 확보로 인한 독과점 형성 또는 경쟁제한 초래로 인한 anti-competitive effects 발생 가능성을 심사하고, 필요시 이를 규제하기 위한 절차이다.

2.2.8 Cross-Licensing 및 Pooling 계약 시 유의사항

Cross-licensing은 그 성격상, 수평적 경쟁관계에 있는 당사자들간의 협의와 합의인 관계로, 공정거래법적 관점에서, 담합 또는 기타 반경쟁적 공동행위에 따른 반경쟁적 효과가 발생할 위험성이 잠재하고 있어, 거래 관력국 공정거래당국의 관찰대상이 될 수 있다. 특히, 아래와 같은 조항들은, 계약당사자들의 관련시장(license대상기술)이 심사면제에 해당하지 않는 한, 원칙적으로 합리적 판단(rule of reason)에 따른 효과의 형평성 기준이 적용되므로 주의를 요한다.

① 공정하고 합리적이며 비차별적 조건으로 허여
(fair, reasonable and non-discriminatory terms and conditions)
② 표준필수특허에 한정하여야 하며, 불필요한 특허 끼워넣기 금지

(limiting to technically essential patents, not including alternatives)

③ 개별 특허 라이선스 또는 패키지 라이선스를 선택 가능하도록 하여야 함.
(free to be licensed individually or in a package)

④ 지역 제한 없는 통상실시권 허여 원칙 (worldwide non-exclusive)

⑤ 실제 사용에 따른 실시 료 부과 (royalties on actual use of the patents)

⑥ 대체기술 개발 및 사용 가능하도록 (free to develop and use alternatives)

⑦ 비차별적 통상실시권 교차 허여
(grant back under non-exclusive, non-discriminatory licenses)

⑧ License된 기술관련 제3자와의 특허분쟁시 공동으로 방어 또는 대응토록 하는 등의 공동방어 의무 부과 금지 (no joint defense)

3. 산업기술 관련 표준화 활동 시 유의사항

1) 기술 제안 전에 특허 출원하도록 유의: 산업기술표준 성격상, 제안된 기술들은 공개를 원칙으로 하므로, 더이상 영업비밀로 유지될 수 없는 바, 표준채택을 위한 제안 전 특허출원을 통한 권리확보가 필요하다. 또한, 공개 후 출원하는 경우, 국가나 기간에 따라 (공지 예외에 해당되지 않는 경우) 신규성 결여로 특허등록 거절사유가 될 수도 있다.
2) 특허 보유여부 공개의무 위반 시 특허권 행사가 제한될 수도 있다.
3) 표준화 단체의 규정 및 참여계약상, FRAND (Fair Reasonable & Non-Discriminatory) 조건 또는 RF (Royalty Free/zero)조건 존재 여부를 확인하고, licensing시 그 의무를 준수토록 유의하여야 한다.
4) 성격상, 수평적 경쟁업체간 협의를 수반하게 되어, 공정거래법상 부당 공동행위 유형에 해당되므로 아래 항목들에 대한 각별한 주의를 요한다.
   ① 경쟁/대체 기술 개발 또는 사용을 제한하는 행위는 부당경쟁행위에 해당될 수도 있다.
   ② (표준기술에 대한 기술적 논의 외) 영업전략, 생산수량, 가격, 제품화 시기 등을 협의 또는 합의치 않도록 유의하여야 한다.
   ③ **표준기술에 대한 접근 거부 및 의도적 지연도 부당경쟁행위에 해당될 수 있다.**
   ④ 경쟁업체의 참여를 배제하는 행위도 부당경쟁행위에 해당할 수 있다.
   ⑤ 의도적으로 특정기업에 유리/불리한 표준 사양을 책정하는 행위도 위험하다.

⑥ 표준에 적용된 특허를 공지하지 않는 것도 공개의무 위반 등에 해당할 수 있다.

⑦ 표준 필수 특허 여부에 대한 평가는, 특허권 자간의 협의, 결정이 아닌, 독립된 전문기관에 위임하도록 한다.

⑧ Licensing 협의는 표준화 단체와 분리된 특허권자들이 단독 또는 공동으로 진행/관리하도록 한다. (저촉 가능성 있는 특허조사 과실로 인한 손해배상 책임문제 발생 위험 가능성을 고려하여야 한다)

■ 표준화- 특허 공개의무 위반사례

▸ **Dell Computers Corporation (1996), FTC Matter/File Number 931-0097**
VESA (Video Electronics Standard Association)의I PR policy에 따른 규격채택이전 보유특허 공개의무 위반으로 해당 특허권 행사불가로 심결 (FTC consent decree)

▸ **Rambus, Inc. (2003~), FTC Matter/File Number 011-0017**
JEDEC (Joint Electron Devices Engineering Council) IPR policy에 따른 SDRAM규격채택 이전 특허(출원) 공개의무 위반으로 해당 특허권 행사불가로 판정

▸ **Sun Microsystems, Inc. (2001), FTC matter/File Number 011-0006**
FTC 조사중, Sun사가 스스로 DIMM(dual inline memory module) 규격관련 JEDEC IPR policy(표준기술제안시 특허출원 공개의무) 위반소지가 있는 것으로 판단하여, 관련 출원건 포기하고, FTC 조사 사건 종결됨. 관련한 Kingston과의 특허침해소송도 같은 이유로 취하하고, royalty 포기하였음.

■ 표준필수특허 (SEP)와 FRAND 확약

▸ 표준기술 일반적으로 표준화기구 등이 일정한 기술 분야에서 중복투자를 방지하고 관련 분야의 기술개발을 촉진하기 위해 표준으로 선정한 기술을 의미한다.

▸ 표준화기구(SSO, Standards Setting Organization)
관련 업계의 이해 당사자들이 중심이 되어 임의로 특정한 표준을 설정하기 위해 구성된 공동기구를 말하며, 국제전기통신연합(ITU), 국제전기전자기술자협회(IEEE), 유럽통신표준기구(ETSI), 미국 통신산업협회(TIA) 등이 대표적인 이동통신 분야 표준화기구이며, 한국정보통신기술협회(TTA)도 이에 해당된다.

▸ 표준필수특허(SEP : Standard Essential Patent)

▸ 표준기술을 구현하기 위해 필수적으로 요구되는 기술을 보호하고 있는 특허로서, 특정 제품을 생산하거나서비스를 공급하기 위해서는 필수적으로 실시권을 받아야 하는 특허를 의미한다.

▸ FRAND(Fair, Reasoanble And Non-Discriminatory) 확약
표준필수특허권자가 SEP실시권을 요청하는 모든 이용자에게 공정하고 (fair), 합리적이며 (reasonable) , 비차별적인(Non-Discriminatory) 조건으로 라이선스를 제공하겠다고 보장하는 약속 또는 합의이다.

• 표준화 기구는 표준 채택 이전에 표준화 관련 기술 제안 및 협의에 참가하고자 하는 업체들에게 사전에FRAND 확약을 요구하며, 이를 거부할 경우, 일반적으로, 해당 표준 협의에 참가할 수 없고, 거부자의 해당 기술 또한, 표준화 협의에서 제외된다.

• 표준 선정 절차는, 수평적 경쟁관계에 있는 사업자들 간에 공동으로 합의하여 특정 기술을 표준으로 선정하고 다른 경쟁 기술은 시장에서 퇴출시키는 행위라는 점에서, SEP 보유자가 특허권을 남용하는 경우, 독과점에 따른 부정적 경쟁효과로 시장의 공정한 경쟁질서를 저해할 우려가 있어 경쟁법적 규제가 요구된다.

• 이러한 위험을 예방하기 위해, FRAND 확약을 통해, 표준기술 제안, 협의 참여를 통해 확보하게 될 SEP는 그 사용을 요청하는 사용자, 누구에게나 공정하고 합리적이며, 비차별적인 조건으로 라이선스 하겠다는 약속을 미리 받아두는 것이다.

4. 지식재산권의 부당한 행사에 대한 공정거래법 적용

우리나라 '독점규제 및 공정거래에 관한 법률(이하, "공정거래법")' 제59조(무체재산권의 행사행위)에 따르면, "「저작권법」,「특허법」,「실용신안법」,「디자인보호법」 또는 「상표법」에 의한 권리의 정당한 행사라고 인정되는 행위에 대하여는 적용하지 아니한다."고 규정하고 있다. '지식재산권의 부당한 행사에 대한 심사지침'에서는 "공정거래법 제59조의 규정에 따른 '지식재산권의 정당한 행사'라 함은 관련 법률에 따라 허여 받은 지식재산권의 배타적 사용권 범위 내에서 행사하는 것을 말한다. 이러한 경우에는 공정거래법 제59조의 규정에 따라 공정거래법 적용이 배제된다. 그러나 외형상 지식재산권의 정당한 행사로 보이더라도 그 실질이 지식재산 제도의 취지를 벗어나 제도의 본질적 목적에 반하는 경우에는 정당한 지식재산권의 행사로 볼 수 없어 공정거래법 적용 대상이 될 수 있다.

아울러 지식재산권의 행사가 정당한 것인지 여부는 특허법 등 관련 법령의 목적과 취지, 당해 지식재산권의 내용, 당해 행위가 관련 시장의 경쟁에 미치는 영향 등 제반 사정을 종합적으로 고려하여 판단한다."고 규정하고 있다. 또한, 대법원도 "특허권의 정당한 행사라고 인정되지 아니하는 행위'란 행위의 외형상 특허권의 행사로 보이더라도 실질이 특허제도의 취지를 벗어나 제도의 본질적 목적에 반하는 경우를 의미한다. 여기에 해당하는 지는 특허법의 목적과 취지, 당해 특허권의 내용과 아울러 당해 행위가 공정하고 자유로운 경쟁에 미치는 영향 등 제반 사정을 함께 고려하여 판단해야 한다."고 판시한 바 있다. (대법원 2014.2.27 선고, 2012두24498판결, 시정 명령 등 취소 청구 의소). 결국, 지식재산권은 시장의 자유경쟁 원칙에 대한 예외로 배타적 독점권을 인정하였으나, 지식재산권의 부당한 행사에 대해서는 공정거래법에 따른 규제가 적용되게 된다.

5. 우리나라 불공정거래행위 심사지침 [114]

5.1 불공정거래행위란?

- ▸ 자유로운 시장경쟁을 저해할 수 있는 공정하지 않거나 정당하지 못한 방법 등을 사용하여 거래하는 행위를 말한다.
- ▸ 불공정거래행위의 금지는 주어진 시장 구조하에서 개별 기업의 행위가 경쟁질서를 해치는 경우 이를 시정하기 위한 거래행태 개선을 위한 조치에 해당한다.
- ▸ 일반 불공정 거래 행위는 공정거래법 제45조 제1항 및 동법 시행령 제52조 및 별표2에서 아래 9개 주요 유형을 규정하고 있다.

5.2 일반 불공정거래행위의 유형

① 거래거절
사업자가 정당한 이유 없이 거래의 개시를 거절하거나, 계속적인 거래관계를 중단하거나, 거래하는 상품이나 용역의 수량·내용을 현저히 제한하는 행위 (공정거래법 제45조 제1항 제1호)
▶주류제조사가 슈퍼 등에 맥주를 공급하면서 자기가 생산한 위스키를 구입하지 않는다는 이유로 특정 슈퍼에 맥주를 공급하지 않은 사례

② 차별적 취급
사업자가 거래상대방에 대해 거래지역이나 가격, 기타 거래조건을 차별하여 경쟁

---

114. 〈출처〉 공정거래위원회, https://www.ftc.go.kr/www/contents.do?key=77

사업자나 거래상대방의 지위를 약화시켜 자신의 지위를 유지·강화하는 행위 (공정거래법 제45조 제1항 제2호)

▶소금제조사가 A, B 두 개 대리점과 거래하면서 A대리점에서는 현금결제비율을 50%로 하고 B 대리점에서는 100%로 하는 등 정당한 이유 없이 신규대리점에 비해 기존 대리점에게 현금결제비율을 높이고 소금공급비율도 적게 하여 차별 취급한 사례

③ 경쟁사업자 배제

사업자가 경쟁사업자를 배제하기 위해 정상적인 경쟁 수단을 사용하지 않고 상품 또는 용역을 공급원가보다 현저히 낮은 가격으로 판매하거나 통상 거래되는 가격에 비하여 부당하게 높은 가격으로 구입하는 행위 (공정거래법 제45조 제1항 제3호)

▶치약제조사가 경쟁 치약 제조사를 시장에서 배제하기 위해 치약을 개당 1원으로 응찰하여 낙찰 받은 후 330만개를 공급한 사례

④ 부당한 고객유인 부당한 고객유인

사업자가 과도한 이익의 제공, 계약성립의 저지, 계약불이행의 유인 등을 통해 부당하게 경쟁자의 고객을 자기와 거래하도록 유인하는 행위 (공정거래법 제45조 제1항 제4호)

▶제약업체들이 국내병원에 자기가 생산·공급하는 의약품을 납품함에 있어서 자기 의약품의 신규채택 및 처방량 증대를 통하여 판매를 증가시킬 목적으로 종합병원 등에 약품채택비(랜딩비), 처방사례비(리베이트), 접대비 등을 지급한 사례

⑤ 거래강제

사업자가 끼워팔기나 회사 임직원으로 하여금 본인 의사에 반하여 상품이나 용역을 구입·판매하도록 강제하는 행위 등을 통해 부당하게 경쟁자의 고객을 자기와 거래하도록 강제하는 행위 (공정거래법 제45조 제1항 제5호)

▶예식장사업주가 자기의 예식장을 이용하는 고객들에게 예식장을 임대하는 조건으로 자기의 음식점만을 이용하도록 하거나 자기 예식장의 결혼의상 등 부대용

품만을 이용하도록 한 사례

⑥ 거래상지위 남용

거래상 우월적 지위를 갖고 있는 사업자가 그 지위를 부당하게 남용하여 거래상대방의 자유로운 의사결정을 침해하여 거래상 불이익을 주는 행위 (공정거래법 제45조 제1항 제6호)

▶유명 브랜드 전자제품 제조사가 대리점이 주문하지 않았음에도 불구하고 재고 상황이나 상대방의 주문의사에 상관없이 과대한 물량을 공급한 사례

⑦ 구속조건부거래

사업자가 자유롭고 공정한 시장경쟁을 침해하여 거래지역 또는 거래상대방을 제한함으로서 사업활동을 부당하게 구속하는 조건으로 거래하는 행위 (공정거래법 제45조 제1항 제7호)

▶자사의 생수를 취급하는 대리점들에게 경쟁사 제품 취급을 금지하고, 이를 위반 시 위약금 부과 및 계약해지 등 제재 조치한 사례

⑧ 사업활동 방해

사업자가 과도한 이익의 제공, 계약성립의 저지, 계약불이행의 유인 등을 통해 부당하게 경쟁자의 고객을 자기와 거래하도록 유인하는 행위 (공정거래법 제45조 제1항 제8호)

▶제약업체들이 국내병원에 자기가 생산·공급하는 의약품을 납품함에 있어서 자기 의약품의 신규채택 및 처방량 증대를 통하여 판매를 증가시킬 목적으로 종합병원 등에 약품채택비(랜딩비), 처방사례비(리베이트), 접대비 등을 지급한 사례

⑨ 부당한 자금·자산·인력의 지원 등 (부당 지원행위)

부당하게 특수관계인 또는 다른 회사에 대하여 가지급금, 대여금, 인력, 부동산, 유가증권, 상품, 용역, 무체재산권 등을 제공하거나 현저히 유리한 조건으로 거래하여 특수관계인 또는 다른 회사를 지원하는 행위 (공정거래법 제45조 제1항 제9호)

▶부당 지원행위는 동일 기업집단내의 계열 회사 간에 내부거래를 통해 이루어지므로 '부당 내부거래' 라고 함.

5.3 안전지대(Safety Zone)

- ▸ 개요: 사업자의 규모나 시장점유율 등이 미미할 경우 시장 경쟁에 미치는 영향이 적을 것으로 간주하여 공정위가 원칙적으로 심사절차를 개시하지 않는 제도
- ▸ **적용 범위** : 경쟁제한성 위주로 심사하는 불공정거래행위 유형. 즉 거래거절, 차별적 취급행위, 경쟁사업자 배제행위, 구속조건부 거래행위 등
- ▸ 안전지대가 적용되지 않는 경우: 부당한 고객유인행위, 거래강제 행위(사원판매 등), 거래상지위 남용행위, 사업활동방해 행위 등
- ▸ **안전지대 범위**: 불공정거래행위 혐의사실을 실행한 사업자의 시장점유율이 10% 미만인 경우. 다만 시장점유율 산정이 사실상 불가능하거나 현저히 곤란한 경우에는 당해 업체의 연간매출액이 50억원 미만인 경우
- ▸ **유의사항**: 안전지대에 해당하는 업체의 행위라도 공정위가 공정거래법의 적용을 위한 심사를 개시할 수 없는 것은 아님

5.4 특정 분야·특정 행위의 불공정거래행위

- 신문업에 있어서의 불공정거래행위,
- 병행수입에 있어서의 불공정거래행위 등이 있음

5.4.1 병행수입에 있어서의 불공정거래행위의 유형고시

(a) 병행수입에 대한 규제 배경

독점 수입권 자 외의 제3자가 진정상품을 수입하는 병행수입행위는 경쟁을 촉진시키는 바 원칙적으로 가능하다. 그러나 금지되는 부당한 병행수입 저지행위의 대표

적인 유형을 구체적으로 밝혀 이를 사전에 예방하고자 한다.

(b) 주요내용

- 해외 유통 경로 로부터의 진정상품 구입 방해: 병행 수입권 자가 진정상품을 구입하지 못하도록 독점 수입권 자가 방해하는 행위(고시 5조)
- 판매업자에 대한 병행수입품의 취급제한: 독점 수입권 자가 독점수입상품을 판매함에 있어 부당하게 병행수입품을 취급하지 않는 조건으로 자기의 판매업자와 거래하는 등 판매업자에 대하여 병행수입품을 취급하지 않도록 하는 행위(고시 6조)
- 병행수입품을 취급한 판매업자에 대한 차별적취급: 독점 수입권 자가 자기의 독점수입상품을 판매하는 사업자 중 병행수입품을 취급하는 판매업자에 대하여 불리하게 차별적으로 취급하는 행위(고시 7조)
- 병행수입품을 취급한 판매업자에 대한 제품공급거절 및 중단: 독점 수입권 자가 독점수입상품과 병행수입품을 동시에 취급하는 사업자와 거래개시를 거절하거나 거래 중 공급을 중단하는 행위(고시 8조)
- 병행수입품을 취급하는 소매업자에 대한 독점수입품의 판매제한: 독점 수입권 자가 자기의 판매업자(도매업자)로 하여금 병행수입품을 취급하는 소매업자에게 독점수입품을 판매하지 못하게 하는 행위(고시 9조)

5. 5 법위반시 조치

5.5.1 행정적 제재 (시정조치와 과징금)

- 해당 사업자에 대하여 해당 불공정거래행위의 중지 및 재발방지를 위한 조치, 해당 보복조치의 금지, 계약조항의 삭제, 시정명령을 받은 사실의 공표, 기타 시정을 위해 필요한 조치 (공정거래법 제49조)
- 과징금은 위반사업자가 위반기간동안 일정한 거래분야에서 판매한 관련 상품

이나 용역의 매출액 또는 이에 준하는 금액에 100분의 4를 곱한 금액을 초과하지 아니하는 범위안에서 부과할 수 있으며, 매출액이 없는 경우 등에는 10억원을 초과하지 아니하는 범위안에서 과징금을 부과 (공정거래법 제50조)

5.5.2 벌칙

- 공정위의 고발에 의해 2년 이하의 징역 또는 1억5천만원 이하의 벌금에 처해질 수 있음 (공정거래법 제125조 제4호)
- 거래거절, 차별취급, 경쟁사업자배제, 구속조건 부 거래 위반행위는 제외
- 시정조치 등에 응하지 않은 경우에는 2년 이하의 징역 또는 1억5천만원 이하의 벌금에 처할 수 있음 (공정거래법 제125조 제1호)

◆ **사례연구 〈퀄컴에 대한 공정위 처분과 법원 판결〉**

▶ 사실관계

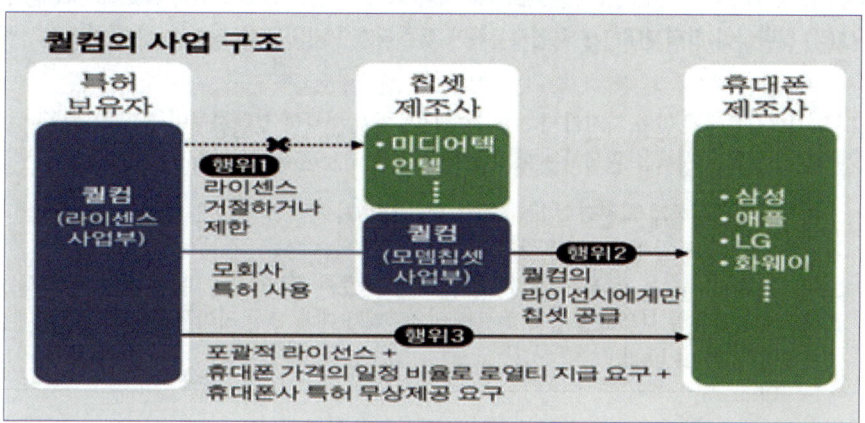

퀄컴은 이동통신 표준기술인 CDMA, WCDMA, LTE 등과 관련하여 국제 표준화기구 ITU.ETSI 등에 FRAND 확약*을 선언한 표준필수특허(SEP: Standard Essential Patents) 보유자이자 동시에 모뎀 칩셋을 제조·판매하는 수직통합 독과점 사업자로서 FRAND 확약[115]을 어기고 다음의 행위를 실행함.

① 경쟁 모뎀칩셋사의 요청에도 불구하고 칩셋 제조·판매에 필수적인 이동통신 표준필수특허(SEP: Standard Essential Patents)에 대해 라이선스 제공을 거절하거나 제한

② 칩셋 공급과 특허 라이선스 계약을 연계하여, 칩셋 공급을 볼모로 FRAND 확약을 우회하여 부당한 라이선스 계약 체결, 이행을 강제

③ 휴대폰사에게 포괄적 라이선스만을 제공하면서 정당한 대가산정 절차를 거치지 않고 일방적으로 정한 라이선스 조건을 강제하는 한편, 휴대폰사 특허를 자신에게 무상 라이선스 하게 하는 등 부당한 계약을 강요

---

115 FRAND 확약 : SEP보유자가 특허이용자에게 공정하고(fair), 합리적이며(reasonable), 비 차별적인(Non-Discriminatory)조건으로 라이선스를 제공하겠다고 보장하는 약속을 의미

▶ 우리나라, 공정위 판단과 서울고등법원/대법원 판결

	공정위 결론	법원
행위 1	FRAND 위반하여 경쟁모뎀칩셋 사업자들에게 표준필수특허(SEP)를 license하지 않았고	위법
행위 2	휴대폰 사업자들에게 만일 자신의 특허를 라이선스 하지 않으면 모뎀칩셋의 공급을 중단 하겠다고 위협하는 정책을 관철하는 행위를 하였고('No License, No Chip Policy'),	위법
행위 3	▪ 휴대폰 사업자들에게 자신과의 license를 함에 있어서 자신의 특허를 일체로 포괄적으로 license를 하도록 강제하였고(포괄적 라이선스), ▪ 로열티 산정의 기준을 휴대폰과 같은 최종기기로 하도록 강제하였으며 (set 로열티 강제), ▪ 휴대폰 사업자들이 보유하고 있는 특허를 일체로 원고에게 무상 라이선스를 해 줄 것을 강제하였다(grant back)	적법

퀄컴의 이런 사업 모델과 정책에 대해, 2017년 우리나라 공정거래위원회는 퀄컴의 사업 모델이 독점금지법을 위반하였다고 판단하고 시정명령 및 역대 최고액인 약 1조 311억 원의 과징금을 퀄컴 에게 부과하였고, 퀄컴이 서울고등법원에 낸 시정명령 및 과징금부과처분 취소소송에서도 행위3(포괄적 라이선스)관련 일부 위법판결을 받았으나, 행위 1과 행위 2에 대한 공정위 심결은 적법 판결을 받았고, 과징금 처분도 그대로 유지되었다.

퀄컴은 판결에 불복해 상고했지만, 2023년4월13일, 대법원은 원심 판단이 옳다고 보고 공정위의 과징금 처분을 그대로 확정했다.

* 한편, 퀄컴의 이런 사업모델에 대해, 각국 공정위로부터 아래와 같은 과징금 처분이 내려진 바 있다. 2015년 중국에서 9억7500만 달러, 2017년 대만에서 8억 달러, 2018년 EU에서 9억 9700만 유로 과징금을 추징하였다.

▶ 미국 연방항소법원 판결

반면 미국 연방항소법원은, 퀄컴의 사업 모델이 Sherman Act §§1, 2를 위반하였다는 지방법원 판시를 파기하고, 퀄컴의 라이선싱 관행과 관련된 전 세계에서의 영구금지명령을 무효화했다. FTC가 퀄컴의 라이선싱 관행이 CDNMA 및 프리미엄 LTE 칩 관련 시장에서의 소비자에게 손해를 끼치는 실질적인 경쟁제한 효과를 가진다는 점을 증명하지 못하였다는 이유에서 였다.

(1) 퀄컴이 휴대폰 단말기 제조사에 대하여만 특허 라이선싱을 하고 경쟁 모뎀 칩 제조사에 대하여는 특허 라이선싱을 거절한 행위는 독점금지법 위반이 아니다. 퀄컴이 경쟁 모뎀 칩 제조사에 라이선싱 하여야 할 반독점의무가 없기 때문이다.
(2) 퀄컴이 non-FRAND 실시로 율을 부과함으로써 표준화기구(SSOs)와의 약정을 위반한 행위에 대한 구제책은 독점금지법이 아닌 계약법 또는 특허법에 의하여야 한다.
(3) 퀄컴의 'No License, No Chip' 정책은 관련 시장에 해를 끼치지 않으므로 반경쟁적이라고 볼 수 없다.
(4) 2014년이전에는 퀄컴에 대항할 경쟁사가 없었기에 2011년 및 2013년 퀄컴과 애플간 계약은 반경쟁적이라고 볼 수 없다.

FTC가 연방대법원에 상고하는 것을 포기함에 따라, 퀄컴의 새로운 사업 모델은 셔먼 법 위반이 아니라는 제9순회항소법원 판결이 최종 확정됨으로써, FTC와 퀄컴 간 4년여 동안의 분쟁이 종료되었다. 본 판결은 피고의 행위로 인하여 관련 시장에 반경쟁적 손해가 발생하였다는 점에 대한 입증책임이 독점금지법 위반을 주장하는 원고에게 있다는 이유가 지배적이었던 것으로 평가된다.

V. 기술이전 계약 유형과 특성

1. 기술이전 주요유형

제I절에서 살펴본 바와 같이 지식재산 또는 기술의 이전을 수반하는 계약의 유형은 상당히 다양하나, 기술적 사상을 대상으로 하는 경우로 한정하여 살펴보면, 기술 제공자가 법적으로 절대적, 배타적 권리가 부여되는 산업재산권(특허, 실용신안, 상표, 디자인권) 또는 저작권을 이전하는 경우 뿐 아니라, 절대적, 배타적 지식재산권으로 인정되지는 않았다. 하지만, 그 자체로 경제적 가치가 있는 영업비밀 등의 지식재산을 이전되는 유형도 있다. 따라서, 기술이전계약을 그 거래 대상인 지식재산이 보호된 형태에 따라,

(1) 영업비밀을 주된 목적물로 하는 좁은 의미의 "기술이전 계약",
(2) 특허, 실용신안, 상표, 디자인권 등과 같이 유효하게 등록된 산업재산권 이나 저작물에 대한 사용권(실시권)을 얻기 위한 "라이선스 계약", 또는
(3) 기존 기술을 기반으로 새로운 결과물을 도출하고자 하는 "개발(용역 또는 공동개발) 계약"

으로 나누어 볼 수 있다. 이러한 계약 유형별 주안점은 그 계약의 주된 목적물에 대한 법적 보호수단이 산업재산권 또는 저작권인가, 그러한 배타적 권리로는 성립되지 못

하였다. 하지만, '부정경쟁방지 및 영업비밀 보호에 관한 법률'에 따른 '영업비밀'에 해당하는 가에 따라 달라지게 된다.

	특허권 LICENSE	기술이전 (영업비밀 LICENSE)	용역개발
주행위 성격	不作爲 의무	作爲 의무	作爲 의무
배타성	법적 보호에 의한 절대적 배타성	계약관계에 기초한 상대적 배타성	혼재 (영업 비밀중점)
공개성	공개 성	비공개성, 비밀유지의무	혼재 (비공개성 중점) 비밀유지의무
전환성	영업비밀로 전환불가	특허로 전환 가능	영업비밀은 전환 가능
사용 기간	계약기간 내	계약기간 후 사용권에 대한 학설상 논란	좌 동
과세지	사용료소득으로 사용지국 또는 납세지국 과세	사용료소득으로 사용지국 과세	인적 용역이 주된 경우, 용역 수행지국 과세
주요 항목	▸ type of license ▸ scope of licensed patent ▸ scope of licensed products ▸ products subject to royalty ▸ royalty structure ▸ grant-back license * 특허번호 표시의무 *상표사용시, 품질검사 및 승인의무	▸ type of license ▸ scope of licensed tech & products ▸ products subject to royalty ▸ royalty structure ▸ deliverables ▸ technical assistance ▸ maintenance/update ▸ rights to derivative works ▸ grant-back license ▸ indemnification	▸ scope of consignment ▸ specifications ▸ acceptance criteria ▸ deliverables ▸ tech. assistance ▸ maintenance/update ▸ development/payment schedule ▸ liquidated damages ▸ rights to results ▸ license to pre-existing tech. ▸ indemnification

위의 표에서 본 바와 같이, 계약협상 및 작성시 고려, 유의해야 할 실제 조건

(substantive terms) 구성 측면에서는 특허 license 계약이 영업비밀 등 기술이전계약이나 개발계약보다 상대적으로 단순한 반면, 관련 영업의 지속유지를 위한 licensee의 license 계약 확보 필수 성 및 협상 실패 시 바로 이어질 침해 제소에 따른 영업에 미칠 치명적 위험(preliminary injunction 등) 잠재로 영업비밀 등 기술 이전 계약이나 용역개발 계약 대비 licensee의 협상력 제약 및 긴장도 등 심리적 stress 및 사업 관련 중요도는 특허 license가 훨씬 높은 경우가 많다.

1.1 특허 라이센스 계약

특허 또는 실용신안의 대상이 되는 발명이나 실용적 고안은 출원, 등록에 따른 공개를 전제로 절대적, 배타적 권리가 성립되므로, 특허, 실용신안 등으로 등록된 경우는, 해당 발명 또는 고안의 내용이 공보를 통해 해당 업계의 일반적인 종사자라면 반복, 재현 가능할 정도로 상세히 설명되어 있다. 따라서, 구체적인 기술 내용을 전수 받기 위한 별도의 제공의무를 계약서에 상세히 명기할 필요가 없다. 특허 라이센스 계약은 기본적으로 'not to sue' 정당한 권리자로부터 사용허가 또는 동의없이 해당 특허발명을 사용함에 따라 침해 책임으로부터 자유 로와 지기 위함이 주 목적이므로, 그 사용 허락을 받는 대상 특허 또는 기술, 제품 의 범위, 사용이 허용되는 지역, 허여 기간과 실시권의 유형과 제한 등과 이에 따른 실시 료 금액, 지급방법 등이 계약의 중점항목이 된다. 즉, 이렇게 허여 된 범위내에서는 특허권자는 대상 특허침해를 이유로 소송을 하지 않기로 약속하는 소극적 의무가 중심이 된다는 의미이다.
경쟁사간의 라이선스계약에서는 A와 B 당사자 간에 특허 력의 차이가 있어, A가 B에게 실시료를 지불할 수 밖에 없는 협상이 이루어졌다 하더라도, A사 자신의 특허에 한해서 B에게 일방적으로 라이선스를 제공하는 구조를 취하게 되면, 계약 기간 중 B는 A로부터 자유로워진다. 그러나, A는 B의 특허를 사용하게 되는 경우, 역으로 침해 책임을 부담하게 되는 리스크가 잠재하게 되므로, B의 특허 력이 아무리 미미하다 하

더라도, cross-license 또는 grant-back조항을 통해, A 또한 B의 특허 사용권을 확보하여 두어야 한다. 특허 또는 실용 실 안에 대한 실시권과 더불어, 해당 특허발명 기술 또는 특허발명 제품 관련 상표를 사용할 필요가 있는 경우에는, 그 상표에 대한 거래선 또는 소비자의 신뢰도를 유지하기 위해 제공자는 실시권 자에게 일정한 품질유지 의무 등을 부과하고, 제공자는 그 검사 및 승인권을 갖도록 규정하기도 한다. 특허권자가 NPE인 경우, 자신이 직접 생산, 판매하는 제품이 없는 관계로, 실시권자를 통해 미국 특허법상 손해배상 청구기간의 조기 기산점 확보를 위해, 제품에 특허등록번호 마킹 의무를 계약상 부과하기도 한다.

1.2 (좁은 의미의) 기술이전계약 (또는 영업비밀 라이선스계약)

특허, 실용신안과 같은 등록, 공개된 기술이 아닌 영업비밀 등의 기술적 사상 또는 기타 노하우의 경우는 그 기술의 구체적인 내용 또는 실시방법을 모르기 때문에 그 기술을 전수받고자 하는 도입희망자의 자발적인 욕구에서 비롯된다. 따라서, 좁은 의미의 기술이전계약, 즉 영업비밀 라이선스 계약에서는 도입하고자 하는 대상 기술의 특정 뿐만 아니라, 구체적으로 어떤 유형을 통해, 어떤 방법으로 제공하고, 제대로 전수되었다는 확인 및 보증은 어떤 기준으로 하게 되는지 등, 제공자의 적극적, 구체적 제공의무가 중점적으로 다루어 진다. 도입 자 입장에서는 기본적으로 침해 소송이 두려워서 "건드리지만 말아주세요!"가 도입배경이 아니라, 워너비 (want to be)인 제공자의 제품 또는 기술을 전수받고자 함이므로, 종국적으로 제공자의 기술을 통해 기대한 수준의 양산 율 또는 품질기준을 충족시키는 것을 목표로 협의, 구성하는 것이 바람직하다.

또한, 도입 자 입장에서는 제공자가 전달된 기술이 제3자의 지식재산을 도용한 것이 아니라는 보장과, 합의한 대상 스펙과 품질기준을 충족시킬 수 있는 기술이라는 보증을 요구하는 경우가 많을 것이나, 보장 또는 보증의 유형과 대상 기술 및 지식재산권

의 특성에 따라서는 제공자가 신의성실로 전수하였다 하더라도 사실상 절대적인 확인, 예견이 불가능한 경우도 많으므로, 제공자는 "As is"를 원칙으로 하되, 합리적 노력을 한다는 것 이상의 보장, 보증을 하지 않는 것이 통례이다 보니, 적극적이고 구체적인 제공방법과 완료기준을 설정하는 방안에 중점을 두게 된다. 단, 고의나 악의로 제3자 기술을 도용하거나 제3자 지식재산권 침해 클레임 또는 제소를 받았음에도 이러한 사실을 통지하지 않은 경우에는 제공자의 책임이 부과되어야 한다.

상기 조항에 따라 기술이전을 완료한 경우에도, 이전 시 발견되지 않은 내재적 하자가 일정 기간 후 발생하거나, 사용성 하자, 업데이트 등의 필요에 부응하기 위한 기술지원에 대해서도 규정해 둘 필요가 있다. 물론, 유상 지원 조건인 경우도 많다. 제공자입장에서도 해당 기술의 시장지배력, 호환성 강화 또는 사실상 표준화 (de facto standard) 목적으로 도입자가 향후 창출하게 될 개량 또는 파생기술 (improvement, derivatives)에 대한 grant back을 요구할 필요가 있고, 도입 자 측면에서도 제공자로부터 개량, 파생기술을 지속적으로 제공받기 위한 상호 제공조건이라면 충분히 고려할 만한 규정이 될 수 있을 것이다.

1.3 연구개발계약

연구개발계약은 제공자의 소극적 의무가 아니라, 적극적 제공의무를 규정한다는 특 면에서는 위 (2)의 기술이전(영업비밀 라이선스)계약과 상당 부분 유사하다. 그렇지만, (2)와는 달리 현재 제공자가 확보하고 있는 완성의 기술이 아니라, 계약체결전에 그 성능 및 기준 등을 사전 확인해 볼 수 없다는 문제점을 내재하고 있고, 합의한 일정 내에 위탁한 개발이 완료되지 않을 경우, 그 결과물을 적용하여 출시 또는 상용화하고자 했던 발주자의 사업일정 또는 공급계약상 치명적인 손해가 발생하게 되는 리스크를 안게 된다. 따라서, 연구개발계약은 (2)에서 규정한 제공(개발)대상 제품 또는 기술의 구체적이고 명확한 범위, 방법, 기준 및 보증, 보장외에도 개발일정 (milestone)에 대한 세밀한 합의와 이에 대한 자연 시 책임(주로 위약금 부과)을 설정하는 방안에 중

점을 두어야 한다. 이러한 이유로, 개발비 지급 또한 일시불이나 명목적 분할급 보다는 개발단계 완료시마다 나누어 지급하는 분할지급 방식이 통례이다.

연구개발계약이나 공동개발계약의 경우, 그 개발 결과 성과물 및 관련 지식재산권에 대한 권리귀속에 대한 명확한 사전 합의가 필수적이다. 또한, 위탁자가 특정 개발자에게 해당 개발을 의뢰한 이유는 대부분 개발자가 이미 보유하고 있는 기반기술 또는 제품의 경쟁력에 기인한 것이다. 개발결과물은 개발자의 종전기술/제품을 기반으로 일부 추가, 보완, 변경된 것이므로, 이러한 기반기술에 대한 사용 없이 개발 결과물만을 독립적으로 적용할 수 있는 경우는 사실상 거의 없을 것이다. 따라서, 발주자가 개발결과물을 의도했던 바와 같이 사용하기 위해 필요한 범위내에서는 기반기술을 무상으로 사용할 수 있도록 허여 해 주는 것이 통례이고, 약정된 개발비에는 이에 따른 대가가 고려되어야 할 것이다. 이전 대상 지식재산권 또는 지식재산의 유형에 따라 위의 3대 계약유형으로 나누어 보았으나, 실무상으로는 대상 유형이 혼재된 복합적인 거래를 더 많이 접하게 될 것이다. 이러한 복합적 기술이전의 대표적인 계약 유형중 하나가 외식업 등에서 사실상 정형화 된 프랜차이즈 계약이다(아래 참고).

〈참조: Franchise(가맹 업) 계약〉

오늘날 외식산업 등 서비스와 Business Model에 중점을 둔 비즈니스 시스템 전체에 대한 기술이전 과 상표, 상품 및 영업장 외관 (트레이드마크) 및 표장에 대한 라이선스를 결합한 형태의 포괄적 기술이전이 새로운 유형으로 자리하고 있다. 가맹 업(加盟業) 또는 프랜차이즈(franchising)이란 자신의 상표 또는 상호 하에 개발한 고유의 영업서비스 시스템을 희망자('가맹상')에게 제공하여 가맹상이 이를 이용할 수 있도록 라이선스를 허여 함은 물론 가맹상의 영업에 필요한 포괄적인 지원을 제공하는 것을 주된 영업으로 하는 업종으로, 이를 영업으로 하는 자를 가맹업자 또는 franchisor라고 하며, 가맹업자로부터 그의 상표, 상호와 영업시스템 등을 사용할 것을 허락 받아 가맹업자가 지정하는 상표, 상호 및 품질기준이나 영업방식에 따라 영업을 하는 자를 가맹상(加盟商), 혹은 franchisee라 한다.

가맹점 계약이란 본사에서 판매하는 물품이나 서비스를 "을"이 판매하고, 일정 수수료를 본사 측에 지불하는 형태로 존재하는 계약으로, 일정한 품질기준이나 영업방식에 따라 상품 또는 용역을 판매하도록 함과 아울러 이에 따른 경영 및 영업활동에 대한 교육 및 지원, 상품 및 원재료 등의 조달 통제, 가맹점 영업지역 및 범위의 통제를 하고, 가맹점사업자는 영업표지의 사용과 경영 및 영업활동에 대한 지원, 교육의 대가로 가맹본부에 가맹금을 지급한다.

◆ 참조서식 5.1

▶ 프랜차이즈(외식업) 표준계약서, 공정거래위원회

https://www.ftc.go.kr/www/cop/bbs/selectboardarticle.do?key=203

2. 공통 주요사안

위 도표에서 정리한 3대 기술이전 계약의 주요 조항 및 유의점은 아래 VI절에서 VIII절에 걸쳐, 각각 계약유형별로 다시 살펴보기로 하고, 기술이전거래에서 고려하여야 할 공통적인 주요 사안을 먼저 정리해 보면 아래와 같다.

2.1 거래유형별 기술료

구분	거래내용	기술료 유형	산정방법
매매/양도	대상 지식재산권(소유권) 이전	ⓐ 매매대금	① 수익(Income)접근법 ② 시장(Market)접근법 ③ 비용(Cost)접근법 ④ 실시료(Royalty)접근법
라이센스	특허 발명, 상표, 디자인, 저작물 또는 영업비밀 등에 대한 실시권(license) 허여	ⓑ 실시료 (royalty)	• 합리적 실시료(reasonable royalty) - 매출이익 기여도(가치) 평가 • 25% rule(IP기여도:수익의 25%추정)
연구개발	연구개발 용역결과 제공 (IP 이전, 공유, 또는 license 포함)	ⓒ 기술용역비(인건비+α) + ⓐ 매매대금 or ⓑ 실시료 + ⓓ 물품대금 (prototype, 설비)	비용(Cost)접근법
	• 외주개발(용역): 개발비 • 공동개발: 개발비 분담 (cost/n)	ⓒ 기술용역비	비용(Cost)접근법: • 인건비: 합계(인당 rate x 투입시간) • 실비: 재료+교통+숙식+임대 등
기술이전	License 허여: 제공기술에 대한 사용	ⓑ 실시료 (royalty)	
	Deliverables 제공	ⓒ기술용역비(cost+α) + ⓓ물품대금	비용(Cost)접근법: • 제공 자료 준비에 투입된 인건비 • 재료비 또는 물품대금
	교육, 연수, 파견	ⓒ 기술용역비(인건비 +출장비)	비용(Cost)접근법: • 인건비: 합계(인당 rate x 투입시간) • 출장비: 교통+숙식+재료 등

2.2 지식재산 가치평가법

유형	내용
시장접근법	대상IP와 유사한IP가 거래된 시장가격에 근거한 상대적 가치 산정 ▸ **거래사례비교법** ▸ **경매**
소득(수익)접근법	대상IP의 경제적 life동안 사업화를 통해 얻게 될 경제적 이익을 추정 후, 적정 할인율 적용하여 현재가치로 환산하는 방법
비용(원가)접근법	대상IP 개발에 소요된 제반 개발비용을 기초로 경과 기간의 가치 증감분을 차감하여 현재가치를 산정하는 방법
Royalty공제법	대상IP를 보유하지 못하여 제3자로부터 라이선스 받는 경우를 가정하고, 대상IP의 경제적 life동안 지급해야할 royalty의 현재가치를 추정하는 방법

2.3 사용료, 용역비 및 (시제품)물품대금

구분	사용료 소득	인적용역소득
개념	특허, 상표, 저작권, 기술 등 무형의 가치	신체에 부수되어 제공되는 노무, 기능 및 기술

원천지 기준	국내세법 : 사용 또는 지급지국 기준
	(국내에서 권리의 사용 또는 대가지급 시)
	
	조세조약(우선 적용)
	대부분의 경우 : 지급지국 기준
	미국, 태국 : 사용지국 기준
	헝가리 : 거주지국 배타적 과세
		• 국내세법 : 수행지국 과세
		• 조세조약(국내세법에 우선적용)
		원칙 : 거주지국 과세
		특례 : 수행지국 과세 (다음 하나에 해당 시)
		  1. 고정시설 유지
		  2. 장기체류요건(총183일 초과 체재)
		  3. 수취금액요건(일정금액 초과지급)
		→ 수행지국 과세요건은 조세조약별로 상이

소득성격	기존에 창출된 가치에 대한 대가	서비스에 대한 대가
제공자 책임	결과에 대한 보증의무 없음	일정기간 동안 용역결과에 대해 보증 의무 있음
기타 기술용역	특허권 등이나 노하우 제공에 필연적으로 부수되는 용역대가	용역제공에 따른 인적·물적비용으로 실제 소요된 비
인적용역비와 사용료 혼합	인적용역 부분이 보조적이며 그 금액이 크지 않은 경우 전체를 사용료로 봄	인적용역 부분이 합리적으로 구분가능하고 그 인적용료의 보조적이 아니며 금액이 큼
관련 물품 수입관세 기준	수입물품에 대한 관세의 과세가격은 우리나라로 수출, 판매되는 물품에 대하여 수입자가 실제로 지급하였거나 지급하여야 할 가격에 '상표권 및 이와 유사한 권리를 사용하는 대가(상표사용료 + 국제마케팅비용)' 등을 가산·조정하여 산정한 거래가격에 의하여 결정	개발비지급 목적이 시제품 전달이 아니고 계약제품 위한 기술정보를 도입하기 위한 경우, 성능시험용 제품의 과세가격은 용역개발비 전액이 아니라, 사용된 원자재비용 및 조립 기타 가공에 소요된 료 결정 (가능한 계약상 가액 구분 책정이 바람직함)

(1) 용역개발비

기술전수 및 개발계약의 경우,

(i) 개발지연에 따른 penalty규정의 합의는 통상적으로 관철시키기가 어려운 것이 대부분이며,

(ii) 개발지연의 책임소재를 가려내는 것도 기술적 어려움이 많고,

(iii) 개발일정에 대한 절대적 의무규정도 실무상 관철시키기 어려운 것이 대부분의 사례인 바,

제공자/개발자로 부터 개발일정에 준수 및 priority를 보장받는 방법은 개발/전수 단계별 분할급 방식이 현실적 방안이므로, 개발 milestone과 적절한 payments를 연계하도록 장치하여야 할 사안이다.

(2) 기술사용료

License fee를 지불하여야 하는 경우, 개발비와 license fee의 구분이 되어 있지 않은 경우, 국내 세무실무상 전체금액을 사용료 소득으로 간주하여 원천징수라는 경우가 대부분이므로 이러한 논란을 최소화하기 위해 license fee와 개발비를 구분해 두는 것이 바람직하다.

(3) 시제품 물품대금(Payment for Deliverables)

국내세무상 관세대상이 될 수 있는 유형물의 입수가 필요한 경우, 본 조항의 삽입을 고려해야 한다. 개발결과물(prototype)등이 국내로 반입되는 경우 통관상 관세부과와 관련하여 그러한 유형물품의 수입가격이 분명치 않다. 이와 같은 관계로 개발비전액을 과세기준으로 간주하는 경우도 있다. 따라서 이러한 논란을 예방키 위해 deliverables에 대한 적정가액을 계약상 약정해 두고, 이에 대한 별도 invoice를 발급받는 등의 주의를 권고한다.

2.4 기술사용료 관련 세제

(1) 국내세법상 납세의무

(a) 외국인 기술제공자의 한국에서의 납세의무는 우리나라에서 발생된 사용료 소득이다. 즉, <u>국내 원천 사용료 소득</u>에 대하여만 납세의무가 있다.

▶ 원천지국 결정기준: 해당 국가와의 조세협정상 기준에 따라,
　ⅰ) 해당기술(또는 지적재산권) 사용지국 (예: 미국, 태국), 또는
　ⅱ) 사용료지급자의 거주지국 (지급지국)
▶ 내국 법인의 해외지점 또는 건설현장에서 사용하는 경우, 그 사용료는 국내원천사용료에 해당함 (법인세 통칙 6-1-21)
▶ 단, 내국법인의 해외현지법인의 제조장에서 해당기술을 사용, 제품 생산한 경우에는 최종사용지가 국외이므로 동 제품이 국내로 수입, 소비된 경우에도 국내원천소득에 해당되지 않는다. (국세청 국일 46017-77, 97.1.31)

　✓ 단, 인적 용역의 경우는 용역 수행 지국이 원천지국으로 과세권을 가짐.
　✓ 기술개발 계약 등과 같이 기술용역이 수반된 경우, **실무상 사용료 소득과 인적 용역 소득의 구분이 모호함에 유의.**
　✓ 구분이 어려울 경우, 전체금액을 기술 사용료 소득으로 간주하여, 전체금액을 대상으로 원천 징수하는 것이 세무당국의 입장이므로, 계약상 기술 사용료와 개발/용역비를 구분하여 설정하는 것이 바람직함.

(b) 당해 기술제공자가 국내에 지점, 사무소 등 고정사업장을 가지고 있는 경우에는 내국법인과 마찬가지로 사용료소득과 다른 국내원천소득을 합하여 종합과세 신고, 납부하여야 함. (일반적인 법인세 과세대상)

■ 국내에 지점, 사무소 등 고정 사업장이 없는 경우에는 당해 사용료소득을 지급할 때 지급자인 기술 도입자가 기술 제공자의 소득세(법인세)로써 지급금액의 25% (+ 주

민세 2.5%)를 원천 징수하여 납부(분리과세)하여야 함.

• 우리나라가 기술제공자의 거주지국과 조세조약을 체결한 경우에는 국내법상 세율인 25% 대신 당해 조세조약상의 제한조약상의 제한세율로 원천징수 됨. (둘 중 낮은 세율적용)
(예: 미국경우, 15% + 주민세 1.5%)
✓ 조세협약이 없는 경우, 사용료에 대한 분리과세 원천징수세율은 25%,
인적용역 소득에 대한 세율은 20%

✓ 미국, 캐나다, 필리핀, 남아공과의 조세협약상 제한세율 적용범위에서 주민세가 제외되어 있으므로, 원천징수 시 주민세를 별도로 징수. 그 외 국가는 조약상 제한세율에 소득세, 법인세 및 주민세까지 포함되어 있음.

(2) 조세감면제도

조세감면 고도기술 (국민경제에 긴요하고 국내에서 독자적 개발이 곤란한 고도기술이다. 따라서 기획재정부장관이 외국인투자위원회의 심의를 거쳐 정하는 기준에 해당하는 기술)에 해당하는 기술도입 계약을 사업 주무부에 조세감면 신청하여 승인을 얻은 경우, 기술제공자에게 지급하는 대가에 대한 소득세 또는 법인세를 당해 계약에서 그 대가를 최초로 지급하기로 한 날부터 5년간 면제받는다.

(3) 간주 외국세액공제제도

외국의 기술제공자가 취득한 사용료에 대하여 우리나라에서 세금을 납부할 경우, 그 납부세액은 기술 등의 제공자가 거주지국에서 납부할 세액에서 공제된다. 따라서, 기술 등의 제공자가 우리나라의 외자도입법에 의하여 면세되어 그 거주지역에서 조액공제를 받지 못하는 경우에는 우리나라가 외국의 기술제공자에게 조세를 면제해주는 실효성이 없게 된다. 이와 같은 조세면제효과의 일실을 방지하기 위하여 주요 외국과

체결한 조세조약은 우리나라의 외자도입법에 의하여 조세가 면제된 사용료(Royalty)에 대하여도, 조세를 납부할 것으로 간주하여 상대국에서 세액공제 대상이 되는 것으로 규정하고 있다.

2.5 보증/보장 유형

구분	내용	비고
제공 권한	적법한 대상 기술/지식재산권 소유권 또는 license 허여 권한 보유 보증	
대상 IP 유효성	a. 허여된 대상 특허 등 산업재산권의 유효성 보증 b. 제공 IP가 향후 전부, 일부 무효 판결시 royalty 감면 또는 환불 등 고려	a. "to the best of its knowledge" 기준 보증 b. 고의 아닌 경우는 면책이 통례
품질/표준 충족	개발 또는 기술 이전 경우 해당되나, 제공되는 Spec.이나 Deliverable 기준, 약정한 기술표준 또는 품질기준을 충족함을 보증 (acceptance 기준/검사에서 종결)	양산 제품에 대한 품질보증은 불가 → 제공자가 control할 수 없는 도입자의 역량/공정/원부자재품질 등에 따른 변수 작용
제3자 IP 비침해		
특허/실용신안	● 보증 제외: 보증 불가피한 경우라도, to the best of Licensor's knowledge에 한정 → 엄청난 건수의 관련 전세계 특허/실용신안 사전 검색 및 침해 분석/판단은 사실상 불가능하므로, 고의 침해 또는 그러한 claim사실 비공개시에 한정 책임	대부분 보증 제외
상표/디자인	● 절대 책임 보증 가능: 상대적으로 등록 여부 search 및 침해 판단이 용이하므로 보증 가능	
저작권 영업비밀	● 절대 책임/보증 가능: 고의적 copy나 침해가 아니고 독자적인 개발/창작시 권리 인정되므로, 보증대상에 포함하는 것이 통례임.	영업비밀 경우, 제공자가 악의의 침해자였더라도, 선의의 licensee에 대한, 보호특례 있음
책임한도	i) 계약금 총액, ii) Royalty 한도, iii) 합의액 한도 (누적 총액기준: 제품당 기준) 단, 고의 침해(punitive damage 가능)경우는 예외: 무제한 책임	● 한도범위내 실손해액 배상 ● 사전통보/control위양 등 조건부

〈참조: Indemnification 조건과 예문〉

(a) Licensor will indemnify, hold harmless, and at Licensee's request, defend Licensee and Licensee's directors, officers, employees, agents and independent contractors from and against any loss, cost, liability or expense (including court costs and reasonable fees of attorneys and other professionals) arising out of or resulting from any third party claim that any Developed Products, Software or the Technology including but not limited to the Deliverables infringes patent, copyright, trade secret right or other intellectual property right. In the event of any such claim, Licensee agrees: **(i) promptly to give Licensor notice** in writing of any such claim or action and permits Licensor, through counsel of its choice, to answer the charge of infringement and defend such claim or action; **(ii) to provide Licensor with information, assistance and authority**, at Licensor's expense, to enable Licensor **to defend such claim or action**; and **(iii)** that Licensor will **not be responsible for any settlement** made by Licensee **without Licensor's written permission**. If Licensor receives notice of an alleged patent, copyright, trade secret or other intellectual property right infringement or if Licensee's use of the Developed Products, the Software or the Technology shall be prevented by permanent injunction for reasons of patent, copyright or trade secret infringement, Licensor may, at its sole option and expense, procure for Licensee the right to continued use of the Developed Products, Software and the Technology as provided hereunder, or modify the allegedly infringing item such that it is no longer infringing, or replace the allegedly infringing item.

(b)   Licensor shall have no liability under this Section for any claim or suit to the extent that any alleged infringement is based upon: **(i) incorporation** of Licensee-supplied designs, particular requirements, specifications or instructions into the Software, the Technology or the Developed Products; **(ii)** the **combination**, operation, or use of the Software, the Technology or the Licensee Products with devices, parts, or software not authorized by Licensor, **(iii) modifications** or additions to the Developed Product, the Software or the Technology other than those made by Licensor or in accordance with Licensor's written instructions, or **(iv) use** of the Software, the Technology or the Developed Products other than as permitted under this Agreement, or **in a manner** for which it was **not intended**.

> (c) Licensee will indemnify, hold harmless, and at Licensor's request, defend Licensor and Licensor's directors, officers, employees, agents and independent contractors from and against any loss, cost, liability or expense (including court costs and reasonable fees of attorneys and other professionals) arising out of or resulting from any third party claim based on such causes specified at (i), (ii), (iii) or (iv) of the foregoing paragraph (b) under this section.

2.6 기술이전관련 신고 및 승인 제도

(1) 우리나라 기술 도입・기술 수출 신고・승인제도

A. 기술도입
과거, 우리나라도 "외자도입법"과 "공정거래법" 등에 따른 '기술도입계약신고' 제도가 있었으나, 기술도입의 원활화로 국내산업의 경쟁력 제고를 위해 이 제도는 1995년 4월 6일부로 폐지되었다.

B. 기술수출
가) 국가핵심기술 승인・신고 제도:
국가핵심기술 분야에서 해외에 특허권 매각이나 라이센싱시 영업비밀(소스코드 제공, 기술지도, 기술자료 전송 등) 동반 이전, 전용실시권 설정 등 실질적인 배타적 지배권을 허락할 경우에는 "산업기술의 유출방지 및 보호에 관한 법률"에 따라, 반드시 산업부 장관에게 수출 사전 승인・신고 절차를 거쳐야 한다.

▶ 국가 핵심기술이란 국내외 시장에서 차지하는 기술적・경제적 가치가 높거나 관련 산업의 성장잠재력이 높아 해외로 유출될 경우에 국가 안전보장 및 국민경제 발전에 중대한 악영향을 줄 우려가 있는 기술을 말한다.

- '2023.03.22. 기준 △반도체 △디스플레이 △전기전자 △자동차·철도 △철강 △조선 △원자력 △정보통신 △우주 △생명공학 △기계 △로봇 등 총 12개 분야 73개 기술이 지정돼 있다.[116] (△수소(2개 기술) 신규 행정 예고중, 2023.02.01 기준)
- 해당 국가핵심기술이 국가로부터 연구개발비를 지원받아 개발한 기술로 해당 국가핵심기술을 수출하고자 할 때 산업 부 장관의 승인을 받아야 한다.
- 또한 국가로부터 연구개발비를 지원받지 않고 개발한 경우에는 산업 부 장관에게 수출 신고해야 함.
- 외국인이 국가핵심기술을 보유한 기업을 인수합병 또는 합작투자하여는 경우에도 적용된다.
- 위에서 열거한 기술수출이나 외국인 투자 경우 외에도, ▲외국 정부 및 기관 등에 국가핵심기술에 관한 설계·제조상의 결함 및 타당성 분석, 신뢰성 검증 등을 위한 연구용역 자료 제공 ▲외국법원, 국제무역위원회(ITC) 등 제소, 소송 대응을 위한 국가핵심기술 자료 제공 ▲클라우드서비스 또는 이와 유사한 서비스에 저장된 국가핵심기술에 대한 외국기업 등의 접근권한 부여·열람·사용 등의 허용 등은 모두 승인·신고 신청대상에 해당한다.[117] 반면, 해외 특허출원에 필요한 최소한의 기술자료 제공이나 기술이전 없는, 일반에 공개된 기술 또는 공개 목적의 해외세미나, 학회발표, 강의등은 예외가 인정된다.[118]

나) 국가첨단전략기술 수출 승인 제도: 2022. 2. 3. 제정되어 8. 4. 부터 시행된 '국가첨단전략산업 경쟁력 강화 및 보호에 관한 특별조치법'(이하 '첨단전략산업법')'에 따라, 국가첨단전략산업위원회의 심의·의결을 거쳐 지정된 국가첨단전략기술(이하 "전략기술")에 대한 기수출승인 및 외국인 투자 진행시는 국가핵심기술의 경우처럼, '산

---

116. 산업통상자원부 고시 제2021-130호, 시행 2021.07.14
117. 참조, 산업기술보호지침
118. 위 참조

업기술보호위원회'의 심의를 거쳐, 산업부 장관의 승인이 필요하다.

전략물자 수출통제 제도:
"전략물자"란 재래식무기 또는 대량파괴무기와 이의 운반수단인 미사일의 제조, 개발, 사용 또는 보관 등에 이용 가능한 물품, 소프트웨어(암호화 관련 프로토콜, 알고리즘 등이 포함된 제품) 및 기술로서 국제평화와 안전유지, 국가안보를 위해 수출에 제한을 받게 된다. 우리나라는 대외무역법 및 다자간 국제수출통제체제의 원칙에 따라 산업통상자원부장관이 전략물자수출입고시 별표 2에서 3에 전략물자를 고시하고 있고, 이러한 전략물자가 테러지원국 또는 테러조직에 이전되어 우려용도로 전용되는 것을 사전에 방지하기 위해 전략물자 수출통제제도가 시행되고 있다. 전략물자임에도 신고하지 않고 수출하는 등 위반행위를 하면 7년 이하 징역 또는 수출 가격의 5배에 해당하는 벌금형에 처해진다.

(2) (해외 개도국) 기술이전 신고·등록 제도

◆ **사례연구**
▶ 베트남 기술이전법(2018.07.01시행) 에 따른 사전 등록

- 기술이전계약의 사전 등록 의무화: 계약발효일 – 기술이전등록증 발급일
- 기술사용료(Royalty) 송금 의뢰 시, 기술이전 등록증 제출의무 (2019.상반기부터 적용)   * 단, 용역대금 송금은 제외 (용역료 vs 기술사용료 판단 불분명)
- 외국인계약자세금(FCT) 원천징수 (10%)
 * 단, 수취국과의 조세조약에 따른 감면 적용가능
- 기술이전등록 관할기관: 과학기술부(MOST) 또는 과학기술국(DOST)에 접수
 * 법령상 심사기간은 접수 후 5일이나, 실무상 1개월여 소요
- 기술(기술이전법 규정): 기술, solution, 기술적용 노하우, 이전되는 기술에 수반하는 기계, 설비의 양도 등을 포괄하며, 이전방식도 독립적 기술이전계약만이 아니라 투자프로젝트 이행, 자본출자 방식의 기술이전도 포함

VI. 특허라이센스계약

1. 구성

A. 당사자 (Parties): 포함되는 Affiliate/Subsidiary범위

B. 용어 정의 (Definition)

C. 과거면책 및 소송철회 (Past Release)

D. 실시권 허여 (Grant of License)

　① 대상특허

　② 허여제품

　③ 허여지역

　④ 허여기간

　⑤ 전용실시권(sole, exlsuvie) vs 통상실시권(non-exclusive)

　⑥ Sublicense권, have-made(위탁생산)권, have-developed(위탁개발)권

E. 특허료 (Royalty)

　① Running royalty

　② Lump sum (일시불/분할)

F. Term & Termination

G. 특약 사항(최혜조건(MFN) 보장 등)

H. 일반 조항

① 준거법
② 분쟁관할 /중재

2. Checklist

아래 Checklist상의 각 항목들은 모두 계약에 포함되어야 한다는 의도로 정리된 것은 아니며, 상당수 항목들은 동시 포함, 병립할 수 있는 성격이 아니라, 선택적인 option 항목으로 열거된 것도 많다. 본 checklist는 계약서 초안 입안 및 협상초기단계는 물론, 협상 마무리 및 계약 체결직전에 점검 및 고려하여야 할 사항들을 종합적으로 열거한 것이므로, 해당 계약별 사안 및 특성을 고려하여, 각 항목들을 재점검후, 최종 반영이 필요한 항목들이 누락되지 않도록 하기 위한 점검용 자료로 활용하기 바란다.

(a) PARTIES

(b) RECITALS

  (1) General description of licensed technology / patent / developed technology.
  (2) History of licensed technology / patent / developed technology
  - Applications and patents in other countries : number and dates.

(c) PAST RELEASE FOR PAST INFRINGEMENT AND DISMISSAL OF INFRINGEMENT ACTIONS

  (1) with or without prejudice
  ✓ in most cases, subject to full and complete payment of the royalties counter-mated for the grant of License
  (2) applicable to the Licensee only or including its customers

(d) GRANT OF LICENSE

   (1) Exclusive or non-exclusive
   (2) Technology (Patent(s) and claims) covered by the license.
   (3) Licensee, subsidiaries and affiliates.
   (4) Right to develop, manufacture, advertise, use, and sell.
   (5) Right to subcontract (have-made).
   (6) Right to sublicense.
     i) Specific areas, products, or customers.
     ii) Restrictions.
     iii) Need for licensor's approval.
     iv) Effect on royalties payable.
   (7) Scope of licensed products
   (8) Licensed Territory & Territorial limitations
     i) Geographical territory
     ii) Location of manufacturing plant
   (9) Field of use
     i) Components (or materials) only? or including finished products?
     ii) Specific purpose/use or application only?
     iii) Limited to specified customers, marketing channels
   (10) Assignment / Transfer
     i) With or without licensor's approval.
     ii) To subsidiaries or affiliates.
     iii) To the merged company or the assignee of licensee's business involving the licensed products.
   (11) Grant-back
     i) Royalty free?
     ii) Cross license?
     iii) Licensor's sublicense to licensor's licensees?

(e) ROYALTIES

(1) Lump sum
i) One-time payment.
ii) Fixed sum payable in installments (or periodic payments).

(2) Running Royalty
i) Royalty base
- based on entire value of the finished product or the value of the specific portion or parts attributable to the licensed patents
- Gross selling(billing) price or net selling price
- Deduction items : returns, refunds, allowances, marketing expenses, packing /freight/insurance charges, customs, duties and other sales/ use taxes, etc.

ii) Royalty rate
- Fixed amount per unit
- Percentage (direct proportion) of gross or net sales

(3) Minimum royalties or sales
(4) Maximum royalties (Cap.)
(5) Tax : After tax or before tax
(6) Accounting
(7) Licensee's reports
i) Periodic royalty reports.
ii) Duty to maintain records.
(8) Licensor's audit right to examine license's records
i) by licensor or through independent auditor
ii) Confidential obligation
iii) Time limitation
iv) Reimburse audit cost of examination in case of substantial discrepancy.

(3) Minimum royalties or sales
(4) Maximum royalties (Cap.)
(5) Tax : After tax or before tax
(6) Accounting
(7) Licensee's reports
i) Periodic royalty reports.
ii) Duty to maintain records.
(8) Licensor's audit right to examine license's records
i) by licensor or through independent auditor
ii) Confidential obligation
iii) Time limitation
iv) Reimburse audit cost of examination in case of substantial discrepancy.

(f) LICENSEE'S OBLIGATIONS

(1) Patent marking
(2) Best offering to maximize sales of the licensed products (especially, in cases of exclusive licenses)
 - Minimum royalty obligation as a condition to maintain the exclusive license
(3) Quality control (quality verification / compliance) mostly where a trademark license is granted together with patent license
(4) Acknowledgement and not to challenge for patent validity

(g) LICENSOR'S OBLIGATIONS

(1) Warranties / Representations
i) Ownership of licensed patents.
ii) Right to license.

iii) Patent validity.
iv) No outstanding license of patent and not to license to others
(in cases of exclusive licenses)
   v) Most Favorable Terms (MFN clause)
   vi) FRAND (Fair, Reasonable & Non-Discriminatory) on royalty terms
    - required for the license of the standards essential patents as committed to most of the industry standard setting organizations
(2) Enforcement of licensed patents.
   ✓ In some cases, the exclusive licensee is required to diligently search and enforce infringement and to sue such infringers solely or jointly with the patent owner.

(h) TERM

(1) Effective date
(2) License period : to consider period until expiration of the patents and period required for use of the patents in licensee business.
  i) for life of the licensed patents
  ii) mutually agreed period
  iii) renewed period
(3) Renewal options.
  i) subject to conditions like (accumulated or annual) minimum sales or royalties?
  ii) terms and conditions under the renewed terms:
   - same royalty terms ? or
  iii) subject to negotiation but not more than the previous royalties and under the most favorable terms and conditions then effective?

(i) TERMINATION

(1) Licensor's termination (with certain cure period after notice)
  i) Licensee's default in royalty nonpayment
  ii) default in minimum royalties

  iii) default in royalty reports
  iv) default in patent enforcement obligations
  v) any other default of licensee's obligations
  vi) insolvency, bankruptcy or other financial inability
  vii) change of control beyond the specified scope of shareholding, merger or acquisitions

(2) Licensee's termination (with certain cure period after notice)
  i) Licensor's default/breach of its obligations/warranties under the license
  ii) Licensor's default in patent enforcement against other 3rd parties
  iii) Invalidity of licensed patents

(3) Reservation: (without prejudice to) other remedies available at law or in equity

(4) Post-termination
  i) Limited license for unsold or in-transit products manufactured before termination.
  ii) Licensee's payment of accrued royalties
  iii) Licensor's audit right and licensee's obligation to keep records for certain period after termination.

(j) EFFECT OF INVALIDITY OF CLAIM OR PATENT

(1) As determined by court and failure to appeal within time permitted.
(2) Partial invalidity of patents or claims under a single patent

(3) Licensee's option to terminate or to continue license
   i) Effect on royalty: termination or reduction.
   ii) Date when royalty reduced or discontinued.

(k) MISCELLANEOUS

(1) Entire agreement.
   i) Supersede all other agreements.
   ii) Disclaim any representations or warranties not specified.
(2) Not a joint venture, partnership or agency between parties.
(3) Amendments/modifications.
   i) In writing only.
   ii) Signatures required.
(4) Notices.
(5) Assignment by licensor.
(6) Severability.
(7) No waiver
(8) Force Majeure
(9) Terms that survive termination.
(10) Applicable law
(11) Jurisdiction or Arbitration
(12) Languages
(13) Closing.
   i) Execution date and place
   ii) Signatures

3. 주요조항 별 유의점

3.1 Parties (당사자)

특히 Licensee의 경우, 직접당사자외에 그 모회사, 자회사 또는 관계사를 Licensee에 포함할 지에 대한 검토가 필요하다.

당사자에 대한 보유지분 또는 당사자의 보유지분이 50% 초과한 경우 (또는 이사회/의결기구 표결권 등 50% 초과 등 사실상 지배 경우도 포함)는 포함하여 규정하는 것이 실무상 통례이다.

특히, 당사자의 모/자회사 또는 관계사가 대상 제품의 제조 또는 판매업을 영위하는 경우, 이들을 포함하지 않으면, 향후 별도 license 확보가 요구되거나, 침해 claim 발생 risk가 잠재하게 됨을 유의하여야 한다. 또한, 상기 control 기준을 충족시키지 않는 합작사에 대해서도 합작사의 영업상 확보 필요시, 예외조항 또는 변경, 완호된 기준을 설정토록 협상하여야 할 것이다.

3.2 Recitals(전문)

계약서 서두의 당사자 표시 부분 직후에 나타나는 문단으로, 통상 'Whereas' 또는 'Witnesseth'로 시작되며, 주로 양자간의 간단한 협상경과, 체결의도, license 범위 등 관련 배경 서술부분으로 원칙적으로 법적구속력은 없으나, 명시적 규정 상호간 충돌이나 공백, 모호함 등이 발생 시, 경우에 따라 상황적 증거(circumstantial evidence)로서 당사자의 의도, 목적 등을 점검/보충하는 효과를 제공할 수 있다.

3.3 Definition(용어정의)

계약상 capitalized terminology에 대한 정의규정으로, 사전적 개념이나 일반적 관념에 상관없이 이 조항에서 규정된 개념이 우선 적용되므로, 각별한 유의를 요한다. 특히, Licensed Patents, Licensed Products 등 license 범위의 실질적 core가 용어정의를 통해 규정된다는 점을 유념하여야 한다.

3.4 Past Release(과거분 면책)

특허 침해 소송상 손해배상의 대상이 되는 과거분에 대한 면책규정으로, 원칙적으로 grant of license는 향후 생산, 판매, 사용에 대한 사용권 허여이므로, 미래 행위에 대한 license를 확보했다 하더라도, license 확보일 이전에 발생한 과거 침해행위에 대한 포괄적인 past release가 명확히 규정되지 않은 경우는, 추가적인 손해배상 claim 및 제소가 가능하게 됨에 유의.

미래에 대한 라이센스와는 달리, 과거사용분에 대해서는 licensee 입장에서는 구체적인 claim 인식시점이 불확실함은 물론 회계상 미반영에 따른 추가 부담상 어려움이 있음은 물론, licensor의 입장에서도 가장 강력한 협상 tool인 preliminary injunction이 적용되지 않는 영역인 관계로, 협상 시 대폭 할인된 lump sum으로 포괄합의 하는 것이 실무상 통례이다.

Future license 대가는 통상 미래매출에 대한 running royalty를 원칙(또는 이를 기초로 추산하여 할인된 lump sum 금액)으로 합의하는 반면, 과거면책(past release)에 대한 대가는 running royalty 보다는 일시불(lump sum)로 하거나, 별도의 계산 없이 실시권 허여(license gran)에 따른 royalty에 포함한 것으로 합의하기도 한다. 과거분 실시료 산정에 있어 미국 특허법 286조는 과거 손해분의 배상 기간 한도를 6년으로 한정하고 있으므로, 특허마킹, 경고장 접수, 또는 소장 송달등을 통한 notice(

침해통지)가 있었던 기산점이 6년 이전인 경우는 최대6년 범위내 사용분에 대해서만 실시료 지급대상임을 유념하여 협상하여야 할 것이다. 우리나라에서의 특허침해 경우는, 침해행위를 알거나 알 수 있었던 날부터 3년, 침해행위일부터 10년으로 정하고 있으므로, 침해 개시일이 손해배상 가능 기간 내에 있을 경우에는 그 개시일이 손해배상의 기산점이 되고 배상 기간의 기산점이 시효기간을 경과한 경우는 시효기간이 기산점이 된다.

3.5 Grant of License(실시권 허여)

허여될 License 유형 및 허여 범위를 규정하는 핵심조항으로, 아래와 같이, 포괄적인 규정을 한 후, 각 항목별로 별도의 조항을 통해 상세히 규정하기도 한다.

"Subect to other terms and conditions of this Agreement, the Licensor hereby grants to the Licensee, a non-exclusive license , without a right to sublicense, to make, have-made, use, sell or otherwise dispose of, the Licensed Products under the Licensed Patents, in the Licensed Territory ,during the Term."

  (a) License 유형 :

가) Exclusive License (전용실시권):

계약에서 정한 범위(내용, 지역, 기간 등)에서 전용실시권자가 독점적으로 계약대상 특허를 독점적으로 실시할 수 있는 권리이며, 원칙적으로는 특허권자 자신도 실시할 수 없다. 예를 들자면, 아파트 전월세 계약의 경우처럼, 세입자가 계약기간중 계약대상 아파트에 대해서는 독점적으로 거주할 수 있는 경우와 유사하다. 따라서, 특허권자가 그 특허와 관련된 통상 실시권 또는 기타 일부 권리를 유지하고자 하는 경우에는 반드시, 명시적인 조항을 통해 이러한 예외 또는 제한 조건

을 유보해 두어야 한다. <예: "The license granted herein this Agreement is exclusive subject to such carve outs specified below.">

또한, 전용실시권자는 특허권자와 동일한 특허금지청구권, 손해배상청구권 등의 소송상의 권리가 인정되며, 설정등록청구권이 있다.

나) Non-Exclusive Licence (통상실시권):

비독점적 통상실시권은 특허권자뿐만 아니라 복수의 실시권자가 동시에 실시할 수 있는 권리를 말한다. 전용실시권이 앞에서 예를 든 주택 전세권 또는 임차권과 유사하다면 통상실시권은 스포츠센터 이용권에 비유할 수 있을 것이다.

통상실시권자에게는 특허침해금지청구권, 손해배상청구권 등 소송상의 권리가 인정되지 않으며, 별도의 계약상 특약이 없는 한, 설정등록청구권도 없다.

다) Right to Sub-license (재실시권):

Licensor가 실시권자에게 제3자에 대한 실시권을 부여할 권한을 인정하고 있는 경우, 당해 제3자에게 부여된 실시권을 말하는 것으로, 특허법상으로는 전용실시권자에 대해서만 규정하고 있으나, 통상실시권자도 특약에 의해 가능하며, 특허받을 수 있는 권리에 대하여도 허락이 가능함. Sub-license 관련 상황 및 관련 의무 이행 여부 파악상 어려움을 고려하여, 주된 실시권자는 재실시권자의 모든 의무이행 및 행위에 대하여 재실시권자와 연대하여 책임을 지도록 규정하는 것이 실무 통례이며, 재실시계약은 주된 라이센스계약 종료시 자동적으로 종료하지만, 종료여부에 관한 다툼을 방지하기 위해서는 계약서에 효력기간을 명확하게 규정하는 것이 바람직함. 일반적인 non-exclusive license에서는 sublicense권을 허여하지 않는 것이 실무상 통례이며, 이경우, Licensee의 관계사 또는 자회사에 대한 한정된 sublicense권을 허여하는 예외조항을 두기도 한다.

라) Cross license (교차 license), Grant-Back:

양당사자가 보유한 대상 특허를 상호 허여하는 형태의 License를 말하는 것으로, 대부분 경우, 특정특허권자(A)가 상대방(B)에 대해 주로 특허 침해 claim을 제기하여, 그결과 B가 특허료를 지불하고 A의 특허권에 대한 license를 허여받는 경우라 하더라도, A가 관련 사업을 어떤 형식으로던 영위하는 경우, A가 B에게 일방적으로 A의 관련 특허 실시권을 제공하게 된 경우에는, 향후 A는 B로 부터 B가 보유한 특허관련 claim을 받게 될 risk가 존재함에도, A는 이미 그 특허에 대한 사용권을 허여한 관계로 B에 대한 counter-claim이 사실상 불가능하게 되는 문제점을 해소하기 위해, Cross-license 또는 grant-back형태로 대상제품/기술관련 상대방의 특허에 대한 license를 허여받는 구조를 취한 것이 실무 통례이다. 단 NPE(Non-Practcng Entities)의 경우에는 관련된 실질적인 영업이 없으므로, cross-license나 grant back을확보해야할 실익이 없으므로, NPE가 PE(Practicing Entity)에게 일방적인 라이센스를 허여하는 형태를 취하게 된다.

마) Package license(포괄 라이선스), Patent Pool (consortium) License:
동영상 encoding/decoding관련 국제표준기술인 MPEG 2등의 경우와 같이 특정표준기술 등의 구현을 위해 필요한 특허권을 보유한 여러 특허권자들의 표준필수특허들을 package로 모아 하나의 license program 을 구성하여 포괄적인 license를 허여하는 방식을 말한다. 성격상 표준 채택과정 및 follow up license program 과정에서 여러 경쟁업체들의 협의를 수반하는 관계로, 공정거래 관점의 유의를 요한다.

바) Open license(개방형 라이선스) vs. Closed license (폐쇄형 라이선스):
일반적으로 라이선스계약 체결을 통해 이루어지는 라이선스는 합의한 당사자 상호간에 적용되고 그에 따른 실시권 또한 계약상 licensee에 한정되는 폐쇄형인 반면, 개방형 라이선스는 오픈소스 소프트웨어에서 흔히 나타나는 것처럼, 일정한 조건하에 이를 공개하여 이를 수용하는 자는 누구든 해당 지식재산권을 사용할 수

있는 실시권이 허여되는 유형이다.

사) Express license(명시적 라이선스) vs Implied license(묵시적 라이선스):
일반적인 계약체결을 통해 발생하는 라이선스는 양당사자간의 명시적 합의조건에 따라 권리자가 licensee에게 license를 허여하는 명시적 라이선스인 반면, 해당 특허등이 적용된 제품('특허제품')을 권리자가 정당하게 생산, 판매하였고, 이를 구매한 사람은 별도의 명시적 계약체결이 없더라도, 묵시적 라이선스를 허여받은 것으로 간주되어, 권리자는 더 이상 침해주장을 할 수 없게 된다. 이러한 묵시적 라이선스는 아래에서 설명되는 권리소진(exhaustion) 법리에 따른 것이다.

(b) To make, use and sell (생산, 판매 및 기타 사용권)

가) To have made: 제3자 통한 하청생산권을 말하며 이러한 하청생산권을 행사할 경우, 하청업체의 생산설비/용량을 활용하여 추가적 물량 생산/판매가 가능하므로, licensee가 보유한 자체 생산용량 이상으로 확대될 위험이 잠재한다.

나) Brand Restriction(상표제한): 반면, Licensee가 당초 의도하지 않은, 제3자 브랜드 제품을 생산하여 제 3자에게 공급하는 경우, Licensor로서는 해당 제3자에 대한 별도 추가 license 통한 royalty 수입기회를 상실하게되므로 이러한 우회 라이센스 효과를 금지, 제한하기 위해 licensee의 자체 브랜드 제품으로 한정하는 조항을 두기도 한다.

다) Design Restriction(설계제한): Brand Restriction과 마찬가지로 의도하지 않은 Licensee가 제3자 제품을 위탁받아 생산함에 따른 우회 라이센스 효과를 제한하기 위해 브랜드 외에도 해당 제품에 대한 디자인(설계)가 licensee 자체, 고유의 것인 경우로 더욱 한정하는 조항를 두기도 한다.

넓은 의미의 라이센스 범위는 상술한 license유형 및 제한 규정외에도 아래와 같은 항목에 대한 검토가 필요하나, 통상적으로 별도 조항을 통해 규정하기도 하고, Grant of License 조항에서 포괄적으로 허여하되, 상세한 범위 및 제한 등은

Definition조항을 통해 규정하기도 한다.

- **Licensed Products** (실시 제품)
- **Under the Licensed Patents** (실시 특허 하의)
- **In the Licensed Territory** (실시 지역에서)(전세계적이거나 특정국)
- **During the Term** of the license agreement (license 계약 기간 동안)

3.6 Licensed Products(실시 제품)

(a) 포괄적 vs. 제한적:

running royalty 또는 unit royalty조건의 경우, 포괄적일수록, royalty 지불 대상 제품 범위가 넓어지는 반면, 제한적일 수록, 추가 royalty claim risk가 커지므로 두 요인을 복합적으로 고려하여 결정하여야 한다.

(b) 자가 Brand 한정 또는 OEM Brand 포함:

licensee의 영업 형태 고려하여 판단 필요하며, lump sum royalty의 경우는 OEM brand 포함시 추가 예상물량 고려하여 결정하여야 할 것이다.

(c) Have-made(하청생산권) vs. Sublicense(재실시권)

제3자 통한 하청생산(have-made) 물량포함 허여 시, 의도하지 않은 sublicense 효과 발생치 않도록 하기 위한 restriction이 필요하다. 반대의 명시적 특약이 없는 한, 일반적으로 실시권에는 Have-made권이 포함된다는 것이 판례의 입장이다. 반면, 명시적인 허여 규정 없이는 sublicense권은 허여되지 않는 것으로 해석한다.

✓ a right to make, use, and sell a patented product inherently includes the right for the licensee to have the product made for it by a third party unless the have-made rights have been expressly excluded from the

license agreement (Corebrace LLC v. Star Seismic LLC, 2008-1502)

단, have-made로 포장되어 있더라도, 아래와 같은 요인을 고려하여 사실상의 sub-license 효과를 초래하는 경우에는, 사실상의 sub-license에 해당하는 것으로 해석하여 have-made로 인정치 않는 것이 판례의 입장이다.

- ✓ 주문자 설계인지 생산자 설계인지 여부
- ✓ 외주생산물량에 대한 전량 구매/회수 여부; 제조자 재판매 허여 여부
- ✓ 주문자 Brand 한정 생산 여부

따라서, license 계약 draft 시 licensor 입장에서는 have-made 권을 허여치 않고자 하는 경우에는 명시적으로 그러한 제외규정을 두어야 함은 물론, have-made권을 허여하는 경우에도 의도하지 않은 라이센스 물량확대를 제지하기 위해 생산자는 licensee(주문자) 설계에 따라 주문자 brand하에 생산하여 전량주문자에게 공급하여야 하며, 생산자가 주문자 외의 제3자에게 재판매할 수 없도록 제한하는 규정을 명확히 해두는 것이 분쟁예방을 위해 바람직함.

(d) Foundry:

제3자(주문자) design으로 제3자(주문자)를 위한 위탁생산/판매를 의미한다.
Foundry 허여시, OEM brand 허여의 경우처럼 추가물량에 따른 추가 royalty 를 고려하여야 할 것이다.

(e) Clone 제품 (상대방 제품 design을 copy한 제품)

원칙적으로 Licensor의 특허사용권을 허여하는 것이지, 특허 외의 design , trade dress 또는 기타 저작권에 대한 사용권을 허여하는 것은 아니므로 디자인 침해 제품에 대해서는 특허 사용권 허여도 제외하려는 조항이다.
반론으로, 설사 디자인 침해 제품에 대해 특허 라이센스를 허여하더라도, licensor는

자신의 디자인 등 저작권에 대한 침해 claim을 제기할 수 있으므로 특허 라이센스 범위와는 무관한 사안이라는 주장이 가능할 것임.

(f) Field of Use(실시영역제한)
라이센스의 범위를 특정 특허와 특정 제품군에 더하여 특정용도 (scope of authorization or application)로 한정하는 조항 으로 (i) 허여용도 지정방식과 (ii) 금지용도 지정방식이 있음. 예를 들면, 동력용 모터제품에 대한 라이센스를 허여하면서 field of use (or field of application)를 자동차용도로 한정하거나, 항공기용 모터에 대해서는 라이센스 허여 제외하는 경우. 단, 이러한 field of use 제한이 시장분할(market allocation) 또는 cartel을 조장할 의도로 활용될 경우에는 공정거래문제 발생소지가 있으므로 유의하여야 한다.

(g) 1차 적용부품 or 최종제품: Implied License or Exhaustion?

가)Licensed 부품 구매 또는 부품단계에서 license 허여 시 **최종제품에 대한 특허권 행사제한**:

License계약상 "licensee로부터 부품(microprocessor chipsets)을 구매한 고객이 licensee로부터 구매하지 않은 다른 부품 또는 제품과 결합(컴퓨터 제조)한 경우, licensee의 구매자에 대해서는 license가 허여되지 않는다"는 명시적인 조항이 있다 하더라도, 해당 부품이 문제 특허에 게시된 system 또는 제품에의 적용 또는 결합 외에는 다른 합리적 용도가 없을 경우("no reasonable use other than incorporation into the larger patented system or product")에는 특허권자의 권리는 소진된 것으로 해석되어 그 이후 단계의 구매자, 또는 사용자에 대한 특허침해 claim을 주장할 수 없게 된다는 것이 미국 대법원 판례임. (Quanta Computer v. LG Electronics, June 9, 2008). 이러한 patent exhaustion doctrine (특허소진이론) 또는 first sale doctrine은 부품/제품 특허뿐만 아니라, 특허권자

가 method claims의 침해를 주장할 경우에도 마찬가지로 적용된다. 따라서, 특허권자가 licensee가 제3자에게 해당부품을 판매하는 행위를 금지하거나, license 허여 범위에서 제외하지 않은 경우("… if the license grant to the Licensee had explicitly excluded the Licensee's right to sell products to customers who would combine the licensed Licensee's products with non-Licensee products downstream")에는, 즉 그러한 sales 자체를 금지, 배제하지 않고 승인한 경우(authorized sale)에는 downstream purchasers, sellers or users에 대한 명시적 license 제외규정에도 불구하고, patent exhaustion 항변이 적용됨에 유의. 따라서, 이러한 downstream purchaser/users에 대한 특허침해 claim을 유지하기 위해서 field of use 또는 market limitations 같은 규정을 통해, 그러한 용도의 판매행위가 licensee에 대한 license 범위에서 제외, 배제되도록 규정하여, authorized sale로 해석되지 않도록 유념하여야 한다.

나) Covenant not to sue (Personal non-assertion) (제소금지 특약):
Covenant not to sue에 대한 미국판례의 입장은 기본적으로 non-exclusive와 실질적으로 차이가 없다는 해석인 바, patent exhaustion의 적용을 피할 수 있는 대체조항은 될 수 없다는 점에 유의하여야 한다. 단, 약정기간 동안 제소하지 않겠다는 약속(covenant not to sue, non-assertion)이므로 기간 종료 후 제소 시 그 기간 동안의 손해배상요구가 가능하다는 점이 license와의 차이이므로 기간 종료 전후에 다시 past release를 통해 손해배상주장을 봉쇄해둘 필요가 있음. 또한, 해당특허 양도 시, 이전에 허여된 license 조건부 양도가 원칙인 반면, non-assertion은 personal한 것으로 해석되어 특허양수인이나 파산재산양수인에게 승계되지 않고, 반대의 명시적 특약이 없는 한 양수인에 대한 구속력이 없다.

다) Defensive Termination (방어적 종료조건):
"If a party is sued by the other during the term on any product exclud-

ed from "Licensed Products" (or on any patent excluded from "Licensed Patents"), the sued party has the option to terminate the license agreement."

특허 license 협상에서 특허권자의 우월적 협상력 확보를 위해 가장 강력한 무기인 침해 제소 시 preliminary injunction 신청을 위해서는 irreparable harm에 대한 입증이 필요한 바, 이를 위해서는 a) 특허권자가 특허기술을 실시하고 있고 (이 경우, 침해로 인한 특허권자의 시장점유율 급감 또는 독점력에 따른 무형의 이익 상실 위험 주장 가능) 그리고, b) 침해자 또는 제3자에게 license 허여 또는 제안사실이 없거나, c) 피고가 최종 패소 시 금전적 손해배상 재정능력이 없을 것으로 예상되어야 함. 따라서, 특허권자의 입장에서는 협상 중인 해당 licensee외에 향후 다른 제3자와의 협상 또는 소송에 대비하여 가능한 license외의 다른 특약으로 licensee를 만족시키는 방안으로 협상하는 경우가 종종 발생함 (특히, 부품단계에서는 직접적인 license 허여를 피하고, 부품생산/판매업자에 대해서는 personal covenant no to sue 등의 대안으로 협상하는 한편, 최종제품생산자에 대한 claim/제소 통한 royalty 확보구조를 검토해 왔으나, covenant not to sue 또한 사실상 license와 같은 효과를 인정하는 판례의 입장에 따라, defensive termination 또는 pick option과 같은 우회방안을 시도하는 경우가 발생하고 있음. 협상력 우위를 확보하고, 제소(가처분)협박을 앞세운 특허권자의 강력한 요구에 따라, 이러한 우회대안으로 협상한 경우, 향후 약정기간 경과 후나 재계약 시, 해당 규정의 불명확성을 악용하여, license 효과를 부인하고 추가 royalty를 요구하는 부당한 사례가 발생할 수 있음에 각별한 유의와 보호장치 확보가 필요하다. 상술한 exhaustion doctrine 또는 covenant not to sue의 한계로 인해, license scope 상, 특정영역 또는 부품거래선에 대한 명시적인 제한, 제외가 불가피한 경우, licensee는 defensive termination과 같은 규정을 통해 향후 licensor가 제외영역 또는 거래선에 대한 침해 제소 시 licensor에게 허여한 cross-license를 해지하고 원점에서 공격 및 방어 통한 재협상 가능한 여지를 남겨둘 필요가 있음.

또한, licensor가 진행 또는 진행예정인 제3자와의 특허침해소송에서, 동일 특허기술에 대한 royalty 조건 license 허여 사실의 존재는, preliminary injunction과 같은 구제책을 주장(monetary damage로는 보상될 수 없는 irreparable harm 요건 충족 필요)하기 힘들게 하므로, 이러한 특정 영역에 대한 직접적인 license나 covenant not to sue를 허여하지 않는 대신, defensive termination이나 pick option 같은 대안을 우회보호/방어수단으로 제시하기도 한다.

라) Pick Option:
Licensor가 대상 License계약상 허여된 특허외의 다른 특허로 Licensee를 특허침해 등으로 제소하는 경우, Licensee는 licesned patents에 포함되지 않은 Licensor의 기타 특허들을 임의로 선택하여 licensed patents으로 추가할 수 있도록 하는 선택권으로, 계약기간중 Licensor가 특허침해 claim 또는 제소시 해당 특허를 license에 추가로 포함시켜서 분쟁을 방지하기 위한 조항이다. 선택가능한 특허건수는 통상 1건의 침해소송에서 제기되는 5건내외를 기준으로 계약기간 년수만큼을 곱한 숫자를 기준으로 합의한다.

▶예문: "A party has options to pick [certain number] of the other party's patents excluded from "Licensed Patents" at any time during the term."

3.7 Licensed Patents(실시 특허)

(a) 포괄적(Licensor 보유특허 전체) vs. 한정적 (listed 특허)
한정적 특허 허여의 경우, 특정특허 존속기간 한정 royalty 지불에 따른 이점 있는 반면, 동일 제품에 대한 추가 claim 및 추가 royalty 지불 risk가 잠재하게 되므로, lump sum payment 경우는 포괄적 특허가 licensee에게 당연히 유리하다.

(b) 계약일 이전 출원/등록 특허 한정 vs. 계약기간 중 출원/등록 특허포함:
전자로 한정할 경우, 계약기간 중에도 추가 claim 및 royalty risk 잠재하게 된다.

3.8 Royalty(실시료)

(a) Royalty Base: 합리적인 royalty 손해배상액 계산
"damages adequate to compensate for the infringement but no event less than a reasonable royalty for the use made of the invention" (35 USC§264[2006])
미국 특허법 284조에 따르면, 특허침해에 따른 손해배상은 일실이익(lost profits) 또는 합리적 실시료(reasonable royalty)를 원칙으로 하는 바, 특허 침해를 배상하기에 적절한 손해배상(damages adequate to compensate for the infringement)을 허여 하여야 하며, 어떠한 경우에도 합리적 실시료(reasonable royalty) 보다 적어서는 안된다.

가) Unit Base(로열티 적용대상) : <u>Entire market value</u> vs <u>apportionment</u>

로열티가 부과되는 대상(royalty base)은 해당 특허발명이 적용된 최소판매 단위 제품/부품(the Smallest Salable Patent Practicing Unit)에 한정된다 (apportionment rule)는 것이 판례의 원칙이고, 예외적으로 특허가 적용된 대상 부품을 넘어 제품(device)의 전체 가치(entire market value)로 확장 적용하기 위해서는 patented feature와 전체 제품에 대한 소비자의 수요간에 다음과 같은 인과관계가 성립되어야 한다:

i) Demand for entire product(고객구매 동기): 해당 특허발명이 소비자의 (여러부품으로 구성된) 전체제품 구매동기가 되고,

ii) Sold together as parts for a single unit (판매 일체성): 비특허부품이 특허

부품과 단일 기능단위 또는 단위부품/조립품으로 구성되어 판매되며,

iii) Single functional unit(기능적 일체성): 침해부품과 비침해부품이 결합된 단위부품/조립품은 기능적으로 일체성이 있어야 한다.

그렇지 않은 경우는, (i) 문제의 특허로 인한 부가가치 (해당 특허의 대상제품에 대한 기여가치)와 (ii) 침해자 또는 선행/공지의 기술에 기인한 가치를 구분하여 배당하는 것이 타당하다.

나) Price Base(판매가 기준): 총판매가 vs. 순판매가

실시료율(Roaylty Rate)이 적용될 단위 제품/부품(Unit Base)을 결정하였다면, 다음 단계에서는 그 Unit Base의 가격을 결정하여야 할 것이다. Invoice에 기재된 총판매액을 근거로 할 것인가, 보험·운송비, 포장비, 관세 등 공제액을 제한 순판매액을 근거로 할 것인가, 다양한 모델들에 따라 판매가격에 차이가 있는 경우, 평균 판매가를 근거로 할 것인가를 결정해야 한다.

협상 실무상, 일반적으로 순판매가를 price base로 인정하지만, 공제항목에 대해서는 이견이 있을 수 있다. 일반적으로 인정되는 공제항목은, a) 반품, 환불, 할인액, b)판매수수료 (rebate 또는 커미션등), c) 제세공과금, d) 운송, 보험료, 및 e) 광고마케팅 비용 등 판매과정에서 제3자에게 실지출된(out of pocke) 비용으로 대상특허발명과는 무관한 부분이고, licensee의 수입도 아니기 때문에 공제를 인정한다. 단, 개별적인 매출건마다 실제 적용된 항목과 액수는 천차만별일 수 밖에 없으므로, 합리적으로 추정되는 공제액을 기초로 공제율을 추산, 합의하고, 이렇게 합의된 공제율을 invoice가격(총판매액)에 반영하여 단위당 순판매가를 산정하거나, 복수의 모델이 존재하는 경우는 평균판매가에 합의된 공제율을 적용하는 방법을 채택하는 것이 일반적인 실무례이다.

다) 적용 로열티율 (**Royalty Rate**)

합리적 실시료산정을 위해 동일, 유사기술관련 특허가 적용된 업계에서 관행으로 수용되는 established rate을 입증하거나, 유사 사례(comparable license)에서 적용된 reasonable royalty rate을 도출하여 주장하고, 항변하는 논쟁이 이 단계

에서 진행된다.

> (특허 및 저작권법상 IP owner의 동의 없이는 licensee가 해당 license의 양도를 제3자에게 양도하는 것을 금하고 있는 것으로 해석되는 바) licensee가 bankruptcy에 처한 경우에는 licensor의 동의 없이는 해당 license를 제3자에게 양도, 승계할 수 없다.
>
> ▶ Drafting guideline
> Ipso Facto 조항 (파산사유 계약해지 조항)은 법적 집행력이 없으나, 관재인이 계약 거부하고 난 후, 상대방이 계약해지권을 행사하기 위한 용도로는 실익 있음
> 따라서, Ipso Facto조항 대신, 아래와 같은 대체규정을 고려해 볼 필요가 있음.
> 파산 신청 전에 예견될 수 있는 일정 기준 이하의 재정부실, 이행 지연 등을 계약 해지 사유로 규정
>
> ▸ 파산 신청 전에 발생할 수 있는 지분/경영권 변경 관련 사안을 계약 해지사유로 규정
> ▸ 라이선스 계약을 미이행계약으로 해석되지 않는 구조로 설정
> ▸ 로열티 지불의무 외에는 실질적인 미이행 의무가 존재치 않도록 규정하고, 다른 의무는 별도의 미이행계약으로 구성 (특허 유지/관리의무 등)
> ▸ Source Code를 제3자 보관 또는 Escrow 위탁 의무가 발생하는 경우를 설정하고, 그 경우 보관/위탁된 source code가 관재인의 control 또는 파산재산 범위에 속하지 않도록 규정
> ▸ 해당 특허권에 대한 담보권 설정

b) Royalty 유형 :

가) Lump Sum(일시불) 또는 분할불:

✓ 일시불 조건인 경우, 미래 예상 로열티 총액에 할인율을 적용한 Net Present Value (순현재가치)로 환산, 적용하도록 주장함이 타당하다.

✓ Lump sum 조건의 royalty인 경우, (미래) 대상기간동안의 매출량/액에 대한 예측이 필요하므로, 아래와 같은 시장 조사기관에서 발행하는 대상 제품시장 전체 매출, 해당 licesnee의 market shae 등을 고려하여 기간중 예상 로열티를 추정하고, 이를 토대로 협상하는 것이 상대적으로 설득력있는 접근법일 것이다.

〈참조〉

▶ 시장조사전문기관 (IT영역)
‣ **IDC:** www.idc.com/   ‣ **Strategic Analytics:** www.strategyanalytics.com/   ‣ **Gartner:** www.gartner.com/

나) Running Royalties(정율실시료)

정율 (%): 대상 매출액등에 특정 율을 적용하는 방식

정액 ($ per unit): 판매 제품 대(개)당 일정 금액을 적용하는 방식

Sliding scale: 총판매 물량/매출액의 증감에 따라 구간별로 다른 royalty를 적용

(c) Minimum Royalty vs. Maximum Royalty (royalty 최소액보장 또는 누적 royalty 한도)

전용실시권을 허여한 경우, licensee의 생산, 판매활동이 저조하게 되면, 특허권자 입장에서는 다른 추가 license를 허여하지 못한 상당한 기회손실이 발생하게 되므로, 이에 따른 피해보전차원에서 최소 실시료규정을 두고, 실제 지급한 실시료가 이에 미달하는 경우 그 차액을 정산, 지급하도록 합의하기도 한다. 반면, 누적지불된 실시료가 일정총액을 초과하는 경우에는 대상기간중 추가 실시료 지불을 중지 또는 환급, 정산하는 합의를 하기도 한다. Running royalty방식의 경우, 기대이상 또는 기대이하의 매출발생에 따른 상호 적정보상차원에서 이루어지는 합의이나, 실무상 일반적인 조항은 아니다.

(d) Gross Sales Price(총판매가) vs. Net Sales Price(순판매가)

할인, 반품, tax, 수수료, 광고료, 설치비, 포장, 운송비 등 특정 부대비용 항목을 공제한 순매출액을 로열티 계산의 기초로 하는 방식으로 합의하기도 하고, 경우에 따라서

는 공제항목 인정없이 총매출액 그대로를 기초로 계산하기로 합의 하기도 한다.

(e) Royalty Bearing Product (실시료적용 제품)

전체 완제품 판매가를 기초로 로열티 적용하기도 하고, 특허발명 적용된 해당 부품이나 부속용품의 판매가로 한정할 지에 대한 협상이 필요하다.

◆ **사례연구: 〈예시〉 Royalty 협상 시 주요 고려 항목 및 결과가변 영향도 산출**

아래 표 상의 여러 항목들은 특허 로열티 협상 (특히 lump sum금액 협상)시 설득력 있는 고려요인 및 산정 근거 제시를 위한 준비 작업용으로, 결과 가변율(각 고려요인이 총 로열티 금액에서 차지하는 비중)을 고려하여 협상 시 양보가능 요인과 양보 불가 요인의 우선순위를 선정, 명심하고 협상에 임하는 것이 바람직하다.

고려요소		변수조정범위		결과 변경률(%)
		Licensor 입장	Licensee 입장	
해당특허기술 기여도(%)		100% Entire market value	__% Apportionment value	↓ __%
로열티율 (%)		__%	__%	↓ __%
대상국가 제한		-		
	주요국 매출 비중(%)	100%	__%	↓ __%
	출원국 매출비중(%)	100%	__%	↓ __%
Net Sales Price 공제율(%)		0%	__%	↓ __%
미래구간 Data Source		시장조사기관전망data	자체전망	↓ __%
계약기간		~__	~__	↓ __%

| 현가율(WACC) (%) | __% | __% | ↓ __ % |

(f) Tax(세금)

우리나라와 해당국간 이중과세협약에 따른 기술사용료 수익에 대한 원천징수율 확인 및 이에 따른 납세 후 송금토록 하여야 한다.

미국 등 대부분의 협약국 경우, royalty의 16.5% (사용료 원천징수율 15% + 주민세 (10%))가 부과되고, 비협약국의 경우에는 27.5%가 원천징수 된다. (25% + 주민세 (10%) 이러한 원천징수세액은 특허권자의 국가에서 해당년도 법인세 납부 시 외국세액 공제혜택이 적용되어 대부분의 경우 상호 특별한 문제가 없으나, 해당특허권자의 영업상 net 손실발생 등으로 해당국에서 법인세 공제 실익이 없는 경우에는 원천세부담을 licensee에게 요구하는 경우가 있으며, licensee에겐 사실상의 추가 royalty 부담요인이 된다. 이 경우 계약상 gross royalty = (net royalty + 원천징수금액)으로 산정하여야 한다.

(g) Report & Audit

특히 Running royalty조건의 라이선스 계약에서는 정기적 royalty관련 대상 매출자료 등 회계장부에 대한 감사권 (경쟁사간 영업비밀 보호 등의 문제로 제3자 회계법인을 통한 감사 규정을 두는 것이 실무 통례임) 및 회계자료/정부 보관의무 등을 규정한다.

3.9 기간 및 해제/해지(Term&Termination)

(a) Term(라이센스 기간):

Paid-up/perpetual(영구 license) vs. limited term (기간한정)

(b) Termination (중도해지):

expiration (만기종료)와 구분하여 사용하는 것이 바람직하며, 통상 일방의 계약위반 등 사유 발생시 또는 부도/파산등 재정적 문제 발생시 상대방은 계약 해지권을 행사할 수 있도록 규정한다.

    ✓ Bankruptcy/ Insolvency (파산)
    ✓ Breach of contract (계약위반)

(c) 라이선스 기간 연장권 또는 자동 연장:

일반적으로 licensee에게 라이선스 기간 만료전 일정기간중에 연장권을 행사할 수 있도록 하는 규정을 두는 경우가 많으나, 드물기는 하나, 일방의 반대의사 통보가 없는 한 자동연장되도록 규정하는 경우도 있다.

또한, 연장권을 허여하는 경우에도, 연장기간중 적용될 로열티에 대한 별도 협상 필요성에 대한 고려가 반드시 이루어져야 할 것 이다. 일반적으로는 기본기간후 추가, 연장기간에 적용될 로열티는 상대적으로 이전 적용 로열티보다 낮게 책정되는 것이 실무상 통례이다.

(d) Springing Provision (누수 방지규정)

(제3자(NPE, Non Practicing Entity) 양도특허에 대한 영구 license 전환 규정):

주로, 경쟁업체(Practicing Entities)간 cross-license 계약 체결 후, 계약기간 중에 일방당사자의 일부 특허가 제3자, 특히 patent troll 등 NPE업체에 매각 또는 양도되는 경우, 기간 종료 후 양도된 일부 특허로 인한 상당 규모의 추가 royalty부담 risk를 상호 제거하기 위해, 이러한 양도특허에 대해서는 영구 license 허여하는 것으로 사전 약정하는 조건이다. 일반적으로 한정된 개수의 특정 특허에 한정된 라이센스가 아니라, 해당 기업이 해당 기술/제품관련 보유한 특허 portpolio전체 value를 토대로 로열티를 산정, 합의한 경우에 일부 특허가 제3자에게 양도되더라도, 재계약시, 잔여

특허포트폴리오에 대한 로열티가 비례하여 인하되지는 않으므로, 종전 licensor에 대한 로열티외에 일부양도에 따라 제3자에 대한 추가로얄티 부담 risk가 발생하게 되므로 이를 방지하기 위한 전략적 고려에서 도출된 규정이다.

(e) Defensive Termination (방어적 해지권):

Cross-license 등의 경우, 특정당사자("A")가 상대방("B")에게 허여하는 라이센스 특허범위가, A가 보유한 라이센스 대상 제품 관련 특허 전체가 아니고, 특정범위 또는 list로 한정되거나, 반대로 특정범위/list가 제외되는 경우, B는 동일제품에 대한 A로부터의 추가 claim 및 royalty 부담 risk를 안게 되는 반면, A는 이미 대상 제품군에 대한 B 보유특허에 대한 license를 확보한 상태이므로, B는 counter-claim 기회를 가지 못하여 협상력을 완전히 상실한 불리한 위치에 서게 되는 바, 이러한 경우에 대비하여, A가 B에 대해, 계약기간 중, 추가 claim 제기 시에는 B의 option으로 B가 A에게 허여한 license를 terminate하고 counter-claim을 통한 재협상의 기회를 가질 수 있도록 하는 보호규정이다.

■ Bankruptcy 관련 유의사항

유효하게 체결되어 진행중인 계약이라 하더라도, 일방당사자가 재정상 문제로 bankruptcy에 처하게 되는 경우, 강행법규인 파산법에 따른 파산재산관리/분배규정에 따라, 계약이행 상 상당한 변경이 발생할 수 있음을 유의하여야 한다.

특히 미국연방파산법에 따르면, 원칙적으로 미이행계약(executory contract)에 대해서는 파산신청 즉시 automatic stay(자동정지)가 발효되어, 채무자의 계약상대방은 계약 상 허여된 모든 권리 행사는 물론, 채무자를 상대로 한 어떤 claim이나 소송도 금지되게 되고 (필요 시 파산법원에 신청),

관재인은 스스로의 business judgment에 따라, 해당 계약을 거부(reject)할 수 있음은 물론 (채무자는 계약이행의무가 면제됨),

'Ipso facto' 규정(bankruptcy 발생 시 상대방의 계약 해제권 또는 특정 option 행사권(escrow 상 금액/자료 등 인출권한) 발동조항 등)은 무효가 됨.

따라서, 관행적으로 거의 모든 계약상 termination 조항에 규정된 파산 등 발생 시 상대방의 계약 해제권 규정은 실제 파산 발생 시는 무효가 되어 아무런 의미가 없음을 유의해야 함.

미 연방파산법상의 일반원칙(general provisions)에 따르게 되면, license 계약의 경우에도 채무자의 관재인이 해당 license를 reject하기로 결정하게 되면, licensee는 종전 license계약에 따라 유효하게 허여 받은 모든 license권한을 잃게 되고, licensee는 채무자에 대해 금전적 손해배상 claim만 가능하게 되는 risk 가 발생하게 됨. 그러나, 대부분의 경우, 금전배상만으로 licensee의 damage를 보상할 수 없음은 물론, 채무자의 자산에 대한 담보권자 등 우선 채권자들에 대한 분배 후 미담보채권자에 대해 분배 가능한 잔여재산이 불충분하여 금전 배상 보장도 어려울 수 있을 것이다.

이러한 극단적인 risk 해소를 위해, 미 연방파산법은, 다른 유형의 계약과는 달리, IP license의 경우에는 통상적인 license권의 지속적인 유지를 가능케 하기 위한 최소한의 특별보호규정을 두어, licensor의 관재인이 license 거부결정을 한 경우에도, licensee는 파산신청 이전에 허여된 license 범위 내 지속사용을 선택할 수 있도록 하고 있다. (이 경우, royalty 지불의무도 지속 이행하여야 함).

▶ 적용대상 IP: 영업비밀, 특허가능 발명 및 출원, 식물특허, 저작물, 반도체배치설계권

단, 상표, 상호 및 서비스표 관련 license는 보호적용대상이 아님에 특별한 유의가 필요하다. 품질 유지를 위한 licensor의 관리 의무 등이 선결되어야 하는 소비자 보호(해당 상표에 대한 소비자의 품질/가치 신뢰 등) 정책으로 인해 배제된다.

또한, Licensor의 bankruptcy 경우에는 해당 license계약상 명시적인 non-assignment 규정이 있는 경우에도, 관재인은 해당 license 계약을 제3자에게 양도할 수 있는 반면,

(특허 및 저작권법상 IP owner의 동의 없이는 licensee가 해당 license의 양도를 제3자에게 양도하는 것을 금하고 있는 것으로 해석되는 바) licensee가 bankruptcy에 처한 경우에는 licensor의 동의 없이는 해당 license를 제3자에게 양도, 승계할 수 없다.

▶ Drafting guideline

Ipso Facto 조항 (파산사유 계약해지 조항)은 법적 집행력이 없으나, 관재인이 계약 거부하고 난 후, 상대방이 계약해지권을 행사하기 위한 용도로는 실익 있음

따라서, Ipso Facto조항 대신, 아래와 같은 대체규정을 고려해 볼 필요가 있음.

- 파산 신청 전에 예견될 수 있는 일정 기준 이하의 재정부실, 이행 지연 등을 계약 해지 사유로 규정
- 파산 신청 전에 발생할 수 있는 지분/경영권 변경 관련 사안을 계약 해지사유로 규정
- 라이선스 계약을 미이행계약으로 해석되지 않는 구조로 설정
- 로열티 지불의무 외에는 실질적인 미이행 의무가 존재치 않도록 규정하고, 다른 의무는 별도의 미이행계약으로 구성 (특허 유지/관리의무 등)
- Source Code를 제3자 보관 또는 Escrow 위탁 의무가 발생하는 경우를 설정하고, 그 경우 보관/위탁된 source code가 관재인의 control 또는 파산재산 범위에 속하지 않도록 규정
- 해당 특허권에 대한 담보권 설정

3.10 특약 조항

(a) Rep. & Warranty(보증 및 보장)

✓ 특허소유권/ license허여권 보증: 절대적 보증이 필요하다.

✓ 특허유효성보증: 적법하게 등록, 유지되고 있음을 보증할 수는 있으나, 절대적 유효성 보증은 하기 어렵다. 파악치 못했던 선행기술 등의 사후 발견으로 무효심판, 소송등을 통해 무효로 전환될 위험은 항시 잠재하기 때문이다.

✓ 제3자 지적재산권 비침해 보증 및 Indemnification: 고의 침해 경우외는 보증할 수 없다.

특허권자 입장에서는 절대적인 진술 및 보증은 원칙적으로 불가능하므로, 실현 가능한 합리적 보증범위내에서 합의하여야 할 것이다. 특허유효성 보증이나 제3자의 권리 비침해 보증은 현실적으로 매우 어렵거나 불가능에 가깝다. 따라서, 보증책임자에게 최선의 조사 및 검토 의무를 지우는 best efforts 조항을 삽입하고, 그 결과에 따른 knowledge(인식) 범위로 제한하는 방안이 바람직하다.

또한, 위와 같은 범위로 보증하는 경우에도, 보증자 입장에서는 그 보증에 따른 손해배상 책임범위를 본인이 수령한 royalty 총액 또는 매출이나 수익의 총액 등으로 한정하는 선에서 합의 하는 것이 일반적인 실무 통례이다. 단, 고의 침해 또는 제3자로부터 침해 claim을 받아 분쟁중임에도 licensee에게 사전에 이를 통지하지 않고 계약을 체결한 경우에는 책임한도 규정의 예외로 무한책임을 지도록 하는 경우도 많다. 제3자로부터의 지재권침해 claim시 면책규정은 license 또는 개발계약 협상시 가장 논쟁이 많은 규정으로, 저작권이나 영업비밀 등에 대해서는 indemnification을 대부분 수용하는 편이나, 특허에 대해서는 면책보장의 수용이 어렵다. 전세계 특허의 사전조사는 현실적으로 불가능하고, 고의적으로 copy한 경우가 아니더라도 유사성이 존재하는 한 침해를 구성케 되는 반면, 저작권 등의 경우는 제3자의 저작물을 의도적으로 copy한 경우가 아니라면, 독자 창작 또는 기타 도용이 아닌 정당한 경로에 의해 도출된 경우는 유사성이 존재하더라도 침해를 구성치 않는다.

(b) Most favorable terms (최혜조건):

다른 licensee들에게 더 좋은 조건으로 실시권 허여한 적이 없고, 향후 제3자에게 더 좋은 조건으로 허여 할 경우, 그 조건으로 허여토록 해 주겠다는 보증이다. 단, 동일 또는 유사 여건하에서 허여된 라이선스 조건(실시료 등)을 종합하여 비교하여 최혜조건 여부를 판단해야 하므로, 사실상 비교가 어렵거나 무의미한 경우가 많다. licensee마다 대상 물량, 대상 특허, 실시료외에 고려된 다른 대가, licensee가 제공하는 grant back 특허 평가 등 제반 여건에 차이가 있을 수 밖에 없으므로 실무상 비교에 어려움이 있다.

(c) Fair, Reasonable and Non-Discriminatory terms (FRAND):

공정하고 합리적이며 비차별적 라이선스 조건을 제시하였다는 보증으로, 앞의 '최혜조건' 경우처럼, 동일 또는 유사 여건에서의 다른 라이선스 사례가 비교대상이므로 실제 비교는 쉽지 않다.

그러나, 표준필수특허에 대한 개별 또는 포괄 라이선스 경우에는 해당 표준기술 제안과 협의를 위해 가입 또는 참가했던 협회 또는 단체와의 사전합의(규정)에 따라 FRAND 또는 RAND 조건으로 허여할 의무가 있으므로, 각별한 유의와 확인이 필요하다. 이러한 이유로 표준특허권자들의 경우, 표준필수특허와 상용특허를 분리하여 라인선스하는 방법을 통해 FRAND의무 위반을 이유로 한 항변을 예방하려고 노력하기도 한다.

■ FRAND (Fair, Reasonable And Non-Discriminatory)

> FRAND란 '공정하고 합리적이며 비차별적인(Fair, Reasonable And Non-Discriminatory)'의 약자로, 원래 유럽통신표준연구소(ETSI)가 제정한 특허기술 사용 조건에 포함되어 있는 문구였으나, 현재는 표준특허의 라이선스 조건에 관한 의미로 널리 사용되고 있다. 일반적으로 표준화기구는 특정 기술을 표준으로 채택함에 있어 그에 포함된 특허의 권리자에게 FRAND 조건 하에서 당해 특허를 실시허락할 것을 요청하고, 특허권자가 이를 수락하여 당해 특허를 FRNAD 조건 하에 임의의 제3자에게 실시허락할 것을 선언하는 경우 그 특허를 표준으로 채택하게 된다. 표준특허에 독점권을 부여하게 되면 경쟁사업자들의 시장진입 자체가 봉쇄되는 결과를 초래하므로, 표준 채택에 있어 FRAND 선언을 요구함으로써 표준특허의 독점을 방지하여 경쟁사업자들이 표준특허를 합리적인 조건 하에 자유롭게 사용할 수 있도록 하려는 데에 그 목적이 있다.
>
> EU와 미국의 최근의 동향을 종합하면, 표준특허의 경우 비표준특허에 비해 특허권자의 권리가 제한되어야 할 필요성이 있다는 점에 대하여는 대체로 통일된 공감대가 형성되어 있는 것으로 보이나, 더 나아가 어떠한 요건 하에 FRAND 선언이 이루어진 표준특허권에 기한 침해금지청구가 허용될 수 있는지에 관하여는 각국의 입장이 일치되어 있지 않다고 할 수 있다.
>
> 표준특허권의 남용을 통한 경쟁제한적 효과를 억제하기 위해서는, 예컨대 FRAND 선언을 한 표준특허권자가 합리적인 조건을 제시하였음에도 불구하고 상대방이 실시료의 지급을 늦추거

> 나 회피하려는 목적으로 불성실하게 협상에 응함으로써 협상이 이루어지지 않은 경우와 같이, 표준특허권자의 보호를 위해 특히 필요한 경우에 한하여 예외적으로 침해금지청구가 허용된다고 해석하는 것이 타당하다.
>
> * the European Telecommunications Standards Institute (ETSI) 는 FRAND라는 용어를 사용하고, the International Standardization Organization (ISO), the International Telecommunication Union (ITU) 및 IEEE는 RAND (Reasonable And Non-Discrimonatory)라는 용어를 사용하고 있으나, 실질적인 차이는 없다.

(d) Not to contest validity (특허유효성 항변 금지 조항)

특허발명의 실시허약, 기술이전 라이선스를 체결하면서 계약서에서 Licensee는 대상특허의 무효도전(patent challenge)을 할 수 없다는 명시적 조항을 둔 경우를 종종 접하게 된다. Licensee에게 대상 특허의 유효성에 대해 다투지 않을 의무를 계약으로 강제할 수 있는지 여부가 쟁점이 되지만, 원칙적으로 licensee 입장에서 대상특허의 무효도전을 하는 것은 허용된다는 것이 미국의 판례상 원칙이다[119].

그러나, 라이선스 계약위반으로 이미 성립된 계약위반책임을 회피하기 위해 사후적으로 제기하는 특허무효주장은 허용되지 않는다는 판례[120]도 있으므로 유의를 요한다.

종합하면, 유효하게 체결된 라이선스 계약이 체결된 경우,

---

119. 미국연방대법원 Lear v. Adkins (1969) 판결에서 "a licensee cannot be estopped from challenging the validity of a patent merely because it benefitted from the license agreement."라고 명시적으로 라이센시의 특허도전을 허용한 바 있다. 또한, 연방대법원은 MedImmune 판결에서 Licensee는 계약상 로열티를 계속 지불하면서도 특허무효 확인 소송을 제기할 수 있다고 판결하였던 바, 라이센스 계약에 위배하여 로열티의 지급을 중지하는 경우, 특허권자로부터 제소당하여 침해에 대한 고의가 인정되면 3배까지 배상금을 지불하여야 할 위험이 있으므로 해당 특허의 무효를 확신하여도 마지못해 로열티를 지불하게 된다면 '실제의 분쟁'이 발생한 것이라고 볼 수 있다고 보았기 때문이다.

120 Studiengesellshaft Kohle v. Shell Oil (CAFC 1997): Lear does not apply where a licensee seeks to avoid contractual obligations already owed at the time of the suit. It "must prevent the injustice of allowing a licensee to exploit the protection of the contract and patent rights and then later to abandon conveniently its obligations under those same rights."

▶ 명시적인 부쟁의무(not to cntest) 조항이 있더라도, licensee는 해당 특허에 대한 무효심판 또는 소송을 통해 유효성을 다툴 수 있으니,

▶ 해당특허가 무효로 확정되기 전까지는 royalty 지불등 계약상 의무 이행은 지속하여야 한다.

참고로, 우리나라에서도, 공정거래위원회의 특허라이선스 계약 관련 심사지침에 따르면, '무효인 특허의 존속 등을 위하여 부당하게 실시권자가 관련 특허의 효력을 다투는 것을 금지하는 행위'는 공정거래법 위반 소지가 있고, 우리나라 대법원(2019. 2. 21. 선고 2017후2819 전원합의체 판결)도 실시권자 (Licensee)가 특허권자(Licensor)를 상대로 대상특허에 대한 무효심판청구가 가능하다고 판시한 바 있다.

따라서, 특허권자 입장에서도 실질적인 효력에 의문이 있는 일방적인 '부쟁 조항'보다는, licensee가 대상특허에 대해 무효 심판 또는 소송등을 통해 유효성 다툼을 제기하는 경우에는 특허권자가 라이선스 계약을 해지하거나, royalty율을 인상하는 등의 다른 현실적인 대안 규정을 설정하는 경우도 많다.

▶ <예문> "in the event the licensee (or sublicensee or any entity or person acting on its behalf) initiates any proceeding or otherwise asserts any claim challenging the validity or enforceability of any licensed patent right in any court, administrative agency or other forum, then the licensor will be entitled to terminate this license agreement or increase the royalty rate to the normal rate as stated in the section ___of this license agreement."

(e) Trademark & Quality Control (상표 및 품질관리):
특히 상표 또는 licensor를 상징하는 표장등에 대한 사용권을 허여하는 경우, 품질관리 및 유지의무 부과 등을 통해 licensee 제품의 품질 미달 등으로 인해 소비자 또는

거래선에 미치게 될 부정적 영향 (상표 가치 및 신용도 하락)을 방지하기 위한 규정이 요구된다.

(f) Assignment/Transfer(양도 및 이전)

M&A등에 따른 license 양도 필요성 및 제한 고려:

대기업집단의 경우, 관계사간 사업 조정 통한 사업 양도, 이전 가능성이 상존하고, 일반 기업의 경우에도 오늘날 경영 환경상 M&A를 배제할 수 없으므로, 사업양도, 합병 등의 경우에 대비한 예외적 양도허여 조항 확보가 필요하다.

Licensed patents 관련 사업 전체 또는 상당 부분 (all or substantially all of the respective business)이 양도되는 경우에는, 예외적 양도를 허여하는 것이 합리적으로 보인다.

단, licensor의 입장에서(Lump sum 경우) 의도하지 않은 대상 물량 증대 및 제 3자 물량에 대한 특허침해 claim 회피를 우회하는 수단으로 악용되는 것을 방지할 제한 조건 설정이 필요하다. 연간 매출액 또는 market share 한도 제한, 직전 년도 대비 일정% 초과 시, termination option 또는 추가 running royalty 의무 등이 조건으로 고려될 수 있을 것이다.

(g) 위약금 규정 (LiquidatedDamage)

가) 우리나라 대법원 판례(대법원 2016. 7. 14. 선고 2013다82944)에 따르면;
위약금의 약정은 민법 제398조 4항에 의하여 손해배상액의 예정으로 추정되며,
이 경우 법원은 이를 직권으로 감액할 수 있다.(민법 제398조 제2항).
반면, 위약금 약정을 위약벌로 보는 경우도 있는 바, 위약벌은 채무자가 계약을 이행하지 아니할 때 채권자가 손해배상과 별도로 당사자가 정한 징벌로서 몰수하기로 한 위약금으로, 주장하는 측에서 위약벌이라는 특별사정 입증의무 부담하며, 채권자는 위약벌로서 위약금을 몰취함과 동시에 추가로 채무불이행에 의한 손해배상을 청구할

수 있다. 법원은 위약금 약정을 '위약벌'로 보는 경우 이를 감액할 수 없고, 다만 선량한 풍속 기타 사회질서에 반하여 위약벌이 지나치게 과다하다는 사정이 있는 경우에 한하여 전부 또는 일부가 무효로 할 수 있다.

나) 반면, 영미법, 특히 미국 법제/판례에 따르면,
효력이 인정되는 liquidated damage는 '위약벌'이 아니라 '손해배상액의 예정'이라야 한다. 즉, 단순히 계약위반을 저지하기 위한 penalty 부과 의도로 설정된 경우는 그 효력이 인정되지 않고, actual damage 에 한정되게 됩니다. 따라서, Liquidated damage규정의 효력이 인정되기 위해서는 (계약당시를 기준으로) 향후 위반시 초래될 손해의 합리적 추정액(reasonable estimate or forecast)에 근거하여 설정되어야 한다.

미국 대부분의 주에서 채택/준용한 통일상법(Uniform Commercial Code)상의 조건에 따르면,

ⅰ) 계약 당시를 기준으로 아래에 기초하여 산정된 합리적 금액의 예정이어야 하며,
- ▶ 예측 또는 실제 손해 추산액의 산정이 어렵고
- ▶ 위반 발생 시 발생할 손해액의 입증 또는 확정이 어려운 경우;
- ▶ 다른 충분한 구제책을 찾기가 어렵거나(inconvenience), 현실적 타당성이 없는 경우(non-feasibility)

ⅱ) 위계, 위압 기타 협상력에 현저한 형평성을 잃은 당사자 간의 약정이 아니어야 한다(no unconscionability).

이러한 조건을 충족치 못하거나, 손해배상액보다 과도한 금액으로 제재적 의도를 가진 징벌적 성격의 위약금(penalty)의 경우에는 그 집행력이 인정되지 않는다.

(h) 특허 표기 (patent marking)

미국 특허법상 특유의 제도로, 물건 특허 또는 물건 청구항이 포함된 특허인 경우, 미

국특허법 제287(a)에 따라 해당 물품, 포장 표면, 또는 인터넷 사이트에 해당 특허번호와 함께 특허표시(마킹)을 하여야 하며, 그러한 특허표시를 하지 아니한 경우 특허권자는 특허표시가 되지 않은 기간에 대하여는 손해배상을 받을 수 없고, 침해자에게 침해사실을 직접 통지 또는 침해소송을 제기한 이후의 침해에 대해서만 손해배상을 받을 수 있다. 미국 연방항소법원은 실시권자도 특허법 287조를 준수하여야 한다는 의무가 있고[121], 제3자(실시권자)가 특허표시 법규를 준수하도록 특허권자가 합리적인 노력을 했는지도 법원이 고려할 수 있다고 판시하였다.[122]

따라서, 특허권자가 해당 제품을 생산하지 않거나, 특허권자가 제3자에게 특허 license계약을 통해 실시권을 허여하고자 하는 경우에는 (a) 계약상 명시적인 특허표시 의무 부과 규정을 둠은 물론, (b) 정기적인 특허표시 실시현황 보고서를 제출토록 하고, (3) 특허권자는 정기적으로 실시권자의 특허표시 현황을 감사하는 시스템을 도입, 운영하도록 권장하여 특허권자로서는 특허표시 의무 준수를 위한 합리적인 노력을 다하였음을 보여줄 필요가 있다.[123]

3.11 일반조항

가) Non Waiver(포기추정금지):
금반언(estoppel)의 원칙 적용 배제조항으로, 일시적으로 권리 또는 claim 행사를 하지 않는다고 해서, 해당 권리를 포기하거나 상대의 위반행위를 수용한 것으로 간주되지 않도록 명시한 조항이다.

나) Governing law(준거법), **Jurisdiction**(관할법원) or **Arbitration**(중재):
일반적으로는 진행/비용 효율성, 신속성, 비밀유지성 등 차원에서 중재를 택하는 것

---

[121] *Arctic Cat Inc. v. Bombardier Recreational Productions Inc.*, No. 2019-1080 (Fed. Cir. Feb. 19. 2020)
[122] Id
[123] Id

이 대부분의 실무상 통례이기는 하나, 중재인의 편견/오심에 대한 항소기회가 차단되어 추가적인 진실규명 기회 확보가 불가하다는 risk를 고려히여 결정할 필요가 있다.

관할법원 지정 시, 서로 상대국 법정에서 소송 진행 시 상대방 본거지에 따른 불이익 및 변호인 선정, 법규 이해 부족 및 법률비용 부담 등을 꺼려 하는 관계로 대부분의 경우 사실상 양 당사자국 중 한쪽 국가로의 관할법원 지정 합의는 어려우며, 제3국 법원 지정은 해당국 소송법규상 관할권 부재로 성립이 어려운 관계로, 주로 제3국에서의 중재를 통한 분쟁해결을 약정하는 경우가 지배적이다. 단, 중재의 경우 판사와는 달리 독립성 및 객관성 확보가 쉽지 않은 관계로 사실에 대한 오판 또는 편견 발생 시 중대한 절차상 하자가 없는 한 항소 방법이 없다는 위험이 잠재한다. 경우에 따라, 당사자 간 원만한 합의를 통한 분쟁해결을 유도하고, 제소 억제를 위한 방안으로 피소지(**피고지관할**) 법원으로 관할법원을 지정하는 사례도 종종 있다.

반면, 준거법은 관할법원 대비 상대방에 대한 편견이나 불이익 요인이 적음은 물론, 국제경제가 미국시장 중심으로 편성 또는 미국법에 따른 기준/원칙을 중심으로 계약 협상이 이루어지고 있는 경우가 대부분이고, 상대적으로 세계 어느 지역에서든 미국법 전문 변호사 확보가 가장 용이한 관계로 미국(뉴욕주 또는 캘리포니아주)법을 준거법으로 하는 경우도 많으나, 분쟁 발생 시 관할법원 재판부 또는 중재인 및 사건 대리 변호인들 간의 이해편의상 법정지(중재지)의 법을 준거법으로 지정하는 것이 무난할 수도 있다.

다) **Currency & Exchange Rate** (지불화폐 및 환율) 등

기본적으로 2개 이상 국가가 관련됨에 따라, 지불관련 화폐의 지정 또한 필수적이며, 환율변동에 따른 환차손익 부담을 고려하여 결정하여야 할 것이다. 특히, 경상실시료(running royalty)가 적용되는 경우, 대상 제품의 매출이 여러 국가에서 일어나고, 대금지급 화폐 또한 다양하므로, 어떤 기준으로 대상 매출총액을 결정해야 할 지, US

달러등으로 전환 적용할 경우, 어느 시점의 환율을 기준으로 산정해야 할 지 등 쟁점이 발생하게 된다.

라) Confidentiality(기밀유지)

순수 특허 라이선스의 경우는 공개공보등을 통해 대상 특허발명의 내용이 일반에 공개되어 있으므로, 특허배용 자체에 대한 비밀유지의무는 무의미하므로, 요구되지 않는다. 반면, 실시료 등 개별 사례마다 특수한 재무적인 내용이나, 체결 사실 등에 대해서는 관련 시장에 민감한 정보로 작용할 수 있으므로 외부공개를 금지하거나 사전합의를 조건으로 하는 경우가 많다. 특히, 대외보도시 보도문안에 대해서는 사전합의를 요하는 경우가 대부분이다.

◆ 참조서식 6.1

▶ 표준 특허라이센스계약서(한글·영문), KEITI(한국환경산업기술원)

https://www.keiti.re.kr/site/keiti/ex/board/view.do?cbidx=319&bcidx=8402

◆ 참조서식 6.2

PATENT LICENSE AGREEMENT

This Patent License Agreement ("Agreement"), dated and effective as of _____, ____ (the "EFFECTIVE DATE") is made between XXXXX CORPORATION, a _____ corporation having a principal place of business at _____, USA ("XXXXX"); and CLIENT COMPANY, LTD., a corporation existing under the laws of the Republic of Korea with a principal place of business at _____, Republic of Korea ("CLIENT") (each a "Party").

ARTICLE 1 DEFINITIONS

1.1   "COVENANT PATENTS" means any PATENT identified on EXHIBIT C.

1.2   "EXCLUDED PATENTS" means any PATENT identified on EXHIBIT A.

1.3   "LICENSE FEE" has the meaning set forth in Section 3.1.

1.4   "PATENTS" means patents (including but not limited to utility patents, utility models and process patents, but excluding design patents), certificates of inventorship and the like, as well as applications therefor (including provisional applications). Except as expressly otherwise provided herein, PATENTS shall include all corresponding patents (in all countries) claiming the priority date of such PATENTS and all patents resulting from reissues, continuations, divisions, renewals, reexaminations, and extensions of such PATENTS.

1.5 "CLIENT LICENSED PATENTS" means any and all PATENTS anywhere in the world, other than the COVENANT PATENTS, which are now or hereafter owned or controlled by CLIENT or any SUBSIDIARY of CLIENT with an effective filing date prior to the EFFECTIVE DATE

or under which and to the extent CLIENT or any SUBSIDIARY of CLIENT now or hereafter has the right to grant a license of the scope set forth herein without the payment of any royalty or other sum to an unaffiliated third party.

1.6 "CLIENT LICENSED PRODUCTS" means such final set products as _____, incorporating _____ functions and technology.

1.7 "SUBSIDIARY" means any entity as to which a Party (also referred to as a "Parent"):

(a) now or hereafter owns or controls, or has the unrestricted right to own or control, directly or indirectly, more than fifty percent (50%) (by nominal value or number of units) of the outstanding stock conferring the right to vote, or

(b) now or hereafter owns or controls the right to elect the majority of the Board of Directors thereof or its equivalent,

provided that, in each of the foregoing cases, such entity (i) will have the benefits of this Agreement only if it agrees or has agreed to the provisions of this Agreement applicable to SUBSIDIARIES and (ii) will be deemed a SUBSIDIARY as of the later of the EFFECTIVE DATE or the date as of which such ownership or control exists. At such time as the ownership or control of a Parent fails to meet the above requirements, the affected entity shall thereupon no longer be considered to be a SUBSIDIARY for the purposes of this Agreement. The Parties acknowledge that PARC shall not be deemed a SUBSIDIARY under this Agreement.

1.8 "TERM" means the period commencing on the EFFECTIVE DATE and ending with the expiration date of the last to expire of the CLIENT LICENSED PATENTS, and XXXXX LICENSED PATENTS.

1.9 "TERRITORY" means_____.

1.10 "XXXXX LICENSED PATENTS" means any and all PATENTS anywhere in the world, other than the EXCLUDED PATENTS, which are now or hereafter owned or controlled by XXXXX or any SUBSIDIARY of XXXXX with an effective filing date prior to the EFFECTIVE DATE under which and to the extent XXXXX or any SUBSIDIARY of XXXXX now or hereafter has

the right to grant a license of the scope set forth herein without the payment of any royalty or other sum to an unaffiliated third party..

1.11 "XXXXX LICENSED PRODUCTS" means such final set product as _____ _____, incorporating _____ functions and technology.

ARTICLE 2 RELEASES, GRANTS AND COVENANTS

2.1 On the EFFECTIVE DATE, XXXXX, on behalf of itself and its SUBSIDIARIES, hereby irrevocably releases, acquits and forever discharges CLIENT and its SUBSIDIARIES, together with their direct and indirect dealers, distributors, agents and customers with respect to products sold or otherwise disposed of by or for CLIENT/its SUBSIDIARIES, and suppliers and manufacturers with respect to products provided to CLIENT/its SUBSIDIARES, from any and all claims or liability for actual or alleged infringement of any XXXXX LICENSED PATENTS arising from the manufacture, use, sale, offer for sale, importation and/or other disposal of any product, apparatus, device, method, process or system of CLIENT or its SUBSIDIARIES occurring prior to the EFFECTIVE DATE that would have been a CLIENT LICENSED PRODUCT as that term is defined in this Agreement had this Agreement been in effect at the time of such manufacture, use, sale, offer for sale, importation and/or disposal, provided that with respect to those XXXXX LICENSED PATENTS identified in EXHIBIT B, the release from XXXXX granted in this Section shall be subject to the limitations set forth therein. Nothing set forth in this Section shall constitute a release from any infringement of any PATENT which is not a XXXXX LICENSED PATENT pursuant to this Agreement or any product which would not otherwise be considered a CLIENT LICENSED PRODUCT under this Agreement.

2.2 On the EFFECTIVE DATE and for the duration of the TERM, XXXXX, on behalf of itself and its SUBSIDIARIES, hereby grants to CLIENT a nonexclusive, royalty-free, paid-up, non-trans-

ferable (except as set forth in Section 7.1), personal, worldwide license under the XXXXX LICENSED PATENTS, including the right to sublicense only its SUBSIDIARIES (subject to the SUBSIDIARIES of CLIENT being bound by the terms of this Agreement), to make, use, have made, sell, offer for sale, import and/or otherwise dispose of CLIENT LICENSED PRODUCTS through such distribution channels as CLIENT shall determine, and to practice and have practiced any process involved in the making or use thereof; provided that with respect to those XXXXX LICENSED PATENTS identified in EXHIBIT B, the license granted in this Section shall be subject to the limitations set forth therein. The license granted in this Section with respect to each XXXXX LICENSED PATENT shall commence on the EFFECTIVE DATE and continue until the expiration of such PATENT.

2.3 On the EFFECTIVE DATE, CLIENT, on behalf of itself and its SUBSIDIARIES, hereby irrevocably releases, acquits and forever discharges XXXXX, its SUBSIDIARIES, together with their direct and indirect dealers, distributors, agents and customers with respect to products sold or otherwise disposed of by or for XXXXX/its SUBSIDIARIES, and suppliers and manufacturers with respect to products provided to XXXXX/its SUBSIDIARIES, from any and all claims or liability for actual or alleged infringement of any CLIENT LICENSED PATENTS by the manufacture, use, sale, offer for sale, importation or other disposal of any product, apparatus, device, method, process or system of XXXXX or its SUBSIDIARIES occurring prior to the EFFECTIVE DATE that would have been a XXXXX LICENSED PRODUCT as that term is defined in this Agreement had this Agreement been in effect at the time of such manufacture, use, sale, offer for sale, importation and/or disposal. Nothing set forth in this Section shall constitute a release from any infringement of any PATENT which is not a CLIENT LICENSED PATENT pursuant to this Agreement or any product which would not otherwise be considered a XXXXX LICENSED PRODUCT under this Agreement.

2.4 On the EFFECTIVE DATE and for the duration of the TERM, CLIENT, on behalf of itself and its SUBSIDIARIES, hereby grants to XXXXX a nonexclusive, royalty-free, paid-up, non-trans-

ferable (except as set forth in Section 7.1), personal, worldwide license under the CLIENT LICENSED PATENTS, including the right to sublicense only its SUBSIDIARIES (subject to the SUBSIDIARIES of XXXXX being bound by the terms of this Agreement), to make, use, sell, offer for sale, import, and otherwise dispose of XXXXX LICENSED PRODUCTS through such distribution methods as XXXXX shall determine, and to practice and have practiced any process involved in the making or use thereof. The license granted in this Section with respect to each CLIENT LICENSED PATENT shall commence on the EFFECTIVE DATE and continue until the expiration of such PATENT.

2.5 To the extent CLIENT as of the EFFECTIVE DATE has a right to enforce COVENANT PATENTS, CLIENT covenants for the duration of the TERM, on behalf of itself and its SUBSIDIARIES, not to assert, or assist any third party in asserting (including without limitation participating in or joining an enforcement action), any COVENANT PATENT against XXXXX and/or its SUBSIDIARIES, together with their dealers, distributors, agents and customers, with respect to the manufacture, use, sale, offer for sale, importation or other disposition of XXXXX LICENSED PRODUCTS anywhere in the world. The Parties acknowledge and agree that responding to a subpoena, order or other legal process issued by a court or administrative tribunal of competent jurisdiction shall not be prohibited under the terms of this Section. In no event shall the foregoing covenant be extended to suppliers and manufacturers with respect to such parts or components including but not limited to semiconductor devices or LCDs which are provided to XXXXX/its SUBSIDIARIES. Notwithstanding the foregoing and in addition, CLIENT covenants for the duration of the TERM, on behalf of itself and its SUBSIDIARIES, not to seek to enjoin the sale or importation of products covered by any COVENANT PATENT(S) that are made by third parties for XXXXX to the extent such products are already for incorporated in XXXXX LICENSED PRODUCTS. The covenants set forth in this Section 2.6 are personal to CLIENT and its SUBSIDIARIES and shall not run with the PATENT(S) listed in EXIBIT C.

2.6 To the extent XXXXX as of the EFFECTIVE DATE has a right to enforce any PATENT listed

on EXHIBIT A, XXXXX covenants for the duration of the TERM, on behalf of itself and its SUBSIDIARIES, not to assert, or assist any third party in asserting (including without limitation participating in or joining an enforcement action), any PATENT listed in EXHIBIT A against CLIENT and/or its SUBSIDIARIES, together with their dealers, distributors, agents and customers, with respect to the manufacture, use, sale, offer for sale, importation or other disposition of CLIENT LICENSED PRODUCTS anywhere in the world. The Parties acknowledge and agree that responding to a subpoena, order or other legal process issued by a court or administrative tribunal of competent jurisdiction shall not be prohibited under the terms of this Section. In addition, XXXXX covenants for the duration of the TERM, on behalf of itself and its SUBSIDIARIES, not to seek to enjoin the sale or importation of products covered by any PATENT(s) listed in EXHIBIT A that are made by third parties for CLIENT to the extent such products are already incorporated in CLIENT LICENSED PRODUCTS. The covenants set forth in this Section 2.7 are personal to XXXXX and its SUBSIDIARIES and shall not run with the PATENTS listed on EXHIBIT A.

2.7 If an entity becomes a SUBSIDIARY after the EFFECTIVE DATE, such entity will (upon becoming a SUBSIDIARY) be subject to all of the obligations and shall have all the benefits of this Agreement from and after the date such entity becomes a SUBSIDIARY. If a SUBSIDIARY ceases to be a SUBSIDIARY and such entity owns, controls, or is otherwise the licensor of any LICENSED PATENTS under the terms of this Agreement, such licenses to the other Party shall survive and continue in accordance with the terms hereof, provided that the foregoing shall only apply to LICENSED PATENTS which exist as of or issue from applications with an effective filing date prior to the date on which the SUBSIDIARY ceases to be a SUBSIDIARY. In addition, if a SUBSIDIARY ceases to be a SUBSIDIARY all sublicenses granted to such SUBSIDIARY under the terms of this Agreement shall terminate effective on the date such SUBSIDIARY status ceases to exist.

[Springing License] If either Party or its Subsidiary sells, assigns or otherwise transfers to a third

party any of its Licensed Patents, or rights to enforce thereunder during the term of this Agreement, the license to such Licensed Patent shall automatically become, immediately prior to such sale, assignment or transfer, perpetual, irrevocable, non-exclusive, non-transferable, non-assignable, royalty-free, worldwide, without the right to sublicense, to make, have made, use, sell, offer to sell, distribute, lease, import, export or otherwise dispose of LICENSED PRODUCTS of the other Party and its Subsidiaries.

2.8 The Parties hereto agree that the right to have made LICENSED PRODUCTS granted in Section 2.2 and 2.4 shall be exercised only when all of the following conditions are met: (a) LICENSED PRODUCTS are made by any third party using manufacturing drawings and specifications originated by such one Party, or originated by any third party specifically and exclusively for such one Party, as work for hire, (b) any and all of LICENSED PRODUCTS manufactured by such third party are to be sold exclusively to such one Party, and (c) such LICENSED PRODUCTS are to be sold, used, leased or otherwise disposed of, by one Party under the trademark, trade name, or other commercial indicia, of such one Party. For the avoidance of doubt, off-the-shelf products of a third party shall not receive the benefit of the "have made" rights in Section 2.2 and 2.4.

2.9 With respect to the foundry activities by either Party hereto to manufacture products for, or for sale to, any third party to use, lease, sell, or otherwise dispose of such products under the trademark, trade name, or other commercial indicia of such third party, the grant of Section 2.2 and Section 2.4 shall exclude such activities by either Party in any instance where the manufacturing drawings and specifications are originated by, or on behalf of such third party. With respect to such foundry activities, either Party hereto agrees not to assert against the other Party any patent rights that may apply to the manufacturing drawings and specifications provided by such third party, but either Party retains the right to assert its patent rights against such third party.

ARTICLE 3 PAYMENT

3.1 In consideration for the releases and license grants provided herein, CLIENT shall, within forty-five (45) days of the EFFECTIVE DATE, pay to XXXXX the nonrefundable LICENSE FEE amount of [FILL IN] Million United States Dollars (US $[FILL IN]).

3.2 All sums to be paid by CLIENT pursuant to this Agreement are to be paid to XXXXX in United States Dollars, subject to the adjustments set forth under Section 3.3, on the date specified in Section 3.1 by wire of immediately available funds to the bank account identified in a separate business letter signed by XXXXX and delivered to CLIENT following execution of this Agreement.

3.3 Taxes.

(a) All sums to be paid by CLIENT pursuant to this Agreement are to be paid to XXXXX in United States Dollars, and are subject to the adjustments set forth in paragraph (b) of this Section.

(b) CLIENT shall deduct from the payment of the LICENSE FEE under Section 3.1, such taxes imposed by Korean tax authorities on the LICENSE FEE payment made to XXXXX. CLIENT shall provide XXXXX, within a mutually agreed reasonable period after the date on which any royalty payment is due, any documents or assurances required under the Tax Convention between the U.S. and the Republic of Korea entered into force on October 20, 1979 ("US/ Korean Tax Treaty") or other Korean tax regulations to obtain a reduction in or elimination of any tax withholding on any payment due to XXXXX under this Agreement ("Tax Certificates") including in such Tax Certificates any information required in respect of CLIENT. CLIENT will timely remit to the appropriate taxing authorities all taxes, levies or other imposts as required by law or by this Agreement to pay and/or remit, including any withholding or consumption taxes imposed on payments to XXXXX. XXXXX and CLIENT shall cooperate with each other and take all commercially reasonable steps to (i) file certificates and other documentation with taxing authorities and/or (ii) legitimately obtain a reduction or elimination of, or credit for, any taxes, levies or other imposts arising from transactions contemplated by this Agreement.

ARTICLE 4 TERM AND TERMINATION

4.1 This Agreement shall continue in full force and effect from the EFFECTIVE DATE for the duration of the TERM.

4.2 If CLIENT fails to remit the LICENSE FEE as required hereunder, XXXXX may give written notice thereof to CLIENT and, if within thirty (30) days from the date of CLIENT's receipt of such notice, such breach shall not have been cured, XXXXX may immediately terminate all licenses and releases granted and covenants made to CLIENT pursuant to Sections 2.1, 2.2 and 2.7 of this Agreement without prejudice to any other rights and remedies against CLIENT.

4.3 Except as expressly provided in Section 4.2, this Agreement may not be terminated in whole or in part for any reason prior to expiration of the TERM, and each Party agrees that its remedy for any breach of this Agreement (other than CLIENT's breach of its payment obligations as set forth in Section 4.2) shall be to bring a claim to recover damages and to seek any other appropriate equitable relief (other than termination of this Agreement).

ARTICLE 5 WARRANTY AND DISCLAIMER

5.1 Each Party represents and warrants that it has the right to make and grant the licenses, releases, covenants and other rights granted by it in this Agreement, and that this Agreement is and will be binding on and enforceable against it and its SUBSIDIARIES in accordance with the terms hereof.

5.2 Except as expressly provided in Section 5.1, nothing in this Agreement shall be construed as:

(a) A warranty or representation by any Party as to the validity or scope of, or commercial utility of technology covered by, any patent; or

(b) A warranty or representation that anything made, used, sold or otherwise disposed of under any

license granted herein is or will be free from infringement of patents of third persons or Parties; or

(c) A requirement that any Party shall file any patent application, secure any patent, or maintain any patent in force; or

(d) An obligation to bring or prosecute actions or suits against third parties for infringement of any patent; or

(e) An obligation to furnish any manufacturing and technical information or any information concerning pending patent applications; or

(f) Conferring a right to use in advertising, publicity, or otherwise any trademark or trade name; or

(g) Granting any right to sublicense others, except as expressly provided in Article 2; or

(h) Granting, by implication, estoppel, or otherwise, any licenses or rights under patents other than those expressly granted pursuant to the terms of Article 2.

5.3 EXCEPT AS EXPRESSLY PROVIDED IN SECTION 5.1 ABOVE, NO PARTY MAKES ANY REPRESENTATIONS OR WARRANTIES OF ANY KIND, EITHER EXPRESS OR IMPLIED, INCLUDING THE IMPLIED WARRANTIES OF MERCHANTABILITY AND FITNESS FOR A PARTICULAR PURPOSE. WITHOUT LIMITING THE FOREGOING, NEITHER PARTY ASSUMES ANY RESPONSIBILITIES WHATSOEVER WITH RESPECT TO THE COMMERCIAL SUCCESS, USE, SALE, OR OTHER DISPOSITION BY OR FOR THE OTHER PARTY (OR ITS SUBSIDIARIES) OR ITS DIRECT OR INDIRECT DISTRIBUTORS, USERS, OTHER CUSTOMERS, OR SUPPLIERS OF PRODUCTS INCORPORATING OR MADE BY THE USE OF INVENTIONS LICENSED HEREIN.

ARTICLE 6 NOTICES

6.1 Except as a Party may hereafter notify the other in writing with respect to itself, the addresses of the Parties for purposes of this Agreement shall be:

TO XXXXX:

with a copy to:

TO CLIENT:

6.2 All notices, payments and communications pursuant hereto are to be delivered to the intended receiving Party by hand or by mail, postage prepaid, to the address provided in Section 6.1 hereof (or such other address as to which such Party may notify the other Party), and shall be deemed delivered when received.

ARTICLE 7 GENERAL

7.1 In the event that a Party becomes subject to a Change of Control, the licenses granted to such Party under this Agreement shall thereafter be limited to the models and versions of either XXXXX LICENSED PRODUCTS or CLIENT LICENSED PRODUCTS (as applicable) that are then being offered for commercial sale, by or for such Party or any of its SUBSIDIARIES, as of the date of the Change of Control, unless such Party delivers to the other Party, in writing within ninety (90) days of the Change of Control, a legally binding undertaking from the third party thereafter in Control of such Party (including the entity, if any, that ultimately Controls such third party), on behalf of itself and entities that would constitute SUBSIDIARIES, to be bound by the terms and conditions of this Agreement, including the licenses and releases of Article 2, to the same extent as if such third party (or such Controlling entity) were the party to this Agreement, subject to the consent of the other Party, such consent not to be unreasonably withheld. For sake of clarity withholding of consent shall not be unreasonable if the third party thereafter in Control of a Party is a direct competitor of the other Party in a substantial line of

business or is then engaged in a legal action or non-litigated dispute with the other Party regarding patent infringement or licensing. As used in this Section:

(a) "Change of Control," as to a Party, shall mean any transaction or event (or series of transactions or events), whether by an acquisition of securities, merger, consolidation, proxy contest or other transaction or event (or series of transactions or events), that results in such Party being Controlled, directly or indirectly, by a third party (whether alone or with others) that did not Control such Party before such transaction or event (or series of transactions or events), whether or not such Party survives such transaction or event (or series of transactions or events).

(b) "Control"(including "Controlled,""Controls" and other forms) shall mean possession of, or the power or right to acquire possession of, directly or indirectly, the power to direct or cause the direction of the management, business affairs or policies of a Party (whether through ownership of securities, partnership or other ownership interests, by contract or otherwise).

7.2 No Party or its SUBSIDIARY(IES) shall assign or exclusively license to any third party or otherwise encumber any of the XXXXX LICENSED PATENTS or CLIENT LICENSED PATENTS (as applicable) pursuant to this Agreement, unless such assignment, exclusive license or other encumbrance is made subject to the terms and conditions of this Agreement. Subject to the provisions of Section 7.1, each Party may assign all of its rights in this Agreement only to a successor in ownership of all or substantially all of the assets of the assigning Party, which successor assumes all the assigning Party's obligations of this Agreement. Any attempted assignment or diminishing of rights in derogation of the foregoing shall be null, void and without further force or effect.

7.3 This Agreement is intended to be valid and effective throughout the world and, to the extent permissible under applicable law, shall be construed in a manner to avoid violation of or invalidity under any applicable law. Should any provision hereof nevertheless be or become invalid, illegal or unenforceable under any applicable law, the other provisions hereof shall not be affected, and to the extent permissible under applicable law, any such invalid, illegal or unenforceable provi-

sion shall be deemed amended lawfully to conform to the intent of the Parties.

7.4 The Parties agree that there shall be no third party beneficiaries of this Agreement.

7.5 The Parties acknowledge that they are entering into this Agreement for their mutual convenience to avoid the burden, expense and uncertainty of litigation. Neither this Agreement nor any terms and conditions hereof shall imply, or otherwise be construed as indicating (or used to assert), that any Party is practicing any PATENTS of any other Party or that any Party is practicing more PATENTS than are practiced by any other Party.

7.6 Each of the Parties has participated in the negotiation and drafting of this Agreement. In the event that any ambiguity or question of intent or interpretation arises, this Agreement shall be construed as if drafted jointly by all Parties and no rule of construction, presumption or burden of proof shall arise favoring one Party concerning the interpretation of ambiguous provisions or otherwise by virtue of one Party's presumed authorship of this Agreement or any provision hereof.

7.7 Nothing in this Agreement shall be construed to require XXXXX or CLIENT to provide any technical data (including but not limited to manufacturing and/or technical information) related to the XXXXX LICENSED PATENTS or CLIENT LICENSED PATENTS (as applicable) to the other. In the event a Party elects in its sole discretion to provide technical data related to the LICENSED PATENTS to the other Party in connection with this Agreement, such Party shall provide, to the extent applicable (a) the applicable export classification(s), including where applicable the date(s) and reference number(s), issued by the Bureau of Industry & Security (or other United States government agency with applicable jurisdiction or the Ministry of Economy, Trade and Industry (or other government agency of the Republic of Korea with applicable jurisdiction) (as applicable); or (b) if no export classification has been issued, information needed by the receiving Party to determine the export control status or approval regarding such technical data; and in such latter event, the receiving Party shall be responsible for obtaining, at its sole expense, any export license or approval regarding the export of such technical data. In no event will either Party, directly or indirectly, export, re-export or transmit such technical data or portion thereof to

any country, person or entity to which such export or transmission is restricted by any applicable U.S. or Republic of Korea regulation or statute, without the prior written consent, if required, of the Bureau of Industry & Security or the Ministry of Economy, Trade and Industry or such other governmental entity as may have jurisdiction over such export or transmission.

7.8 No waiver of any of the provisions of this Agreement shall be deemed or shall constitute a waiver of any other provision hereof (whether or not similar), nor shall such waiver constitute a continuing waiver unless otherwise expressly provided.

7.9 Neither Party nor any of their respective SUBSIDIARIES shall use or refer to this Agreement or any provision of or rights granted under this Agreement in any publicity, advertising, or promotional activity without the express written approval of the other Party. Any required disclosure for good faith business reasons shall be made pursuant to a written confidential disclosure agreement. Notwithstanding anything in this Agreement to the contrary, each Party shall have the right to disclose the existence of this Agreement, but not its specific terms and conditions, as part of or in conjunction with the filing and publication of any quarterly, annual or other report required to be filed with the Securities Exchange Commission of the United States or a comparable agency of any foreign country with jurisdiction over the disclosing Party.

7.10 The validity, construction, and performance of this Agreement and any dispute between the Parties relating thereto shall be governed by and interpreted and determined in accordance with the laws of _____ (excluding its conflicts of laws provisions). The Parties hereto agree that the exclusive jurisdiction and venue for any action brought between the Parties under this Agreement shall be the courts sitting in _____, and each Party hereby agrees and submits itself to the exclusive jurisdiction and venue of such courts for such purpose. In addition, each Party hereby waives any right to, and agrees not to seek, a trial by jury in connection with any matter arising out of or otherwise relating to this Agreement or the subject matter hereof.

7.11 This Agreement and its EXHIBITS embody the entire understanding between the Parties as to

the subject matter of this Agreement and supersedes all previous discussions and documents respecting such subject matter. No amendment or modification to this Agreement shall be effective or binding on any Party unless the same has been reduced to writing and signed by an authorized representative of such Party.

7.12 This Agreement may be executed in two or more counterparts, each of which shall be deemed an original, but all of which together shall constitute but one and the same instrument. Such counterparts may be exchanged by fax, or scanned and exchanged by electronic mail, followed up with hard copy, but shall be effective upon receipt of fax/electronic mail as applicable. The Parties agree that facsimile copies of signatures shall be deemed originals for all purposes hereof and that either Party may produce such copies, without the need to produce original signatures, to prove the existence of this Agreement in any proceeding brought hereunder.

7.13 The following EXHIBITS are attached to and incorporated by reference in this Agreement:

EXHIBIT A – EXCLUDED PATENTS

EXHIBIT B – LIMITED LICENSE PATENTS

EXHIBIT C – COVENANT PATENTS DESIGNATED IN ACCORDANCE WITH SECTION 2.6

IN WITNESS WHEREOF, each of the Parties has caused this Agreement to be executed in duplicate originals by its duly authorized representatives and to be made as of the date first hereinabove written.

XXXXX CORPORATION	CLIENT ELECTRONICS CO., LTD.
BY:	BY:
SIGNATURE: _____	SIGNATURE:_____
TITLE:	TITLE:

DATE: _____ DATE: _____

EXHIBIT A

EXCLUDED PATENTS

[Draft Note: Excluded Patents may be specifically listed with patent registration/application numbers and titles, or as an alternative, designated by defining specific scope or filed of uses]

_____
_____
_____
_____

EXHIBIT B

LIMITED LICENSE PATENTS

The United States patents listed in this Exhibit B, as more fully set forth below, are excluded from XXXXX LICENSED PATENTS in certain fields of use due to encumbrances arising from pre-existing agreements with third parties.

___

EXHIBIT C

COVENANT PATENTS DESIGNATED IN ACCORDANCE WITH SECTION 2.6

Ⅶ. (좁은 의미의) 기술이전계약

일반적으로 우리말로는 기술이전계약 또는 기술도입계약, 영문으로는 Technology Transfer Agreement (TTA)라고 한다. 특허, 실용신안, 디자인, 상표, 또는 저작권 등과 같은 지식재산권 License와 구분하는 의미에서 Know-how License라고 부르는 경우도 있으나, 대부분의 기술이전계약에서는 직접적 제공 대상인 영업비밀 성격의 기술 외에도 제공받은 기술을 보호받기 위해 기술제공자가 출원, 등록한 산업재산권 및 저작권에 대한 실시권 허여까지 포괄하고 있으므로, Know-how License에 한정된 경우는 극히 드물다.

1. 계약 구성

(a) 표제(Title)
(b) 당사자(Parties)
(c) 전문(Recitals)
(d) 용어정의(Definition)
(e) 대상기술의 특정 (Technology)
(f) 기술료(Royalty): 유형, 지불 방법 및 일정
(g) 세금 부담(Tax)
(h) 기술 제공 및 지원 (Deliverable & Technical Assistance) :
   * 유형, 방법, 일정 및 내역 (별첨 연계)

(i) 제공 기술관련 지식재산권(IPRs): 소유권 및 실시권
　　* Background IPRs (종전 기술/지재권)
(j) Transferred IPRs (제공 기술/지재권)
　　* Derivative IPRs (개량 기술/지재권)
(k) 권리 허여 지역(Territory) 및 적용 제품/영역 제한 (Products & Field of Use)
(l) 개량기술(Update/Correction/Improvement):
* 제공의무, 소유권, 상호 실시권 약정
(m) 설비, 부품, 재료 공급/구매 약정(Procurement)
(n) 품질관리 및 호환성 유지(Quality Control & Compatibility)
(o) 상표 사용(Trademark)
(p) 비밀유지(Confidentiality):
　　제공기술이 등록/공개된 산업재산권이 아닌 영업비밀이 포함된 경우,
　　특히 비공개, 허여용도 외 사용금지 등 영업비밀 유지를 위한 의무설정이 필수적
(q) 보증 및 면책(Representation & Warranty):
　　* 기술/IP 제공 권한
　　* Spec. 기술표준 충족 (성능, 품질)
　　* 제3자 IP 비 침해
(r) 경쟁금지 약정(Non-Competition): 지역, 제품, 영역 등
(s) 수출통제 (Export Control)
(t) 위약금 (Liquidated Damages)
(u) 최혜 조건 (Most Favored Terms & Conditions)
(v) 특약사항
(w) 일반조항
　　• 계약기간, 해지사유/절차/효력, 종료(Term & Termination)
　　• 권리 및 계약 양도(assignment)
　　• 준거법 및 분쟁해결(Governing law & Dispute resolution)
　　• 통지(Notice)
　　• 특약사항(Covenants)
(x) 서명/날인(Signature)
(y) 첨부(Exhibits): 기술 제공 및 지원 내역, 일정, 충족기준 등

2. Checklist 및 유의사항[124]

구분	주요 항목	주의 사항
당사자	▶ 명칭 ▶ 설립 준거법 ▶ 주소 ▶ 설립형태(개인, 법인 등)	- 명칭과 주소는 당사자를 특정하는 요소이므로 정식 명칭을 모두 기재하여야 하고, 주소도 등기부에 따른 주소를 기재하여야 함
전문	▶ 당사자 설명 ▶ 계약 목적	- 당사자 특정 및 계약의 해석 시 참조를 위해 당사자 설명과 계약 목적을 간단히 기재하도록 함
정의	▶ 용어 정의	-계약서 본문에서 특별한 의미로 사용되는 용어는 가능하면 모두 정의할 필요가 있음 -용어 정의를 소홀히 하면 계약의 해석에 관하여 분쟁이 발생할 가능성이 높으므로 가능한 한 구체적인 정의가 필요함

---

124. 기술 이전 계약실무 체크 리스트, <공동 특허 이전표준 계약서 개발>, 특허청, 2020.01, pp 39~42

대상기술	▶ 대상기술의 특정	-계약의 목적이 되는 대상 기술을 특허등록원부 등 공적 장부에 의하여 명확히 특정할 필요가 있음 -공적 장부에 의하여 특정되지 않는 노하우의 경우 에는 기술의 명칭, 특징, 실시효과 등을 명시하여 다른 기술과 구별될 수 있도록 할 필요가 있음 -공동연구계약이나 위탁개발계약의 경우에는 지식 재산 개발의 원천이 되는 연구 범위를 명확히 정하는 것도 필요함
기술료	▶ 기술료 ▶ 지급시기와 방법 ▶ 세금	-기술개발의 대가로 연구비 또는 실시권 허락의 대가로 착수기술 료를 받을지, 경상기술 료는 매출액에 비례하여 몇 퍼센트를 받을지, 최저, 최고액을 정할지 등을 정해야 함 -실시 료 지급시기도 정해야 함 -실시 료 지급방법과 담보 설정도 정할 수 있음 -실시 료 검증을 위한 조사 권리를 명시하고 그 비용 부담, 차액 지급 등에 대한 내용도 합의되는 것이 바람직함 -세금, 송금수수료, 환전수수료 등을 누가 부담하는지도 정하는 것이 바람직함
기술지원	▶ 기술문서, 기술지원 등	-지식재산의 양도 또는 실시권 허락 외에 기술 자료를 제공한다 거나 기술지원을 하는 경우 구체 적으로 그 내용을 정해야 함 -기술문서는 리스트로 작성하여 첨부하는 것이 바람직함 -기술지원은 무상인지, 유상인지, 그 범위는 어디 까지 인지 등을 구체적으로 정할 필요가 있음
기술도입자 의무	▶ 기술도입자가 지켜야 할 사항	-기술제공 범위 외 사용 금지, 재실시권 부여 금지, 법규 준수, 기타 기술도입자가 준수해야 할 사항들을 규정할 수 있음

비밀유지	▸ 비밀정보 정의 ▸ 비밀유지의무 ▸ 예외 ▸ 기간 ▸ 계약 해지	-계약기간 동안 주고 받는 주요 정보나 자료는 비밀 정보로 정의하고 비밀로 유지할 필요가 있음 -비밀유지기간은 기술의 발전 속도 등에 따라 3~10년 정도로 정하는 것이 일반적임 -계약이 어느 일방 당사자의 잘못으로 해지되는 경우에는 상대방으로부터 제공받은 모든 자료를 반환하게 하고 모든 사본을 폐기하도록 명시할 필요가 있음
기간 및 해지	▸ 계약기간 ▸ 해지사유 ▸ 해지절차 ▸ 해지 후 처리사항	-계약기간을 정하고 자동연장 등 연장 여부나 연장 방식을 정할 수 있음 -계약불이행 등 계약을 해지할 수 있는 사유를 구체적으로 정해 놓아야 추후 해지 관련하여 다툼을 줄일 수 있음 -최고 후 해지, 즉시 해지, 자동해지 등 해지절차를 명확히 정해야 함 -해지가 될 경우 상대방에게 제공된 기술자료 등의 반환이나 폐기, 사용금지 등 사항을 구체적으로 정해야 함
진술 및 보장	▸ 기술제공자의 진술 및 보장 ▸ 기술도입자의 진술 및 보장	- 계약체결의 기본이 되는 사항(소유권, 분쟁 전부, 계약체결 권한 등)을 진술과 보장에서 규정함
면책	▸ 기술에 대한 면책	-제3자 권리 비 침해, 유효성, 사업화 가능성 등에 대한 보장을 하지 않음 -기술 사용으로 인하여 매출감소 등 간접적 손해가 발생하더라도 책임지지 않음 -기술 사용한 제품 구매자 등 제3자에게 손해가 발생하더라도 책임지지 않음

존속 규정	▸ 계약 종료 후 존속 규정	- 계약이 만료되거나 해지되더라도 손해배상, 지식 재산권 귀속 및 사용, 분쟁해결 등은 계속 효력을 유지해야 함
통지	▸ 통지 주소 ▸ 연락처 정보 업데이트	- 거리, 시간상 제약이 있으므로 통지의 방법, 절차, 횟수 등을 가능한 한 유연하게 정할 필요가 있음
불가항력	▸ 의무 정지 ▸ 장기간 정지에 의한 해지 ▸ 예방 의무	-천재지변, 전쟁, 전염병 등 어느 일방 당사자에게 책임을 물을 수 없는 사유가 발생하면 계약이행 의무를 잠정적으로 중단시키는 것이 일반적임 -너무 오래 중단되면 안 되므로 일정 기간이 경과 하여도 재개될 가능성이 적다면 계약을 해지하거나 탈퇴를 허용하도록 할 필요가 있음
준거법	▸ 계약 적용 기준법	-계약 적용, 해석의 기준이 되는 법이므로 일방 당사자 국가의 법보다는 제3국의 법으로 정하는 것이 일반적임 -영미법이 많이 선택되나, 대륙법계 국가의 법(독일, 프랑스 등)으로 정하는 경우도 적지 않음

분쟁해결	▶ 협상 ▶ 중재	-분쟁이 발생하면 우선 고위경영진끼리 호의로 협상을 진행하는 것이 바람직함 -협상으로 해결이 안 되면 소송과 중재를 둘 다 할 수는 없고 반드시 하나만 선택하여야 함 -소송은 특정 국가의 절차법에 따라 그 나라 법원에서 그 나라 언어로 진행하는 것이 일반적이므로 상대방에게 매우 불리하여 국제공동연구계약에서는 선택되는 경우가 거의 없음 -중재는 세계 공통의 규정을 사용하는 것이 일반적이며 각국의 중재원에서 진행하더라도 각 당사자가 자신의 국가 대리인을 선임하여 영어로 진행할 수 있으므로 비교적 공정하며, 1심제이므로 비용도 경제적인 편임 -중재지는 제3국으로 하는 것이 바람직하며, 유럽은 영국, 프랑스, 독일, 스위스, 아시아는 싱가폴과 홍콩이 주로 선택됨

3. 주안점: 이전 대상기술의 특정과 제공방법

3.1 Technology to be transferred; Licensed Technology (대상기술)

이전, 제공할 기술의 영역 및 범위를 특정하는 조항으로, 합의된 기술이전범위에 따라 기술료의 형태와 규모가 결정되게 되는 기술이전계약의 가장 핵심적인 조항이다. 또한 제공된 기술의 사용이 허여 되는 산업, 제품/서비스 영역을 규정하거나, 반대로 적용이 배제 또는 제한되는 영역(field of use)을 규정하기도 한다. 기술제공자와 도입자가 상호 불필요한 경쟁을 예방하고, 수직적(set vs. 부품; 장비 vs 제품/부품/재료; system vs application) 또는 수평적 협력관계(LTE chipset: car-phone-CE application등 적용영역분할)를 도모하거나, 다른 도입(예정)자와의 이해충돌을 방지하여 제공자 입장에서는 더 많은 협력/수익원을 확보하기 위한 전략적 규정이다.

3.2 Deliverables (기술자료 유형/내역, 제공/지원 방법 및 일정)

위 항목에서 규정된 대상기술이 어떤 방법과 유형으로 그리고 어느 정도까지 이전되는 지를, 모호하거나, 불확실함이 없이 매우 정확하게 작성하여야 한다. 일반적으로, 제공되는 기술자료는 다음을 포함할 수 있다.

- 대상기술의 적용 또는 활용에 필요한 장비, 도구, 자재, 부품 또는 원재료
- 대상기술을 적용한 결과물인 prototype 또는 시제품 (샘플)
- 관련 생산, 공정, 개발, 디자인, 영업 또는 경영 노하우 및 영업비밀
- 도면, 공정서, Specification 또는 품질기준
- 관련 software (tool 및 application): source code 또는 object code제공

여부

위의 기술자료 제공과 더불어, 아래 항목과 같이, 교육/연수, 생산/공정/검사/품질 관리 등에 필요한 공장 및 공정 준설 및 시운전 과정에서의 기술지도/연수 및 사후 운영과정에서 발생하는 기술지원과 자문 등에 대해서도 그 내역, 제공 일정 및 충족기준 등을 세밀히 점검하여 규정하여야 한다:

① 건설/공정/검사 감독 또는 지도 (도입현장에 제공자 전문인력파견)
② 교육 및 연수 (도입 자 사업장 또는 제공자 사업장)
③ 정기/비 정기 자문

위 항목들에 대해서는 일반적으로, 각 항목별 기술 전수에 필요할 것으로 상호 사전 합의된 인력의 수와 시간을 기준으로 제공의무 완수 여부를 판단한다. 단, 도입자가 새로운 기술을 도입하는 경우, ①과 같은 생산 또는 검사 공정의 설치 및 운영 노하우에 대한 지도 의무 완성여부는, 정량적인 지원 인력 수와 제공 시간을 기준으로 하기보다는 정성적인 기준, 즉, 해당 라인 건립 후 도입자의 시운전을 통해 상호합의한 양품 율 또는 품질기준을 충족할 때까지 제공자가 관련 기술을 지도하기로 규정하기도 한다. 상기 기술지원 과정에서 발생하게 되는 비용(out of pocket expense)부담에 대한 원칙과 기준에 대한 규정도 필요하며, 계약상 명시적으로 규정된 해당 항목의 총 지도/교육/연수/자문 시간을 초과한 이후, 추가적인 지원이 필요한 경우에 대비하여, 정액 또는 시간당 지도/자문료를 책정해 두는 것이 바람직하다. 이러한 상세 내역과 일정 등은 계약서 본문보다는 별도 서식으로 첨부하는 형식을 취하기도 한다.

■ 기술 이전 방법 및 항목

Deliverables	Technical Assistance	Supply
· 서류: 　도면(회로도, 설계도, 공정도), 　시방서(specification), 　Recipe(조리법, 배합서), 　BOM · 장비/도구 · 시제품(prototype) · SW: 　source code, execution file · 검사결과: 　(양품율, 검사기준/충족율 등) · 인증, 허가, 등록서	· 교육 (도입지) · 연수 (제공지) · 전문인력 파견: 　설계, 공정, 검사, 품질관리 등 · 공장/공정/pilot line 설치 및 　시운전 감독, 지도 　● 충족기준: 　　- 양품률, 　　- 전문기관 검사 합격/ 인증 · 자문 (정기, 비정기) · 하자/오류 수리 및 보정 　(error/bug cure) · Update/improvement 제공	· 장비공급 보장 · 원부자재 공급 보장 · 구매 보장

〈참조서식〉7.1

▶ 기술(노하우)이전계약서, 영업비밀 보호센터 (표준서식)

https://www.tradesecret.or.kr/bbs/standard.do?gb=241#none

〈참조서식〉7.2

▶ 특허 및 기술도입계약서, 대한상사중재원 (표준양식)

http://www.kcab.or.kr/servlet/kcab_kor/data/4312?seq=253&clsf=ENG004&pageno=1&titleNm=%C1%F6%C0%FB%C0%E7%BB%EA%B1%C7%28%B1%E2%BC%FA%A1%A4%B5%F0%C0%DA%C0%CE%29&path=&name=&search_word_kind=titl&search_word=

VIII. 연구개발계약

디지털 제품의 융복합화와 글로벌 가격경쟁 심화에 따라, 단일 제품에서도 상당한 영역의 개발, 생산, 조달 등을 아웃소싱(외주)에 의존하고 있어, 연구개발용역 또는 공동개발 계약의 발생빈도도 급증하고 있다. 이에 따라, 대부분의 글로벌 기업들은 자신들의 외주개발 또는 서비스 계약 조건을 기본계약으로 표준화하여 이에 대한 사실상 서명 강제 후, 구체적인 개발과제를 work sheet, 또는 SOW(Statement of Work)라는 형식의 후속 첨부양식을 통해 협의 진행하고 있다. 대부분의 벤처 또는 스타트업 업체 들로서는 글로벌 대기업과의 계약 체결 사실 자체만으로도 투자자들로부터 상당한 가치인정을 받을 수 있으므로, 그 표준기본계약상 조건들에 대한 면밀한 검토나 이해없이 체결하는 경우가 거의 대부분이다. 반면 개발성과물에 대한 지식재산권이 일방적으로 이들 글로벌 발주사에게 귀속되도록 하고, 관련 실시권 또한 개발자의 경쟁자인 제3자에게 허여 될 수 있도록 규정되어 있어, 향후 사업 보호 및 경쟁력 확보에 상당한 취약점을 남기게 됨은 물론, 개발성과물에 대한 제3자 지재권 침해 클레임 및 기타 법규에 따른 법적 책임 발생시 사실상 무한 책임을 강제하고 있어, 심각한 재정적 리스크까지 잠재하고 있어 각별한 주의를 요한다.

1. 외주개발계약

■ **주요조항**

(a) Scope & Statement of Work (과제 범위 및 일정)
  ① Scope and Target Spec.
  ② Development Milestone
  ③ Deliverables
  ④ Acceptance Criteria

(b) Payment (대가)
  ① 금액
  ② Milestone별 지불일정

(c) IP Rights & License (권리관계)
  ① 개발결과물 IP 소유권
  ② Backgroup IP license (royalty free?)
  ③ Improvement IP 소유권 및 license
  ④ 상품화 권리:
    - 부품(독점 공급 권)-완제품공급권
    - 부품업체 sublicense 권 과 set업체 sublicense권 분할 등

(d) Technical Assistance (기술지원)
  ① 기술지원/제공 내역
  ② Maintenance/update 제공
  ③ 호환성/품질유지 의무

(e) Representation & Warranty (보장/보증)
  ① 기술 표준 및 품질 보증
  ② 제3자 IP 비 침해

(f) Damages & Indemnification (위약금/손해배상/구상권 등)

2. 외주용역 계약 (service agreement)

글로벌 ICT 나 플랫폼 기업들과 같이 소프트웨어 솔루션, 앱(웹), 콘텐츠 개발 등 다양한 외주 용역 과제 관련하여 자주 접하게 되는 표준 계약 양식들을 정리하면 아래와 같다.

A. (표준) 기본계약

(Inbound Services Agreement, Main Services Agreement 등)

▶ 구글, 아마존 등 대부분 글로벌 ICT 또는 플랫폼 기업("발주자")들의 경우, 자신들에게 용역개발 서비스("서비스")를 제공하는 업체들에 적용될 일반 조건으로 구성된 표준약관형 기본계약을 온라인 게시 또는 서면 제시하고, 제시된 표준 기본계약에 대해 개발(예정)자가 전체조건에 대한 승낙(수용)시 "Accept" 버튼을 클릭함으로써 계약이 성립되는 형식을 취하고 있어, 기본계약 조건에 대해서는 원칙적으로 수정제안이 불가한 구조를 취하고 있다.

▶ 구글의 경우, Inbound Services Agreement라는 본문에 기본조건을 통합 구성하고, SOW 양식(template)등을 첨부로 구성하고 있고, 아마존의 경우는 Main Services Agreement라는 표제의 cover page에는 당사자와 서명날인 정도만 표기되고, 실질적인 본문에 해당하는 General Terms and Conditions에 표준약관형의 기본거래조건을 담고 있으며, 구체적인 개발과제, 일정 및 개발비는 별첨 Work Order 양식을 통해 합의되는 구조로 되어 있다.

▶ 개발결과물에 대한 지식재산권 귀속 및 광범위한 영역의 의무부과 등 계약자에게 불리한 조항도 상당수 존재하고 있으므로 면밀한 검토를 통한 정확한 이해가 필요하다.

▶ 한편, 글로벌 기업의 특성상 관련 시장이 세계곳곳에 존재하게 되는 관계로, 최근 강화된 미국, 유럽 등 여러 국가에서 요구되는 legal compliance 준수의무에 따라 여러 영역의 법적 규제와 기준 준수에 대한 보증 및 보장과 위반에 따른 개발자 책임 부과와 보험가입 조항 등이 지속 추가되고 있으나, 적정성 검토나 실제 이행, 준수 여부를 확인키 어려운 경우도 많다. 국내법상으로는 요구 또는 관리 되지 않는 기준이나, 항목들도 다수 있어, 국내 개발자로서는 이에 대한 이행, 관리가 현실적으로 어려움이 잠재하고 있으나, 글로벌 오퍼레이션에 따른 발주자로서는 관련 항목들에 대한 주의 의무 이행 부실 또는 과실 책임을 면하기 위해서는 불가피한 관리 항목들이 대부분이라 면제해주기도 어려운 실정이다.

B. SOW 또는 Work Order("SOW"): 서비스대상 과제내역 및 발주

▶ 발주자가 해당 개발자에게 발주하는 구체적인 서비스 내역 및 범위, 대금, 일정 등과 관련된 실무적 사항은 SOW (작업시방서; Statement of Work)와 PO(발주서; Purchase Order)에 기술된 내용을 통해 구성되고, 이러한 개별 SOW와 PO별로 실질적인 계약이 성립되고, 개별 SOW에는 위의 기본서비스계약상의 조건이 적용되는 것으로 규정되어 있다.

C. 효력적용 순위

용역 기본계약, SOW 및 PO 조건상 충돌이 있는 경우, 일반적으로

(1) SOW상 명시적인 반대특약이 없는 한, 기본계약조건이 우선 적용되고,

(2) 기본계약 조건과 SOW 조건이 PO상 조건에 우선적인 효력을 가지는 것으로 규정하고있다.

D. 해결방안 (의견)

기본계약 (별첨 포함)상의 조건은 수정 불가한 구조를 취하고 있는 경우가 거의 대부분이므로, 개발(예정)자 입장에서, 특정과제 수락에 앞서 기본계약상의 특정 조건 적

용이 불가한 경우는, SOW의 특약조항을 통해 이에 대한 수정조건을 제안/협의해 볼 수 있을 것이다.

2.1 기본계약 구성 (예시: 구글 표준계약 참조)

1	서비스 내용	(1) **SOW (시방서/작업지시서):** 개별과제(사안)에 따라 발주자가 계약자에게 발주서(PO)형식으로 제시하고 이를 계약자(그 affiliate도 SOW서명통해 계약자가 됨)가 수용하면 각 SOW별로 계약 성립되고, 기본계약에 게시된 조건들이 개별SOW계약에 적용됨 (2) **서비스 및 결과물** - 발주서와 SOW에 기재된 서비스와 개발결과물(deliverable) 제공의무 - 발주자 제공 SW등 가이드라인 준수 - 검수 일정 및 합격 기준: - 불합격(거절) 및 수정요구 - 최종 거절 시, 대금지불의무 없음 - 지연예상시 개발자는 지체없이 발주자에게 서면 통보의무
2	지불	(1) Invoice (2) **지불** 일정 및 조건 (3) 실비(out of pocket expense) 상환: (4) 상계: (5) 세금 - 원천징수 세액 공제 후 지불 (6) 은행/카드수수료

3	지적 재산권	(1) 기반IP (계약이전 보유한 종전기술): 각자 소유 (2) 개발결과물 IP : 개발 결과물과 그 IP에 대한 소유권은 Google에 귀속 - 개발성과 IP는 관련법규에서 허용되는 한, "work for hire (용역개발)"에 따른 결과물로서 모든 지식재산권은 발주자에게 귀속 * 법규상 필요시 개발자가 발주자에게 양도 협조 의무 - 관련법규상 발주자의 소유/양도가 금지되는 경우, 개발자는 발주자에게 영구, 무상 독점사용권을 허여 할 의무 (양도 및 sublicense권 포함) - 개발결과 IP(저작물)에 대한 창작자(저작자)의 Moral right(저작인격권) 행사/제소 금지 (3) 제3자 IP 및 자료 : Google의 사전승인 없이는 제3자의 지식재산 또는 오픈소스 자료를 개발 결과물에 삽입/적용하면 안됨 (적용여부 및 라이센스 조건에 대한 사전승인 필요)
4	라이센스	(1) 발주자 기반기술 및 개발결과물 IP: - PO/SOW기간에 한해, 수주 개발업무 수행 및 결과물 제공상 필요한 경우에 한하여, 발주자 기반 기술 및 개발결과물 IP에 대한 비독점적, 무상 라이센스 (하청개발자에 대한 재실시권 포함)를 계약자에게 허여 함 - 발주자가 제공하는 상표 및 브랜드는 발주자 제공 가이드라인 준수 의무 (2) 개발자 기반 IP : 개발결과물에 개발자의 기반 IP를 적용하거나 개발결과물의 사용상 필요한 경우, - (발주자 요청 시) 개발자는 개발자 기반 IP를 서면으로 기술하여야 하며, - 발주자에게 계약자기반 IP(전부 또는 일부)의 생산, 판매, 복제, 보급, 공연, 전시 (저작인접권 등 포함)를 위한 영구, 무상, sublicense 포함 통상 사용권을 허여 함

5	기밀유지	(1) **영업비밀 및 기타 기밀정보 상호 보호** 　- 상호 제공된 영업비밀 및 기타 비밀 정보에 대한 비밀유지 의무 　- 개발결과물 IP는 발주자의 영업비밀로 인정 (2) **언론보도 및 공개 금지** (상대방의 사전 동의 필요) (3) **정보보호규정:** 　a. 일반정보보안규정 　b. GDPR 〈유럽연합 개인정보보호법- General Data Protection Regulation 2016/679〉 　c. 외주 프로세싱 요건 준수 　d. (미국) 의료정보보호법 준수 ＊ HIPPA: Health Insurance Portability and Accountability Act of 1996
6	개발자 보증의무	－ 품질보증: － Spec. 준수 － 바이러스 및 악성코드 free － 개발결과물 사용에 필요한 라이센스 허여 권 보증 － 제3자 라이센스 필요시, 개발자가 명시한 라이센스 조건에 대한 보장/보증 － 발주자 윤리(code of conduct) 규정 준수 － 준법의무(legal compliance) 준수: 수출입 규제, 뇌물/부패방지법, 노동법, 환경안전보호법, 납세의무, 노예 및 강제노역 금지법규 등 준수
7	기타 의무	(1) **보험가입/유지 의무:** (2) **신원조사의무(Background checks):** 법규준수 및 발주자 종업원 및 고객 안전 보호와 보호정보 보안 의무 준수를 위해 요구되는 사항으로, 관련법규상 허용되는 범위내에서, 본 계약에 따른 서비스업무를 수행할 인력에 대해, 업무착수 전에 사전 신원확인조사를 완료할 의무 － 미국 재무 성, 상무 성, 국무성, 교통국 등이 규정한 (해당 업무수행) 금지대상 인력이 아닐 것 (3) **장부등 감사권**

8	발주자 방어/ 면책	개발자의 의무 수행 및 보증/보장 관련된 제3자로부터의 소송 및 기타 법적 분쟁 발생시, 모든 채무, 손해, 비용 및 기타 책임에 대해 발주자를 방어/면책/보상 의무
9	책임한도	- (손해배상) 누적한도: 개발비 누적 총액 -예외(무한책임): (a) 사망/과실 상해 사고, (b) 사기 또는 허위 보증/보장, (c) 라이선스 의무위반, (d) 기밀유지, (e) 개발대금/비용 지불 및 면책 의무, (f) 기타 관련 법규상 책임 예외/제한 적용 불가한 사안
10	계약기간 및 해지	
11	준거 법	(1) 준거법 (2) 관할 법원 또는 중재

◆ 참조서식 8.1

▶ Google Inbound Service Agreement

https://support.google.com/legal/answer/10039636

2.2 SOW: Statement Of Work

▶ 정의
개발 과제의 범위와 구체적인 세부사항에 대한 합의서로 일반적으로 개발계약의 부속서 형식으로 구성한다.
▶ 주요구성

① Definition (용어정의)
② Scope (범위)
③ Problem Statement (해결과제)
④ Goals & Target Specification (개발목표)
⑤ Location (장소)
⑥ Deliverables/Products(Prototype)/Results (결과물)
⑦ Milestone & Timeline (주요 단계 및 일정)
⑧ Applicable Standards (적용 표준/기준)
⑨ Acceptance Criteria (완수 기준)
⑩ Special Requirements (필수요건)
⑪ Budget & Expenses (예산 및 비용)
⑫ Reports (보고서)

▶ 유의사항

- Be Specific (구체적이고 명확하게 표기하라!)
    ✓ 용어 정의
    ✓ 6하 원칙 (누가 무엇을 언제까지 어떻게 수행할 것인가?)
    ✓ 모호함으로 인한 오해와 분쟁 예방
- Use Visuals (시각 자료를 활용하라!)
    ✓ 도면, 그림/사진, 모형, 샘플 등
    ✓ What will it look like at the end?
    ✓ What will people be able to do at the end?
    ✓ 百聞不如一見 (긴 설명보다 가시적인 샘플인 훨씬 명확함)
- Get Signoffs (확인 서명을 확보하라!)
    ✓ 공인된 승인권자로부터 확인서명
    ✓ 진행/완료 여부/일시에 대한 확인 서명

◆ 참조서식 8. Requirements

Statement of Work

Introduction

Name of Project

Contact	Email/Cell
Sponsor:	
Stakeholder:	
Project Manager:	
Team Member:	
Contractor/Vendor:	

Background

Purpose

Scope of Work

To Be Done	Resources Needed	Outcome	Time Involved	General Steps
Item#1				
Item#2				
Item#3				

Location

Site	Duration
Office	
Remote Location	

Schedule

Phase	Start	Finish
Phase #1		
Phase #2		
Phase #3		

Deliverables

Deliverable	Objective	Due Date
Deliverable #1		
Deliverable #2		
Deliverable #3		

Milestones

Milestones	Start Date	Finish Date
Milestonese #1		
Milestones #2		
Milestones #3		

Tasks

Activity	Duration	Team Member
Task #1		
Task #2		
Task #3		

Reporting and Communications

Standards and Testing

Standard/Test	Team Member	Due Date
Standard		
Test #1		
Test #2		

Define Success

[blank field]

Requirements

[blank field]

Other

[blank field]

Payments

Who	How Much	Payment Due
Vendor #1		
Vendor #2		
Vendor #3		

Closure (Acceptance)

Document	Signed Off
Doc #1	
Doc #2	
Doc #3	

1.3 개발 IP 구성 및 권리관계

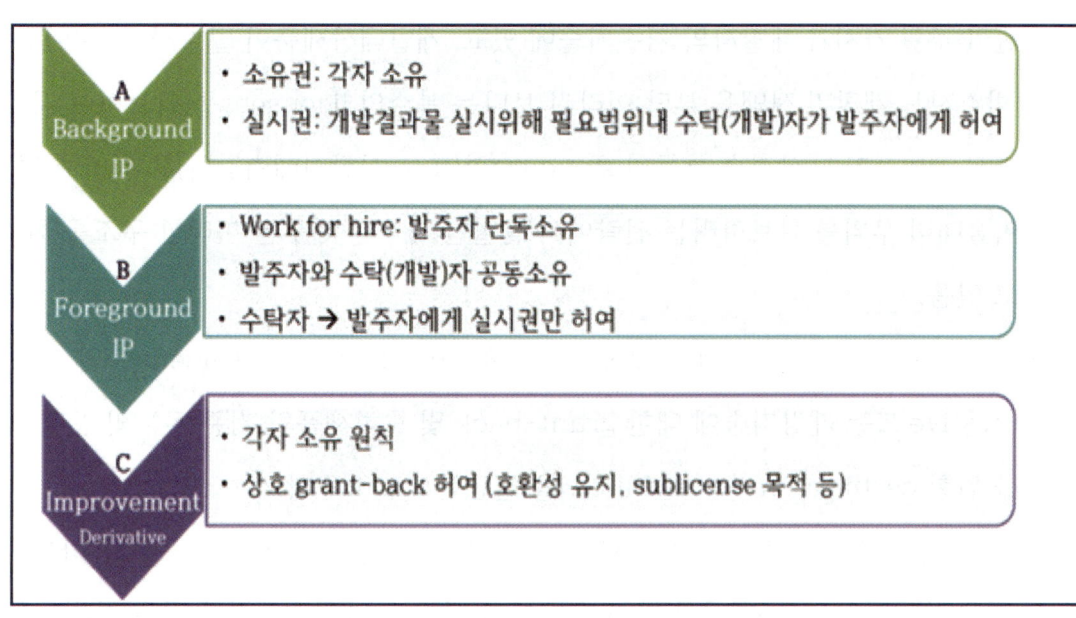

1.4 개발결과물(B)에 대한 권리

(1) 발주자 단독소유

- Work for hire, 발주자가 개발비 전액 또는 상당부분부담 경우 등

(2) 발주자/개발자 공동소유

    a. 원칙: 공유자 동의 필요 – 상호 경쟁사 견제 필요성 등 경쟁력 유지

    b. 영역별 라이선스 권 분배/제한: System vs parts ; application별 분배

    c. 상호 자유 license권

(3) 발주자에게 실시권만 허여

    a. Exclusive, but: 특정기간/지역/application내 한정

    b. Non-exclusive,

* 단, 발주자 사업영역내에 대해서는 보유자가 일정기간, 제3자에게 license 허여 제한 등의 중도안도 타협방안이 될 수 있음

▸ 소유권은 개발자가 보유하고, 발주자에게는 license를 허여하는 형태로, 대상 기술의 주된 가치가 개발자의 기존기술에 있고, 개발대상제품이 발주자 전용(이경우 발주자는 개발비 전액을 부담)이라기 보다는 복수의 licensees를 확보하여 시장에서 개발자가 대상기술 부문의 standard화(또는 시장지배력강화)를 기하여 경쟁기술대비 우위를 확보하려는 전략에서 출발한 경우는 대부분 이러한 구조를 취하고 있음.

▸ 특히, 이러한 구조하에서는 대상기술의 standard유지를 위해 licensee의 derivative 또는 개량기술에 대한 grant-back 및 출하제품의 기준준수 및 품질관리를 위한 certification (verification)을 일반적으로 요구함.

▸ 개발제품/기술이 발주자가 제3자로 부터 허여 받은 license 기술을 사용하여야 하고, 제3자 license계약상 발주자가 이에 대한 sublicense권이 없는 경우는 (통상적인 license상 허용되고 있는 have-developed권이나 work for hire 개념에 의하지 않고는), 달리 외주개발을 의뢰할 수 없도록 되어 있는 경우가 많으므로, 발주자가 개발결과에 대한 단독소유권을 확보하고 있지 않다면, have-developed나 work for hire의 요건을 충족시킬 수 없음에 각별한 주의를 요함.

1.5 Background IP 사용권 확보 필수.

▸ 개발결과물에 대한 단독/공동소유의 경우에도, 개발의뢰자가 개발의뢰하기 전에 개발자가 기보유한 기술이 개발을 위해 사용 또는 내재되는 경우가 대부분이다.

→ 일반적으로 (잠재)개발자가 보유한 기존 기술의 우수성, 적합성 판단에 따라 이를 기반으로 한 신규, 응용기술/제품 개발을 의뢰.

▸ 이경우, 통상적으로(기존기술에 대한 소유권양도에 따른 댓가지불이 없는 경우) 이러한 기존기술이 개발제품/기술에 내재 또는 사용되었을 경우, 개발의뢰 목

적의 실현을 위해서는 필수불가결한 것이므로, 개발제품/기술의 사용을 위한 용도로 royalty-free non-exclusive license를 허여하는 선에서 합의하는 것이 일반적인 실무이다.

▸ 단, 이경우에도 향후 derivative 제품 등의 개발 가능성 등을 고려하여 이러한 응용제품군에 대한 사용권도 확보해 두도록 하여야 함에 유의한다.

→ 개발결과물에서 차지하는 기존기술의 비중(또는 가치)이 높고 이에 대한 대체가 어려운 경우, 개발자는 기존기술 사용권에 대해 별도의 license fee 또는 royalty를 요구하는 경우도 있음.

1.6 Improvement/Derivative 사용권

▸ 흔히 "grant-back"이라고 불리는 조항으로, Licensor가 대상 기술의 standard 및 compatibility를 유지키 위함이라는 이유로 licensee가 향후 개발/발견할 improvement/modification/derivative에 대한 무상 license (sublicense권 포함)를 제공할 것을 요구하는 경우도 있다.

▸ 이경우, licensee의 입장에서는 i) 향후 licensee의 추가/지속 개발범위/value(가능성차원)와 ii) licensor에 의한 추가 개량/파생 기술 개발가능성을 비교하여 무상 grant-back 여부를 판단하여야 할 것이다.

▸ 허여의 경우, 반드시 동일조건의 grant back (cross-license)으로 하고, 향후 경쟁관계를 고려하여 일반적으로는 sublicense권을 허여 치 않는 것이 통례이나, licensor에게 sublicense권 grant back이 필요한 경우에도, 해당 Licensee에게도 sublicense를 허여하는 Licensor의 여타 licensees에 한정된 sublicense권을 허여토록 하는 주의를 요한다.

* (예문) AAAA's right to sublicense shall be limited to such licensees who grant to AAAA with a right to sublicense for such Licensee's Derivatives to the Licensee on terms and conditions equivalent to those of Licensee's grant of license for its Derivatives to AAAA stated in this section.

1.7 SOURCE CODE ESCROW

▶ license 또는 일반적인 기술도입의 경우, Source Code는 개발의 직접적인 결과외에도 그 개발사가 개발에 직접, 간접으로 사용/내재한 기술전반이 함축되어 있어, 유출 시 개발사의 해당기술전반이 노출될 우려가 있으므로, 특수한 경우를 제외하고는 object code만을 제공하는 것이 일반적임. 반면, licensee 또는 기술도입자로서는 개발자/기술제공자가 사업중단, 파산하거나 개발자 귀책사유로 계약해지/해제되는 경우 지속적인 개발진행, 유지보수, 개량, 응용을 제공받을 길이 봉쇄되어 뜻하지 않은 사업중단의 위험을 맞게 되는 경우를 예방키 위해 사전에 이러한 보장책으로 제3자에게 source code를 위탁 보관케 하고, 특정 경우 발생시 source code를 licensee/도입자에게 제공될 수 있도록 하는 구조를 취하기도 한다.

▶ 특히, 기술제공자가 매각/합병 또는 재정적 어려움이 있는 상황인 경우는 이러한 보호책이 확보되어 있어야 할 것이다.

▶ 한편, 위탁개발의 경우, 위탁자가 개발결과물에 기초한 지속적 자체 개발/응용을 계획한다면 deliverables item에 source code 필요여부를 면밀히 검토하여 해당item에 대한 source code를 반드시 명기토록 하여야 할 것이다.

▶ 그러나, 이경우에도 개발결과물에 개발자의 기존보유 기술이 상당부분 내재된 경우에는 이부분에 대한 기술원리의 노출을 꺼려할 수 있을 것임. 기존기술이 분리가능한 block을 구성하는 경우는 직접개발결과에 대한 source code는 제공하고, 기존기술 block부분에 대해서는 escrow 방식으로 하는 중도안으로 고려해 볼 수도 있을 것이다.

1.8 개발비 지불

(1) Lump sum

- 일시불
- 분할불
- Milestone: 기술전수 및 개발계약의 경우, (i) 개발지연에 따른 penalty규정의 합의는 통상적으로 관철시키기가 어려운 것이 대부분이며, (ii) 개발지연의 책임소재를 가려내는 것도 기술적 어려움이 많고, (iii) 개발일정에 대한 절대적 의무규정도 실무상 관철시키기 어려운 것이 대부분의 사례인 바, 제공자/개발자로 부터 개발일정 준수 및 priority를 보장받는 방법은 개발/전수 단계별 분할급 방식이 현실적 방안이므로, 개발 milestone과 적절한 payments를 연계하도록 장치하는 것이 바람직함.

(2) Running royalty

- 정액: $ per unit
- 정율: % of sales (net/gross)
- 최소, 최고 한도 (연간 또는 누적 기준)
- Sliding scale방식: 대상매출 구간별 적용 royalty 인상 or 인하

(3) 개발비 부담(분담)

- Non-Recurring Engineering cost: research, design, develop, test, tooling and programming for custom-made parts, new designed product or upgraded version.
- Upfront vs amortize
- 순수한 의미의 공동개발시, 개발에 소요된 총비용을 양당사자가 1/2씩 분담, 정산하는 방식일 경우에 활용할 수 있으나, 각자가 지출한 개발비용에 대한 검증 및 합리성에 대한 시비 여지가 많으므로, 통상적으로는 개발과제착수전에 예상되는 비용을 양당사자가 사전 합의하여, 일방이 타방에 일정금액을 지불/정산하는

것으로 약정하는 방식을 취함.

2. 공동개발계약

◆ 주요 조항 및 유의점

(a) 표제	공동연구개발계약서
(b) 당사자	
(c) 대상제품 및 목적	▸ 공동개발 대상 제품/기술은 최대한 상세하고 명확하게 규정 필요 ▸ 가능한 수치화나 객관적 품질, 성능 또는 표준기술을 기준으로 설정하는 것이 바람직함
(d) 개발분담	▸ 분담한 결과물이 종국적으로 조합 또는 융합 되었을 때, (c)에서 설정한 단위 제품/기술의 상용화 또는 정상작동이 가능하도록 사각지대나 공백 없이 적정하게 분담되도록 점검 필요
(e) 비용분담	▸ 일반적으로 각자 부담 원칙, 사후 분쟁소지가 가장 적음 ▸ 공동프로젝트나 TF등의 경우처럼, 장소, 설비, 자원을 공유하게 되거나, 단일 출연기금 등을 사용하게 되는 경우, 사용/지출 신청 및 결제, 정산 등 회계 관리와 최종 정산 프로세스에 대한 사전합의와 관리가 필요할 수 있다.
(f) 정보교환	▸ 공동개발에 필요한 범위내에서, 각자 분담된 개발수행을 위해 일정한 milestone단계별 또는 수시 중간결과물 교환 등 원활한 상호 정보교환, 점검 및 협의가 바람직함. ▸ 필요에 따라 중간 보고회, 개발운영회의, 운영위원회 등 협의체 운영이 바람직하고, 상황에 따라 보고서 형식으로 공유할 수도 있다.

(g) 성과귀속	▸ 각자 분담한 개발 결과물(성과) 및 관련 지식재산(권)에 대한 귀속 및 지분에 대해서는 사전 합의를 통한 사후 분쟁예방이 필수적임 ▸ 일반적으로 균등비율의 공유를 원칙이나, 경우에 따라 ▸ 각자 발명 귀속 원칙(해당 발명자가 소속된 당사자 또는 발명에 대한 공헌도가 높은 당사자에게 귀속시키는 방식)을 채택하기도 하고, ▸ 발생분야(Field of Use) 귀속 원칙 (각 당사자의 사업영역에 차별화가 가능한 경우 (예: 부품 vs 세트, 설비 vs 제품, 스마트폰 vs PC 또는 자동차 등)에는 발명 발생의 주된 영역에 따라 귀속하거나, 공동소유로 하되, 아래 (j) 제3자에 대한 실시권 허여권한은 영역별로 분할하기도 한다.
(h) 산업재산권 출원	▸ 특허, 실용신안, 디자인 등 출원 필요시 그 관리 및 비용부담에 대한 원칙은 사전합의 필요하고, 아래 원칙 고려 가능함. i) 각자 귀속 원칙 경우, 각자 출원 관리 및 비용 부담 ii) 공동소유 경우, 특정 당사자가 일괄 관리하고 비용은 지분비율로 분담 iii) 특정 당사자가 해당 귀속 발명 또는 공동 발명에 대한 출원을 포기하거나 비용 부담 거부할 경우, 다른 당사자가 단독 출원 부담하고, 등록 시 해당 산업재산권은 단독 소유 (포기자에 대한 무상의 통상 실시권 허여 조건)
(I)상호실시권 허여	▸ 성과물에 내재되었거나 성과물 사용상 필요범위내, 각 당사자가 보유한 종전기술(background technology) 및 지식재산에 대해 상호 무상 통상실시권 허여가 실무상 통례임. ▸ 특정 당사자가 (c)의 대상제품의 생산 또는 관련한 일부 하청개발/관리 등이 필요한 경우, 그 필요범위에 한해 상대방에 귀속된 지식재산에 대한 sublicense을 인정해 주기도 함.

(j) 제3자 실시권 허여	▸ 단독 소유분에 대해서는 이견이 없으나,
	▸ 공동 소유의 경우, 실시권 자와 로열티 수익에 대한 귀속/분담 원칙에 대한 사정 합의가 필요함. 당사자들의 관련 시장 경쟁 현황에 따라, 아래 원칙을 선택적으로 고려 필요.
	  i) 각자 자유,
	  ii) 상대방 사전 동의 조건부 허여
	  iii) 당사자 사업영역(field of use)별로 제3자 실시 허여 권 분할 (위 (g) 참조)
	▸ 단, 일반적을 제3자에 대한 license는 해당 성과물관련 IP에 한정된 경우보다는 다른 지식재산이 포함된 포괄적 포트폴리오를 대상으로 하거나, 금전 외 다른 사업상 이해관계가 복합적으로 고려된 결과이므로 실시료에 대한 금전적, 수치적 분담에 대한 합의 또는 정산은 사실상 불가능한 경우가 대부분이다.

(k) 원료/설비등 공급	▸ 공동개발과제가 원부자재, 부품 또는 설비 공급자와 제품/세트 생산자와의 관계에서 그 공동개발 성과물을 매개로 공급 또는 구매권 확보를 이유로 성립된 경우, 독점 또는 우선 공급/구매권 합의가 필수적인 경우가 대부분일 것이나, ▸ 독점 공급/구매 허여시, 가격경쟁력과 공급물량 안정성에 대한 우려가 필연적으로 대두되게 된다. ▸ 이에 따라, 최혜 가격 조건 보장 또는 동일, 유사품에 대한 제3자 제시가격 기준 우선공급권 (즉, 제3자 offer가격을 공급당사자가 거부할 경우, 제3자로부터 조달 가능) 원칙을 적용하거나, 해당 기간 중 공급당사자가 주문물량을 일정내 공급 승락치 못하게 되는 경우, 부족분은 제3자 조달 가능 등의 예외규정 고려도 필요하다. 반대로, 구매자가 공급자의 해당 제품 생산물량을 완전 소화치 못하는 경우에도, 공급당사자는 제3자에게 차이분을 판매할 수 있는 예외규정 고려 필요하다.

(l) 보증 및 면책	기술이전계약 공통항목 참조
(m) 위약금	
(N) 비밀유지	
(o) 기간 및 해지	
(p) 준거법 및 관할법원(중재)	

◆ 참조서식 8.3

▶ 표준 공동기술개발·비밀유지·구매계약서, KBIZ중소기업중앙회

https://www.kbiz.or.kr/ko/contents/bbs/view.do?mnSeq=209&seq=148621#none

03

[판권]

지식재산 분쟁과 계약실무
<1권 지식재산 제도와 계약>
1판 발행일 ㅣ 2023년 7월 01일
지은이 ㅣ 이용태
편집인 ㅣ 조명숙
펴낸곳 ㅣ 도서출판 브라이튼
주 소 ㅣ 경기도 고양시 일중로 15번길
출판등록 ㅣ 제2023-000017호
이메일 ㅣ artmuseu2@gmail.com
ISBN ㅣ 979-11-982890-5-6
값 ㅣ 25,000원
저작권자 ⓒ 이용태 2023
이 책의 저작권은 '이용태/도서출판 브라이튼'이 소유하고 있으며,
저작권법에 의해 보호받는 저작물이므로 무단 전재와 복제를 금합니다.